Richard Lamb · Der verfehlte Frieden

Richard Lamb

DER VERFEHLTE FRIEDEN

Englands Außenpolitik 1935–1945

Ullstein

Titel der englischen Originalausgabe:
The Ghosts of Peace
Published by Michael Russell Ltd., Salisbury 1987

Ins Deutsche übertragen von Bernd Rullkötter

Satz: Dörlemann Satz, Lemförde
Druck und Verarbeitung: Ebner Ulm
Printed in Germany 1989
ISBN 3 550 07648 7

CIP-Titelaufnahme der Deutschen Bibliothek

Lamb, Richard:
Der verfehlte Frieden: Englands Außenpolitik 1935–1945/
Richard Lamb. [Ins Dt. übertr. von Bernd Rullkötter]. –
Frankfurt/M; Berlin: Ullstein, 1989
Einheitssacht.: The ghosts of peace ⟨dt.⟩
ISBN 3-550-07648-7

INHALT

DANKSAGUNG

Folgenden Personen, die großzügig ihre Zeit geopfert haben, um mir bei diesem Buch zu helfen, schulde ich großen Dank:

David Astor; Professor Michael Balfour; Professor F. Bandini; Walter Bargatzky; Peter und Christabel Bielenberg; Michael Bloch; Andrea del Bosco; Tom Braun; Martin Brett; Axel von dem Bussche; Sir Hugh Carleton Greene; Lucio Ceva; Sir John Colville; Charles Cruickshank; Sir William Deakin; Captain Henry Denham; Professor David Dilks; Nicholas Elliott; Gordon Etherington-Smith; Professor Frediani; Martin Gilbert; Lord Gladwyn; Professor Giulio Guderzo; Erzherzog Karl Ludwig von Habsburg; Erzherzog Otto von Habsburg; Ludwig von Hammerstein; Sir Geoffrey Harrison; Professor Peter Hoffmann; Dr. W. A. Visser't Hooft; Otto John; Andrew King; Philip Knightley; Judith, Gräfin von Listowel; Brian MacDermot; Professor Denis Mack Smith; Sir Ivo Mallet; John McCaffery; Sir Con O'Neill; David Owen, MP; Robert Rhodes James, MP; Sir Frank Roberts; James Rusbridger; H. E. Sadler; Professor A. Santoni; Christopher Seton Watson; Lord Sherfield; Lord Strauss; Sir Peter Tennant; Gina Thomas; Professor A. Varsori; Erich Vermehren; Air Commodore Freddie West; Brigadekommandeur Sir Edgar Williams; Sir Geoffrey Wilson.

Ich fühle mich dadurch geehrt, daß mir Überlebende der deutschen Verschwörung gegen Hitler Hilfe leisteten, nämlich Clarita von Trott zu Solz; Peter und Christabel Bielenberg; Axel von dem Bussche; Walter Bargatzky; Ludwig von Hammerstein; Otto John und Erich Vermehren.

Mein herzlicher Dank gilt Sir William Deakin, Christopher Seton Watson und Giulio Guderzo, die die Italien gewidmeten

Manuskriptteile lasen, sowie David Astor, Michael Balfour, dem inzwischen verstorbenen Sir Hugh Carleton Greene und Gordon Etherington-Smith, die die Abschnitte über den deutschen Widerstand durchsahen.

Sehr verbunden bin ich auch dem Personal der London Library; des Public Record Office, Kew; der Bibliothek der Universität Birmingham; des Churchill College, Cambridge; des Hoover Institute; des Instituts für Zeitgeschichte, München; des St. Anthony's College, Oxford; des Nordischen Ökumenischen Instituts, Sigtuna, Schweden; sowie C. M. Woods vom Colonial and Foreign Office (für seine Hilfe beim SOE-Archiv).

Schließlich möchte ich Mrs. Joan Moore und John Mark herzlich für ihre Hilfe bei der Erstellung des Manuskriptes danken.

RICHARD LAMB

EINFÜHRUNG

Dies ist die traurige Geschichte davon, wie die hochgespannten Hoffnungen auf einen dauerhaften Frieden zusammenbrachen, die vom Völkerbund und von der Einmütigkeit Großbritanniens, Frankreichs und Italiens bis 1935 geweckt worden waren. Bis dahin schien es, daß diese Länder, solange sie zusammenarbeiteten, keine Mühe haben würden, die Pläne der nationalsozialistischen deutschen Regierung zu durchkreuzen.

Alle Bemühungen nach dem Kriege, die damalige Politik der britischen Regierung abschließend darzustellen, wurden dadurch behindert, daß es vor der Reduzierung der Sperrfrist von sechzig auf dreißig Jahre keinen Zugang zu entscheidenden Staatspapieren gab. Einige Unterlagen wurden zwar in der Reihe *Documents on British Foreign Policy* und in der *Official History of British Foreign Policy in World War Two* veröffentlicht, doch schrieb A. J. P. Taylor über den ersten Band der *DBFP,* die Ausgabe sei »schlampig, unterwürfig im Tonfall, läßt Sitzungsprotokolle außer acht und dient insgesamt dem Foreign Office zur Verschleierung«.

Ich gehörte zu der Generation von Oxford-Studenten, die im Debattierklub den Antrag verabschiedeten, daß sie unter keinen Umständen für König und Vaterland kämpfen würden. Damals lehnte ich den Hoare-Laval-Plan heftig ab und war in meinem College einer der Organisatoren der »Friedensabstimmung«. Im Rückblick bin ich überzeugt, daß der Hoare-Laval-Plan ein richtiger diplomatischer Schritt gewesen wäre und die beiden Diktatoren voneinander ferngehalten hätte.

In meiner Jugend wurde ich Zeuge, wie Großbritannien nach dem Abkommen von Stresa von 1935 in den Jahren bis 1939 unaufhaltsam in den Krieg hineinschlitterte, indem es Mussolini in Hitlers Arme trieb, indem es die Remilitarisierung des Rheinlandes, den Anschluß Österreichs und die Vergewaltigung der Tschechoslowakei duldete und indem es Hitler schließlich Danzig und den Polnischen Korridor anbot.

Die Archive enthüllen den Mythos, daß Eden zurückgetreten sei, weil er nichts mit Chamberlains Appeasementpolitik gegenüber Hitler zu tun haben wollte. Er wurde 1938 vom Premierminister entlassen, weil er den italienischen Diktator in Hitlers Lager trieb, Großbritannien und Frankreich aber auf Mussolinis Hilfe angewiesen waren, wenn sie Hitler Einhalt gebieten wollten. Großbritannien erklärte Deutschland im September 1939 nur deshalb den Krieg, weil Chamberlains Hände durch seine unbedachte Garantie vom vorherigen März gegenüber Polen gebunden waren. Die Polen, nicht die Briten zwangen Hitler, Farbe zu bekennen, und lösten den Krieg aus, indem sie sich in letzter Minute weigerten, einen Bevollmächtigten nach Berlin zu entsenden, der über die sofortige Übergabe Danzigs und des Polnischen Korridors an Hitler verhandeln sollte. Dann stellte Göring Kontakt zur Downing Street her und gab sich alle Mühe, den Frieden zu erhalten. Sogar nachdem Hitler in Polen einmarschiert war, waren Chamberlain und sein Außenminister Halifax bereit, sich mit Hitler zu einigen, vorausgesetzt, der Rest Polens bliebe unversehrt. Aber das Unterhaus überstimmte sie.

Während des »Sitzkriegs« Ende 1939/Anfang 1940 war Großbritannien dem Frieden nahe. Protokolle des Kriegskabinetts zeigen, daß Halifax und Chamberlain auch zur Zeit von Dünkirchen über Friedensbedingungen verhandeln wollten und daß sogar Churchill einen kurzen Moment lang schwankte. Nach Dünkirchen, als Churchill fest im Sattel saß, gab es keine Möglichkeit eines Verhandlungsfriedens mit Hitler mehr; der Premierminister erteilte die Anweisung, daß »absolutes Schweigen« zu herrschen habe und nicht einmal über neutrale Länder mit bekannten, verläßlichen Nazigegnern Gespräche geführt werden sollten. Später blieb er genauso unbeugsam, was die »bedingungslose Kapitulation« betraf. Auf diese Weise zeigte Whitehall jenen demokratischen Deutschen die kalte Schulter, die 1938, vor München, nicht weit davon entfernt gewesen waren, Hitler zu stürzen, und die weiterhin ihr Leben riskierten, bis nach dem Scheitern des Stauffenbergschen Bombenanschlags am 20. Juli 1944 fast alle von ihnen getötet wurden.

Das Archivmaterial beweist, daß Whitehall sogar noch nach dem Stauffenberg-Attentat den Charakter der Verschwörung nicht erkannte und nicht daran dachte, den Hitler-Gegnern Friedensbedingungen anzubieten. Das bis vor kurzem unveröffentlichte Wheeler-Bennett-Memorandum für das Foreign Office, in dem es hieß, daß die Alliierten »mit einem lebenden Hitler besser daran [seien] als mit einem toten« und daß es keine »guten« Deutschen gebe, mag schockierend klingen. Leider wurde Wheeler-Bennetts Ansicht von Churchill, Eden und dem Foreign Office akzeptiert.

Im Jahre 1944 weigerte Whitehall sich, an die Existenz einer Gruppe gutorganisierter und einflußreicher Nazigegner zu glauben; statt dessen behauptete es, die einzige ernsthafte Opposition gehe von abtrünnigen deutschen Generalen aus, die nur von der Furcht getrieben würden, den Krieg im Felde zu verlieren. Das Foreign Office ignorierte jeden Hinweis auf die Absicht der Verschwörer, Hitler zu ermorden und die Macht zu übernehmen. Antinazistische Exilanten in London und in den Vereinigten Staaten wurden mit Verachtung gestraft, und Botschaften in neutralen Ländern erhielten die Anweisung, daß Verhandlungen mit jeder deutschen Widerstandsbewegung tabu seien.

Das Ziel der britischen Regierung bestand darin, die deutsche Armee im Feld zu vernichten, damit der Mythos von der deutschen Unbesiegbarkeit nie wieder aufleben könne. Sicher ist, daß zahlreiche Menschenleben in den alliierten Streitkräften und unter der Zivilbevölkerung der von Deutschland besetzten Länder gerettet worden wären, wenn man den Krieg 1944 durch Verhandlungen mit den »guten« Deutschen beendet hätte. Mittlerweile waren die alliierten Regierungen gut über die Ausrottung der Juden und die umfassenden Deportationen von Sklavenarbeitern unterrichtet. Ein rasches Ende der Feindseligkeiten hätte den Abschluß dieser Aktionen bedeutet. Doch die britische Regierung war der Meinung, daß es besser sei, den Krieg fortzusetzen, als einen Frieden mit den »guten« Deutschen anzustreben. Infolgedessen gelang es den Verschwörern um Goerdeler, Beck und Stauffenberg nicht, genug deutsche Generale in Schlüsselpositionen auf ihre Seite zu ziehen. Wenn Großbritannien und die USA die Formel der bedingungslosen Kapitulation aufgegeben und einem von Hitler und den Nationalsozialisten befreiten Deutschland eine vernünftige Behandlung versprochen hätten, wären die Verschwörer wahrscheinlich in der Lage gewesen, deutsche Generale im Felde zum Abrücken von Hitler zu bewegen; der Krieg hätte dann im Jahre 1944 beendet sein können.

Nach Beendigung des entsetzlichen Gemetzels hätten Russen, Amerikaner, Franzosen und Briten gemeinsame Maßnahmen ergreifen müssen, damit Deutschland sich niemals würde wiederbewaffnen können, ohne gleich zu dessen »Zerstückelung« zu schreiten. So hätte man sich die Lehren aus den Fehlern der zwanziger und dreißiger Jahre zunutze machen können. Ich kann nicht glauben, daß dies unmöglich gewesen wäre.

Es gibt die weitverbreitete Meinung, die britische Regierung habe nicht mit dem deutschen Widerstand verhandelt, weil sie befürchtete, Hitler und Stalin könnten in diesem Fall hinter ihrem Rücken Frieden schließen. Dieses Argument wird von Dokumenten widerlegt, die zeigen, daß Churchill bereit war, eine antinazistische Bewegung mit Otto von Habsburg an der Spitze in Österreich oder Ungarn zu unterstützen. Für die Russen wäre eine monarchistische Restauration vermutlich unannehmbarer gewesen als Verhandlungen mit dem Beck-Goerdeler-Stauffenberg-Kreis.

Im Jahre 1941 erwog Churchill weitreichende Maßnahmen, um die Antifaschisten in Italien zur Beendigung des Krieges zu ermuntern – zum Beispiel wollte er die italienische Flotte durch Bestechung zur Kapitulation veranlassen und einem nichtfaschistischen Italien eine Kolonie in der Cyrenaika anbieten. Doch als Italien im Jahre 1943 daniederlag, verzichteten die Alliierten auf jeden Kontakt zu den Antifaschisten und Monarchisten, die den Sturz Mussolinis planten. Dadurch wurde die Chance verpaßt,

Italien mit alliierten Streitkräften zu besetzen, bevor die Deutschen über den Brenner einmarschierten. Diese Kehrtwendung im Verhalten gegenüber der italienischen Widerstandsbewegung kam die Alliierten teuer zu stehen.

Dies ist die Geschichte meiner eigenen Zeit. Während des Krieges war ich überzeugt, daß unterschiedslose Bombardierungen und die Forderung nach bedingungsloser Kapitulation schwere Fehler waren, aber aktive Soldaten hatten kaum eine Möglichkeit, wirkungsvoll zu protestieren. Die Archive berichten von verpaßten Gelegenheiten, den Krieg zu verhindern oder wenigstens zu einem früheren Ende zu bringen. Der Leser möge das Material begutachten und sich selbst ein Urteil bilden.

DER ABESSINIENKONFLIKT

1935

Italien, Frankreich und Großbritannien, die Sieger des Ersten Weltkriegs, kamen im Frühjahr 1935 in Stresa in den italienischen Alpen zum letztenmal einträchtig zusammen. Sie berieten über Hitlers Drohungen gegen Österreich, eine der beiden schwarzen Wolken über Europa, die den in Versailles vereinbarten Frieden zunehmend gefährdeten. Die andere war Mussolinis Absicht, Abessinien anzugreifen; und weil die britische Führung die Abessinienkrise völlig unterschätzte, wurden Fehler gemacht, die Mussolini in Hitlers Arme trieben. Innerhalb von Wochen geriet Großbritannien in den Strudel der Ereignisse, die zum Zweiten Weltkrieg führten.

Ein großer Teil des sogenannten Abessinischen Reiches war, legal gesehen, kein Staat. Im Jahre 1891 hatten anglo-italienische Vereinbarungen fast alle dieser nordostafrikanischen Gebiete, außer Französisch- und Britisch-Somaliland, Italien zugewiesen. Sofort war es zu Spannungen zwischen der italienischen Regierung und Menelik, dem Kaiser von Abessinien, gekommen. Bewaffnete Auseinandersetzungen folgten, und die Italiener wurden 1896 in der Schlacht von Adua besiegt. Damals war das erst jüngst geeinte Italien am Erwerb von Kolonien nicht vorrangig interessiert, und im Jahre 1906 fiel das umstrittene Gebiet, abgesehen von einem schmalen Küstenstreifen, durch ein französisch-italienisch-britisches Abkommen an Menelik. Dieser eroberte und besetzte alle Stammesterritorien des neuerworbenen Gebietes, doch die Grenzen wurden nie rechtmäßig abgesteckt.

Die Gesamtbevölkerung des Gebietes zählte zwischen fünf und zehn Millionen. Die herrschenden Amhara bewohnten weniger als ein Drittel des Landes und machten weniger als ein Drittel der

Bevölkerung aus. Sie gehörten der christlichen Religion an und hatten eine einheitliche Sprache. Die unterworfenen Stämme waren heidnisch oder moslemisch und sprachen siebzig Sprachen. Überall herrschte ein Feudalsystem, und die gesamte Gesellschafts- und Wirtschaftsstruktur war von der Sklaverei abhängig. Abessinien war nicht nur ein Lieferant von Sklaven für den arabischen Markt, sondern auch ein Handelsknotenpunkt, der den Sudan mit dem Roten Meer verband. In den eroberten Gebieten kam es während der vierzig Jahre abessinischer Herrschaft (1896–1936) durch Sklavennahme zu starker Entvölkerung; infolgedessen verwandelten sich große Flächen ehedem bebauten Landes wieder in Busch- und Waldgelände.

Wegen der unklaren Grenzen fiel Abessinien immer wieder über seine Nachbarn her - nicht nur über Kenia und den Sudan, sondern auch über Italienisch-Eritrea und Italienisch-Somaliland. Italien mußte in seinen Kolonien ständig eine Armee unterhalten, um die Gebiete vor Abessinien zu schützen. In dem internationalen Klima der dreißiger Jahre konnte Mussolini gute Gründe dafür geltend machen, daß er ein Mandat über das rückständige Abessinische Reich mit dessen erschreckender Bilanz von Sklaverei und wirtschaftlicher Vernachlässigung beanspruchte. In dem geheimen Londoner Vertrag von 1915 war Italien ein Teil der deutschen Afrikakolonien versprochen worden, und als einer der Sieger des Ersten Weltkriegs erhob es Anspruch auf Kolonien. Es durfte annehmen, daß die europäischen Mächte Abessinien der italienischen Einflußsphäre in Afrika zuordnen würden, zumal Italien bereits im Norden und Süden des Abessinischen Reiches über die schmalen Küstenstreifen von Somaliland und Eritrea verfügte.

Das Dilemma war die Vollmitgliedschaft Abessiniens im Völkerbund. Die meisten aufgeklärten Menschen waren der Ansicht, daß der Weltfrieden gefährdet würde, wenn der Völkerbund nicht automatisch gegen jede Verletzung der Souveränität eines Mitgliedstaates einschritt. Diese Klippe mußten Franzosen und Briten umschiffen, wenn sie sich der in Stresa angestrebten italienischen Mitwirkung an einer gemeinsamen Front gegen eine erneute deutsche Aggression versichern wollten. Der französische Ministerpräsident Laval durchschaute die Lage, aber die britische Regierung stellte sich dem Problem zu spät.

Abessinien hätte niemals in den Völkerbund aufgenommen werden sollen. Frankreich schlug seine Aufnahme im Jahre 1923 vor - ein Schritt, den der konservative englische Unterhausabgeordnete Christopher Hollis als »eine Schändung aller hehren Prinzipien, auf denen der Völkerbund angeblich errichtet wurde« beschrieb.[1] Die Italiener handelten unbedacht und unterstützten Frankreich. Mussolini und sein Außenministerium meinten, das Abessinische Reich unter Haile Selassi befinde sich im Prozeß der Auflösung und es sei nur eine Frage der Zeit, wann der Völkerbund das Gebiet an Italien übergeben werde.

Die Briten widersetzten sich der Aufnahme Abessiniens mit dem Argument, daß es kein Staat sei und daß insbesondere das dort herrschende Sklaven- und Leibeigenensystem nicht mit Artikel 23 der Völkerbundakte in Einklang zu bringen sei. Haile Selassi teilte dem Völkerbund daraufhin mit, daß er beabsichtige, den Sklavenhandel auszumerzen; doch war er dazu angesichts der Verhältnisse in seinem riesigen Land nicht in der Lage. Schließlich stimmten die Briten der Aufnahme Abessiniens zu, aber den besten Kommentar gab wiederum Hollis, der meinte, Großbritannien hätte den Völkerbund verlassen sollen, »statt sich mit dieser Rechtsverdrehung abzufinden«.

Im März 1933 hatte der deutsche Reichstag Selbstmord begangen, indem er das Ermächtigungsgesetz verabschiedete. Dadurch erhielt Hitler absolute Macht; alle politischen Parteien außer der nationalsozialistischen wurden unterdrückt; alle bedeutenden Organisationen wurden mit Nationalsozialisten durchsetzt, und Joseph Goebbels erhielt uneingeschränkte Kontrolle über Presse und Rundfunk. Im folgenden Jahr starb Reichspräsident Hindenburg, und Hitler machte sich zum »Führer, Reichskanzler und Obersten Befehlshaber der Wehrmacht« - kurz, zu dem Diktator, der er bis zu seinem Tode bleiben sollte.

Die Nationalsozialisten begannen schon bald systematisch, Österreich zu unterwandern, und am 25. Juli 1934 ermordeten sie den österreichischen Kanzler Dollfuß, um einen Staatsstreich anzuzetteln. Mussolini war wütend und beunruhigt. Er war mit Dollfuß, dessen Frau zur Zeit des Mordes bei ihm zu Gast war, eng befreundet gewesen*, und er ließ sofort Truppen an die italienisch-österreichische Grenze verlegen, so daß Hitler gezwungen war, seinen Versuch, eine österreichische Revolution anzuzetteln, aufzugeben.

Hitler war jedoch entschlossen, die Grenzen Deutschlands auszuweiten. Er wußte, daß dies seiner Popularität nur zuträglich sein konnte, da es der deutschen Nation ein neues Selbstbewußtsein verleihen und den Demütigungen von Versailles ein Ende setzen würde. Schon wenige Monate nach Regierungsantritt hatte er begonnen, unter Bruch des Versailler Vertrags aufzurüsten. Damals befand sich Großbritannien in einer akuten pazifistischen Phase; die Mehrheit der Bevölkerung glaubte, daß der Völkerbund den Frieden bewahren könne, und war zu einer drastischen Revision des Versailler Vertrags zugunsten Deutschlands bereit, solange die britischen kolonialen Interessen nicht beeinträchtigt würden. Hitler teilte dem britischen Botschafter Sir Eric Phipps zynisch mit, seine neuen SS- und SA-Formationen seien mit der Britischen Heilsarmee vergleichbar. Phipps seinerseits warnte das Foreign Office im Januar 1934, daß das neue Regime weder etwas vom Völkerbund noch von Verhandlungen halte und daß Hitler große Teile Polens und der Tschechoslowakei beanspruche und die Rückgabe der deutschen Kolonien wünsche.[2]

Sir Robert Vansittart, der Ständige Staatssekretär im Foreign Office, war überzeugt, daß die Gebietsansprüche Deutschlands nicht kampflos unter Kontrolle zu halten seien, wenn es seine Wiederbewaffnung fortsetze. Es war zu spät, das Militärbündnis wiedererstehen zu lassen, das das deutsche Kaiserreich im Jahre

* Graf Giusti, der frühere italienische Botschafter in Japan, erzählte dem Autor, er sei als junger Diplomat aus dienstlichen Gründen mit Mussolini an der Adria gewesen und habe die Aufgabe gehabt, den Duce und Dollfuß' Witwe von dem Mord zu unterrichten. Mussolini sei empört über Hitlers Verhalten gewesen. Damals schien es Giusti ausgeschlossen, daß es nur wenige Jahre später zu so etwas wie der Achse Rom-Berlin kommen könnte.

1918 besiegt hatte; die französischen und britischen Armeen waren schwach, und die Amerikaner dachten nicht daran, noch einmal Expeditionsstreitkräfte nach Europa zu entsenden. Doch sogar Vansittart meinte, Hitler werde vielleicht einer Rüstungsbeschränkung zustimmen, wenn die britische Regierung ihn in der Kolonialfrage zufriedenstellen könne. Keinen Zweifel hatte er allerdings daran, daß Deutschland früher oder später nach Osten vorpreschen würde.

Seine Warnungen fanden im britischen Kabinett keinen Widerhall – es war dem Namen nach eine nationale Koalitionsregierung, mit dem Sozialisten Ramsay MacDonald als Premierminister, aber mit Baldwin, dem konservativen früheren Premier, als wirklichem Chef. Innerhalb der Konservativen Partei und der Londoner City herrschte sogar die Ansicht vor, daß Deutschland einen wirtschaftlichen Zusammenbruch erleiden werde.

Am 4. März 1935 unterzeichnete der Premierminister ein Weißbuch, in dem auf die deutsche Wiederaufrüstung hingewiesen wurde, die »eine den Frieden gefährdende Situation hervorbringen« könne.[3] Darin hieß es, die Regierung habe jede Hoffnung auf internationale Abrüstung aufgegeben und beabsichtige nun ihrerseits, mit der Wiederaufrüstung zu beginnen. Die Opposition unter Attlee sträubte sich gegen dieses Vorhaben, da eine britische Wiederbewaffnung die Abrüstungskonferenz bedrohe und dem Geist des Völkerbundes widerspreche, nach dessen Satzung Großbritannien verpflichtet sei, den Frieden durch kollektive Sicherheitsmaßnahmen, nicht durch die Anlage von Waffenarsenalen zu bewahren.

Nach Veröffentlichung des Weißbuchs plante das britische Kabinett, Außenminister Sir John Simon und Lordsiegelbewahrer Anthony Eden auf eine Reise nach Berlin, Moskau, Warschau und Prag zu schicken. Simon sollte Berlin besuchen und Eden allein weiterreisen. Dann enthüllte Göring am 9. März die Existenz einer neuen deutschen Luftwaffe, und am 16. März erließ Hitler die Wehrpflicht und verfügte die Aufstellung eines Heeres von sechsunddreißig Divisionen Friedensstärke. Franzosen und Italiener erklärten aus gutem Grund, daß die britische Reise nach

Berlin demonstrativ abgesagt werden solle, aber die britische Regierung weigerte sich, was die Beziehungen Großbritanniens zu Frankreich und Italien zeitweilig abkühlte.

Eden hätte als Antwort auf Hitlers Bruch des Versailler Vertrages am liebsten auf den Besuch verzichtet, aber er gehörte nicht dem Kabinett an und wurde überstimmt. Ohne auf die Franzosen oder Italiener zu warten, schickte Großbritannien eine formelle Protestnote nach Berlin, deren Wirkung aber dadurch verpuffte, daß man gleichzeitig fragte, ob die deutsche Regierung den Besuch Simons und Edens immer noch wünsche. Hitler und sein Außenminister Neurath hatten Phipps bereits mitgeteilt, daß dies der Fall sei.

Es war ein schwerer diplomatischer Fehler, die britische Note nicht mit den Franzosen und Italienern abzustimmen, und die französische Presse kommentierte, die Briten seien »Hitlers Trottel«. Simon und Vansittart meinten irrtümlich, die Note werde für die französische und die italienische Regierung »nicht unbefriedigend« sein, aber sie wurden bald durch Depeschen der britischen Botschafter in Rom und Paris eines Besseren belehrt, in denen es hieß, die französische und die italienische Regierung erhöben starke Einwände und sähen die Note als Versuch Großbritanniens, sich von Frankreich und Italien abzusetzen. Laut Phipps wurde die Note in Berlin als Beweis dafür betrachtet, daß Frankreich nicht in der Lage sei, eine gemeinsame Front gegen Deutschland herzustellen.[4]

Der von der Note angerichtete Schaden und das britische Versäumnis, den Besuch in Berlin abzusagen, kennzeichneten den Beginn der Appeasementpolitik. Die Deutschen begrüßten die Wiedereinführung der Wehrpflicht mit offensichtlicher Genugtuung, und die Popularität Hitlers wuchs stark an. Gegenüber dem britischen Botschafter begründete Hitler die Einführung der Wehrpflicht damit, daß Frankreich den Wehrdienst auf zwei Jahre verlängert habe und daß in dem britischen Weißbuch Deutschland erwähnt worden sei. Er benötige Parität mit Frankreich zu Lande, zu Wasser und in der Luft.[5]

Da der Besuch Simons und Edens bei Hitler so kurz bevorstand, konnten weder die Franzosen noch die Italiener eine entschlossene Haltung einnehmen, ohne die Briten zu brüskieren. Der britische Botschafter in Rom, Sir Eric Drummond, war so beunruhigt über den Schaden, den die anglo-französischen und anglo-italienischen Beziehungen erlitten hatten, daß er am 20. März ein Drei-Mächte-Treffen in Norditalien mit Mussolini als Gastgeber vorschlug, um die gemeinsame Front wiederherzustellen, die laut Mussolini »nicht mehr existierte«. Der Vorschlag wurde am 22. März von Simon angenommen, und man einigte sich darauf, daß die Konferenz im April in Stresa stattfinden solle.

Unterdessen trug Simon in Berlin nutzlose rechtliche Erwägungen über die Frage der Kolonien und die Satzung des Völkerbundes vor, die Hitler wahrscheinlich nicht einmal zur Kenntnis nahm. Eden verzeichnete in seinem Tagebuch: »Ergebnisse schlecht . . . Preußischer Geist sehr deutlich sichtbar.« Eden war scharfsichtiger als Simon, und auf dem Weg nach Moskau setzte er ein Telegramm an das Kabinett auf, in dem er mitteilte, es gebe angesichts der Forderungen Deutschlands zu Lande und zur See keine Grundlage für eine Verständigung.[6] Auch Phipps warnte von Berlin aus, daß die Deutschen über den Zusammenbruch der gegen sie gerichteten Einheitsfront jubilierten; am 22. März berichtete er, daß Hitler die Tschechoslowakei als »einen bedauerlichen Fleck auf der europäischen Landkarte« betrachte und die Rückkehr der deutschen Minderheiten ins Reich fordere, wenn Österreich sich Deutschland anschließe. Vansittart kommentierte: »Dies ist jedermanns Geheimnis.«[7]

Mussolini wie die Franzosen waren realistisch, was Deutschland betraf. Sie wollten in Stresa die Einheitsfront wiederherstellen und Hitler davon überzeugen, daß der Vertrag von Locarno, der die in Versailles festgelegten Westgrenzen garantierte, immer noch gültig sei und daß Frankreich, Großbritannien und Italien sich gemeinsam nicht nur jeder deutschen Aggression in Österreich widersetzen, sondern auch versuchen würden, alle europäischen Völkerbundmitglieder zum Kampf gegen Hitler zu bewegen, falls er irgendeines von ihnen angreife.[8]

Eden war nach einem anstrengenden Flug aus Prag gesundheitlich nicht in der Lage, nach Stresa zu reisen, weshalb er von der Verantwortung für diese diplomatische Katastrophe entbunden ist. In seiner Abwesenheit bot Ramsay MacDonald an, Simon zu begleiten, und verlangte protokollwidrig, daß Vansittart ebenfalls reiste. Normalerweise ist der ständige Leiter des Foreign Office niemals zur selben Zeit wie der Außenminister im Ausland.

In den Instruktionen des Foreign Office für Stresa wurden die Hauptprobleme angesprochen: das Risiko einer deutschen Verletzung der entmilitarisierten Zone im Rheinland; die deutsche Bedrohung Österreichs; deutsche Pläne für eine Expansion nach Osten; die deutsche Wiederaufrüstung; der Vorschlag eines Luftabkommens; Deutschlands Rückkehr in den Völkerbund.

Eden notierte in seinen Memoiren, er sei vor Stresa sehr besorgt über die italienischen Absichten in Abessinien gewesen und habe keinen Zweifel daran gehabt, daß die »zunehmenden Gefahren« in Stresa diskutiert werden müßten; dies habe er dem Premierminister und Simon vom Krankenbett aus mitgeteilt. Seine Warnung muß auf taube Ohren gefallen sein, obwohl er in seiner Autobiographie schreibt: »Beide stimmten mir zu, daß Mussolini in diesem Punkt zur Rede gestellt werden müsse.« Mussolini brachte seine Abessinien-Experten mit nach Stresa, aber das Thema wurde von den Regierungschefs nicht angesprochen.

Am 7. Januar 1935 hatten Frankreich und Italien sich über die Ratifizierung der französisch-italienischen Grenze in Somaliland geeinigt, und zur selben Zeit machte Laval* dem italienischen Diktator die geheime Zusage, daß Frankreich eine italienische Aggression in Abessinien dulden werde. Der Duce wußte in Stresa also, daß Laval auf seiner Seite war, und er wußte ebenfalls, daß Abessinien nach britischer Meinung niemals in den Völkerbund hätte aufgenommen werden sollen. Kann man Mussolini also einen Vorwurf machen, wenn er glaubte, grünes Licht für seine Kolonialpläne zu erhalten, als Abessinien nicht auf die Tagesordnung von Stresa gesetzt wurde?

* Laval war damals französischer Außenminister. Am 4. Juli 1935 wurde er Ministerpräsident.

Mussolini befürchtete, daß die Briten und Franzosen Hitler beschwichtigen würden, indem sie ihm deutsche Kolonien in Afrika anboten, und daß Abessinien als der einzige noch unabhängige Staat in Afrika für die Befriedigung der deutschen Ansprüche in Frage kommen könnte. Er wollte dem zuvorkommen und sich Abessinien als Kolonie sichern. Abessiniens einziger Zugang zum Meer führte durch Italienisch-Somaliland; die besten Aussichten für eine wirtschaftliche Expansion lagen also in einem italienischen Kolonisierungsmandat. Mussolini war sich sowohl des britischen Mandats in Ägypten als auch des französischen Mandats in Marokko sehr bewußt. Seiner Meinung nach hätte Italien als einer der Siegerstaaten durch den Versailler Vertrag ein ähnliches Mandat erhalten sollen. Das britische Foreign Office sympathisierte mit dieser Ansicht, und nach dem Vorfall von Walwal, bei dem es im Dezember 1934 zu italienisch-abessinischen Grenzscharmützeln gekommen war, drängte es zu einer Lösung, die keine Klage Abessiniens beim Völkerbund nach sich ziehen würde. Der Kaiser wurde sogar von Sir Sidney Barton, dem britischen Botschafter, überredet, Italien eine Entschädigung für den Walwal-Vorfall zu zahlen.[9]

Simon war vor Stresa gut über das Abessinien-Problem informiert. Er hatte Drummond am 16. Januar 1935 gewarnt:

> Wir müssen einen letzten Versuch machen zu verhindern, daß die Sache vor den Völkerbundsrat kommt. Die italienische Haltung, wie Sie sie voraussagen, könnte eine beklagenswerte Krise in Genf hervorrufen, bei der man die Schuld nicht Äthiopien anlasten würde ... Dies scheint der letzte Beitrag zu sein, den wir leisten können, um bei der gütlichen Einigung zu helfen, die Italien wünscht; und wenn Signor Mussolini ihn zurückweist, wird es nichts mehr geben, was ich persönlich – oder dieses Land allein – tun kann, um eine Krise abzuwenden, die für den Völkerbund katastrophal sein könnte.[10]

Geoffrey Thompson, der Abessinien-Experte des Foreign Office, erinnert sich, daß Simon im Januar 1935 in Genf zu ihm sagte:

»Sie wissen doch, daß die Italiener beabsichtigen, Abessinien einzunehmen.« Dies läßt Simons Verhalten in Stresa verblüffend wirken. Thompson schrieb am 27. März eine Notiz für das Foreign Office, in der er erklärte, das italienische Außenministerium habe zu verstehen gegeben, daß es Stresa für eine Gelegenheit zu informellen Gesprächen über Abessinien »zwischen italienischen, französischen und britischen Staatsmännern« halte, »die nicht verpaßt werden sollte«.[11]

Mussolini brachte seine Abessinien-Experten Vitetti und Guarnschelli nach Stresa mit. Simon hatte Thompson bei sich. Der britische Premier und sein Außenminister mieden jedoch das Thema Abessinien in den Unterredungen mit Mussolini, der verständlicherweise den Schluß zog, daß das Schweigen der britischen Delegierten ihm freie Hand gewähre. Die in Stresa versammelten Regierungschefs erörterten die europäische Lage, insbesondere die deutsche Wiederaufrüstung und die Bedrohung Österreichs durch Deutschland. Sie begründeten die sogenannte Stresa-Front gegen die deutsche Expansionspolitik. Mussolini war erleichtert, denn er war besorgt über Hitlers Absichten in Österreich, und er wagte keine Aggression in Afrika, ohne an der eigenen Nordgrenze gegen Deutschland gesichert zu sein.

Thompson führte drei Gespräche mit Guarnschelli und Vitetti. Guarnschelli ließ ihn wissen, daß der Duce eine Beilegung der Abessinienfrage für dringend hielt und nicht glaubte, daß das Schiedsgericht des Völkerbundes, wie Großbritannien wünschte, eine Lösung herbeiführen könne. Für die Italiener war Abessinien ein Staat des 14. Jahrhunderts mit einer fortdauernden Tradition von Sklaverei und Grausamkeit. Es könne seine Ressourcen nicht entwickeln, und Italien habe ohne das abessinische Hinterland keine Möglichkeit zur Entwicklung seiner Kolonien, da diese nur aus trockenen Küstenstreifen beständen.[12]

Thompson warnte die Italiener vor den Gefahren einer »voreiligen« Militärpolitik in Abessinien, deren Konsequenzen nicht vorhersehbar seien. Die Italiener konterten, indem sie das Bedürfnis Italiens nach weiteren Kolonien hervorhoben – zumal Deutschland nun auch überseeische Besitzungen in Afrika wünsche.

Thompson versuchte, sich dieser Argumentation zu entziehen, aber als Guarnschelli andeutete, Großbritannien solle Italien bei dessen Abessinien-Abenteuer helfen, erklärte er den Italienern, daß damit nicht zu rechnen sei. Er war nicht bevollmächtigt, die Italiener zu warnen, daß Großbritannien einen Angriff auf Abessinien als Bruch der Völkerbundakte, mit den daraus erwachsenden schwerwiegenden Folgen, ansehen würde, aber man ließ ihn nicht im Zweifel darüber, daß es äußerst schwer sein würde, den Duce zufriedenzustellen. Man einigte sich nur darauf, daß Italiener und Franzosen in Genf einen Gedankenaustausch mit Jèze, dem französischen Rechtsberater des äthiopischen Kaisers, abhalten würden.[13]

Thompsons Unterredungen mit den italienischen Diplomaten fanden am 12., 13. und 14. April statt. Er schrieb vier lange Memoranden in seinem Hotelzimmer und übergab sie Vansittart. Thompson war höchst besorgt über die Gefahr eines italienischen Angriffs auf Abessinien und die sich daraus ergebende Bedrohung für den Völkerbund und die allgemeine Sicherheit. Deshalb war er sehr erfreut, als er eine Einladung zum Frühstück mit Simon am 14. April erhielt. Die beiden sprachen fünf Minuten lang über Thompsons Memoranden, dann kam der Privatsekretär des Außenministers herein und unterbrach das Tête-à-tête. Thompson beschrieb die Begegnung später als »eine traurige Enttäuschung«.[14] Es war zweifellos dumm, Mussolini aus Stresa abreisen zu lassen, ohne mit ihm über Abessinien gesprochen zu haben. Simons Verhalten muß als eine der Hauptursachen des Zweiten Weltkrieges angesehen werden. Thompson meinte, daß Eden, wenn er zur Teilnahme an der Konferenz imstande gewesen wäre, darauf bestanden hätte, das Abessinien-Problem aufzuwerfen.

MacDonald hielt am Ende der Gespräche von Stresa eine Pressekonferenz ab und verkündete, man habe den Vertrag von Locarno bekräftigt und die Politik der drei Länder in Einklang gebracht. Er sagte kein Wort über Abessinien. Als Alexander Werth vom *Manchester Guardian* fragte, ob man über Abessinien gesprochen habe, erwiderte der Premier: »Mein Freund, Ihre Frage ist irrelevant.«[15] Diese Bemerkung fand weithin Beachtung, und Mussolini hielt sie für eine weitere Bekundung britischen Einverständnisses.

Die Welt hatte den Eindruck, daß in Stresa eine geeinte Front gegen Hitler gebildet worden sei. Es sollte jedoch nicht lange dauern, bis Mussolini merkte, daß er irregeführt worden war, und die italienische Presse griff die Briten heftig an. Phipps schrieb an Sir Maurice Hankey, den Kabinettssekretär: »Wie konnten MacDonald, Simon und Vansittart darauf verzichten, Abessinien auch nur zu erwähnen?... Die ganze äthiopische Verwirrung entsprang aus diesem schrecklichen Fehler... Natürlich glaubte Mussolini, er könne - trotz allem, was Drummond und Grandi ihm erklärt haben mochten - ungestört voranschreiten.«[16]

Am 21. Mai führte Drummond in Rom ein alarmierendes Gespräch mit dem Duce. Mussolini teilte ihm mit, er wolle dem Völkerbund keinen Schaden zufügen, aber wenn dieser sich feindselig verhalte und Abessinien gegen Italien unterstütze, werde er die Organisation verlassen. Drummond versuchte herauszufinden, ob der Duce mit einem italienischen Mandat oder einem Protektorat, wie Großbritannien es in Ägypten ausübte, zufriedenzustellen sei.* Mussolini ließ durchblicken, daß dies der Fall sei. Er zitierte Ägypten als ein Land mit einem König, der mehr oder weniger unabhängig sei, jedoch nichts unternehmen könne, was den Suezkanal oder andere vitale britische Interessen gefährde, solange Großbritannien dort über einen Hochkommissar, den Oberbefehlshaber der Armee, den Polizeichef und verschiedene Berater verfüge. Vansittart schrieb am 22. Mai an den Rand von Drummonds Bericht:

> Es gibt einen Hoffnungsschimmer: die Analogie Ägyptens mit seinem »König und seiner politischen Unabhängigkeit«. Wir sollten dies im Gedächtnis behalten und hier weiter sondieren. Es ist wahrscheinlich das mindeste, womit der Völkerbund (und der Frieden Europas) davonkommen können. Wir sollten ernsthaft und rechtzeitig darüber nachdenken.

* Ägypten und Marokko waren Protektorate, die geschaffen wurden, bevor der Mandatsbegriff aufgekommen war.

Simon paraphierte diesen Hinweis, gab jedoch keinen Kommentar ab.[17]

Ein Mandat, das Abessinien unter italienische Kontrolle stellte, bot die beste Möglichkeit, sowohl Mussolini zufriedenzustellen als auch die so wichtige Stresa-Front zu bewahren. In diesem Punkt änderte Vansittart allerdings rasch seine Meinung, und in einer vom 12. Juni datierten Aufzeichnung schrieb er resigniert:

> Auch ich hatte einmal mit der Idee der ägyptischen Analogie gespielt. Nun habe ich sie aufgegeben. Wenn wir also Italien nicht auf Kosten Abessiniens zufriedenstellen können, stehen wir wiederum vor der Alternative, es auf unsere eigenen Kosten (plus einer späteren abessinischen Grenzkorrektur) zufriedenzustellen oder die Dinge auf ihrem gegenwärtigen katastrophalen Kurs weitertreiben zu lassen.

Am 8. Juni hatte Vansittart für den Außenminister notiert:

> Italien wird in der einen oder anderen Form ausgezahlt werden müssen - lassen Sie uns häßliche Begriffe benutzen -, oder Abessinien wird letztlich zugrunde gehen. Das könnte, für sich genommen, eine geringere Rolle spielen, wenn es nicht bedeutete, daß der Völkerbund ebenfalls zugrunde gehen (und daß Italien gleichzeitig *eine weitere Kehrtwendung* in die Arme Deutschlands machen) würde ... Wir können Abessinien nicht verschachern. Der Preis, der Italien zufriedenstellen würde, wäre zu hoch, als daß Abessinien ihn auch nur in Erwägung ziehen könnte ... entweder kommt es zu einer ungeheuren Explosion, die den Völkerbund und sehr wahrscheinlich die Regierung Seiner Majestät zerstört, oder *wir* müssen den Preis mit Britisch-Somaliland zahlen. Ich persönlich entschiede mich ohne Zögern für die letztere Möglichkeit ... Wir besitzen viel zu viel Land (und Britisch-Somaliland ist eine echte Belastung).[18]

Vansittarts realistischer Vorschlag hätte Mussolini vielleicht zugesagt, wodurch die Krise im Keim erstickt worden wäre. Doch die britische Regierung wollte nichts davon hören, und Eden stimmte nicht mit Vansittart überein, daß Mussolini beschwichtigt werden müsse. Owen O'Malley aus der Italien-Abteilung des Foreign Office schrieb in einer Notiz am 3. Juni: »Wir müssen uns an die Völkerbundprinzipien halten und die Sache durchstehen, und je eher dies Herrn Mussolini eindeutig klargemacht wird, desto besser.«[19] Eden kommentierte: »Ich stimme zu.« Im Gegensatz zu Vansittart war er bereit, Großbritannien und Italien einen Kollisionskurs einschlagen zu lassen.

Am 7. Juni wurde Simon als Außenminister von Samuel Hoare abgelöst - zur großen Enttäuschung Edens, der den Posten fast erhalten hätte. Eden wurde in den Kabinettsrang erhoben und mit der Verantwortung für Völkerbund-Angelegenheiten betraut. Hoare verbrachte die ersten Tage in seinem neuen Amt hauptsächlich damit, daß er Vansittart und Eden zum Abessinienproblem konsultierte, und er erklärte sich im Prinzip damit einverstanden, Mussolini einen Teil von Britisch-Somaliland abzutreten.

Ronald Campbell* notierte am 12. Juni, daß Mussolinis Kolonialgelüste durch »eine internationale Konferenz« befriedigt werden könnten, die verschiedene Kolonien im Rahmen »einer Neuordnung der Kolonial- und Mandatsbeschlüsse« nach dem Ersten Weltkrieg umverteilen würde. Vansittart kommentierte am nächsten Tag: »Ich glaube nicht, daß wir diesem Vorschlag folgen können. Ohnehin wäre er zu ungewiß, um irgendeine Wirkung auf Herrn Mussolini zu haben.«[20] Hier bot sich ein Ausweg, doch statt dessen wollten Hoare, Eden und Vansittart den Duce besänftigen, indem sie Abessinien einen Hafen und britisches Territorium in Somaliland anboten, falls Haile Selassi dafür die Souveränität über einen Teil seines Reiches an Italien abtrat.

Als Vansittart den Außenminister für die Kabinettssitzung am 19. Juni 1935 instruierte, gab er ihm zu verstehen, daß Italien Ende

* Sir Ronald Ian Campbell, später Botschafter in Ägypten; nicht zu verwechseln mit Sir Ronald Hugh Campbell, Botschafter in Paris und Lissabon.

Juli militärisch gegen Abessinien vorgehen könnte, woraufhin so heftige Kritik ausbrechen würde, daß Italien »den Völkerbund verlassen und sich Deutschland in die Arme werfen wird ... Der Völkerbund und die Stresa-Front werden daran gleichzeitig zerbrechen, unsere ganze frühere Politik wird zunichte gemacht werden, und unsere nationale Zukunft wird eindeutig in Gefahr sein!« Vansittart schlug vor, Mussolini einen »präzisen und konkreten Anreiz« zu bieten: »Deshalb sollten wir Zeila [in Britisch-Somaliland] an Abessinien abtreten und es auffordern, Mussolini dafür Gebiete im Ogaden zu überlassen.«

Dies wurde vom Kabinett gebilligt, nachdem Hoare ein Telegramm an Drummond in Rom geschickt hatte, um ihn zu fragen, ob Mussolini seiner Meinung nach durch ein solches Angebot zu besänftigen sei. Drummond telegraphierte zurück: »Der Vorschlag lohnt mit Sicherheit einen Versuch.« Das Kabinett autorisierte Eden, nach Rom zu reisen und Mussolini das Angebot vorzutragen. Aber Drummond hatte sich geirrt. Hoares Telegramm an Drummond mit Einzelheiten des Vorschlags war von dem Portier der britischen Botschaft an Mussolini weitergegeben worden. Der Duce hielt nichts von dem Angebot und teilte dies sofort seinem Außenminister Suvich mit.

Drummond suchte Suvich noch am 19. Juni auf. Kurz vor Mitternacht meldete er Hoare, daß er fürchte, die Abtretung von Zeila könne Mussolini als »Stärkung Abessiniens« erscheinen »und ein Einverständnis erschweren«. Diesmal hatte er recht, denn Suvich hatte ihn korrekterweise über die Reaktion des Duce auf das britische Angebot unterrichtet.[21]

Der Vorschlag war sinnlos geworden, bevor Eden London verlassen hatte. Er traf am Morgen des 24. Juni im römischen Palazzo Chigi mit Mussolini zusammen. Der Besuch war ein Desaster, und von diesem Zeitpunkt an war Eden ein unversöhnlicher Gegner Italiens. Professor Frediani, der damals im italienischen Außenministerium arbeitete, teilte dem Autor mit, innerhalb von Minuten nach Ende des Gesprächs habe sich im Palazzo wie ein Lauffeuer die Nachricht verbreitet, daß Mussolini und Eden sich heftig gestritten hätten. Eden dementierte stets, daß er sich beleidigt gefühlt habe[22], wiewohl er seinem Außenminister telegraphierte, daß Mussolinis »Stimmung von einer finsteren Schicksalhaftigkeit gekennzeichnet war, die, wie ich fürchte, mit vernünftiger Argumentation nicht zu ändern ist«.

Dem italienischen Historiker Mario Toscano zufolge wurde Eden nach seinem Besuch »zum Symbol der blinden Opposition gegen das legitime Recht Italiens, seinen Platz an der Sonne [Afrikas] zu gewinnen«; die italienische Öffentlichkeit habe ihn als Feind Nummer eins angesehen. Toscano schrieb: »Der Diktator soll heftige Worte benutzt haben.«[23] Laut Samuel Hoare »verbargen er [Mussolini] und Eden nicht das Ausmaß der Differenzen, die sie voneinander trennten, und die persönliche Abneigung, die sie füreinander empfanden«.[24]

Mussolini hatte den Zeila-Vorschlag zu Edens Verdruß rundweg abgelehnt. Dadurch würde der größte Teil des abessinischen Handels auf Zeila umgelenkt werden, was die Italiener in Eritrea und Somaliland um eine wichtige Einkommensquelle bringen würde. Dann erläuterte er Eden, daß er zwar eine Krise innerhalb des Völkerbundes und in den Beziehungen zu Großbritannien vorhersehe, daß er aber gleichwohl entschlossen sei, die Annexion Äthiopiens voranzutreiben. Entweder werde es zu einer friedlichen Lösung mit einer vorbehaltlosen Abtretung der Äthiopien umgebenden Territorien an Italien sowie italienischer Kontrolle über Addis Abeba und das äthiopische Kerngebiet kommen oder zu einem Krieg, der »Äthiopien von der Landkarte verschwinden lassen werde«. Offensichtlich dachte Mussolini an die Parallele des britischen Mandats in Ägypten. Eden antwortete, »die Schwierigkeit der Situation liege darin, daß Abessinien, ohne Schuld Englands, Mitglied des Völkerbundes sei«. Als der Duce Eden erklärte, Laval habe ihm freie Hand bei seinem Abenteuer versprochen, begann die Auseinandersetzung. Eden warf ein, Laval habe nur gesagt, Frankreich werde Italien in wirtschaftlicher Hinsicht freie Hand geben. »Daraufhin warf sich Signor Mussolini im Sessel zurück und machte ein erstauntes Gesicht.«[25]

Eden kehrte in dem vollen Bewußtsein, daß sein Besuch ein Fehlschlag gewesen war, nach London zurück. Nur die Kontrolle über Abessinien entweder durch Aufgabe der Souveränität oder durch ein italienisches Mandat würde Mussolini zufriedenstellen, und Frankreich würde Großbritannien nicht darin unterstützen, Abessinien zum Widerstand zu ermuntern. Eden wußte auch, daß der Maffey-Bericht*, den das Foreign Office am 18. Juni veröffentlicht hatte und in dem es hieß, daß die Briten nur unbedeutende Interessen in Abessinien hatten, heimlich an den Duce weitergeleitet worden war.[26] Er gab am 1. Juli eine Erklärung im Unterhaus ab, in der er sein Angebot an Mussolini und dessen Zurückweisung darlegte. Es war eine Demütigung für Eden, die seine Abneigung gegen Italien verstärkte. Seine Erklärung rief starke Opposition im eigenen Land hervor. Die anglo-italienische Spannung verschärfte sich, und britische Pressekommentare kritisierten lautstark die Regierung, weil das Zeila-Angebot einem potentiellen Aggressor Vorschub leiste und die Satzung des Völkerbundes mißachte.

Nach dem Debakel des Eden-Besuchs in Rom befand sich die britische Regierung in einem Zwiespalt. Ihr blieb, so wichtig die italienische Kooperation in der gegen Deutschland gerichteten Stresa-Front auch sein mochte, kaum etwas anderes übrig, als den Völkerbund zu unterstützen, wenn Mussolini vom Rat des Bundes zum Aggressor erklärt werden würde. Britische Anhänger des Völkerbundes hatten Anfang 1935 eine »Friedensabstimmung« organisiert, als die öffentliche Meinung wegen der italienischen Bedrohung Abessiniens in Wallung geraten war. Das Ergebnis wurde Ende Juni von Lord Cecil bekanntgegeben. Zehn Millionen Menschen hatten erklärt, für wirtschaftliche und, wenn nötig, militärische Maßnahmen gegen jede Nation zu sein, die eine andere angreife. Die League of Nations Union, die eine Million Mitglieder hatte, proklamierte die Unverletzlichkeit der Völkerbund-Satzung, nach der alle Mitgliedstaaten verpflichtet waren, Wirtschaftssanktionen gegen Italien zu ergreifen, falls es Abes-

* In diesem Bericht von Sir John Maffey, der am 6. März 1935 in Auftrag gegeben worden war, hieß es: »Kein vitales britisches Interesse wird in Äthiopien berührt, abgesehen von den Quellgebieten im Tanasee und im Nilbecken.«

sinien überfalle. Auch fast alle Abgeordneten der Labour Party und der Liberalen, darunter Lloyd George, befürworteten Sanktionen.

Die Gegner von Sanktionen gehörten überwiegend dem rechten Flügel an. Die meisten konservativen Abgeordneten hatten wenig für den Völkerbund übrig. Sie wurden von Oswald Mosley und dem Militärhistoriker Fuller unterstützt; Austen Chamberlain und Winston Churchill waren allerdings prominente Tories, die für den Völkerbund eintraten. Stanley Baldwin, der MacDonald als Premierminister nachgefolgt war, hielt sich zurück. Er reagierte sensibel auf die öffentliche Meinung, und das massive Votum der »Friedensabstimmung« für den Völkerbund hatte ihn verblüfft. Hoare und Eden suchten nach einer Kompromißlösung. Italienische und englische Diplomaten hatten während des Sommers versucht, den Disput im Rahmen des Völkerbundes beizulegen; die Italiener behaupteten, dies werde nicht schwierig sein, falls den Abessiniern klargemacht würde, daß sie keine Hilfe von Großbritannien und Frankreich zu erwarten hätten.

Vansittart, immer noch proitalienisch und antideutsch eingestellt, hatte wenig Vertrauen in den Völkerbund als eine friedenserhaltende Kraft. Er konnte sich nur dann für Sanktionen erwärmen, wenn sie als Generalprobe für ähnliche Maßnahmen gegen Deutschland im Falle deutscher Grenzverletzungen betrachtet würden. Aber er war realistisch genug zu wissen, daß kollektiver Widerstand der kleineren europäischen Staaten gegen ein militärisch starkes Nazi-Deutschland unwahrscheinlich war. Deshalb unterstützte er jede Bemühung, eine Kompromißlösung zu finden, die sowohl Mussolinis Ambitionen als auch der Würde des Völkerbundes gerecht zu werden versprach. An erster Stelle stand für ihn stets die Gefahr, die von Hitler ausgehen würde, falls die Stresa-Front zerbrach.

Laval, der die französische Außenpolitik dominierte, unterstützte Mussolini. Er war ein unzuverlässiger Verbündeter für Großbritannien. Er mußte behutsam vorgehen, da ein erheblicher Teil der französischen – wie der britischen – Öffentlichkeit den Völkerbund als besten Schutz gegen deutsche Aggression betrachtete. Laval wußte, daß Mussolini entschlossen war, in Abessinien einzumarschieren, falls seine Forderungen nach einem Mandat nicht erfüllt würden; und Laval war bereit, dem Duce in jeder Hinsicht zu helfen.

Im Juli und August wurde die Lage immer gespannter. Italien entsandte ein Heer von 800000 Mann nach Somaliland und Eritrea, und der Duce machte kein Geheimnis aus seiner Absicht, die Truppen in Abessinien einmarschieren zu lassen. Großbritannien und Frankreich konnten sich nicht über ein Angebot einigen, das ihn zufriedenstellen würde, und am 22. August erklärte Hoare dem Kabinett, daß »ein Sturm der öffentlichen Empörung gegen die Regierung« losbrechen würde, »wenn wir im Falle einer Invasion nicht zum Völkerbund stünden und Maßnahmen gegen Italien ergriffen«. Baldwin und das Kabinett stimmten widerwillig zu, mit dem Vorbehalt, daß »wir mit den Franzosen Schritt halten« und vermeiden müßten, »sie zu etwas zu drängen, was sie nicht wünschen«.[27] Mit diesem vorsichtigen Auftrag reisten Hoare und Eden Anfang September 1935 zu der Sitzung des Völkerbundes nach Genf.

Hoares vielbeachtete Rede, die er bei dieser Gelegenheit vor dem Völkerbundsrat hielt, war überraschend scharf und damit untypisch für seine frühere und spätere Haltung. Er versprach, Großbritannien werde den Völkerbund in dessen »stetigem und kollektivem Widerstand gegen alle Akte grundloser Aggression« unterstützen. Die Rede hatte einen dramatischen Effekt auf die Weltmeinung und wurde weithin dahingehend interpretiert, daß die britische Regierung sich entschieden habe, Mussolini Einhalt zu gebieten, selbst wenn dies Krieg bedeutete. Die Völkerbund-Lobby im Vereinigten Königreich und die kleineren europäischen Staaten waren hocherfreut. Doch das britische Kabinett hatte weder die Absicht noch die Festigkeit, eine solche Drohung wahrzumachen.

Hoares Rede war von Vansittart aufgesetzt worden. Der Außenminister schrieb in seinen Memoiren, er habe nicht geplant, in seiner Rede so unverhüllt für Aktionen des Völkerbundes einzutreten. Zudem mußte er Laval dazu bringen, für oder gegen Italien

Position zu beziehen. Laval war weiterhin auf Mussolinis Seite und leistete den Idealen des Völkerbundes nur Lippenbekenntnisse.[28] Am 19. September erklärte er Baron Aloisi, dem Chef der italienischen Delegation in Genf, es könne keine Rede davon sein, daß Großbritannien den Suezkanal schließen oder militärische Maßnahmen ergreifen werde. Am 23. September bestätigte Hoare dies in einer persönlichen Botschaft an Mussolini, in der er schrieb, daß man »nicht über die Schließung des Suezkanals oder über militärische Schritte diskutiert« habe.[29]

Im Völkerbund war ein »Fünferausschuß« eingesetzt worden, der versuchen sollte, doch noch eine Kompromißlösung zu finden. Er machte kaum Fortschritte, hauptsächlich weil der Rumäne Titulescu und der Russe Litwinow jede Abtretung größerer abessinischer Gebiete an Italien ablehnten, wodurch es keine Möglichkeit gab, Mussolini zu besänftigen. Immerhin kam man Mitte September einem Erfolg nahe. Der Ausschuß erstattete am 18. September Bericht und empfahl eine umfassende Beaufsichtigung und Kontrolle abessinischer Territorien durch den Völkerbund. Dies wäre einem italienischen Mandat nahegekommen, denn man gab Mussolini inoffiziell zu verstehen, daß Italien den Löwenanteil der Kontrolle würde ausüben können. Abessinien war bereit, den Vorschlag zu akzeptieren, und die italienischen Diplomaten reagierten versöhnlich. Es gibt Hinweise darauf, daß Mussolini fast sein Einverständnis gegeben hätte.

Der Bericht enthielt die Formulierung: »Die Vertreter Frankreichs . . . und Großbritanniens sind bereit, ein besonderes italienisches Interesse an der wirtschaftlichen Entwicklung Äthiopiens anzuerkennen. Folglich werden diese Regierungen den Abschluß von Wirtschaftsvereinbarungen zwischen Italien und Äthiopien mit Wohlwollen betrachten.« Laval wäre gern noch weitergegangen, aber Titulescu und Litwinow verwahrten sich dagegen.[30]

Aloisi bat seine Regierung in Telegrammen vom 18. und 19. September flehentlich, die Vorschläge des Fünferausschusses anzunehmen. Er hob hervor, daß Großbritannien niemals einer Lösung zustimmen werde, die nicht die nominelle Fortdauer des Abessinischen Reiches vorsah. Der große Vorteil der gegenwärtigen Vorschläge bestehe darin, daß sie fünf Jahre später revidiert werden könnten, so daß Italien die Möglichkeit zu einem weiteren »Sprung nach vorn« habe. Aloisi führte auch die Vorteile einer Versöhnung mit den übrigen Völkerbundstaaten im Falle der »beklagenswerten Umstände eines Anschlusses zwischen Deutschland und Österreich« an und hob hervor, daß Italien, wenn es die Vorschläge erst einmal grundsätzlich akzeptiert habe, Druck auf Großbritannien und die anderen Mächte würde ausüben können, um eine funktionsfähige italienische Mehrheit in den Völkerbund-Institutionen zu erreichen, die Abessinien künftig verwalten sollten.

Mussolini zögerte. Dann befahl er Aloisi, die Verhandlungen über eine gütliche Regelung einzustellen. Am 3. Oktober begann er einen Krieg gegen Abessinien. Addis Abeba wurde bombardiert, und 100000 italienische Soldaten überschritten von Italienisch-Eritrea und Italienisch-Somaliland aus die Grenzen.

Dies war ein unnötiger Akt Mussolinis, denn er hätte seinen kolonialen Ehrgeiz weitgehend durch diplomatisches Vorgehen im Völkerbund befriedigen können. Die ganze Welt war schokkiert. Seit 1918 hatte Europa sich der Hoffnung hingegeben, daß größere Kriege der Vergangenheit angehörten; zivilisierte Nationen hatten bewaffnete Konflikte durch die Gründung des Völkerbundes für immer geächtet. Mussolini wurde geschmäht, weil er den schwererkämpften Frieden gefährdete. Außerhalb Italiens betrachtete man ihn als ein Ungeheuer, und fortan hatte man den Eindruck, daß ihm nicht zu trauen sei.

Der Völkerbund trat am 5. Oktober zusammen und beschloß am 9. Oktober, Sanktionen gegen Italien zu ergreifen. Hitler war entzückt. Allerdings kam man in Genf überein, mit Mussolini in der Hoffnung zu verhandeln, daß eine gütliche Regelung Sanktionen überflüssig machen würden.

Mussolinis Angriff auf Abessinien berechtigt zu der Annahme, daß es in jedem Fall unmöglich gewesen wäre, ihn zufriedenzustellen. Aber die militärische Schwäche Großbritanniens war so ausgeprägt, daß es gar keine andere Wahl gab, als Mussolini wieder in das hitlerfeindliche Lager zu locken. Chamberlain bezeichnete

Mussolini in seinen Aufzeichnungen häufig als »den kleineren Teufel«, aber nach dem 1. Oktober 1935 bestand kein Zweifel mehr, daß es in Europa zwei »Tollwütige« gab. Nur wenige Monate nach dem so vielversprechenden Abkommen von Stresa waren die Friedensaussichten entmutigend.

Mussolini meinte, dem italienischen Volk einen militärischen Triumph für die wirtschaftlichen Opfer bescheren zu müssen, mit denen es für die Wiederaufrüstung bezahlt hatte, und er wünschte sich den Ruhm eines erfolgreichen Krieges, um das faschistische Regime populär zu machen. Er wußte, daß Großbritannien ohne die feste Zusicherung französischer Hilfe keinen Krieg gegen Italien riskieren würde, und Laval hatte dem Duce gegenüber keinen Zweifel daran gelassen, daß Frankreich keine Hilfe leisten würde. Außerdem wußte er, daß die Mehrheit des italienischen Volkes den Krieg befürwortete, weil Großbritannien und Frankreich, die selbst wertvolle afrikanische Kolonien besaßen, den Italienern das gleiche Recht auf ein afrikanisches Kolonialreich verwehrten. Als die italienischen Armeen Adua einnahmen, rächten sie sich für die demütigende Niederlage, die sie dort im Jahre 1896 erlitten hatten. Die italienische Nation war begeistert.

Laval traf am 1. Oktober in Paris mit Eden zusammen und sagte, er befürworte ein Völkerbundsmandat Italiens für alle nicht den Amhara gehörenden Teile Abessiniens sowie Hilfeleistungen des Völkerbundes für das eigentliche Abessinien unter italienischer Beteiligung. Er regte an, diesen Vorschlag als eine anglo-französische Idee einzubringen. Eden hielt dies für »kaum möglich«, da man einen Aggressor belohnen würde. Laval argumentierte, der Gedanke gehe nicht viel weiter als die Vorschläge des Fünferausschusses, die Großbritannien am 16. August in Genf gebilligt habe. Damit hatte er nicht ganz unrecht, zumal der Duce inzwischen seine Bedingungen leicht gemildert hatte.

Am 24. September hatte Hoare den französischen Botschafter in London, Charles Corbin, gefragt, ob Großbritannien auf militärische Unterstützung Frankreichs rechnen könne, wenn Italien nach dem Beginn der Sanktionen angreife. Corbin überreichte die Antwort erst am 8. Oktober; darin hieß es, daß Laval *»consultation* *et accord«* benötigen würde, bevor er Hilfe leisten könne. Vansittart notierte, dies sei keine ehrliche Antwort und Laval wünsche »ein Schlupfloch für französische Passivität, wenn wir in Schwierigkeiten kommen«. Am 7. Oktober hatte Flandin, ein früherer Ministerpräsident und nun Mitglied von Lavals Kabinett, dem britischen Gesandten in Paris, Hugh Lloyd Thomas, mitgeteilt, daß der durchschnittliche Franzose dem Völkerbund nicht traue und daß keine französische Regierung einen Krieg riskieren werde, um von der Satzung geforderte Verpflichtungen zu erfüllen. Vansittart verzeichnete: »Dies ist eine überaus ernste Erklärung des einstigen französischen Ministerpräsidenten ... er spricht wahrscheinlich die Wahrheit.«[31]

Noch ernster war ein Ersuchen Lavals, die britische Flottenkonzentration im Mittelmeer zu verringern, weil Italien sie als ungerechtfertigt hinstellen könne. Laval gab zu verstehen, er behalte sich das Recht vor, Großbritannien nicht zu Hilfe zu kommen, falls Mussolini aus diesem Grund einen Angriff auf die Briten unternehme; allerdings werde er seine Verpflichtungen erfüllen, sobald die britischen Streitkräfte ein normales Ausmaß hätten und damit die »alberne Behauptung« des Duce widerlegt würde, »daß unser Schiffe eine Bedrohung für Italien darstellen«.

Hoare referierte dies am 16. Oktober vor dem Kabinett und fügte hinzu, daß die französische Admiralität sich geweigert habe, mit dem britischen Marineattaché in Paris über eine Kooperation zu sprechen. Mit Ausnahme von Eden hatte das Kabinett bereits eine laue Einstellung Sanktionen gegenüber, denn nun war klar, daß Großbritannien in Genf ohne die vorbehaltlose Unterstützung durch Frankreich die Initiative würde ergreifen müssen. Schlimmer noch, nun bestanden ernste Zweifel, daß Frankreich den Briten helfen würde, falls Mussolini sie attackierte.[32] Hoare wurde bevollmächtigt, Laval mitzuteilen, daß Großbritannien weniger Verstärkungen ins Mittelmeer geschickt hätte, wenn es sich im Falle eines italienischen Angriffs der französischen Marinekooperation und der Benutzung französischer Häfen gewiß gewesen wäre. Man beschloß, keine neuen Sanktionen anzuwenden, bis die französische Situation sich geklärt habe.

In derselben Sitzung billigte das Kabinett den Vorschlag, am 19. Oktober zurückzutreten und am 14. November allgemeine Wahlen abzuhalten. Es wäre der einzig ehrliche Weg gewesen, wenn Baldwin die Nation hätte wissen lassen, daß die britische Sanktionspolitik von französischer Unterstützung abhing. Statt dessen schickte er die Konservative Partei unter der falschen Voraussetzung, daß sie Völkerbundssanktionen uneingeschränkt unterstütze, in die Wahl. Aber da die Opposition in Verwirrung war und die jüngsten Nachwahlergebnisse die Regierung begünstigten, brauchte er keine Wahlniederlage zu befürchten.

Bei der nächsten Kabinettssitzung, am 23. Oktober, berichtete Hoare, er habe eine sehr ausführliche Antwort von Laval erhalten (die in allen Einzelheiten an die französische Presse lanciert worden war); sie sei »zufriedenstellend«. Ob zufriedenstellend oder nicht, die französische Note sah vor, daß Großbritannien seine Streitkräfte im Mittelmeer verringerte. Vielleicht hielt Hoare dies nicht für bedeutsam, denn er informierte das Kabinett auch, daß er einen Beamten (Maurice Peterson, Chef der Abessinien-Abteilung) nach Paris entsandt habe, um dem dortigen britischen Botschafter zu helfen, mit Laval eine Regelung auszuarbeiten, die Mussolini genehm sein würde.[33]

Am 17. Oktober, zwei Wochen nach Beginn der italienischen Invasion in Abessinien, teilte Mussolini dem französischen Botschafter in Rom mit, er werde einer Lösung zustimmen, wenn man den Plan des Fünferausschusses auf das alte Königreich Abessinien anwende und die Hilfe für den nichtamharischen Teil (die eroberten Gebiete) »nicht international, sondern italienisch« sein werde. Zugleich verlangte er eine Grenzkorrektur in Ogaden und der Danakil-Senke zu Italiens Gunsten. Drummond übermittelte diese Nachricht nach London, und Peterson notierte: »Signor Mussolinis neueste Ideen scheinen mir viel hoffungsvoller als alles, was wir früher gehört haben.« Vansittart fügte hinzu: »Dies scheint mir ein deutlicher Schritt nach vorn zu sein ... wir sollten uns bemühen, unserer Antwort einen ermutigenden Tonfall zu geben.«[34]

Mithin erwog die britische Regierung, ihrem Wahlprogramm

zum Trotz, sogar nach Beginn des Abessinienkrieges noch eine Regelung, die Italien für seine Aggression belohnen würde. Mussolini glaubte aus gutem Grund, er könne sich mit Großbritannien dahingehend einigen, daß Italien aufhörte, sich im Nahen Osten in britische Interessen einzumischen, dafür aber freie Hand in Abessinien erhielt.

Trotz Hoares Kabinettsaussage vom 23. Oktober hatte er noch am Vortag im Unterhaus betont, daß Großbritannien den Völkerbund, wenn auch bedingt, unterstützen werde: keine militärischen Maßnahmen, keine Sperrung des Suezkanals, aber Wirtschaftssanktionen. In der Debatte unterstrich Baldwin von neuem die Unterstützung der Regierung für den Völkerbund, aber er sprach sich auch für Wiederaufrüstung aus.

Nach Gesprächen mit Laval und St. Quentin, dem Chef der französischen Afrika-Abteilung, legte Peterson einen gemeinsamen Planentwurf vor, durch den eine ausgedehnte Zone abessinischen Territoriums zu ausschließlicher Wirtschaftsentwicklung an Italien abgetreten werden sollte. Peterson war instruiert worden, die Vorschläge des Fünferausschusses zu benutzen, aber er ging über sie hinaus und verfaßte ein Konzept, nach dem die britische und die französische Regierung Mussolini eine Regelung anbieten würden, die ein Sonderregime für die nichtamharischen Territorien vorsah (diese Gebiete wurden definiert als »von Kriegen, Sklaverei und Hungersnot niedergedrückt, so daß die zentralabessinische Regierung unfähig gewesen ist, sie ordnungsgemäß zu verwalten«). Dies lief praktisch auf ein italienisches Mandat hinaus, aber es würde, wie in dem Entwurf hervorgehoben wurde, schwer sein, in Genf Zustimmung zu einem direkten Mandat zu erhalten. Statt dessen würde das Gebiet nominell unter der Aufsicht des Völkerbundes stehen, während die Sicherheit durch eine Fremdenlegion unter italienischem Kommando garantiert werden sollte. Italien würde daneben für die ausschließliche Wirtschaftsentwicklung im Süden zuständig sein; das eroberte Territorium und die Souveränität über die Danakil-Senke und den Ogaden südlich des achten Breitengrades sollten von Abessinien an Italien abgetreten werden. Die abessinische Armee sei aufzulösen. Als Gegenleistung solle Abessinien einen Hafen auf britischem Territorium, entweder in Assab oder Zeila, erhalten.[35]

Hoare, inzwischen mitten im Wahlkampf, antwortete Laval, er wünsche keine ausschließlich italienische Kontrolle, doch er sei bereit, den Italienern einen angemessenen Anteil »des Personals sowohl der Zentralkommission in der Hauptstadt als auch der Provinzverwaltung« zuzugestehen. Auch wolle er den vorgeschlagenen Grenzänderungen zustimmen. Er meinte, eine Gendarmerie sei einer Fremdenlegion vorzuziehen, und gab zu bedenken, daß Abessinien sich keinen von italienischem Territorium umschlossenen Hafen und Korridor wünschen werde.

Peterson reiste am 27. Oktober aus Paris ab. Am Ende bestand die einzige Differenz zwischen Laval und Hoare in der Frage, ob Italien »ausschließliche Kontrolle« oder »einen angemessenen Anteil« des Verwaltungspersonals haben solle.[36] Eden und Hoare unterbrachen den Wahlkampf, um nach Genf zu fliegen, wo sie am 1. November mit Laval zusammentrafen. Laval sagte, er sei enttäuscht über die britische Antwort auf den Petersen-Entwurf, aber er habe von Mussolini erfahren, daß dieser auf eine Regelung Wert lege. Laval forderte die Briten auf, Zeila an Abessinien zu übergeben. Hoare erwiderte, er sei dafür, die Vorschläge des Fünferausschusses auf den Zentralbereich Abessiniens anzuwenden (dies bedeutete fast völlige italienische Kontrolle) und die restlichen Fragen durch Gebietskonzessionen beizulegen. Wenn Eden gegen diese Belohnung für Mussolini war, hätte er nun protestieren müssen. Er tat es nicht.[37]

In seinem Gespräch mit Laval gab Hoare der Hoffnung Ausdruck, Italien werde eine Geste machen und eine Division aus Libyen zurückziehen, wo italienische Truppen die in Ägypten stationierten britischen Einheiten bedrohten. Wie gut die Verbindung zwischen Laval und Mussolini funktionierte, ist daran abzulesen, daß die Division Metauro zwei Tage später begann, sich von Tripolis nach Neapel einzuschiffen. Baron Aloisi kam in Genf mit Hoare zusammen, der ihm erklärte, Großbritannien wolle die Verhandlungen unbedingt fortsetzen; man habe Aussicht auf eine gütliche Beilegung des Abessinienkrieges. Die italienische Presse kommentierte, Laval werde aus Wahlgründen von den Briten zurückgehalten.

Während der Novembergespräche in Genf warf der kanadische Delegierte Riddell die Frage von Ölsanktionen auf. Vansittart notierte: »Wenn diese ernsthaft angewendet worden wären, hätten sie katastrophal für Mussolini sein können.«

Hoare und Eden kehrten am 3. November nach England zurück. Die Wahlkampagne entwickelte sich positiv für die Konservativen, und am 11. November erfuhr Peterson bei einem Treffen mit Hoare, daß die Verhandlungen mit Laval unmittelbar nach der Wahl wiederaufgenommen werden sollten. Dabei werde es um einen einfachen Gebietsaustausch und einen Hilfsplan für Abessinien mit maßgeblicher italienischer Beteiligung gehen.[38] Am 14. November wurden die Konservativen mit einer erdrückenden Mehrheit wiedergewählt. Hoare und Eden behielten ihre Kabinettsämter: der eine als Außenminister, der andere als Minister für Völkerbund-Angelegenheiten.

Mussolini, erschreckt durch die Androhung von Ölsanktionen, wurde noch aggressiver. Er drohte, sein Bündnis mit Frankreich zu brechen und den Völkerbund zu verlassen. Auch drohte er damit, die Französische Riviera bombardieren zu lassen, und beorderte Truppen an die französische Grenze. Das Foreign Office begann zu fürchten, daß Großbritannien und Italien in einen Krieg verwickelt werden könnten, obwohl eine Einigung relativ nahe war. Drummonds Mitteilungen aus Rom waren immer beunruhigender. Am 13. November meldete Phipps auch aus Berlin, daß Deutschland wie im Kriegszustand lebe, daß sich an seinen militärischen Aufbau eine territoriale Expansion anschließen werde und daß Großbritannien kein Konzept habe, die Deutschen zu stoppen. Er betonte, daß Abessinien »nicht der einzige Unruheherd sei: ... die gegenwärtige äthiopische Verwicklung ist ein reines Kinderspiel, verglichen mit dem [deutschen] Problem, dem sich die Regierung Seiner Majestät in nicht allzu ferner Zukunft stellen muß«.[39]

Unterdessen leitete der Völkerbund die Planung der Ölsanktionen ein, die Mussolini so sehr fürchtete. Der verantwortliche Fünferausschuß sollte am 6. Dezember zusammentreten. Am 23. November teilte Vansittart Hoare und Eden mit, daß »wir auf die Ölsanktionen verzichten müssen, oder der Duce wird Krieg gegen uns führen«. Es sei »selbstmörderisch«, Ölsanktionen durchzuführen, »solange wir kein vollständiges und konkretes Arrangement mit den Franzosen [hinsichtlich militärischer Zusammenarbeit] haben«.

Am 30. Oktober berichtete Drummond, der Duce habe ihm gesagt, wenn Italien »vor der Wahl« stehe, »nachzugeben oder Krieg zu führen, werde er sich eindeutig für den Krieg entscheiden, selbst wenn ganz Europa in Flammen aufgehe«. Drummond wiederholte seine Botschaft vier Wochen später, was anzeigt, wie ernst er Mussolinis Drohung nahm. Am 21. November meldete der britische Vertreter beim Vatikan, daß italienische Bischöfe und andere Geistliche starken Groll über Sanktionen äußerten, ohne vom Papst gezügelt zu werden.[40] Die italienische Nation stand in der Frage des Abessinienkriegs hinter Mussolini, und sie betrachtete Sanktionen als einen von Großbritannien inspirierten feindseligen Akt.

Die britische Regierung war so besorgt über die Drohungen eines italienischen Angriffs im Mittelmeer und über Lavals Weigerung, Großbritannien zu Hilfe zu kommen, daß das Heeresministerium am 26. November - angesichts der Möglichkeit eines italienischen Angriffs auf Ägypten von Libyen aus - Panzer und eine Infanteriebrigade nach Ägypten entsandte und die Einberufung von Reservisten anordnete. Zwei Tage später meldeten die Generalstabschefs, daß man erheblichen Mangel an Flakmunition habe und »nicht die geringste Hoffnung« bestehe, »daß sie innerhalb eines vernünftigen Zeitraums verfügbar sein wird«.[41]

Baldwins Einstellung kam in seiner wiederholten Aufforderung an Hoare zum Ausdruck: »Halten wir uns aus einem Krieg heraus, wir sind nicht darauf vorbereitet.« Da Baldwin und Vansittart panische Angst vor einem italienischen Angriff hatten, kam Hoare mit Recht zu dem Schluß, daß er den Frieden fast um jeden Preis anstreben müsse, und Eden fügte sich. Mussolini war unberechenbar; die italienische Nation war nun antibritisch eingestellt, und wenn Kämpfe zwischen Großbritannien und Italien begännen, würde Hitler der einzige Nutznießer sein.

Am 21. November war Peterson von Hoare und Eden beauftragt worden, nach Paris zurückzukehren und seine Suche nach einem Kompromiß-Friedensplan mit Laval fortzusetzen. In Gegenwart Edens hatte Hoare Peterson angewiesen, sich nicht auf Dreiergespräche mit italienischen Diplomaten einzulassen, sondern sich auf die Franzosen zu beschränken. Hoare und Eden befürworteten einen »Gebietsaustausch«, aber Peterson solle vorsichtig sein, wenn das italienische Personal, das sich am Hilfsplan des Völkerbundes beteiligen würde, zur Sprache kommen sollte. Notfalls solle er in der Heimat Instruktionen anfordern.

Am 25. November berichtete Peterson aus Paris folgende Mindestbedingungen, die Mussolini nach Lavals Meinung akzeptieren würde: 1. Vorbehaltlose Abtretung des gesamten Tigre, einschließlich Makales, an Italien; 2. Grenzkorrektur des Ogaden und der Danakil-Senke; 3. Schaffung einer großen Sonderzone in Südabessinien, die von dem achten Breitengrad im Norden und dem 37. Längengrad im Westen begrenzt werden sollte. Diese Zone sollte nominell weiter der »Oberhoheit des Kaisers« unterstehen, doch »Italien muß völlige Kontrolle zugesichert werden, was Wirtschaftsentwicklung und Kolonialbesiedlung betrifft«. Dies alles bedeutete, daß der Kaiser ein gewaltiges Territorium aufzugeben hatte, und Peterson stellte fest, daß es sich in der Praxis um eine Abtretung an Mussolini handele.

Als Gegenleistung war dem Kaiser der Hafen Zeila in Britisch-Somaliland zugedacht. Es war eine »Zerstückelung«, bei der Mussolini all das erhalten würde, was er sich vom Territorium des Kaisers wünschte. Peterson schrieb, daß »der gegenwärtige Vorschlag die Kontrolle durch den Völkerbund völlig ausschaltet und die Bewahrung der äthiopischen Souveränität bloß zu einer durchsichtigen Fiktion macht«.

Patrick Stratford Scrivener, der erst kurz zuvor von der britischen Botschaft in Addis Abeba ins Foreign Office nach London versetzt worden war, notierte auf Petersons Memorandum: »Man fragt sich, ob die Fortsetzung dieser Gespräche im Lichte von Lavals offenkundiger Absicht, italienischer als Signor Mussolini zu sein, einem *wirklich* nützlichen Zweck dienen kann.« Und Sir Lancelot Oliphant, Nahost-Experte im Foreign Office, kommentierte: »Von Anfang an war entschieden worden, daß wir versuchen sollten, die Waage zwischen Rom und Addis Abeba im Gleichgewicht zu halten und uns nicht dem möglichen Vorwurf auszusetzen, wir neigten sie zugunsten Roms.«

Vansittart dagegen war begeistert. Er meinte, die Bedingungen seien »die besten, die wir erhoffen können. Wir sollten sehr zufrieden sein, wenn die Italiener akzeptieren ... Ich würde Mr. Peterson autorisieren, sofort an die Arbeit zu gehen ... Wenn wir die Franzosen überzeugen können, wäre ich bereit, als nächster nach Rom zu reisen.«

Eden nahm Scriveners und Oliphants Vorbehalte nicht zur Kenntnis und vermerkte: »Ich bin mit Mr. Petersons 1. und 2. [Abtretung des Tigre und Makales sowie des Ogaden und der Danakil-Senke an Italien] einverstanden, natürlich unter der Bedingung, die wir immer betont haben und immer aufrechterhalten müssen, daß eine Regelung für die drei Parteien - Italien, Abessinien und den Völkerbund - annehmbar zu sein hat.« Er hatte also keine prinzipiellen Einwände gegen das vorgeschlagene Abkommen, das zum Hoare-Laval-Plan werden sollte. Hoare war sich jedenfalls der Zustimmung Edens sicher, wenn er notierte: »Ich bin einverstanden. Wir wollen zunächst im Sinne der beiden letzten Memoranden [Edens und Vansittarts] voranschreiten.« Am 28. November telegraphierte man an Peterson in Paris, er möge mit Laval eine Vereinbarung aushandeln, die Mussolini zufriedenstellen könne.[42]

Am selben Tag überging General Garibaldi, Mussolinis persönlicher Gesandter in London, den italienischen Botschafter in der britischen Hauptstadt, Dino Grandi, und sprach bei Vansittart vor. Er teilte ihm mit, Mussolini wünsche ein italienisches Mandat über das gesamte nichtamharische Territorium (was Peterson vorschlug); als Gegenleistung solle Großbritannien entweder Zeila oder Assab an Abessinien übergeben. Daneben wünschte er ein

Völkerbundsmandat über Addis Abeba und den die Stadt umgebenden amharischen Kernbereich, wobei die Mehrheit der Völkerbundsvertreter Italiener zu sein hätten. Der französische Ministerpräsident und Peterson hatten keine italienische Mehrheitsbeteiligung am Völkerbundsmandat über das Amhara-Gebiet vorgeschlagen, und später überging der Hoare-Laval-Plan diese Forderung.[43] Ein Vermerk über das Gespräch zwischen Vansittart und Garibaldi wurde an das gesamte Kabinett weitergereicht. Die Mitglieder zeigten sich keineswegs ablehnend, weshalb ihnen der Hoare-Laval-Plan um so akzeptabler erschienen sein dürfte. Aus den Berichten Garibaldis und Petersons ging also hervor, daß der Disput fast gelöst zu sein schien, denn Mussolini wollte kaum mehr, als die Briten und Franzosen ihm zuzugestehen bereit waren.

Am 30. November meldete Peterson aus Paris, er und der französische Diplomat St. Quentin seien zu einer von Laval gebilligten Einigung gelangt, die Hoares Ansichten genau wiedergebe. In einem Bericht des Foreign Office für das Kabinett wurden die Vorschläge von Peterson und St. Quentin begrüßt. Baldwin war in einem Zwiespalt. Er hatte gerade die Wahl gewonnen, indem er der fast religiösen Hingabe des Landes an den Völkerbund Vorschub geleistet und fälschlich versprochen hatte, Mussolini durch Sanktionen zu stoppen, obwohl er den ganzen Wahlkampf hindurch gewußt hatte, daß Hoare und Eden über Zugeständnisse verhandelten, die Mussolini im Falle eines Kompromißfriedens angeboten werden sollten.

Eden hatte sich, was die Angebote an Italien anging, zu Kompromissen durchgerungen und am 29. November einigen seiner Kabinettskollegen erklärt, Großbritannien solle Ölsanktionen zurückstellen, bis das Ergebnis der Verhandlungen zwischen Peterson und Laval in Paris erkennbar werde. Das Kabinett entschied entsprechend. Hoare sagte am 5. Dezember im Unterhaus: »Die Verschiebung [des Treffens zur Erörterung der Ölsanktionen] hat nicht das geringste mit einem Zurückweichen zu tun ... Sie bietet ... jedoch eine weitere Gelegenheit zu einer intensiven Anstrengung, eine friedliche Regelung herbeizuführen.«

In der Kabinettssitzung am 2. Dezember hatten die Generalstabschefs erneut auf die mangelhafte Vorbereitung für einen Krieg mit Italien hingewiesen und gewarnt, daß im Falle von Feindseligkeiten »die Franzosen uns vielleicht nicht unterstützen würden« und Deutschland seine Armee entweder in die entmilitarisierte Rheinlandzone entsenden oder die Situation in Österreich oder der Tschechoslowakei ausnutzen könne. Allein Eden hatte sich nachdrücklich für Ölsanktionen gegen Italien eingesetzt; nur wenn Großbritannien Mussolini mit Hilfe der Völkerbundakte Einhalt gebiete, werde es je in der Lage sein, auch Hitler zu stoppen. Baldwin blieb zurückhaltend und wollte sich nicht auf ein Datum für den Beginn von Ölsanktionen festlegen.

Die Archive enthüllen, daß das gesamte Kabinett, einschließlich Edens, am 2. Dezember die Peterson-Vorschläge* billigte und es für höchst wahrscheinlich hielt, daß Hoare und Laval eine für Mussolini akzeptable Vereinbarung würden treffen können. Im Rahmen dieses Abkommens würde der Völkerbund sich bereit erklären, große Gebiete des Abessinischen Reiches an Mussolini auszuliefern und Italien die wirtschaftliche Kontrolle über fast das ganze Territorium zu übertragen. Alle Kabinettsmitglieder hofften, daß dies den Abessinienkrieg beenden und die Stresa-Front wiederherstellen werde.

Hoare war von seinem Arzt angewiesen worden, in der Schweiz Urlaub zu machen. Er entschied sich, Vansittart mitzunehmen und in Paris Zwischenstation einzulegen, um die Vereinbarung mit Laval abzuschließen. Am 7. Dezember nahmen sie die Gespräche mit Laval auf, der keinen Zweifel daran ließ, daß Mussolini über die Geschehnisse unterrichtet und mit den Vorschlägen zufrieden sei. Hoare erklärte sich einverstanden, Mussolini ein noch größeres Gebiet in Tigre zu überlassen und Abessinien

* Sobald die Akten des Foreign Office dem Public Record Office zugänglich gemacht wurden, untersuchte der Oxford-Historiker R. A. C. Parker sie gründlich und schrieb: »Nachdem der Hoare-Laval-Plan verurteilt und aufgegeben worden war, begannen andere Kabinettsmitglieder, ihn als eine seltsame und persönliche Verirrung Hoares zu behandeln. In Wirklichkeit hatte das Kabinett ihm im voraus freie Hand gegeben und später seine Aktionen gebilligt.«[44]

entweder den Hafen Assab oder Zeila anzubieten; zudem sollte Italien unter Aufsicht des Völkerbundes das Wirtschaftsmonopol für eine umfassende Zone im Süden und Südwesten erhalten. Laval informierte Mussolini telefonisch von den Vorschlägen, und der Duce hielt sie für akzeptabel. Sobald die Vereinbarung unterzeichnet war, gratulierte Vansittart Hoare dazu, den Abessinienkrieg beendet und nicht nur die anglo-französische Front wiederhergestellt, sondern auch Mussolini wieder in die Stresa-Front zurückgeholt zu haben.

Hoare (von Vansittart unter Druck gesetzt) und Laval hatten überraschenderweise vereinbart, daß die Bedingungen sofort an Mussolini, doch erst später an den äthiopischen Kaiser übermittelt werden sollten. Am 8. Dezember gab Hoare eine ausführliche Schilderung seiner Gespräche mit Laval nach London durch. Vansittart erstattete ebenfalls telefonisch Bericht. Das Foreign Office war also gut über die Verhandlungen informiert. Doch in seinen Memoiren behauptet Eden, er sei erstaunt gewesen, als Peterson ihm am Morgen des 9. Dezember ein vierseitiges Dokument in französischer Sprache mit den Initialen »SH-PL« gebracht habe, das die Details des Abkommens enthielt. Dieses Dokument liegt weiterhin in den Akten des Foreign Office und entspricht genau dem, was im Lichte der Kabinettsdiskussion vom 2. Dezember zu erwarten war.*

Am 9. Dezember hielt das Kabinett eine Sondersitzung ab, um über Hoares Vorschläge zu beraten. Hoare war aus Paris in die Schweiz weitergereist, aber er hatte dem Premierminister einen Brief geschickt, in dem er die Annahme der Vorschläge nachdrücklich empfahl.[45] Eden behielt sein »Erstaunen« für sich und erbat nur »zwei Zusätze«. Der eine besagte, daß der Kaiser zur selben Zeit wie Mussolini über den vollen Text der Vorschläge

* In seinen Memoiren schrieb Eden: »Die Bedingungen gingen über alles hinaus, was Peterson bevollmächtigt worden war zu akzeptieren.« In dem Brief, der das Dokument begleitete, schrieb Hoare, die Vorschläge hielten sich durchaus innerhalb der vom Fünferausschuß in Genf diskutierten Richtlinien und lägen auf der Linie dessen, »worauf wir uns in London geeinigt hatten«. Dem Archivmaterial zufolge hat Hoare recht und Eden unrecht.

informiert werden solle, und der andere betraf eine geringfügige Änderung des Verfahrens beim Völkerbund in Genf. Eden sagte, er erwarte, daß die Frage von Ölsanktionen nun hinausgeschoben werde. Er bestätigte, daß er die Vorschläge des Außenministers unterstütze, wiewohl sie einigen Ländern im Völkerbund nicht zusagen dürften. Er fügte hinzu, daß »Laval die Vorschläge so großzügig wie möglich für Mussolini interpretieren« wolle und daß man bezweifeln müsse, ob die Franzosen bei Sanktionen mitwirken würden, besonders wenn Mussolini die Vorschläge akzeptiere, der Kaiser von Abessinien sie jedoch ablehne. Das Kabinett stimmte Eden zu, daß Haile Selassi zur selben Zeit wie der Duce über die geplanten Friedensbedingungen informiert werden müsse; zugleich solle man dem Kaiser dringend raten, sie anzunehmen.

Am nächsten Tag hörte Eden telefonisch von Vansittart aus Paris, daß Laval bereit sei, den Text der Vorschläge an Haile Selassi zu senden, allerdings unter der Voraussetzung, daß keine Rede von Ölsanktionen sein werde, wenn der Kaiser den Plan ablehne. Eden antwortete: »Es ist sehr unwahrscheinlich, daß Ölsanktionen nun realisiert würden, es sei denn, Italien weist die Vorschläge zurück.« Aber das Kabinett wolle sich nicht verpflichten, weitere Sanktionen unter neuen Bedingungen abzulehnen. Laut Vansittart gab Laval an jenem Abend schließlich, wenn auch widerwillig, sein Einverständnis, denn er wollte den Duce wissen lassen, daß Ölsanktionen im Falle einer italienischen Zustimmung nicht in Frage kämen. Daraufhin wurden die Vorschläge offiziell nach Rom und Addis Abeba weitergeleitet. Mussolini hatte bereits am Wochenende von Laval alle Einzelheiten erfahren.

Eden erklärte sich in der am nächsten Tag, dem 10. Dezember, abgehaltenen Kabinettssitzung bereit, den Hoare-Laval-Plan beim Völkerbund zu unterstützen. Im Kabinett war man sich einig, daß dies »die besten Bedingungen« seien, »die aus abessinischer Sicht von Italien zu erlangen waren«; wenn Großbritannien sie zurückgewiesen hätte, wäre Frankreich zur Verhängung von Sanktionen nicht bereit gewesen. Eden teilte dem britischen Botschafter in

Addis Abeba mit, er solle Haile Selassi drängen, die Vorschläge anzunehmen und »auf keinen Fall leichtfertig zu verwerfen«.[46]

Laut Sir George Clerk, dem britischen Botschafter in Paris, war Laval überzeugt, daß Mussolini Krieg führen werde, wenn man ein Ölembargo verhängte. Diese Meinung wurde von den Berichten Drummonds untermauert, die einen verzweifelten kriegerischen Akt Italiens voraussagten, falls das Ölembargo wirksam werde. Hoare wußte, daß er sich nicht auf eine rückhaltlose Unterstützung durch Frankreich verlassen konnte, wenn Großbritannien angegriffen würde, und die britischen Generalstabschefs hatten einen akuten Munitionsmangel gemeldet. Clerk unterstrich, daß die öffentliche Meinung in Frankreich sich immer stärker gegen die Ausübung von Druck auf Italien wende und daß die französische Presse in immer gehässigerer Weise gegen Großbritannien Stellung nehme. Frankreich war entschlossen, nicht gegen Italien Krieg zu führen, und wenn Großbritannien versuche, es gegen seinen Willen dazu zu zwingen, werde es einen Bruch mit Frankreich riskieren, der unheilvolle Konsequenzen für den Völkerbund haben müsse.

Unglücklicherweise gelangten die Einzelheiten des Hoare-Laval-Plans aus dem französischen Außenministerium an die französische Presse, und die Nachricht machte sofort auch in der britischen Presse Furore. Die *Times* schrieb am 14. Dezember 1935: »Man schlägt vor, Italien das effektive Eigentum an und die Kontrolle über eine gute Hälfte des abessinischen Territoriums zu übertragen.« Dies traf mehr oder weniger zu, aber es war ein geringer Preis dafür, Mussolini ins Anti-Hitler-Lager zurückzuholen. Die entrüstete öffentliche Meinung wäre nur durch eine entschiedene und überzeugende Verteidigung der Vorschläge durch Baldwin und die übrigen Kabinettsmitglieder zu besänftigen gewesen. Die jedoch blieb aus. Ohne angemessene Initiative der Regierung wurde das Abkommen von einer großen Mehrheit der Briten als eine Schande und eine völlige Aufgabe der Wahlversprechen sowie der Unterstützung des Völkerbundes angesehen; damit aber war der Hoare-Laval-Plan tot.[47]

Konservative Unterhausabgeordnete entfachten einen Proteststurm; sie selbst wurden von Beschwerden empörter Bürger überhäuft, die deutlich machten, daß ihre Stimme unter falschen Beteuerungen gewonnen worden war. Der Druck der konservativen Hinterbänkler zwang die Regierung auf die Knie, und »die Herrschaft des Volkes über die Regierung wurde durch die sensationelle Demonstration der vorherrschenden öffentlichen Meinung bewiesen«, wie Arnold Toynbee kommentierte.

Der *Economist* schrieb am 14. Dezember: »Konservative Abgeordnete waren verwirrt . . ., denn viele von ihnen hatten ihre Sitze ein paar Wochen zuvor zweifellos in gutem Glauben gewonnen – hauptsächlich durch die Zusicherung an die Wähler, daß die Regierung nach einer Wiederwahl im Einklang sowohl mit dem Geist als auch dem Buchstaben der im September gehaltenen Rede Sir Samuel Hoares entschieden für die Rettung der Völkerbundakte eintreten werde.« Siebzig Abgeordnete, die der Regierungsdisziplin unterstanden, unterzeichneten kritische Anträge im Unterhaus, und Harold Macmillan erinnerte sich: »Abgeordnete, die der Regierungspartei angehörten, konnten sich mit einem derart raschen Umschwung so bald nach der Wahl - schließlich hatten sie die Wahlreden noch auf der Zunge - nicht abfinden.«[48]

In Amerika wiesen verantwortliche Zeitungen die Vorschläge, wie der britische Botschafter berichtet, »einmütig, hundertprozentig und unzweideutig« zurück. Sie sprachen von »einem niederträchtigen Handel« und »einem Plan, der das Kollektivsystem ruinieren und als Anreiz für andere ehrgeizige Staaten dienen muß.« Er sei »eine Rechtfertigung der italienischen Aggression und enthält Bedingungen, wie sie nach einem [italienischen] Sieg hätten erzwungen werden können«.[49] Die Journalisten schenkten der Tatsache kaum Beachtung, daß die Hoare-Laval-Gespräche von der Schwäche Großbritanniens zu Lande, zu Wasser und in der Luft sowie von Lavals Unterstützung für Mussolini bedingt wurden.

Am 11. Dezember hatte Drummond beim Duce vorgesprochen und anschließend nach London telegraphiert: »Mussolini hat sich noch nicht entschieden und ist sich seiner Verantwortung überaus bewußt . . . Ich meine immer noch . . . daß wir seine prinzipielle

Zusage erhalten werden, wenn die Frage der Ölembargo-Drohung ausgeräumt werden kann.« Hoare und Laval standen offensichtlich kurz davor, den italienisch-abessinischen Krieg zu beenden. In diesem Fall wäre Italien ins anglo-französische Lager zurückgekehrt, so daß Hitler isoliert gewesen und das Risiko des Zweiten Weltkriegs stark verringert worden wäre.[50]

Eden reiste nach Genf, wo die Vorschläge auf erheblichen Unmut stießen. Die kleineren Nationen waren der Ansicht, daß der Völkerbund keine Aussicht haben würde, sie später vor Hitlers Aggressionen zu retten, wenn man Mussolini nun für seinen Angriff belohnte. Unter diesem Eindruck änderte Eden seine Haltung und wurde zu einem heftigen Gegner des Hoare-Laval-Plans. Am 12. Dezember berichtete er aus Genf: »Eindruck, den Pariser Vorschläge hier auf öffentliche Meinung gemacht haben, ist noch schlechter, als ich erwartet hatte.«

Hoare kehrte am 16. Dezember, immer noch bei schlechter Gesundheit, aus der Schweiz nach England zurück, wo er weiterhin das Bett hüten mußte. In seiner Abwesenheit hatte Eden das Todesurteil für den Plan aufgesetzt. Am 17. Dezember bevollmächtigte das Kabinett Eden – mit fast unglaublicher Illoyalität Hoare gegenüber –, von neuem nach Genf zu fliegen und dort zu erklären, daß die britische Regierung nicht mehr auf eine Annahme der Pariser Bedingungen dringe.

Am 18. Dezember kam das Kabinett ohne Hoare zusammen. Chamberlain, damals Schatzkanzler und offenkundig dazu ausersehen, Baldwin als konservativer Premierminister nachzufolgen, befürwortete ein entschiedenes Festhalten am Hoare-Laval-Plan, da er den Richtlinien des Fünferausschusses entspreche. Nach der Sitzung suchte er den Außenminister am Krankenbett auf und warnte ihn vor den Zweifeln, die das Kabinett angesichts der öffentlichen Empörung entwickelt habe. Hoare ließ sich nicht beirren und erwiderte, er wolle seinen Plan im Unterhaus energisch verteidigen, denn die Vorschläge unterschieden sich nicht radikal von dem Peterson-Abkommen, das dem Kabinett vorgelegt und von ihm gebilligt worden sei. Chamberlain stimmte ihm zu. Dann erschienen auch Baldwin und Eden, die den Plan nun heftig ablehnten, am Krankenbett, und Hoare erklärte sich widerwillig mit Edens Entwurf für Genf einverstanden, der dem Plan ein Ende bereitete. Hoare begriff, daß das Kabinett seinen Plan verleugnet hatte und er zurücktreten mußte.

Baldwin geriet in Panik. Es sah aus, als könne die Regierung stürzen. Am 18. Dezember trat das Kabinett in der wohl heftigsten Konfusion zusammen, die einer Regierung in diesem Jahrhundert beschert war. Immerhin hatte es sowohl die Vorschlagsentwürfe von Peterson als auch den vereinbarten Hoare-Laval-Text gebilligt und ihn Mussolini, Abessinien und dem Völkerbund zur Annahme vorgelegt, so daß bei einer nunmehrigen Verwerfung des Plans nur noch der Rücktritt einen ehrlichen Ausweg bot. Dazu war Baldwin jedoch um keinen Preis bereit. Die Mehrheit der Minister sprach sich statt dessen für den Rücktritt Hoares aus. Baldwin beendete die Sitzung mit der Aussage, daß er noch zu keiner Entscheidung gekommen sei.[51]

Bald darauf aber traf der Premier eine Entscheidung. Er entließ Hoare und hielt sein Kabinett zusammen, wodurch er den falschen Eindruck erweckte, Hoare sei nicht zu dem Abkommen mit Laval ermächtigt gewesen und Eden habe von Anfang an Widerstand geleistet. Baldwin hätte es vorgezogen, wenn Hoare Abbitte getan hätte und in der Regierung geblieben wäre, aber der Außenminister weigerte sich tapfer. Hoare blieb für den Rest seines Lebens bei der Meinung, daß nichts anderes als sein Plan Mussolini hätte zufriedenstellen und am Beitritt zur Hitlerfront hätte hindern können.

Unterdessen versuchte Mussolini in Rom, Zeit zu gewinnen. Er setzte eine Sitzung des Großen Rates der Faschistischen Partei an – offenbar, um den Plan anzunehmen. Kaum aber hörte er von Hoares Entlassung, sagte Mussolini die Sitzung wieder ab, denn eine Annahme hatte wenig Sinn, wenn Großbritannien den Plan zurückwies. Hitler muß erleichtert gewesen sein; das Abkommen war eine höchst unangenehme Überraschung für ihn gewesen, denn er wußte, daß es die gemeinsame Stresa-Front gegen ihn, nun gestärkt durch den französisch-sowjetischen Beistandspakt, wiedererschaffen würde.[52]

Der italienische Botschafter Grandi sandte Hoare einen Brief, in dem er ihm für »Ihre Freundlichkeit und Ihr Verständnis« dankte. Was wäre geschehen, wenn Mussolini den Plan akzeptiert und die britische Regierung Hoare nicht im Stich gelassen hätte? Die öffentliche Meinung hätte vielleicht für den Sturz der Regierung Baldwin gesorgt, aber angesichts der überwältigenden Mehrheit und der Entschlossenheit der Konservativen, an der Macht zu bleiben, hätte es keine Parlamentsauflösung, sondern nur eine Kabinettsumbildung und vielleicht einen Führungswechsel gegeben. Allen mutigen Worten in Genf zum Trotz war kein anderes Land bereit, einen Krieg gegen Italien zu riskieren. Baldwin hätte der Öffentlichkeit klarmachen können, daß nicht Italien, sondern Deutschland die wirkliche Gefahr darstellte, daß Ölsanktionen Krieg bedeuteten und daß alle anderen Sanktionen Mussolini niemals auf die Knie zwingen würden.

Anstelle Hoares wurde der antiitalienisch gesonnene Eden Außenminister. Er versuchte, Ölsanktionen durchzusetzen, wurde jedoch von Roosevelt daran gehindert, und im Februar 1936 hatten sich die Ölexporte der USA nach Italien verdreifacht. Ende Februar stimmte das Kabinett auf Betreiben Edens einem Ölembargo zu, aber durch den Widerstand der Franzosen trat es nie in Kraft.

Im Januar und Februar 1936 versuchte Eden, eine Vereinbarung mit Deutschland zu treffen, und beabsichtigte, die Erlaubnis zur Wiederbesetzung des Rheinlandes durch deutsche Truppen als Gegenangebot zu benutzen. Doch am 6. März ließ Hitler seine Soldaten unter Verletzung des Versailler Vertrags ins Rheinland einmarschieren, und Abessinien stand nicht mehr im Mittelpunkt des europäischen Interesses. Mussolini machte sich daran, Abessinien auszulöschen, und war fortan gegenüber Großbritannien feindselig eingestellt. Es war das schlimmste aller möglichen Szenarien.

VEREINIGUNG DER DIKTATOREN
1936–1938

Durch den Versailler Vertrag war Deutschland verboten worden, jemals wieder Truppen im Rheinland zu stationieren oder es zu befestigen; dies hatte der Vertrag von Locarno bekräftigt. Die Franzosen hatten das Rheinland aufgrund des Versailler Vertrags besetzt, ihre Soldaten jedoch im Jahre 1930 infolge von Stresemanns Bemühungen abgezogen. Anfang 1936 war klar, daß Hitler erwog, in die entmilitarisierte Zone vorzurücken. Der französische Außenminister Flandin beriet sich im Januar und Februar mit Eden über die Gefahr eines solchen Schrittes, doch Eden verweigerte ihm jede Zusicherung, daß Großbritannien den Franzosen im Falle eines offenkundigen Bruchs der Verträge von Locarno und Versailles militärisch helfen werde. Am 4. März hörte Eden in Genf von Flandin, daß die Verhängung von Ölsanktionen gegen Italien »eine ernste Situation schaffen würde, die fast mit Sicherheit den Rückzug Italiens aus dem Völkerbund« und eine Vereinbarung zwischen Hitler und Mussolini über die deutsche Besetzung des entmilitarisierten Rheinlands zur Folge haben werde.

Flandin hatte recht. Aber Eden dachte daran, die Remilitarisierung des Rheinlandes als Feilschobjekt für ein weitergehendes Abkommen mit Hitler zu benutzen. Am 17. Januar hatte er dem Kabinett berichtet: »Hitlers Außenpolitik läßt sich so zusammenfassen: Zerschlagung der Friedensregelung und Wiederherstellung Deutschlands als der vorherrschenden Macht in Europa.« Gleichzeitig hatte er Phipps' Berichte aus Berlin zirkulieren lassen. In einem von ihnen schrieb der Botschafter: »Überall wachsen gigantische Militäranlagen aus dem Boden ... Enorme Flughäfen, entweder schon fertiggestellt oder noch im Bau, ziehen sich manchmal meilenweit neben der Hauptstraße her . . . mit Tarnfarben bemalte Militärfahrzeuge mischen sich unter den Zivilverkehr. In der Luft zeugt das unaufhörliche Dröhnen der Flugzeuge von der Ausweitung der deutschen Luftwaffe . . . Daß sich der militärischen eine territoriale Expansion anschließen wird, liegt auf der Hand.«

Das Kabinett entschied, die Wiederaufrüstung zu beschleunigen und einen Modus vivendi mit Deutschland anzustreben.[1]

Am 3. Februar schrieb Vansittart ein Memorandum, in dem er ausführte, daß die Ambitionen Deutschlands nur befriedigt werden könnten, wenn man ihm einige der britischen Kolonien in Afrika abtrete. Sonst werde Großbritannien sein Einverständnis geben müssen, »das Territorium anderer europäischer Nationen zu zerstückeln, was nicht in Betracht kommt«.[2] Nach Edens Ansicht war die Abtretung von Kolonien nur eine von mehreren Möglichkeiten. In einem vom Kabinett am 17. Februar diskutierten Papier erläuterte er, welche Alternativen zu erwägen seien: ein Luftwaffenabkommen zwischen Deutschland und Großbritannien; Remilitarisierung des Rheinlandes; britische und französische Anerkennung der besonderen Interessen, die Deutschland in Mittel- und Osteuropa habe. Er ging nicht näher darauf ein, wie Hitlers Ansprüche im Osten befriedigt werden sollten, ohne daß die Souveränität Polens oder der Tschechoslowakei beeinträchtigt würde. Eine Woche später, am 24. Februar, schrieb er an Phipps: »Es deutet alles darauf hin, daß wir uns schon sehr bald große Mühe geben werden, ein Einverständnis mit Deutschland zu erzielen.«[3]

Eden hatte dem deutschen Außenminister Neurath bereits bei einem Treffen im Januar verdeutlicht, daß Großbritannien Wert auf ein baldiges Abkommen zur Beschränkung der Luftwaffen lege, und angedeutet, daß die Remilitarisierung des Rheinlandes ein Quidproquo für Deutschlands Zustimmung zu Rüstungsbegrenzungen sein könne. Am 14. Februar erklärte er dem Kabinett, daß »es nicht wünschenswert scheint, eine Haltung einzunehmen, die uns zwingen würde, entweder um die Zone zu kämpfen oder sie angesichts einer deutschen Wiederbesetzung aufzugeben. Vorzugsweise sollten Großbritannien und Frankreich beizeiten mit der deutschen Regierung Verhandlungen über die Übergabe aufnehmen, die unsere Rechte in der Zone festlegen, solange eine solche Übergabe noch einen Verhandlungswert hat«. Diese Schwäche angesichts der Aggressivität Hitlers wurde von seinen Kollegen nicht in Frage gestellt.

Am 6. März fragte Eden den deutschen Botschafter in London – im Widerspruch zu den eindeutigen Wünschen, die Flandin zwei Tage zuvor in Genf geäußert hatte –, »ob man ernsthafte Gespräche« über ein Luftwaffenabkommen »durch diplomatische Kanäle« beginnen könne; er ließ keinen Zweifel daran, daß er bereit sei, die Remilitarisierung des Rheinlandes als Zugabe einzubringen.[4] Dies war ein peinlich kurzlebiger diplomatischer Schachzug, denn am folgenden Tag besetzten die Deutschen das Rheinland unter der enthusiastischen Zustimmung der Bevölkerung.

Hitler begleitete den Einmarsch mit trügerischen Friedensangeboten. Deutschland sei bereit, sich von neuem dem Völkerbund anzuschließen, und er biete Belgien, Holland und Frankreich fünfundzwanzig Jahre währende Nichtangriffsverträge an. Naiverweise teilte Eden dem deutschen Botschafter mit, die Absicht Deutschlands, in den Völkerbund zurückzukehren, sei »sehr wichtig«. Im Kabinett vertrat er die Position, daß Großbritannien den Franzosen von militärischen Schritten gegen Deutschland abraten solle; außerdem wandte er sich gegen Sanktionen. Phipps äußerte sich in Berlin weit entschiedener und verurteilte den Vertrauensbruch in einer Demarche an den deutschen Außenminister.

Hitler behauptete, das französisch-sowjetische Abkommen rechtfertige die Remilitarisierung des Rheinlandes, da es nicht mit Locarno in Einklang stehe. Eden war nicht weit davon entfernt, dem zuzustimmen, denn er erläuterte dem Kabinett, daß »ich zwar den Bruch eines frei ausgehandelten Vertrages zutiefst beklage, daß die deutsche Mitteilung für mich jedoch gewisse sehr wichtige Angebote enthält, insbesondere den Nichtangriffspakt mit Frankreich, der von Großbritannien und Italien garantiert werden soll, sowie den Vorschlag, in den Völkerbund zurückzukehren. Ich habe den französischen Botschafter und den belgischen Geschäftsträger unterrichtet, daß wir nichts sagen und tun sollten, was die Situation vor einer Rücksprache erschweren könnte.«[5]

Am 7. März 1936 gab Albert Sarraut, der Laval als Ministerpräsident abgelöst hatte, vor seinem Kabinett eine scharfe Erklärung ab, der, wie er beabsichtigte, eine Teilmobilisierung des französischen Heeres folgen sollte. General Gamelin, der französische Oberbefehlshaber, erklärte jedoch, er würde sechs Wochen benötigen, bevor er ein Heer entsenden könne, das stark genug sei, die Deutschen zurückzutreiben. Diese Tatsache und Flandins Mahnung, daß Eden sich am 4. März geweigert habe, Militärhilfe zuzusichern, ließ die Kabinettsmehrheit gegen Sarraut stimmen. Durch Hitlers Aktion waren die Verträge von Locarno und Versailles verletzt worden, und wenn Frankreich mobilisiert und Hitler seine Truppen daraufhin nicht sofort abgezogen hätte, wäre Großbritannien beiden Verträgen gemäß verpflichtet gewesen, Frankreich zu helfen. Doch das gespaltene französische Kabinett stellte die britischen Vertragsverpflichtungen nicht auf die Probe.

Am nächsten Tag reiste Eden nach Paris, um sich mit den Franzosen und Belgiern zu beraten. Flandin verlangte wirtschaftliche, finanzielle und militärische Sanktionen gegen Deutschland. Eden lehnte ab, obwohl die Franzosen und Belgier heftig argumentierten, daß Deutschland zum Rückzug gezwungen sei, wenn die Locarno-Mächte ihm gemeinsam standhielten.[6] Tatsächlich wissen wir heute aus den deutschen Dokumenten, daß Deutschland sich zurückgezogen hätte, wenn die Franzosen ins Rheinland einmarschiert wären. Im Jahre 1936 hätte ein Krieg um das Rheinland vielleicht nicht zum Sturz des Nazi-Regimes geführt, aber Hitlers Popularität wäre stark beeinträchtigt worden. Doch nach Lage der Dinge war es den gemäßigten deutschen Generalen nun nicht mehr möglich, seine Pläne für einen umfassenden Krieg zu durchkreuzen.

Nach dem Scheitern der Sanktionen gegen Italien waren die Mitglieder des Völkerbundes wenig geneigt, Maßnahmen gegen Deutschland zu ergreifen. Besonders Polen und die skandinavischen Länder blieben zurückhaltend. Nur Belgien und Frankreich forderten Aktionen. Frankreich, das so sehr gezögert hatte, gegen Italien Sanktionen zu verhängen, war nun entschieden für die Einleitung von Schritten gegen Deutschland, während Eden, der bereit gewesen war, durch Sanktionen gegen Italien einen Krieg zu riskieren, Deutschland gegenüber nichts von der gleichen Festigkeit zeigte. Auch die britische Presse schien sich nicht der Gefahr bewußt zu sein, die Hitlers Vertragsbruch für den Frieden in Europa darstellte.

Der Rat der Locarno-Mächte trat am 16. März im St. James's Palace zusammen. Flandin führte ein Gespräch mit Baldwin, der ihm kategorisch mitteilte, er werde England nicht in Maßnahmen verwickeln lassen, die zum Krieg führen könnten: »Großbritannien ist nicht in einem kriegstüchtigen Zustand.« In einer Kabinettssitzung am 12. März hatte Baldwin verkündet, man solle den Franzosen zu verstehen geben, daß militärische Aktionen unangemessen seien, da sie »in keinem Verhältnis zu dem [stehen], was Deutschland getan hat«. Eden schloß sich dieser Meinung an und schlug vor, der Rat der Locarno-Mächte solle Großbritannien, Frankreich und Italien ein Mandat geben, mit Deutschland über ein Luftwaffenabkommen, über eine Regelung in Ost- und Mitteleuropa auf der Basis einseitiger, Hitler anzubietender Nichtangriffsverträge und über Deutschlands bedingungslose Rückkehr in den Völkerbund zu verhandeln.

Flandin hatte bei seiner Ankunft im St. James's Palace die Hoffnung gehegt, daß die britischen Politiker der Anwendung des Locarno-Vertrags zustimmen würden. Als er merkte, daß die britische Regierung entschlossen war, ihre Verpflichtungen von Locarno zu ignorieren, brach er in Tränen aus und drohte einen Moment lang, nach Paris zurückzukehren.[7]

Frankreich war also bereit, Hitler mit Gewalt Einhalt zu gebieten, aber diese wertvolle Gelegenheit wurde durch den Kleinmut Baldwins, seines Außenministers und des Kabinetts verpaßt. Die britischen Generalstabschefs waren äußerst pessimistisch und meldeten am 18. März, die Entsendung einer internationalen Streitmacht ins Rheinland hätte »rein symbolischen Charakter; die Infanterie hätte Friedensstärke, das heißt, sie verfügte über keine Flakkanonen, Panzerkampfwagen und Panzer, die sie für den Krieg benötigen würde ... Wenn Krieg ausbräche, wären wir nach diesem vorherigen Einsatz nicht in der Lage, Landtruppen für einen nennenswerten Zeitraum in das wiederbefestigte Frankreich oder nach Belgien zu schicken.«

Die Generalstabschefs und das Kabinett ließen die Tatsache außer acht, daß das französische Heer die Deutschen mühelos aus dem Rheinland hätte vertreiben können und daß Deutschland zu schwach war, einen Krieg zu beginnen. Die zwanzig Bataillone, die Großbritannien entsenden konnte, hätten die französische Regierung zufriedengestellt und Hitlers Niederlage besiegelt. Aber weder Baldwin noch Eden sahen die Situation in diesem Lichte.

Die Franzosen machten am 8. April bei einer Genfer Konferenz durch Flandin und Staatsminister Paul Boncour einen weiteren Versuch, Eden in die Pflicht zu nehmen. Flandin forderte Großbritannien auf, Sanktionen gegen Deutschland vorzubereiten. Eden lehnte ab und erkundigte sich, ob Frankreich Sanktionen ergreifen werde, wenn Deutschland das Rheinland befestige. Boncour bejahte, und Eden merkte an, daß Ribbentrop nicht versprochen habe, auf eine Befestigung zu verzichten. Flandin schloß eine deutsche Befestigung als Teil eines allgemeinen Abkommens mit Hitler nicht aus, doch dazu benötige man ein »allgemeines Sicherheitsabkommen, das über die Völkerbundssatzung hinausgeht«.[8] Als Boncour auf Sanktionen bestand, falls das Rheinland befestigt werde, machte Eden den mißlungenen Scherz, daß Deutschland ja noch nicht in Frankreich eingefallen sei. Boncour gab zurück, Deutschland tue etwas viel Schlimmeres als Italien – es bereite sich auf die Invasion Europas vor, und dagegen müßten energische Schritte unternommen werden. Diese entschlossene Haltung Frankreichs gefiel Eden nicht.

In Großbritannien wurden Stimmen laut, die Baldwin in seiner Zurückhaltung bestärkten. Simon schrieb einen privaten Brief an den Premierminister: »Geben Sie im Unterhaus keine Erklärung ab, die die Franzosen ermutigt, die Deutschen zu demütigen. Frankreich wird so selbstsüchtig und eigensinnig sein, wie es immer gewesen ist, und die Aussicht auf ein Abkommen mit Deutschland wird immer schwächer werden.« Als früherer Außenminister Baldwins hatte Simon immer noch Einfluß auf den Premier. Zudem schrieb er genau das, was Baldwin lesen wollte.

Die Kolonien unterstützten Baldwins und Edens Appeasementpolitik. Australien meinte, ein Krieg werde zur Zeit »wenig Zustimmung finden«, und die australische Regierung wünschte in der Frage des Rheinlandes eine Formel, die »zu einer allgemeinen Regelung führt«. Die südafrikanische Regierung teilte mit, sie werde einen Krieg verurteilen, und drückte ihre starke Mißbilligung einer eventuellen Aktion Frankreichs aus; ihrer Ansicht nach »solle die Welt von Versailles abrücken«.[9]

In Fragen der Außenpolitik suchte Baldwin immer noch den Rat des mittlerweile im Ruhestand lebenden früheren Stellvertretenden Kabinettsministers Thomas Jones. Dieser war prodeutsch eingestellt, und am Morgen nach der Besetzung des Rheinlandes rief er den Premierminister an und empfahl ihm, Hitlers Erklärung rückhaltlos zu begrüßen, die Tatsache, daß der Einmarsch deutscher Truppen ein Bruch des Versailler Vertrages war, herunterzuspielen und Hitlers Friedensbekundungen als aufrichtig zu akzeptieren. Jones war der Ansicht, England werde »nicht im Traum in den Krieg zu ziehen, weil deutsche Truppen in ihr eigenes Gebiet einmarschiert sind«; Großbritannien solle sich mit der Situation abfinden und »darangehen, mit Hitler an Stelle von Stresemann einen neuen Locarno-Vertrag zu schließen«.

Am 8. April aß Jones mit Ribbentrop zu Mittag und verzeichnete anschließend in seinem Tagebuch, er sei überzeugt, daß dieser keinen Krieg wünsche und, ebenso wie Hitler, große Angst vor Rußland habe. Jones äußerte Baldwin gegenüber, daß siebzig Prozent der konservativen Abgeordneten antifranzösisch eingestellt seien. In diesem Punkt hatte er wahrscheinlich recht, aber sein Irrtum, was die deutschen Absichten betraf, hätte kaum eklatanter sein können.[10]

Flandin sah zu seinem Kummer ein, daß Großbritannien in der Frage des Rheinlands nichts unternehmen werde. Alles, was erreicht wurde, war ein fünftägiger Austausch zwischen dem britischen und dem französischen Generalstab und die Entsendung eines britischen Fragenkatalogs zur deutschen Außenpolitik an Hitler. Die Fragen blieben unbeantwortet, und die Generalstabsgespräche enthüllten nur die klägliche militärische Schwäche Großbritanniens und die Schwerfälligkeit der altmodischen französischen Armee. Die Gespräche wurden erst 1939 wiederaufgenommen, und die Remilitarisierung des Rheinlandes wurde rasch zu einem *fait accompli.*

Nun hatte Hitler die Zeit auf seiner Seite. Er rüstete rasch wieder auf, während Großbritannien und Frankreich nur schleppend vorankamen. Im Februar 1937 zeigte ein Bericht des britischen Verteidigungsministeriums, daß Deutschland über 39 Divisionen verfügte, die bereit waren, gegen die zwei Divisionen Großbritanniens ins Feld zu ziehen, sowie über achthundert Langstreckenbomber, verglichen mit 48 der Briten.[11] Ein viel höherer Prozentsatz des deutschen Sozialprodukts - 16,6 Prozent, verglichen mit sieben Prozent - war der Rüstung gewidmet. Mit jedem Monat neigte sich das Gleichgewicht also weiter zugunsten Hitlers. Seine Popularität und die Stärke der NSDAP nahmen ebenfalls ständig zu. Weder das Foreign Office noch das Kabinett schienen daraus angemessene Folgerungen ziehen zu können.

Belgien, alarmiert von den deutschen Absichten und dem Zaudern der Franzosen und Briten, zog sich aus dem Bündnis mit Frankreich zurück. In Anbetracht ihrer langen Grenze mit Deutschland waren die Belgier verständlicherweise besorgt, aber dieser Schritt war eine Katastrophe für die französischen Verteidigungspläne. Die Maginotlinie erstreckte sich nur von der Schweiz bis nach Belgien, und nun hatten die Franzosen einen langen Grenzabschnitt, der verteidigungslos sein würde, wenn die Deutschen Belgien überrannten.

Trotz der von Deutschland drohenden Gefahr weigerte Eden sich, eine Regelung mit Mussolini anzustreben und ihn in die Stresa-Front zurückzuholen. Er versuchte, mit seinen eigenen Worten, »die Sanktionsfront zusammenzuhalten« - und dies zu einem Zeitpunkt, da Mussolinis Unterstützung gegen Hitler dringend benötigt wurde. Am 6. April erklärte Eden dem Kabinett, daß »die einzig wirksame Aktion im gegenwärtigen Stadium die Schließung des Suezkanals wäre«. Er beharrte nicht auf dieser Idee, und sie wurde vom Kabinett zurückgewiesen, obwohl einige Vertreter des Foreign Office immer noch meinten, es sei möglich, Italien in letzter Minute durch Schließung des Kanals um den Sieg zu bringen.

Am 29. Mai räumte Eden dann im Kabinett ein, »daß es nicht möglich sei, den Rückzug Italiens aus Abessinien durch die Aufrechterhaltung von Sanktionen zu erreichen«; er wolle »ein Memorandum in Umlauf bringen, in dem das Ende von Sanktionen vorgeschlagen wird«. Am 11. Juni hielt Chamberlain, ohne Eden zu informieren, eine weithin publizierte Rede, in der er die Fortsetzung von Sanktionen als »den Gipfel des Wahnsinns« bezeichnete. Sein Statement rief einen Sturm der Entrüstung hervor, und Baldwin distanzierte sich - ungeschickterweise, denn am 17. Juni billigte das Kabinett »die sofortige Aufhebung von Sanktionen«.[12] In seinem Tagebuch schrieb Chamberlain: »Ich tat es absichtlich, weil ich der Meinung war, Partei und Volk brauchten von führender Stelle einen Hinweis, daß die Regierung unschlüssig sei und sich, ohne ein politisches Ziel zu haben, treiben lasse ... Ich konsultierte Anthony Eden nicht, weil er mich sicher gebeten hätte, nicht zu sagen, was ich zu sagen vorhatte ...« Aber Eden teilte er mit, er sei im Schatzamt so beschäftigt gewesen, daß er keine Zeit für einen Gedankenaustausch gehabt habe. Der künftige Premierminister und sein Außenminister waren bereits jetzt nicht mehr im Einklang.[13]

Im Frühjahr 1936 hatte Ribbentrop Jones vorgeschlagen, daß Baldwin und Hitler sich treffen sollten. Jones war begeistert und besprach die Sache mit dem Premierminister. Baldwin war sogar bereit, nach Berlin zu reisen, allerdings nur, wenn Eden ihn begleite. Der Außenminister zögerte. Am 18. Juni, nachdem er die Idee mit dem Premierminister und Jones erörtert hatte, lehnte er ab. Das Treffen wäre eine Katastrophe gewesen, denn Baldwin verließ sich auf Jones' Rat und hätte Hitler wahrscheinlich die Vorstellung vermittelt, daß Großbritannien nicht mehr an Europa interessiert sei.

Immerhin gelang es Jones, Lloyd George mit Hitler zusammenzubringen. Am 4. September 1936 trafen sie sich in Berchtesgaden. In dem Gespräch sprach Hitler geradezu zwanghaft von der bolschewistischen Bedrohung. Nach dem Treffen verzeichnete Jones, daß Hitler keinen Krieg gegen Großbritannien, sondern dessen Freundschaft wolle: »Wenn wir ihn im Stich lassen, wird er sich Italien zuwenden.«[14] Lloyd George schrieb im *Daily Express:* »Die Deutschen haben sich unzweifelhaft entschieden, sich auf keinen weiteren Streit mit uns einzulassen.« Und in den *Daily News* tat er kund: »Hitler rüstet für Verteidigungs-, nicht für Angriffszwecke.«

Die britische Presse sympathisierte nach der Rheinlandbesetzung mit Deutschland. Die *Times* begrüßte Hitlers Friedensvorschläge enthusiastisch, und verschiedene rechtsgerichtete politische Zeitschriften brachten nazifreundliche Artikel. Viele einflußreiche Persönlichkeiten des öffentlichen Lebens waren prodeutsch; Lord Lothian schrieb sogar am 23. Mai 1936 an Lloyd George: »Der einzige Weg zum Frieden ist Gerechtigkeit für Deutschland.« Im Unterhaus gründete Thomas Moore eine prodeutsche Lobby; der Abgeordnete Harold Nicolson schrieb in einem Brief vom 16. März 1936 an seine Frau: »Die Menschen dieses Landes lehnen einen Krieg kategorisch ab. Wir hätten es mit einem Generalstreik zu tun, wenn wir so etwas auch nur andeuteten.«

Gestützt von einem erheblichen Teil der öffentlichen Meinung, bemühte sich die britische Regierung, Deutschland zu beschwichtigen und ihm keinen Grund zur Klage zu geben, weil sie – vergeblich – hoffte, den Frieden in Europa bewahren und Hitler zufriedenstellen zu können, ohne die vom Versailler Vertrag festgelegten Grenzen anzutasten. Nichts weniger als die Tschechoslowakei, Österreich und große Stücke Polens jedoch hätte Hitler zufriedengestellt. Dies begriff Vansittart, nicht aber Baldwin, Chamberlain oder Eden. Dabei meldete Phipps aus Berlin, daß Hitler Großbritannien »als dasjenige Land« betrachte, »das seinen territorialen Ehrgeiz blockiere; irgendwann werde er den letzten Schritt machen und einen Krieg riskieren«.[15] Doch noch im Juni

1937 hieß es in einer Meinungsumfrage zu dem Thema »Welche ausländische Nation gefällt Ihnen am besten?«: USA 37 Prozent, Frankreich 28 Prozent, Deutschland 15 Prozent (an dritter Stelle). Im Juni 1939 erhielt Deutschland drei Prozent; prodeutsche Gefühle existierten 1937 in allen Schichten und bei fast allen politischen Richtungen, von den Kommunisten abgesehen. Erst nach dem Anschluß Österreichs und den Gewalttaten gegen die Juden änderte sich diese Haltung.[16]

Ein wichtiger diplomatischer Schritt wurde im Februar 1937 von Hitlers Wirtschaftsminister Hjalmar Schacht unternommen, der im Gespräch mit Sir Frederick Leith-Ross, dem wichtigsten Wirtschaftsberater der Regierung, unterstrich, daß Deutschland wegen seines Mangels an Rohstoffen, Lebensmitteln, Fetten und Ölen Kolonien benötige. Leith-Ross begriff sehr gut – ebenso wie Schacht, der es allerdings nicht zugeben wollte –, daß es sich in Wirklichkeit um ein Zahlungsbilanzproblem handelte, das weder politisch noch durch die Schenkung einer Kolonie zu lösen war.

Chamberlain meinte, die Prestigewirkung des Erwerbs einer Kolonie werde die Deutschen in Zukunft zu vorbildlichem Benehmen veranlassen. Diese naive Ansicht wurde vom Foreign Office nicht geteilt; Vansittart sprach von »Schachts kleinem Bluff«. Chamberlain war erzürnt, denn wie seine einflußreichsten Anhänger im Kabinett glaubte er, das Foreign Office lasse goldene Gelegenheiten aus, Hitler zufriedenzustellen und den Frieden in Europa zu bewahren.

Hoare schrieb am 17. März 1937 an Chamberlain, dieser dürfe als Premierminister »Baldwins schlampigen, leichtfertigen Quietismus« nicht nachahmen: »Ich bin überzeugt, das F.O. [Foreign Office] ist so voreingenommen gegenüber Deutschland, Japan und Italien, daß es unbewußt und fast ständig jede Art von Versöhnung vereitelt. Wenn Sie Premierminister sind, wird es meiner Meinung nach möglich sein, die europäische Situation stark zu verändern.«[17]

Bei einer Sitzung des Außenpolitischen Ausschusses am 18. März 1937 hatte Baldwin den Vorsitz. Er blieb stumm. Eden schlug vor, Gespräche über eine »allgemeine Abmachung« mit Deutschland durch Verhandlungen mit Hitler oder von Neurath zu eröffnen. Was er mit dem Begriff »allgemeine Abmachung« meinte, blieb vage, doch er deutete an, daß er ein neues westeuropäisches Abkommen anstelle des Vertrages von Locarno, Garantien für die osteuropäischen Mächte, eine Rückkehr Deutschlands in den Völkerbund und eine internationale Absprache über Rüstungsbegrenzungen wünsche. Wenn Deutschland den meisten dieser Punkte zustimme, solle Großbritannien erwägen, ihm Kolonien zurückzugeben.[18] Eden ignorierte einen Bericht von Phipps, wonach Hitler bis zum italienischen Sieg in Abessinien eine Übereinkunft mit Großbritannien gewünscht habe. Danach sei das britische Prestige bei ihm so rasch gefallen, daß er eine Übereinkunft für unnötig gehalten und beschlossen habe, den Anschluß Österreichs und des Sudetenlands voranzutreiben. Mittlerweile sei »die Frage der Kolonien zweitrangig« geworden.

Am 29. April 1937 wurde Phipps, der als Botschafter nach Paris ging, von Sir Nevile Henderson abgelöst. Dieser interpretierte die Kabinettsdiskussionen so, als habe er den Auftrag, Hitler der britischen Sympathie und Duldung zu versichern, was die Gebietsansprüche Deutschlands in Mitteleuropa betraf. Er verführte Chamberlain und Eden zu dem Glauben, daß eine »allgemeine Abmachung« Hitler besänftigen könne. Henderson selbst, der prodeutsch, antitschechisch und antipolnisch eingestellt war, befürwortete einen deutschen Gebietserwerb im Osten.

Als Chamberlain am 28. Mai 1937 den Posten des Premierministers von Baldwin übernahm, ergriff er die Initiative. Er war für eine Kabinettsvorlage über die britisch-deutschen Beziehungen vom 2. April verantwortlich gewesen, in der es hieß: »Die letzte Rede von Herrn Hitler enthält gewisse definitive Zusagen im Hinblick auf die friedlichen Absichten Deutschlands, und die Fühlungnahmen von Dr. Schacht, die die Billigung Herrn Hitlers hatten, können nur als Einladung zu einer allgemeinen Diskussion betrachtet werden.« Chamberlain verabscheute die Kosten einer britischen Wiederbewaffnung so sehr – als Schatzkanzler hatte er gemeint, daß sie den Ruin für die britische Wirtschaft bedeuten würden –, daß er bereit war, nach Strohhalmen zu greifen. Er wollte nicht akzeptieren, daß die einzig realistische Erwiderung auf Hitlers Vorgehen darin bestand, die britische Wirtschaft auf einen Krieg einzustellen und die Wiederaufrüstung zu forcieren. Eine derart resolute Politik hätte die Franzosen ermuntert, das gleiche zu tun, und wenn Hitler dann in Schwierigkeiten geraten wäre, hätte es die Chance seines Sturzes und einer Rückkehr zu einem vernünftigen und liberalen Regime in Deutschland gegeben.

Im Jahre 1937 flammte in Europa kein größerer Konflikt auf. Am 26. September schrieb Chamberlain sogar an Roosevelt: »Zum gegenwärtigen Zeitpunkt darf ich, was Europa betrifft, wohl sagen, daß die Lage seit einigen Monaten weniger bedrohlich ist, als sie früher erschien.« Es war jedoch ein Jahr starker internationaler Spannungen, denn der Spanische Bürgerkrieg diente als Schlachtfeld für Faschisten und Kommunisten, und die deutsche Wiederbewaffnung schritt so rasch voran, daß das Kräftegleichgewicht in Europa aus allen Fugen geriet. Hitlers Plan, Österreich, die Tschechoslowakei und Polen mit Gewalt einzunehmen, wurde immer deutlicher. Gleichzeitig war das Kabinett voreilig und allzu optimistisch, was die militärische Stärke Großbritanniens anging. Man war der Ansicht, daß eine schlagkräftige Marine und Luftwaffe in einem Krieg mit Deutschland den Mangel an Bodentruppen wettmachen könne.[19]

Während sich das Tempo der deutschen Wiederbewaffnung erhöhte, festigte sich Chamberlains Überzeugung, die binnenwirtschaftliche Situation Deutschlands werde bald derart ausweglos sein, daß Hitler gezwungen sein werde, sich mit dem Westen zu einigen, die Wiederbewaffnung einzustellen und sich fügsam zu zeigen. Der Premierminister glaubte, Hitler könne durch Appeasement bewogen werden, sein Rüstungsprogramm aufzugeben; für ihn bedeutete Appeasement nicht mehr als das Zugeständnis entweder einer Kolonie oder wirtschaftlicher Vorteile für Deutschland in Osteuropa. Der Begriff einer »allgemeinen Abmachung« mit Deutschland wurde häufig benutzt, doch weder das Foreign Office noch das Kabinett wollten ihn definieren. »Appeasement« wie »allgemeine Abmachung« wurden zu gefährlichen Schlagworten, die man in den Korridoren der Macht wahllos verwendete. Vansittart galt als Panikmacher, weil er ständig wiederholte, daß Hitler nur mit Gewalt gestoppt werden könne.

War Eden als Außenminister wirklich ein Gegner des Appeasement? Er beklagte sich zwar über die Gemächlichkeit der britischen Wiederbewaffnung, doch er war weit von Vansittarts Standpunkt entfernt. Die Kabinettsprotokolle zeigen, daß er sich kaum je an den Sicherheitsdebatten beteiligte, die darin kulminierten, daß man Pläne für eine fünf Divisionen umfassende Expeditionsstreitmacht aufgab und sich statt dessen zum Zwecke der Verteidigung und zur Abwehr einer erwarteten Belagerung auf Luft- und Seestreitkräfte verlassen wollte. Im Haushalt des Jahres 1937 wurden die Verteidigungskosten sogar gekürzt; Eden fügte sich und akzeptierte den Irrglauben der Generalstabschefs, daß die britische Wiederbewaffnung im Jahre 1939 ein Niveau »relativer Sicherheit« erreichen werde.

Unterdessen dauerte seine Abneigung gegen Italien an. Typisch war eine Notiz vom 5. November 1936: »Glaubt irgend jemand im Foreign Office wirklich, daß die Außenpolitik Italiens jemals etwas anderes als opportunistisch sein könnte? Jede Vereinbarung mit Italien wird so lange gehalten werden, wie es Italien nützt. Es gibt doch wohl niemanden, der Vertrauen zu italienischen Versprechungen hat.«[20] Halb im Scherz sagte er am 23. Dezember 1937 zu seinem Parlamentarischen Privatsekretär Oliver Harvey, er müsse sich davor hüten, daß seine persönlichen Vorurteile gegen Mussolini seine Einstellung zu sehr beeinflußten; er betrachte »Musso« als den »Antichrist«. Leider bestärkte Oliver Harvey seinen Chef in diesem Vorurteil, indem er antwortete: »Ich auch.«[21]

Immerhin gelang es Eden, die anglo-italienischen Beziehungen so weit zu verbessern, daß im Januar 1937 in Rom ein »Gentlemen's Agreement« zwischen den beiden Ländern unterzeichnet wurde. Darin wurde die Bedeutung freier Durchfahrt durch das Mittelmeer für beide Länder anerkannt und darauf verzichtet, die nationale Souveränität von Territorien im Mittelmeergebiet in irgendeiner Weise zu ändern. Beide Mächte sollten zusammenarbeiten, um Interventionen von außen im Spanischen Bürgerkrieg einzuschränken. Mussolini ignorierte diese letzte Klausel.

Im Jahre 1937 wurde deutlich, daß die Beziehungen sich nur dann verbessern würden, wenn Großbritannien die italienische Eroberung Abessiniens anerkannte. Dies lehnte Eden kategorisch ab, wobei er die Tatsache außer acht ließ, daß Frankreich und Großbritannien auf Mussolinis Hilfe angewiesen waren, so unzuverlässig er auch sein mochte, um Hitler in Schach zu halten. Schon am 23. März 1937 empfahl Drummond, Italien eine De-jure-Anerkennung der Eroberung Abessiniens zu gewähren. Eden lehnte diesen Schritt ab, da es sich um einen wichtigen diplomatischen Verhandlungspunkt handele. Vansittart widersprach Eden und verlangte ebenfalls eine sofortige De-jure-Anerkennung.

Am 4. Mai wies Drummond darauf hin, daß der Duce »unzweifelhaft ein umfassendes Bündnis mit Deutschland als seinem einzigen wahren Freund schließen« werde, wenn man die italienische Souveränität in Abessinien im Rat und in der Versammlung des Völkerbundes Ende Mai immer noch nicht anerkenne. Cranborne (ein Ministerialbeamter im Foreign Office) und Vansittart unterstützten Drummonds Ansicht, aber Eden weigerte sich wiederum und notierte: »Mussolini ist ein Gangster.« Als Botschafter Drummond in einer Depesche vom 5. August 1937 erneut auf die Anerkennung der italienischen Eroberung drängte, schrieb Chamberlain an Vansittart:

> Wir sollten die De-jure-Anerkennung gewähren, solange sie noch einen Marktwert hat, aber wir dürfen weder die Franzosen verärgern noch die Freunde des Völkerbundes bei uns zu Hause schockieren. Die Italiener werden ganz zufrieden sein, wenn Abessinien nicht länger zu einem unabhängigen Staat erklärt wird.
>
> Diese Diktatoren sind Opfer ihrer Launen. Wenn man sie in der richtigen Stimmung erwischt, werden sie einem alles geben, was man verlangt. Aber wenn ihre Stimmung wechselt, werden sie stumm wie eine Auster. Die Moral ist, daß wir Musso das Gefühl geben müssen, alles sei im Fluß.

Chamberlain hatte recht: Mussolini war nicht nur das geringere Übel, sondern »ein Geschöpf von Launen«. Bei einer sofortigen De-jure-Anerkennung hätte er immer noch bewogen werden können, die Stresa-Front wiederherzustellen und damit die Chancen zu erhöhen, daß Österreich nicht in Hitlers Hände fallen würde. Aber Eden ignorierte den Standpunkt seines Premierministers. Am 11. August schrieb er aus dem Urlaub an Halifax, der ihn im Foreign Office vertrat: »Es widerstrebt mir sehr, eine Eroberung de jure anzuerkennen. Ich glaube nicht, daß ich mich überwinden könnte, die Tat Italiens auf irgendeine Weise zu billigen.«

Eden und Chamberlain waren auf Kollisionskurs, was Mussolini betraf. Leider kam es nicht sofort zum Bruch zwischen ihnen. Wenn Eden sich der Politik des Premierministers gefügt oder Chamberlain den Mut gehabt hätte, ihn im August 1937 zu entlassen, wäre Mussolini vielleicht nicht endgültig in die Arme Hitlers getrieben worden.

Es sollte nicht sein. In Edens Abwesenheit wurde am 10. August im Foreign Office eine lange Sitzung unter Halifax' Leitung abgehalten. Drummond war aus Rom angereist. Gestärkt durch seinen Rat, kamen Halifax und die anderen Teilnehmer überein, daß der Status Abessiniens auf die Tagesordnung der nächsten Völkerbundversammlung gesetzt werden und daß Großbritannien unverzüglich mit Ciano in Rom Gespräche über die De-jure-Anerkennung als Teil einer allgemeinen Abmachung mit Italien beginnen solle. Die Gegenleistungen Italiens sollten darin bestehen, das Stresa-Abkommen zu bestätigen, Österreichs Sicherheit zu gewährleisten, seine libysche Garnison zu verringern, Freiwillige aus Spanien abzuziehen, militärische Informationen auszutauschen und die antibritische Propaganda von Radio Bari einzustellen.

Halifax sandte das Amtsprotokoll am nächsten Tag mit dem Kommentar an Eden: »Wir müssen den abessinischen Schlamassel irgendwie anpacken.« Eden antwortete umgehend: »Ich stimme nicht mit dem Amtsprotokoll überein. Es wäre schwierig, alle meine Einwände zu Papier zu bringen. Ich werde sie Ihnen erläutern, wenn wir uns treffen ... Wir sollten uns weigern, uns zu

Gesprächen drängen zu lassen.« Nachdem Halifax Edens Antwort erhalten hatte, schrieb er an Vansittart: »Dieser Brief beunruhigt mich ... Sein Standpunkt weicht gefährlich von dem des Premierministers ab ... es obliegt mir, etwas zu Anthony zu sagen.« Es gibt keinen Hinweis darauf, daß Halifax das Problem angepackt und Chamberlain geraten hätte, Eden zu entlassen. Eden blieb Außenminister, und die Anerkennung der italienischen Eroberung Abessiniens wurde nicht auf die Tagesordnung des Völkerbundes gesetzt.

Chamberlain schrieb am 15. August an Halifax, daß er der »Amtsmeinung« zustimme, die auf der Sitzung am 10. August formuliert worden war, aber er drängte seinen Außenminister nicht, Brücken zu Mussolini zu schlagen.

Am 2. September übernahm Eden wieder die Leitung des Foreign Office. Er schickte den Kabinettskollegen ein Memorandum, in dem es hieß, die De-jure-Anerkennung müsse hinter einer allgemeinen Abmachung mit Italien zurückstehen. Er betonte die Schandtaten Mussolinis im Spanischen Bürgerkrieg und ignorierte die Bedrohung Österreichs durch Hitler. Das Kabinett stellte es daraufhin in sein Ermessen, den geeigneten Augenblick für die De-jure-Anerkennung zu wählen. Diese Verzögerung hatte in den folgenden sechs Monaten katastrophale Auswirkungen auf Mussolinis Verhalten, während sich die Kluft zwischen dem Premierminister und Eden vertiefte.

Eden muß gewußt haben, daß er mit dem Feuer spielte. Am 2. Juli hatte Drummond ihm geschrieben:

> Heizt Mussolini die öffentliche Meinung für einen etwaigen Krieg gegen uns an? Offen gesagt, ich weiß es nicht. Aber wenn dies seine Absicht wäre, würde er schwerlich anders vorgehen, als er es gegenwärtig tut. Man wird unangenehm an die Technik erinnert, die in den ersten Monaten des Jahres 1935 benutzt wurde, um die italienische Öffentlichkeit auf sein Abessinien-Abenteuer einzustimmen.

Eden schickte sofort eine Notiz an Thomas Inskip, Minister für die Koordinierung der Empire-Verteidigung:

> Es tut mir leid, daß dieser Brief mir nicht für die Sitzung des C.I.D. [Committee on Imperial Defense - Ausschuß für die Verteidigung des Empire] in der letzten Woche vorlag. Ohnehin war ich nicht sehr zufrieden damit, daß wir die Möglichkeit eines auf uns allein gestellten Krieges gegen Italien aus unserer Hypothese ausschlossen. Wäre ich im Besitz von Drummonds Brief gewesen, hätte ich noch stärker so empfunden.

In der Sitzung des besagten Ausschusses am 5. Juli 1937 hatte Eden dringend geraten, »Italien als einen potentiellen Feind zu behandeln, gegen den der C.I.D. gewisse Vorbereitungen treffen sollte«. In derselben Sitzung führte der Premierminister aus, Deutschland sei die größte Gefahr für Großbritannien und solle für die Verteidigung Priorität haben: »Verteidigungsvorkehrungen gegen Italien sollten als zweitrangig betrachtet werden.«[22]

Angesichts dieser Meinungsverschiedenheit zwischen Chamberlain und Eden, ob Mussolini oder Hitler der Feind Nummer eins sei, schrieb Halifax am 11. August an Eden und teilte ihm mit, daß »die Zeit knapp wird«. Die Regierung hatte zu lange gezögert, nachdem die Eroberung Abessiniens zu einem *fait accompli* geworden war, und in den nächsten sechs Monaten sollte sie jede Chance einbüßen, Österreich vor den Klauen Hitlers zu bewahren. Genau dies war Phipps' Meinung gewesen, bevor er Berlin verließ. Er hatte geschrieben: »Die einzige Möglichkeit, das Kräftegleichgewicht in Europa zu bewahren, bestand darin, Mussolini von Hitler zu trennen.«

In der letzten Septemberwoche des Jahres 1937 kamen Hitler und Mussolini in Berlin zusammen und vereinbarten, daß Italien den Deutschen in Österreich freie Hand geben werde, während Mussolini im Mittelmeergebiet, wo Hitler italienische Ansprüche auf Französisch-Tunesien und Teile Ägyptens anerkannte, nach Belieben verfahren könne. Die Stresa-Front war zerschmettert. Im Spätsommer und Herbst 1937 begann Hitler mit der propagandistischen Anheizung der Sudetenkrise. Hier waren viele Deutsche durch den Versailler Vertrag der Tschechoslowakei zugeteilt worden, und die Tschechen hatten diese Minderheit schlecht behandelt. Eden und Chamberlain ergriffen die Partei der Sudetendeutschen gegen die tschechoslowakische Regierung.

Im November 1937 reiste Halifax nach Deutschland, um mit Göring und Hitler zu sprechen. Unklugerweise ließ er Hitler wissen, daß eine Änderung der europäischen Ordnung möglich sei. Dies betreffe zum Beispiel Danzig, Österreich und die Tschechoslowakei. England sei daran interessiert, daß jedwede Änderung friedlich vonstatten gehe und daß Methoden vermieden würden, die weitreichende Zerstörungen nach sich ziehen könnten. Hitler hatte sein Außen- und Kriegsministerium zwei Wochen zuvor wissen lassen, daß die Unterjochung der Tschechoslowakei und Österreichs sein erster Schritt zur Eroberung weiterer Gebiete im Osten sein werde. Halifax unterließ es, Hitler zu warnen, daß Großbritannien sich der Zerreißung des Versailler Vertrages mit Gewalt widersetzen werde, wenn Hitler im Osten angreife. Folglich interpretierte Hitler Halifax' Besuch so, als sei die britische Regierung geneigt, seine künftigen Annexionen zu dulden. Die Archive zeigen, daß sowohl Vansittart als auch Eden sich größte Sorgen über Halifax' Äußerungen Hitler gegenüber machten.[23]

Die Appeasement-Anhänger in der Regierung erhielten Auftrieb, als Vansittart von Alec Cadogan als Amtsleiter des Foreign Office ersetzt wurde. Chamberlain hielt Vansittart für allzu antideutsch, und Eden empfand ihn als rechthaberisch. Vansittart lehnte den Pariser Botschafterposten ab und fiel die Treppe hinauf: Zum Neujahr 1938 wurde er Diplomatischer Chefberater. In diesem Amt hielt man ihn möglichst fern von wichtigen Entscheidungen. Am 1. Dezember 1937 erfuhr Ribbentrop von Eden, daß Großbritannien die Abtretung einer Kolonie an Deutschland im Gegenzug für eine Abrüstungsvereinbarung und eine »allgemeine Abmachung« erwägen würde.

Diese Mitteilung Edens an Ribbentrop folgte einem Besuch des neuen französischen Ministerpräsidenten Camille Chautemps und seines Außenministers Delbos in London. In den Unterredungen machten Eden und Chamberlain deutlich, daß sie wenig geneigt waren, Hitler Widerstand zu leisten, falls er versuchte, Österreich und die Tschechoslowakei gewaltsam zu annektieren. Sie stimmten mit den Franzosen überein, daß die Landkarte Afrikas umgestaltet werden könne, um Deutschland im Interesse der so begehrten »allgemeinen Abmachung« einige Kolonien zurückzugeben. Bei diesen Gesprächen mit den Franzosen tendierte Eden nicht weniger zum Appeasement als Chamberlain.

Cadogan empfahl Eden am 12. Januar 1938: »Wenn wir in der Frage dieser De-jure-Anerkennung nicht rasch handeln, könnten wir allmählich mit Frankreich, Rußland und ein paar kleineren Satelliten zu den einzigen gehören, die die Anerkennung verweigern. PM [Prime Minister] ist sehr bedacht auf ein Abkommen mit Duce und mißt ihm große Bedeutung zu.« Eden ignorierte ihn. Fünf Tage zuvor, am 7. Januar, hatte Cadogan den Premierminister davor gewarnt, »sich Musso mit einem persönlichen Brief zu eröffnen und dann die Schwierigkeiten und möglicherweise den Bruch Eden zu überlassen«. Cadogan war offensichtlich beunruhigt über Edens ablehnende Haltung gegenüber Mussolini.

Am 9. Januar fuhr Eden in Urlaub an die Französische Riviera. Am 12. Januar traf in seiner Abwesenheit ein Geheimvorschlag Roosevelts bei Chamberlain ein: Man sollte das gesamte diplomatische Korps in Washington am Monatsende zusammenrufen, um einen Versuch zur Verbesserung der internationalen Beziehungen zu machen. Chamberlain hielt nichts von diesem Vorschlag. Ohne Eden zu konsultieren, erwiderte er, es sei kein günstiger Moment, da Großbritannien vor der Aufnahme von Gesprächen mit Italien und Deutschland stehe und eine solche Konferenz sich mit den britischen Bemühungen um rasche Resultate »überschneiden« könne. Chamberlain fügte hinzu, er werde in den kommenden Gesprächen bereit sein, die italienische Eroberung Abessiniens de jure anzuerkennen, wenn Italien seinen Wunsch erkennen lasse, die freundschaftlichen Beziehungen wiederherzustellen.

Eden wurde aus dem Urlaub zurückgerufen und war empört über Chamberlains Ankündigung einer De-jure-Anerkennung der italienischen Souveränität in Abessinien. Die beiden trafen sich in Chequers, dem Landsitz des Premierministers. Eden bekräftigte, er werde die De-jure-Anerkennung nicht dulden und gab Chamberlain schroff zu bedenken, daß Mussolini unmittelbar nach Unterzeichnung des »Gentlemen's Agreement« viertausend weitere Freiwillige nach Spanien entsandt habe. Die Anerkennung werde ein Schock für die öffentliche Meinung in Großbritannien sein. Er riet, den Gedanken an Gespräche mit den Italienern sofort aufzugeben, damit die Vereinigten Staaten nicht vor den Kopf gestoßen würden, und Roosevelts Vorschlag zu einer diplomatischen Konferenz zu begrüßen. Der verstimmte Premierminister sagte, sie müßten ihren Disput dem Auswärtigen Ausschuß des Kabinetts vortragen. Der Ausschuß entschied sich für Gespräche mit Mussolini, war aber zu einem Kompromiß mit Eden dahingehend bereit, daß die De-jure-Anerkennung nur als ein Faktor im allgemeinen Appeasement-Prozeß gewährt zu werden brauche.

Am 25. Januar besuchte Eden Paris und erhielt das prinzipielle Einverständnis der Franzosen zu einer allgemeinen Abmachung mit Italien, die De-jure-Anerkennung eingeschlossen. Cadogan verzeichnete jedoch in seinem Tagebuch, daß Eden zwar »Gespräche mit Musso im Prinzip akzeptiert hatte, jedoch jeden Vorwand nutzte, um einen Rückzieher zu machen«.

Ivy Chamberlain, die Witwe von Nevilles Stiefbruder Austen, dem früheren britischen Außenminister, erklärte bei einem Rom-Aufenthalt gegenüber Ciano: »N. C. wünscht sich leidenschaftlich eine Regelung mit Mussolini.« Der erboste Eden beklagte sich am 8. Februar heftig bei Chamberlain. Der erklärte sich bereit, seine Schwägerin von solchen Vorstößen abzuhalten, setzte aber hinzu: »Sie darf nicht den Eindruck erwecken, daß wir überhaupt keine Gespräche führen wollen.«[24]

Eden schrieb dem Premierminister, daß Ivys »inoffizielle Diplomatie« ihn in Schwierigkeiten bringe:

> Mussolini ist in einer äußerst unbequemen Lage. Er hat Verpflichtungen in Abessinien und Spanien, die sich in beiden

Fällen ungünstig entwickeln. Nun hat er es mit einer Regierung in Berlin zu tun, die relativ stark an der Achse Rom-Berlin interessiert, aber anscheinend auch entschlossen ist, eine aktivere Außenpolitik in Mitteleuropa zu verfolgen, wobei Österreich auf der Liste der beabsichtigten Opfer an erster Stelle steht. In einer solchen Lage haben wir nichts zu gewinnen, wenn wir uns zu eifrig zeigen [was diplomatische Gespräche mit Mussolini betrifft].

Das Foreign Office bereitete ein Memorandum über die wahrscheinlichen Gesprächsthemen mit Italien vor. Darin wurde hervorgehoben, daß man in der gemeinsamen Resolution von Stresa über Österreich geschrieben hatte: »Die drei Regierungen erörterten die österreichische Lage von neuem und gelangten zu der Erkenntnis, daß die Notwendigkeit, die Unabhängigkeit Österreichs zu bewahren, ihre gemeinsame Politik weiterhin leiten werde.« Eden schrieb mit Bleistift an den Rand: »Ist dies überhaupt eine Konzession?« Dieser Kommentar sowie Edens Bemerkung, daß »wir nichts zu gewinnen haben, wenn wir uns zu eifrig zeigen«, liefern den Beweis, daß der Außenminister die Gefahr eines Hitlerschen Staatsstreichs in Österreich falsch einschätzte.[25]

Nun kam es Österreichs wegen zu einer Krise, die das Problem des Spanischen Bürgerkriegs in den Hintergrund rückte. Am 16. Februar 1938 rief Hitler den österreichischen Kanzler Kurt Schuschnigg nach Berlin und befahl ihm, dem Nazi Seyß-Inquart das österreichische Innenministerium, und damit die Polizeigewalt, zu übergeben. Chamberlain war klar, daß Mussolini grünes Licht für eine deutsche Übernahme Österreichs gegeben hatte, und entschloß sich, einen letzten verzweifelten Versuch zu einer Einigung mit dem Duce zu machen, bevor Österreich an Deutschland fiel. Er notierte in seinem Tagebuch, daß er sich von seinem Außenminister trennen würde, wenn Eden sofortigen Versöhnungsgesprächen mit Mussolini nicht zustimmte.

Eden betonte damals und später in seinen Memoiren fast ausschließlich seine Sorge über das böswillige Verhalten Mussolinis im Spanischen Bürgerkrieg. Nirgends wurde erkennbar, daß er die

»Bedrohung« für den europäischen Frieden sah, falls Hitler Österreich annektierte. Wenn die deutsche Wehrmacht erst einmal in Österreich war, würden die tschechoslowakischen Verteidigungspläne zusammenbrechen, denn sie beruhten darauf, die gut befestigte Grenze zu Deutschland abzusichern, und nicht, deutsche Soldaten entlang der Südgrenze zu Österreich zu bekämpfen.

Oliver Harvey war damals Edens enger Berater und Vertrauter. Die Einstellung der beiden zur Österreich-Frage läßt sich an Harveys Tagebucheintragung vom 16. Februar ablesen:

> Mein Instinkt sagt mir, Hitlers Forderung an Schuschnigg nicht tragisch zu nehmen; das Verbot des Anschlusses ist von Anfang an falsch gewesen ... In der einen oder anderen Weise hat sich eine österreichische Mehrheit stets für den Anschluß ausgesprochen – Katholiken, Sozialisten, Nazis, je nach der herrschenden Schattierung in Deutschland. Der Anschluß oder zumindest ein Österreich als Satellit ist wahrscheinlich nicht zu vermeiden, und dies von außen zu stoppen ist unmöglich und nicht zu halten ... Ich kann nicht glauben, daß die Einverleibung Österreichs Deutschland stärken wird; sie dürfte den Nazi-Wein verwässern.[26]

Auch Cadogan wirkte auf Eden ein, die Bedrohung Österreichs als zweitrangig zu betrachten. Damit widersprach er Vansittarts realistischer Ansicht, die mit jener des Premierministers zusammenfiel. Am 16. Februar schrieb er in sein Tagebuch: »Welchen Zweck hat es, Hitler Österreich drohend unter die Nase zu halten, wenn wir *nichts* unternehmen können? ... Mir würde es nichts ausmachen, wenn Österreich gleichgeschaltet wäre.« Nach dem Anschluß bekräftigte Cadogan seinen Standpunkt: »Gott sei Dank, daß Österreich aus dem Weg ist ... es war nicht unsere Sache. Wir hatten keine besondere Vorliebe für die Österreicher, sondern verboten den Anschluß nur, um Deutschland zu ärgern.« Eden war nicht der einzige, der Spanien für wichtiger als Österreich hielt.[27]

Das Foreign Office war bereits gewarnt worden, daß Mussolini weniger als je für Großbritannien übrig hatte. Am 28. Februar schrieb Drummond, daß Mussolini Lord Lothian, der unbedingt mit ihm sprechen wollte, nicht empfangen werde. Vorher hatte er sich bereits geweigert, mit Lord Lloyd, einem Gegner von Chamberlains Außenpolitik, zusammenzutreffen. Drummond nannte nun den Grund: Mussolini glaube, daß »wir immer noch ... versuchen, ihn einzuschläfern, und er ist entschlossen, die Droge nicht zu schlucken«.[28]

Ciano, inzwischen Außenminister, war sehr hitlerfeindlich und wünschte sich inbrünstig, den Anschluß zu verhindern - den Mussolini allerdings bei seinem Septembertreffen mit Hitler im Prinzip gebilligt hatte. Ciano wußte, daß sein Schwiegervater nicht ganz glücklich über den Gedanken einer Einnahme Österreichs durch Hitler war, da dies den Nazis die Vorrangstellung in Europa verschaffen würde. Aber er wußte auch, daß Mussolini nur durch einen plötzlichen Gesinnungswandel und eine sofortige großzügige Geste Großbritanniens bewogen werden konnte, entschieden gegen den Anschluß Position zu beziehen.

Folglich teilte Ciano Drummond mit, er habe den italienischen Botschafter in London instruiert, »in Anbetracht möglicher künftiger Ereignisse« - gemeint war offensichtlich die deutsche Übernahme Österreichs - auf einen frühen Beginn der anglo-italienischen Gespräche zu dringen. Dann, am 17. Februar, äußerte er Ivy Chamberlain gegenüber eine weitere nachdrückliche Warnung, nachdem sie in Rom diniert hatten: Sie müsse dem britischen Premierminister einschärfen, daß »Zeit alles ist. Heute ist ein Abkommen noch leicht, aber in Europa geschehen Dinge, die es morgen unmöglich machen werden«. Ivy selbst fügte hinzu, Ciano sei »völlig verwandelt« gewesen und »schien äußerst besorgt«.

Chamberlain entnahm diesen Nachrichten, daß Ciano einen Staatsstreich Hitlers in Österreich fürchtete. Eine Kopie der Botschaft Ivys wurde an Eden weitergeleitet, doch der hielt Gespräche mit dem Duce für weniger dringlich. Der Außenminister lehnte weiterhin Gespräche ab, die mit einer De-jure-Anerkennung der Eroberung Abessiniens enden könnten, ohne daß Mussolini größere Zugeständnisse in der Frage Spaniens machte.[29]

Eden führte am 10. Februar ein erstes Gespräch mit dem italienischen Botschafter Grandi. Unterdessen hatte Chamberlain ohne Edens Kenntnis Grandi wissen lassen, er wünsche dringend ein Abkommen mit Mussolini und lege Wert auf einen sofortigen Beginn der Unterredungen. Man vereinbarte einen Termin für den 18. Februar in der Downing Street, wo Eden, Chamberlain und Grandi zusammenkommen sollten. Eden bemühte sich nach Kräften, sich dem Treffen zu entziehen, und bestand dann in einem Brief an den Premierminister darauf, zunächst ein Privatgespräch mit Grandi zu führen, um ihn nach dem italienischen Rückzugsplan aus Spanien zu befragen. In einem zweiten Brief flehte er Chamberlain an, sich bei dem Treffen mit Grandi »auf keinen Fall festzulegen«.

Als die drei sich am Morgen des 18. Februar in der Downing Street trafen, wollte Chamberlain von Grandi wissen, ob in Österreich alles verloren sei. Grandi entgegnete, man sei erst »am Ende des vorletzten Aktes«, aber vom italienischen Standpunkt aus stehe Deutschland bereits am Brenner, und Italien könne sich zwei große potentielle Feinde, Deutschland und Großbritannien nicht leisten. Auf die Frage, welche Wirkung der Beginn von Gesprächen auf die italienische Haltung zu Österreich haben könne, antwortete Grandi: »Das würde meinem Volk mehr Mut machen.« Eden erkundigte sich, ob Italien Freiwillige aus Spanien abziehen werde. Grandi sagte, es wäre eine Fehler, anglo-italienische Gespräche Spaniens wegen zu verzögern.[30]

Nachdem man sich auf 15 Uhr vertagt hatte, teilte Chamberlain seinem Außenminister unter vier Augen mit, er habe beschlossen, Grandi zu informieren, daß Großbritannien unverzüglich Gespräche eröffnen und Drummond nach London zurückbeordern werde, um mit den Vorbereitungen zu beginnen. Als Eden heftig widersprach, sagte Chamberlain ärgerlich: »Anthony, Sie haben eine Chance nach der anderen vergeben.« Das war das Ende; Chamberlain wollte einen anderen Außenminister. Um 14.30 Uhr erfuhr Grandi, daß der Premier sich mit seinen Kabinettskollegen berate, und er telegraphierte Mussolini, Chamberlain und sein Außenminister seien hoffnungslos uneins.

Am nächsten Tag, dem 19. Februar, wurde eine Kabinettssitzung abgehalten. Eden argumentierte gegen Gespräche mit Mussolini und für das Angebot einer Kolonie an Hitler. Vierzehn Kabinettsmitglieder unterstützten Chamberlain, vier sprachen sich für Eden aus. Daraufhin trat Eden zurück und wurde von Halifax abgelöst.[31]

Weshalb trat Eden zurück? Für ihn war der springende Punkt, daß Großbritannien keine Gespräche mit Mussolini aufnehmen dürfe, die zu einer De-jure-Anerkennung der italienischen Eroberung Abessiniens führen könnten, ohne daß Mussolini seine Freiwilligen aus Spanien abzog. Er teilte Chamberlains Überzeugung nicht, daß ein dringendes Abkommen mit Mussolini nötig sei, um Österreich vor Hitler zu retten, denn für Eden war Österreich eine bereits verlorene und zweitrangige Sache. Im Dezember 1937 hatte er Ribbentrop erklärt, daß Österreich-Problem sei von viel größerem Interesse für Italien als für England, »dessen Volk einsieht, daß eine engere Verbindung zwischen Deutschland und Österreich irgendwann zustande kommen muß«.[32]

Inzwischen hatte sich ein Mythos herausgebildet, daß Eden zurückgetreten sei, weil Chamberlain den Diktatoren keinen Widerstand leisten wollte. Dies trifft nicht zu. Besessen von dem italienischen Engagement in Spanien, war Eden nicht bereit, Chamberlains Ansicht zu akzeptieren, daß es viel wichtiger sei, Österreich zu retten, und daß die britische Regierung deshalb versuchen müsse, sich wieder der Unterstützung des Duce zu versichern. Chamberlain, der sich in Fragen der Außenpolitik oft irrte, hatte recht, was Österreich anging. Eden war seinerseits stets der Meinung, Mussolini sei ganz und gar unzuverlässig und habe kein Vertrauen verdient – eine Haltung, die von der Geschichte nicht widerlegt werden sollte.

Malcolm MacDonald, Minister für die Kolonien, ein guter Freund Edens und ein unparteiischer Beobachter, verzeichnete viele Jahre später, daß Eden nach der Kabinettssitzung am 19. Februar beim Dinner gesagt habe, er »könne nicht als Minister weiterarbeiten, weil er sich dazu nicht kräftig genug fühle; er fühle sich physisch krank und geistig erschöpft ... Während unseres

Gespräches machte ich mir zunehmend Sorgen über seinen Geisteszustand.«

Am nächsten Morgen suchte MacDonald den Premierminister auf und teilte ihm mit, Eden sollte seiner Meinung nach zurücktreten, weil »er geistig und körperlich zu erschöpft war, als daß er in seinem hohen Amt vernünftig und gut hätte weiterarbeiten können«.[33]

Am 20. Februar verkündete Chamberlain, daß Gespräche mit Italien beginnen würden. Er kam zu spät, um Österreich zu retten. Nachdem der Anschluß vollzogen war, schrieb er an seine Schwester: »Da die tschechoslowakisch-österreichische Grenze praktisch offen ist, braucht man sich nur die Karte anzusehen, um zu begreifen, daß nichts, was wir oder Frankreich tun könnten, die Tschechoslowakei davor retten würde, von den Deutschen überrannt zu werden, wenn sie es wünschten.«[34]

DER ANSCHLUSS ÖSTERREICHS
1938

Sobald Halifax das Foreign Office übernommen hatte, bemühte Großbritannien sich nachdrücklich, Mussolini wieder in die Stresa-Front zurückzuholen. Es gelang Chamberlain und Halifax, die Beziehungen derart zu verbessern, daß Mussolini neutral blieb, als sechs Monate später wegen des Sudetenlandes fast ein Krieg mit Deutschland ausgebrochen wäre.

Die anglo-italienischen Gespräche fanden ohne Verzug statt, erreichten aber wenig, obwohl am 16. April eine Art Abkommen in Rom unterzeichnet wurde. Das einzige, was Hitler an der Annexion Österreichs hätte hindern können, war die Androhung eines gewaltsamen Eingreifens durch Großbritannien, Frankreich und Italien. Im März 1938 jedoch war Mussolini wegen Eden und der Spanienfrage so distanziert gegenüber Großbritannien, daß er nicht erwägen konnte, eine feste Haltung gegen Hitler zu beziehen, obwohl er die Nazis nicht in Wien wünschte.

Das anglo-italienische Abkommen vom 16. April sollte erst in Kraft treten, wenn die spanische Kontroverse beigelegt war. Großbritannien beharrte auf einem Waffenstillstand in Spanien, gefolgt von dem Abzug einer erheblichen Zahl italienischer Freiwilliger, doch Mussolini lehnte dies, ebenso wie weitere Alternativen, rundweg ab, so daß die anlgo-italienischen Beziehungen auch Mitte Juli noch festgefahren waren, obwohl das Spanienproblem aufgrund der sich verschärfenden Krise um die Tschechoslowakei inzwischen in den Hintergrund gerückt war. Das Abkommen trat schließlich am 16. November, also nach München, in Kraft.

Hitler war hocherfreut über Halifax' Ernennung zum Außenminister. Nach dessen kürzlichem Besuch in Deutschland wußte er, daß dieser ein Anhänger des Appeasement war; mehr noch, Halifax hatte ihm so gut wie versprochen, daß Großbritannien nicht eingreifen werde, wenn Hitler den Anschluß Österreichs durchführte.

Nach der Berliner Vereinbarung zwischen Hitler und Mussolini im September 1937 waren die österreichischen Nazis aggressiver geworden. Schuschnigg, der Nachfolger von Dollfuß, sah sich gezwungen, Anhänger der Nazis in seine Regierung aufzunehmen, um die öffentliche Ordnung zu wahren. Immerhin machte er einige Fortschritte dabei, alle antinazistisch eingestellten Österreicher im Widerstand gegen die deutschen Anschlußpläne zu vereinen. Um seine Position zu stärken, plante er eine Volksabstimmung über die österreichische Unabhängigkeit von Deutschland, die am 13. März 1938 abgehalten werden sollte. Er hatte Mussolini um Rat gebeten; dieser empfahl »äußerste Vorsicht«.

Hitler fürchtete, daß ein überwältigendes Votum gegen den Nationalsozialismus zustande kommen würde; deshalb befahl er den deutschen Truppen am 12. März, die Grenze zu überschreiten. Schuschnigg trat zurück, und Hitler erklärte Österreich zu einem Teil Deutschlands. Sofort leiteten die österreichischen Nazis entsetzliche Judenverfolgungen ein. Der *Daily Telegraph* berichtete ausführlich über die Ausschreitungen. Telegraph-Korrespondent Hugh Carleton Greene teilte dem Autor mit, daß der *Times*-Korrespondent ähnliche Berichte nach London übermittelt habe. Doch sei *Times*-Herausgeber Geoffrey Dawson nicht bereit gewesen, irgend etwas Abträgliches über die Nazis zu veröffentlichen; dies habe er mit Chamberlain vereinbart.[1]

Die meisten Österreicher sympathisierten mit den Deutschen, ihren Verbündeten aus dem Ersten Weltkrieg, und die deutschen Truppen wurden herzlich begrüßt. Hitler entsandte Philipp von Hessen zu Mussolini und war ungeheuer erleichtert, als dieser keine Einwände erhob. Der Versailler Vertrag – bereits übel zugerichtet durch das deutsch-britische Marineabkommen, die deutsche Wiedereinführung der Wehrpflicht und die Wiederbesetzung des Rheinlands – war nun tot, und die britisch-italienische Entente, die Eden so lange blockiert hatte, wurde nie zum Leben erweckt. Schändlicherweise empfing Chamberlain den deutschen

Botschafter Ribbentrop gerade zum Lunch in der Downing Street, als die Nachricht von Hitlers Ultimatum an Österreich eintraf.

Grandi sagte später, Mussolini hätte anders gehandelt, wenn nicht Edens Unversöhnlichkeit zwischen September 1937 und Februar 1938 gewesen wäre.[2] Aber Mussolini wäre in einer schwierigen Lage gewesen, selbst wenn er seine Truppen, wie 1934, an den Brenner beordert hätte, denn Hitler war nun erheblich stärker. Zudem hatte Schuschnigg dem Duce im Jahre 1934 erklärt, daß italienische Militärhilfe auf österreichischem Boden nicht in Frage komme, weil die Position der österreichischen Regierung sonst unhaltbar sei.[3] Wie auch immer, sowohl Großbritannien als auch Frankreich fanden sich auf jämmerliche Weise mit der Mißhandlung Österreichs durch Hitler ab und erwogen nicht einmal, Mussolini zu einem Einschreiten aufzufordern.

Am 24. März sagte Chamberlain, offenbar ungerührt von Hitlers Verhalten, vor dem Unterhaus, Großbritannien werde nur zur Verteidigung Frankreichs, Belgiens oder des Empire kämpfen; allerdings sei nicht ausgeschlossen, daß »wir nach der Satzung des Völkerbundes dem Opfer einer Aggression helfen«. Hitlers aggressive Absichten gegenüber dem tschechoslowakischen Sudetenland waren bereits unverkennbar, doch Chamberlain erklärte, Großbritannien werde der Tschechoslowakei nicht automatisch nach den Bedingungen des franko-tschechischen Vertrages von 1925 helfen. In diesem Stadium dachten die Russen ernsthaft daran, sich mit Frankreich und Großbritannien zu verbünden, um die Tschechoslowakei zu verteidigen, und Chamberlains Unterhausrede wurde in Moskau ungünstig aufgenommen.

Am 18. März befand der Auswärtige Kabinettsausschuß, man könne der Tschechoslowakei wegen nicht zu einem Krieg gegen Deutschland »Zuflucht nehmen«. Laut Cadogan meinten die Ausschuß-Mitglieder, daß »die Tschechoslowakei nicht die Knochen eines einzigen britischen Grenadiers wert« sei, und er fügte hinzu: »Womit sie recht haben.«[4] Handelsminister Oliver Stanley erklärte dem Ausschuß, man könne »unmöglich argumentieren, daß die Erhaltung der Tschechoslowakei von vitalem Interesse für Großbritannien sei; unsere einzige Verpflichtung der Tschechoslowakei gegenüber ist die zwischen Völkerbundsmitgliedern«. Auch Inskip sah keinen Grund, weshalb Großbritannien die Existenz der Tschechoslowakei bewahren solle, denn sie sei »auf die Dauer unhaltbar und ein instabiles Gebilde in Mitteleuropa«.

Der logische Plan, Europa vor den Nazis zu retten, bestand in einer Garantie an die Tschechoslowakei, gekoppelt mit einer druckvollen Aufrüstung und einem Bündnis mit Rußland. Nur Vansittart setzte sich für diese Lösung ein, scheiterte aber, Cadogan zufolge, durch Übertreibung seiner Argumente. Dies dürfte, Vansittarts Charakter bedacht, zutreffen. Mittlerweile hatte er fast seinen gesamten Einfluß verloren. Churchill war beunruhigt und verlangte eine energischere Haltung, aber er war machtlos.

Die Tschechoslowakei war ein künstlicher Staat des 20. Jahrhunderts, eine Schöpfung der Versailler Konferenz aus der Konkursmasse des alten Habsburger Reiches. Zu ihrer Bevölkerung gehörten Tschechen, Polen, Deutsche, Slowaken, Magyaren und Ruthenen. Dadurch hatten Polen, Deutschland, Rumänien und Ungarn dort territoriale Ansprüche und ein Interesse am Zusammenbruch des jungen Staates. Präsident Beneš hatte versprochen, seine Minderheiten nach dem Schweizer Kantonsystem zu behandeln, doch er hatte sein Versprechen nicht gehalten. Die deutsche Minderheit im Sudetenland war zweifellos ungerecht behandelt worden und hatte berechtigte Gründe zur Unzufriedenheit. Hitler war entschlossen, diese Gründe hochzuspielen und als Vorwand zu benutzen, um den tschechoslowakischen Staat zu zerstören und seine Popularität im eigenen Land durch die Annexion östlicher Gebiete zu erhöhen.

Der britische Repräsentant in Prag, Basil Newton, meldete am 15. März 1938, daß »die gegenwärtige politische Position der Tschechoslowakei unhaltbar« sei. Dies war aus militärischen Gründen auch Chamberlains Ansicht, ungeachtet der Tatsache, daß die Duldung der Übernahme tschechoslowakischer Gebiete durch Deutschland einen weiteren Schritt für den Aufstieg Hitlers bedeutete.[5]

Am 21. März trat der Auswärtige Kabinettsausschuß zusammen, um über einen Bericht der Generalstabschefs zu diskutieren, in dem diese auf das Fehlen tschechischer Befestigungen an der österreichischen Grenze und auf die neue Verletzlichkeit der tschechischen Rüstungszentren hingewiesen hatten. Sie schlossen: »Weder Großbritannien noch Frankreich könnten der Tschechoslowakei irgendwelche Hilfe leisten, und die einzige Methode, wenigstens indirekte Hilfe zu leisten, würde darin bestehen, offensive Operationen gegen Deutschland durchzuführen.« Sie hielten es für unwahrscheinlich, daß die Franzosen einen wirksamen Angriff inszenieren würden, und sie warnten: ». . . falls Deutschland, Italien und Japan Krieg gegen Großbritannien führten, würde das Empire von einer ungeheuren Konzentration bewaffneter Macht bedroht und der ernstesten Gefahr ausgesetzt sein.« Cadogan kommentierte: »Kabinett bleibt Gott sei Dank dabei, nichts wegen Tschechoslowakei zu unternehmen.«

Stanley teilte dem Ausschuß mit, daß die Wirkung, die die britische Einstellung zur Tschechoslowakei auf Frankreich haben müsse, katastrophal sein werde. Halifax sagte, dies sei auch Vansittarts Meinung, aber »es sei kein Grund, auf eine Politik zu verzichten, von deren Richtigkeit wir völlig überzeugt sind, nur weil Frankreich schockiert sein würde«. Die Franzosen wurden über den Standpunkt der britischen Regierung informiert.[6]

Chamberlain vertraute seinen Trübsinn an jenem Wochenende dem Tagebuch an:

> Die österreichische Grenze ist praktisch offen; die großen Škoda-Waffenfabriken sind in bequemer Bomberreichweite der deutschen Flugplätze; alle Eisenbahnlinien durchlaufen deutsches Gebiet, Rußland ist hundert Meilen entfernt. Deshalb könnten wir der Tschechoslowakei nicht helfen – sie würde einfach nur ein Vorwand sein, gegen Deutschland in den Krieg zu ziehen. Daran können wir nicht denken, es sei denn, wir hätten eine vernünftige Aussicht, es in einem annehmbaren Zeitraum auf die Knie zu zwingen; dafür gibt es keine Anzeichen. Deshalb habe ich jeden Plan aufgegeben, der Tschechoslowakei oder den Franzosen in Zusammenhang mit ihren Verpflichtungen jenem Land gegenüber Garantien zu gewähren.[7]

Diese defätistische Haltung bestimmte alle Aktionen Chamberlains bis München und einschließlich Münchens. Die französische Regierung und - sporadisch - Halifax versuchten, ihn zu einer resoluteren Politik zu bewegen, doch ohne Erfolg. Chamberlain meinte zu Recht, daß der Anschluß ein Unheil war. Nach dem Verlust Österreichs aber konnte er nur noch in den Begriffen des Appeasement denken.

Hitler hoffte, die Tschechoslowakei ohne Krieg zu annektieren. Am 28. März empfing er Konrad Henlein, den Führer der Sudetendeutschen, und wies ihn an, bei Verhandlungen mit Beneš stets mehr zu verlangen, als zugestanden werden könne. Beneš verließ sich auf Frankreich und Großbritannien, mit Rußland im Hintergrund. Er hatte den Beistandspakt von 1925 mit Frankreich, das Abkommen mit der Sowjetunion von 1935 (das erst wirksam wurde, wenn Frankreich zuerst handelte) und die Kleine Entente mit Rumänien und Jugoslawien. Unglücklicherweise vertraten starke Elemente in der Tschechoslowakei die Devise: »Besser Hitler als Stalin.«

Trotz ihrer vierunddreißig Divisionen und ihrer mächtigen Befestigungen an der deutschen Grenze waren die Tschechen an ihrer österreichischen Grenze hoffnungslos schwach - wie Chamberlain und Vansittart vorhergesehen hatten. An dieser Südflanke gab es keine Befestigungen; allerdings ließ Beneš überhastet einige bauen. Am 15. März beriet der französische Verteidigungsausschuß über Militärhilfe für die Tschechoslowakei. Gamelin erläuterte, die Franzosen könnten einige deutsche Truppen »binden«, aber den Westwall nicht durchbrechen, weshalb sie durch Belgien angreifen müßten. Immerhin teilte der französische Außenminister Boncour dem britischen Botschafter Phipps am 24. März mit: »Eine entschiedene Warnung [Frankreichs und Großbritanniens] an Deutschland ... wäre das beste Mittel, Krieg zu vermeiden.« Die Zeit sei »nicht auf unserer Seite«, denn Deutschland werde stärker und stärker. Halifax antwortete nicht, und Boncour trat am 10. April mit der Regierung Léon Blum zurück. Der neue Ministerpräsident Daladier hielt Boncour für zu aggressiv und übergab dessen Posten Bonnet, der weit eher zum Appeasement neigte.

Am 23. März erfuhr Phipps in Paris von Halifax: »Unsere Pläne für die Offensive wie für die Defensive sind noch nicht hinreichend fortgeschritten.« Halifax lehnte den Vorschlag der Russen zu einer Konferenz entweder innerhalb oder außerhalb des Völkerbundes ab.[8]

Ende April 1938 kamen Daladier und Bonnet nach London und drängten die britische Regierung, bekanntzugeben, daß sie der Tschechoslowakei im Falle eines deutschen Angriffs Hilfe leisten werde. Die Franzosen hatten bereits eine klare Vertragspflicht, die Tschechoslowakei gegen Hitler zu verteidigen, und Daladier äußerte die Ansicht, daß Hitler klein beigeben werde, wenn die britische Regierung sich energisch zeige. Die Briten betonten ihre Verpflichtung nach der Garantie vom März 1936, den Franzosen zu Hilfe zu kommen, aber sie konnten nicht einmal zwei Divisionen für Expeditionsstreitkräfte versprechen und lehnten Marine-Stabsgespräche ab, um Italien nicht zu verärgern. Chamberlain erklärte: »Wenn Deutschland beschließt, die Tschechoslowakei zu zerstören, sehe ich keinen Weg, dies zu verhindern.« Er ließ die Franzosen wissen, daß er den Tschechen dringend raten werde, Hitler Zugeständnisse zu machen. Das einzige Resultat der Gespräche war der Beschluß, daß Großbritannien Hitler nach dessen Wünschen fragen solle. Zwei Wochen später teilte Henderson dem deutschen Auswärtigen Amt mit, Großbritannien werde Deutschland in der Frage der Tschechoslowakei unterstützen; doch wurde er sofort von Halifax zur Rechenschaft gezogen, der ihn mahnte, nicht den Eindruck aufkommen zu lassen, daß »wir und andere unter allen Umständen ruhig dabeisitzen würden«.

Henlein besuchte London am 12. und 13. Mai im Auftrag Hitlers. Er sollte den Briten weismachen, daß er nicht Hitlers Strohmann sei und sich aufrichtig um eine friedliche Lösung bemühe. Sogar Vansittart ließ sich täuschen. Er beschrieb Henlein als »viel vernünftiger und zugänglicher, als ich zu hoffen gewagt hatte«, und verzeichnete nach dessen Besuch: »Wenn die Deutschen ihre Sperrmanöver aufgeben, werden wir wirklich eine bedeutende Wendemarke in der europäischen Geschichte passiert haben.« Er sollte schon bald von dieser Illusion geheilt werden.[9]

In diesem Stadium glaubte Chamberlain ehrlich, daß Hitler bewogen werden könnte, friedliche Lösungen zu akzeptieren; ohnehin stand Deutschland seiner Meinung nach ein guter Teil der Tschechoslowakei zu. Bei einem Empfang der Lady Astor am 15. Mai ließ der Premierminister einige Auslandskorrespondenten inoffiziell wissen, daß die Tschechoslowakei Territorien werde aufgeben müssen, daß die neugezogenen Grenzen jedoch von einem Vier-Mächte-Pakt garantiert werden sollten. Dies sickerte sofort in kanadische und amerikanische Zeitungen durch, und Hitler meinte, der britische Premier habe ihm grünes Licht gegeben. Zu den »vier Mächten« rechnete Chamberlain Italien, nicht aber Rußland.[10]

Nachdem am 20. Mai die akute Befürchtung aufkam, daß Hitler den Einmarsch beabsichtige, mobilisierte die Tschechoslowakei 80000 Reservisten und verlegte 400000 Soldaten an die Grenze. Beneš erkundigte sich bei Daladier, ob er seine Verpflichtung gegenüber der Tschechoslowakei erfüllen werde. Der französische Ministerpräsident versprach dies und teilte Großbritannien mit, er wolle sofort mobilisieren, falls Henderson Hitlers Kriegsvorbereitungen nicht verhindern könne. Ob Hitler vorhatte, im Mai anzugreifen, bleibt unklar, aber Chamberlain war so besorgt, daß er sich entschloß, Beneš zu opfern. In einem offensichtlich von ihm inspirierten Leitartikel in der *Times* hieß es am 3. Juni, daß man den Deutschen der Tschechoslowakei gestatten solle, durch ein Plebiszit oder auf andere Weise über ihre Zukunft zu entscheiden, »selbst wenn dies einen Übertritt zu Deutschland bedeutet«. Damit wäre laut *Times* das Unrecht des Versailler Vertrages ausgeräumt worden. Aber die Sudetendeutschen lebten nicht wegen des Versailler Vertrages in diesem Gebiet. Sie waren von 1839 an freiwillig ins Habsburger Reich gezogen, um gutbezahlte Arbeit in den Kohlenrevieren und anderen Industriezweigen zu finden.

Am 22. Mai unterrichtete Halifax, der nun mutiger war als Chamberlain, Herbert von Dirksen, den neuen deutschen Botschafter in London, daß die Franzosen Deutschland angreifen würden, falls Hitler, selbst nach »ernsten Provokationen durch die Tschechen«, in die Tschechoslowakei einmarschierte. Dann werde man sich »unmöglich vorstellen können, wie Großbritannien nicht [in einen europäischen Konflikt] hineingezogen werden könne«. Dirksen hatte Hitler zuvor gemeldet, das Foreign Office werde der Zerstückelung der Tschechoslowakei zustimmen, doch im Falle von Gewaltanwendung werde Großbritannien unzweifelhaft an der Seite Frankreichs in den Krieg ziehen. Am 28. Mai informierte Henderson den Staatssekretär im deutschen Außenministerium, Ernst von Weizsäcker, daß man Halifax' Erklärung vom 22. Mai, die in Deutschland große Beachtung gefunden hatte, mißverstanden habe; falls die Tschechen unerträgliche Provokationen verübten, werde Großbritannien sie nicht unterstützen, sondern »ihrem Schicksal überlassen«. Ribbentrop war über Halifax' Statement so erzürnt gewesen, daß er Dirksen aufgefordert hatte, ein Dementi einzuholen. Halifax lehnte ab, doch Henderson betrieb Chamberlains Politik in Berlin unabhängig vom Foreign Office. Aus Berichten der britischen Botschaft in Prag ging jedenfalls hervor, daß Beneš versuchte, die Sudetendeutschen nicht zu provozieren, sondern zu versöhnen. Henderson hatte seine Anweisungen also bei weitem überschritten.[11]

Chamberlain war jetzt viel eher geneigt als sein Außenminister, Hitler die Einverleibung großer Teile des Sudetenlandes zu gestatten. Dawson war sein Sprachrohr, und die *Times* brachte einen Leitartikel, in dem eine Teilung der Tschechoslowakei befürwortet wurde. Halifax zeigte nun endlich Festigkeit, und der folgende Brief an Dawson deutet darauf hin, daß er immer noch hoffte, die Sudetenkrise könne durch eine Vereinbarung zwischen Beneš und Henlein gelöst werden:

Vertraulich 15. Juni 1938

Mein lieber Geoffrey,
ich bin recht beunruhigt über kürzliche Hinweise der *Times* auf die Erwünschtheit einer Volksabstimmung in den Sudetenbezirken der Tschechoslowakei. Wir tun, wie Sie wissen, gegenwärtig unser Bestes, um Dr. Beneš und Herrn Henlein auf einer Verhandlungsbasis zusammenzubringen, damit die Sudetenansprüche im Rahmen des bestehenden tschechoslowakischen

Staates befriedigt werden können. Ich glaube, wir können behaupten, daß Dr. Beneš infolge unserer Bemühungen nun von der Notwendigkeit überzeugt ist, ein wirklich staatsmännisches Angebot an Herrn Henlein zu machen, der seinerseits bereit ist, es wohlwollend zu erwägen. Herr Henlein selbst ist in einer schwierigen Position, weil ihm sowohl seine eigenen Extremisten als auch Berlin ständig mit dem Vorwurf in den Rücken fallen, seine Haltung sei nicht hinreichend kompromißlos. Herr Henlein ist seinem Charakter nach gemäßigt und würde, wie wir meinen, lieber eine befriedigende Regelung innerhalb des tschechoslowakischen Staates als einen Anschluß an Deutschland sehen. Unter diesen Umständen fürchte ich, daß unsere Bemühungen, eine Regelung innerhalb der bestehenden Grenzen der Tschechoslowakei zu fördern, ernstlich kompromittiert werden können, wenn an so prominenter Stelle wie der »Times« von einer Volksabstimmung die Rede ist. Herr Henlein wird in eine unmögliche Lage gebracht werden, wenn man den Anschein erweckt, daß er Bedingungen zustimmt, die weniger günstig sind als jene, die die »Times« als vernünftig bezeichnet, während Dr. Beneš seinerseits schwerlich zugemutet werden kann, daß er die Verantwortung für das Angebot einer wirklich weitreichenden Regelung übernimmt, wenn diese nur das Sprungbrett zu einer Volksabstimmung bilden soll, die die Auflösung seines Staates nach sich zieht!
Ich hoffe deshalb sehr, daß alle Hinweise auf eine mögliche Volksabstimmung vorläufig so weit wie möglich unterlassen werden können! Ich persönlich würde die Möglichkeit nicht völlig ausschließen, daß es letzten Endes, wenn alles andere scheitert, nötig sein wird, auf eine Volksabstimmung zurückzukommen, um eine schlimmere Katastrophe zu verhindern, aber zum gegenwärtigen Zeitpunkt bin ich überzeugt, daß den Aussichten auf eine vernünftige Regelung am besten gedient ist, wenn man darauf beharrt, daß eine Lösung der Sudetenfrage nach den Grundsätzen der Autonomie innerhalb der bestehenden Staatsgrenzen gefunden wird.

Halifax

In seiner Antwort zeigte Dawson keine Reue, denn er war sich der nachgiebigen Haltung Chamberlains in der Sudetenfrage völlig sicher.[12]

Am 30. Mai gab Hitler folgende Weisung an seine Generale heraus:

> Es ist mein unabänderlicher Entschluß, die Tschechoslowakei in absehbarer Zeit durch eine militärische Aktion zu zerschlagen. Den politisch und militärisch geeigneten Zeitpunkt abzuwarten oder herbeizuführen ist Sache der politischen Führung. Eine unabwendbare Entwicklung der Zustände innerhalb der Tschechoslowakei oder sonstige politische Ereignisse in Europa, die eine überraschend günstige, vielleicht nie wiederkehrende Gelegenheit schaffen, können mich zu frühzeitigem Handeln veranlassen ...
>
> Es muß schon in den ersten 2 bis 3 Tagen eine Lage geschaffen werden, die interventionslüsternen gegnerischen Staaten die Aussichtslosigkeit der tschechischen militärischen Lage vor Augen führt sowie den Staaten, die territoriale Ansprüche an die Tschechoslowakei haben, einen Anreiz zu sofortigem Eingreifen gegen die Tschechoslowakei gibt. In diesem Fall ist mit dem Eingreifen Ungarns und Polens gegen die Tschechoslowakei zu rechnen, insbesondere dann, wenn durch die eindeutige Haltung Italiens an unserer Seite Frankreich sich scheut, zum mindesten aber zögert, durch sein Eingreifen gegen Deutschland einen europäischen Krieg zu entfesseln. Versuche Rußlands, die Tschechoslowakei militärisch, vornehmlich durch die Luftwaffe zu unterstützen, sind aller Voraussicht nach zu erwarten.[13]

Es gibt starke Hinweise darauf, daß Rußland tatsächlich beabsichtigte, die Tschechoslowakei zu verteidigen, wenn die Alliierten mitgezogen hätten. Am 15. März 1938 erklärte der sowjetische Außenminister Litwinow auf einer Pressekonferenz für ausländische Journalisten in Moskau, Rußland werde zur Verteidigung der Tschechoslowakei eingreifen. Als er gefragt wurde, wie dies ohne eine gemeinsame Grenze zu bewerkstelligen sei, erwiderte er, daß man Mittel finden werde. Er räumte ein, daß dies die »Schaffung eines Korridors« voraussetze.[14]

Am 10. Juni teilte Halifax dem deutschen Botschafter in London mit, er sei überzeugt, daß man nur Geduld brauche, um zu einer Einigung zu gelangen.[15] Henderson unterrichtete Ribbentrop in Berlin, Großbritannien werde sich, ebenso wie Frankreich, aus einem Konflikt heraushalten und die britische Regierung tue ihr möglichstes, um die Prager Regierung zur Vernunft zu bringen. Hitler glaubte also, daß Großbritannien nicht eingreifen werde, und gab am 18. Juni eine weitere Weisung an seinen Generalstab heraus. Während Chamberlain und sein Kabinett sich in der Illusion wiegten, Hitler könne durch Diplomatie und irgendeine »allgemeine Abmachung« gestoppt werden, traf der »Führer« bereits Vorbereitungen zur gewaltsamen Besetzung des Sudetenlandes.

In Hitlers Weisung vom 18. Juni hieß es, die Besetzung der Tschechoslowakei sei sein unmittelbares Ziel; vom 1. Oktober an werde er jede sich bietende Gelegenheit nutzen, um es zu realisieren. Es gebe keine Gefahr eines Präventivkrieges ausländischer Staaten gegen Deutschland, aber er werde erst dann in die Tschechoslowakei einmarschieren, wenn er sicher sei, daß Großbritannien und Frankreich nicht eingreifen würden. Der Generalstab erhielt den Befehl, umfassende militärische Pläne sowohl für Aufmarsch »Grün« (Invasion der Tschechoslowakei), als auch für Operation »Rot« (Verteidigung im Westen gegen Großbritannien und Frankreich) auszuarbeiten.

Hitler fürchtete offensichtlich eine sowjetische Intervention und schrieb, daß unter den osteuropäischen Staaten Rußland am ehesten zu einer Aktion neige. Sie werde wahrscheinlich zunächst in einer bloßen Verstärkung der tschechischen Luftwaffe und Rüstung bestehen, aber man solle sich auf einen See- und Luftkrieg von seiten Rußlands oder sogar auf ein Vordringen nach Ostpreußen durch die baltischen Staaten einstellen.[16]

Schon am 25. April hatte das deutsche Außenministerium erfahren, daß die Russen in Bukarest Gespräche über die Transitrechte sowjetischer Truppen durch Rumänien geführt hatten, damit sie der Tschechoslowakei im Falle eines deutschen Angriffs zu Hilfe kommen konnten. Die Deutschen befürchteten eine anglo-französische Mitwirkung an diesen Gesprächen. Dann schickte der deutsche Gesandte in Rumänien einen Bericht nach Berlin, daß sechsunddreißig sowjetische Bomber in die Tschechoslowakei geflogen würden. Kurz darauf meldete die deutsche Botschaft in Warschau, tschechische Piloten hätten vierzig sowjetische Flugzeuge nach Prag gebracht und zwölf Tschechen warteten in Kiew auf weitere Maschinen.[17]

Wieviel der britische Secret Service über Hitlers Weisungen vom 30. Mai und 18. Juni wußte, ist immer noch Gegenstand von Spekulationen; immerhin deutet Cadogan in seinen Tagebüchern an, daß er während dieses Zeitraums besorgniserregende Nachrichten empfing. Doch bald sollten hochgestellte deutsche Widerständler unabweisbares Material liefern. Carl Goerdeler, der frühere Oberbürgermeister von Leipzig, war Hitlers erster Reichskommissar für Preisüberwachung gewesen, hatte sich aber bald von den Nazis abgewandt. Anfang Juli besuchte er London mit Billigung Görings, der über die Wahrscheinlichkeit eines Krieges mit Großbritannien unterrichtet werden wollte. Goerdeler warnte Eden, Halifax und Vansittart, daß Deutschland vorhatte, die Tschechoslowakei zu überfallen. Er teilte auch Einzelheiten über die am 5. November 1937 in Berlin abgehaltene Geheimkonferenz mit, bei der Hitler seine Pläne für militärische Aggressionen umrissen hatte (dies sollte bei den Nürnberger Prozessen als wichtiges Beweismaterial verwendet werden). Die Generale von Blomberg und von Fritsch hatten die Pläne kritisiert und waren durch General von Brauchitsch ersetzt worden, den Hitler für gefügiger hielt. Auch General Beck, der Generalstabschef der Wehrmacht, lehnte einen Angriffskrieg ab und blieb ein unversöhnlicher Gegner Hitlers, bis er nach dem Attentat vom 20. Juli 1944 umgebracht wurde. Die beiden Weisungen Hitlers hatten die vernünftigeren Generale entsetzt, denn sie wußten, daß Deutschland militärisch für einen Krieg an zwei Fronten, vor allem in Anbetracht der russischen Gefahr, nicht stark genug war. Zusammen mit Weizsäcker begannen sie, Hitlers Sturz zu planen, und nahmen Gespräche mit Goerdeler und anderen früheren Politikern der Weimarer Republik auf. Diese Gruppe von Generalen, Politikern und Beamten des Auswärtigen Amtes sandte Warnungen nach Großbritannien und enthüllte ihre Pläne für einen Staatsstreich. Sie rief keinerlei Reaktion hervor.[18]

Am 18. August 1938 kam der preußische Gutsbesitzer Ewald von Kleist-Schmenzin im Auftrag der Opposition nach London. Er sprach mit Vansittart und Churchill, informierte sie über Hitlers bedrohliche Weisungen und teilte ihnen mit, Hitler persönlich habe gegen den Rat seiner Generale beschlossen, der Tschechoslowakei am 28. September den Krieg zu erklären. Laut Kleist-Schmenzin waren alle seine Freunde im Generalstab (abgesehen von Jodl, dessen Ansichten er nicht kannte) entschieden gegen diesen Angriff. Er beschwor seine Gesprächspartner, daß man den Krieg nur durch die Drohung mit einem kraftvollen Gegenschlag Frankreichs und Großbritanniens im Falle eines deutschen Angriffs abwenden könne. Die Opposition sei der Meinung, daß Deutschland nicht in der Lage sei, einen Zweifrontenkrieg zu führen, und die Furcht der Bevölkerung vor einer solchen Katastrophe werde den Generalen ermöglichen, Hitler abzusetzen und die Schreckensherrschaft zu beenden. Vansittart akzeptierte Kleist-Schmenzins Standpunkt und berichtete Halifax, daß die ihm dargelegten Pläne der Opposition vernünftig seien und die Hinweise bestätigten, die das Foreign Office aus »anderen Quellen« (dem Secret Service) erhalten habe. Er sei auch sicher, daß Kleist-Schmenzin recht habe, was das von Hitler festgelegte Angriffsdatum betraf.[19]

Churchill reagierte aufgeschlossen und erklärte Kleist-Schmenzin, Frankreich und Großbritannien würden einer neuen deutschen Regierung in der Frage der Kolonien und der Handelsverträge Zugeständnisse machen; er habe nichts dagegen, Deutschland den Korridor nach Danzig zu überlassen, fürchte allerdings, daß dies die Polen in das falsche Lager treiben könne. Er überreichte Kleist-Schmenzin einen Brief zur Ermunterung der Opposition und drängte Halifax – vergebens –, Hitler durch eine Interventionsdrohung vom Krieg gegen die Tschechoslowakei abzuhalten.* Am 27. August warnte er in einer Rede, daß die Einnahme Böhmens zu einem zweiten Weltkrieg führen werde. Churchill rechnete nach einem Staatsstreich mit der Wiedererrichtung einer Monarchie in Deutschland. Er tat, was er konnte, um die Moral der antinationalsozialistischen Verschwörer von 1938 zu stärken. Ihre Erinnerung an seine damalige Hilfe muß seine schroffe Ablehnung all ihrer Annäherungsversuche zwischen 1942 und 1944 um so entmutigender gemacht haben.

Halifax berichtete dem Premierminister von Kleist-Schmenzins Besuch sowie über Vansittarts und Churchills Haltung. Chamberlain reagierte abfällig. Er schrieb am 19. August an Halifax:

> Von Kleist ist ein leidenschaftlicher Gegner Hitlers und will seine Freunde in Deutschland unbedingt zu einem Umsturzversuch aufstacheln. Er erinnert mich an die Jakobiten am französischen Hof zur Zeit von König Wilhelm, und mir scheint, daß wir einen großen Teil von dem, was er sagt, mit Vorsicht aufnehmen müssen.

Angesichts dieser Mitteilungen Vansittarts war es einfach töricht, daß Chamberlain diese deutlichen Hinweise mißachtete.[20]

Kleist-Schmenzin kehrte entmutigt nach Deutschland zurück und berichtete von der Unschlüssigkeit der britischen Regierung. Die Generale Beck und Halder, beide in höchsten Wehrmachtpositionen, beschlossen, Hitlers Wahnsinnsakt ohne britische Kooperation zu verhindern.** Sie beabsichtigten, Hitler in dem Moment zu verhaften, da er den Befehl zur Überschreitung der tschechischen Grenze gab. Brauchitsch würde sich als Oberbefehlshaber vorübergehend zur höchsten Autorität im Reich pro-

* Dies war Kleist-Schmenzins Verhängnis, als der Brief nach Stauffenbergs Bombenanschlag im Juli 1944 der Gestapo in die Hände fiel. Er wurde drei Wochen vor Kriegsende von den Nazis gehängt.

** Halder entsandte einen weiteren Emissär, nämlich den Geschäftsmann Hans Böhm-Tettelbach. Dieser suchte Vansittart am 4. September auf, erläuterte ihm weitere Details der Verschwörung und wiederholte Kleist-Schmenzins Warnung – ebenfalls umsonst.

klamieren. Eine Panzerdivision sollte sodann nach Thüringen vorrücken, um die in München stationierten SS-Truppen vom Marsch auf Berlin abzuhalten, wo der Schlag gegen Hitler stattfinden sollte. General von Witzleben, Kommandierender General der 23. Division, sollte die entscheidenden Ministerien besetzen und Hitler verhaften. Die Verschwörer waren zuversichtlich, daß die meisten Deutschen, erleichtert über die Vermeidung eines neuen Krieges, den Staatsstreich enthusiastisch begrüßen würden.

Die Verschwörer machten detaillierte Pläne für die Behandlung Hitlers. Er sollte von einem Volksgerichtshof verurteilt werden. Man hatte bereits Staatsanwälte unterrichtet, und eine Gruppe von Psychiatern unter Karl Bonhoeffer (dem Vater Dietrich Bonhoeffers) hatte geheime Nachforschungen über Hitlers Geisteszustand angestellt, beginnend mit seiner Krankengeschichte in einem Militärlazarett. Sie waren überzeugt, daß er für geistesgestört erklärt werden könne. Diese Krankengeschichte Hitlers wurde von den Verschwörern für einen etwaigen späteren Gebrauch aufbewahrt und nach dem Scheitern des Anschlags vom 20. Juli 1944 von der Gestapo gefunden - mit tödlichen Folgen für einige Hauptpersonen der Verschwörung von 1938, die sechs Jahre lang unentdeckt geblieben waren.[21]

Der Plan war realisierbar und wohldurchdacht. Die Verschwörer waren fähige und entschlossene Männer, und obwohl jeder bewaffnete Staatsstreich ein Risiko in sich birgt, war es eine Tragödie, daß man nie versuchte, ihn durchzuführen. Chamberlain oder Halifax fiel zu keinem Zeitpunkt ein, daß sich der Krieg vielleicht am besten verhindern ließ, wenn man die Nazigegner ermutigte und die britische Bereitschaft unterstrich, für deutschen »Lebensraum« im Osten einzutreten, vorausgesetzt, Deutschland besitze eine demokratische Regierung und beende die Verfolgung von Juden und Minderheiten.

Hitler hatte keine Ahnung von der Verschwörung. Sie dürfte einige Aussicht auf Erfolg gehabt haben. Zwar beteten viele Offiziere Hitler fast wie einen Götzen an, doch besonders bei der älteren Generation war man darauf bedacht, Deutschland eine Wiederholung des Krieges von 1914–18 zu ersparen. Hitler wußte, daß seine Generale Zweifel an einem militärischen Sieg hatten, doch er selbst war zuversichtlich, daß Großbritannien und Frankreich nicht intervenieren würden. Das Verhalten von Chamberlain, Halifax und Henderson bestätigte ihn in dieser Überzeugung. Chamberlains Besuche bei Hitler, die mangelnde Kooperation der britischen Regierung und ihr Verzicht darauf, im Falle einer Invasion der Tschechoslowakei automatisch Kampfhandlungen anzukündigen - all das vereinte sich, um die Hoffnungen der Verschwörer zunichte zu machen.

General Jodl schrieb in sein Tagebuch:

> ... es ist tieftraurig, daß der Führer das ganze Volk hinter sich hat, nur nicht die führenden Generale des Heeres ... Sie können nicht mehr glauben u. nicht mehr gehorchen, weil sie das Genie des Führers nicht anerkennen, in dem sie z. Teil sicher noch den Gefreiten des Weltkriegs sehen, aber nicht den größten Staatsmann seit Bismarck.[22]

Zu den Nazigegnern im deutschen Außenministerium gehörten die Brüder Erich und Theodor Kordt. Erich leitete Ribbentrops Ministerbüro; Theodor war Botschaftsrat in London. Staatssekretär von Weizsäcker schickte eine Botschaft der Verschwörer an Cadogan, und am 6. September 1938 besuchte Theodor Kordt heimlich Sir Horace Wilson, einen Vertrauten des Premierministers, und berichtete ihm von den Umsturzplänen. Am nächsten Tag traf er mit Halifax zusammen (er wurde heimlich durch die Gartentür in 10 Downing Street eingelassen) und ließ ihn wissen, Hitler werde die Mobilisierung am 16. September befehlen, um die Tschechoslowakei spätestens am 1. Oktober anzugreifen. Kordt bat Halifax, die deutsche Nation durch eine Rundfunkerklärung zu warnen. Cadogan, der bei dem Gespräch anwesend war, kommentierte in seinem Tagebuch: »Das wäre verhängnisvoll«; er gab vertraulichen Warnungen den Vorzug. Ohnehin wußte Halifax, daß Chamberlain nun zu einer persönlichen Begegnung mit Hitler entschlossen war. Dies teilte er Kordt nicht mit, und er zog keine Konsequenzen aus dem Gespräch.[23]

Wollte Halifax nicht glauben, daß das deutsche Oberkommando bereit war, sich gegen Hitler zu wenden? Die offiziellen Dokumente und Akten geben keinen Aufschluß. Vielleicht werden einige relevante Aufzeichnungen immer noch geheimgehalten oder sind sogar vernichtet worden. Dieses Versäumnis, nach den Enthüllungen von Kleist-Schmenzin und Kordt zur Tat zu schreiten, ist Halifax schwer anzulasten. Im Jahre 1982 beschrieb David Astor es als »die traurigste verpaßte Gelegenheit der gesamten höllischen Ereignisse, die dem Zweiten Weltkrieg vorhergingen«.[24] Das verfügbare Material läßt Astors Worte als begründetes Urteil erscheinen.

Chamberlain hatte zwei Ideen, die seiner Meinung nach das Sudetenproblem lösen könnten. Die erste bestand darin, einen Vermittler nach Prag zu entsenden; die zweite bestand darin, daß er selbst Hitler einen Besuch in Deutschland abstatten würde. Beide Ideen spielten dem »Führer« in die Hände.

Der Premierminister hielt den früheren liberalen Politiker Lord Runciman für ideal, um in Prag eine Regelung herbeizuführen, die sowohl für Henlein und seine Sudetendeutschen als auch für Beneš annehmbar war.

Im Juli 1938 schickte Hitler seinen Flügeladjutanten Fritz Wiedemann mit einer persönlichen Botschaft für den Premierminister nach London. Es handelte sich um die Zusicherung, daß Hitler keine Gewalt anwenden werde, wenn die britische Regierung Beneš dränge, den Forderungen der Sudetendeutschen nachzugeben. Chamberlain machte nach dem Gespräch »gewisse Zusagen« mit dem Tenor, daß er einen mäßigenden Einfluß auf die Tschechen ausüben werde. Nun war das Appeasement in vollem Gange, und zwei Tage später unterrichtete Halifax den französischen Ministerpräsidenten Daladier, daß die Briten, ohne Frankreich zu konsultieren, Runciman zu einer Versöhnungsmission zwischen den Sudetendeutschen und Beneš nach Prag entsandt hätten. Vor vollendete Tatsachen gestellt, stimmten die Franzosen der Mission zu (allerdings hatte Deladier zuerst Einwände erhoben, weil ein solcher Besuch Henlein nur in seinen Forderungen bestärken könne). Beneš gab ebenfalls sein Einverständnis. Hätte er es nicht getan, wäre Chamberlain bereit gewesen, seine Weigerung zu veröffentlichen, um die in Großbritannien herrschende Sympathie für die Tschechen zu beeinträchtigen. Runciman reiste Ende Juli nach Prag. Seine Mission war ein Nagel im Sarg der Tschechoslowakei, denn seine Gegenwart zeigte an, daß Großbritannien bereit war, den tschechischen Staat aufzulösen.

In einem Artikel in *L'Europe Nouvelle* schrieb ein gewisser »Pertinax«, Runcimans Mission habe dem Bündnis zwischen Frankreich und der Tschechoslowakei ein Ende gesetzt, und in der Zeitschrift *Nation* äußerte der geachtete britische Auslandskorrespondent Robert Dell: »Hitler hat wieder Erfolg gehabt, dank seinem treuen Freund Neville Chamberlain. Lord Runciman ist nach Prag entsandt worden, um die Tschechen zum nationalen Selbstmord zu überreden.« Diese Journalisten hatten recht, denn Chamberlain war eifrig dabei, seinen Plan zum Verrat von Beneš, den er vor Auslandskorrespondenten bei dem erwähnten Empfang von Lady Astor ausgeplaudert hatte, in die Tat umzusetzen. Am 16. Juli erklärte Chamberlain im Unterhaus, Runciman sei auf Wunsch von Beneš entsandt worden. Dies war unwahr. Am selben Tag schrieb Henderson aus Berlin:

> Die Tschechen sind eine störrische Rasse, und Beneš ist einer der störrischsten unter ihnen ... solange die Deutschen uns trauen und von der Aufrichtigkeit und Unparteilichkeit unseres Bemühens überzeugt sind, ist die Schlacht nicht verloren ... wir sollten nun endlich ein Machtwort sprechen und zu Beneš sagen: »Du mußt.«

Chamberlain hatte den Botschafter, den er sich wünschte.

In Prag schlug Runciman unterdessen Henlein und Beneš Konzessionen vor, denen der tschechische Ministerpräsident zustimmte. Daraufhin erhielt Henlein von Hitler den Befehl, seine Forderungen zu erhöhen, damit eine Vereinbarung unmöglich gemacht werde. In einem weiteren Leitartikel riet die *Times* zur Abtretung des Sudetenlandes, ohne zu erwähnen, daß dies die Tschechoslowakei ihrer Befestigungen gegen Deutschland berauben würde. Die *Daily Mail* und der *Daily Express* unterstützten die *Times*, aber von den Appeasement-Gegnern kamen so viele Proteste, daß Downing Street wenig glaubhaft behauptete, der *Times*-Leitartikel gebe nicht die Ansicht der britischen Regierung wieder.

Im Gegensatz zu Chamberlain gelangte Halifax plötzlich zu der Überzeugung, daß in der Frage des Sudentenlandes kein Kompromiß mit Hitler möglich sei und daß die Geheimberichte, die Cadogan von den Verschwörern erhalten hatte, Hitlers Invasionspläne hinreichend belegten. Am 8. September teilte er dem Premierminister mit, er sei dafür, Hitler nachdrücklich zu warnen, daß eine Verletzung der tschechischen Grenze einen europäischen Krieg bedeuten würde. Cadogan, der bei der Unterredung anwesend war, notierte: »PM hält warnende Botschaft für keine gute Idee. Meint, er sollte selbst reisen. Ich auch.« Vansittart wurde konsultiert und sprach sich heftig gegen Chamberlains Reise aus. Cadogan und Vansittart entwarfen eine Warnung, die am 9. August, gegen Chamberlains Wunsch, vom Kabinett gebilligt wurde. Danach sollte Henderson Ribbentrop informieren, daß »Großbritannien nicht beiseite stehen könne«, wenn Frankreich in einen Krieg gegen Deutschland verwickelt werde. Der Text wurde Henderson geschickt, der sich zum Parteitag der Nazis in Nürnberg aufhielt. Er antwortete, daß eine solche Warnung »unzeitgemäß und katastrophal sein würde«. Mit erstaunlicher Rückgratschwäche nahm das Kabinett, stark bedrängt von Chamberlain, den Rat des Botschafters an. Halifax kommentierte: »Vielleicht hätte es Hitler den letzten Stoß versetzt.«[25] Am Abend des 13. September rief Daladier bei Chamberlain an und schlug Direktgespräche mit Hitler vor. Chamberlain nahm den Vorschlag begeistert auf. Bereits am 15. September traf er in Berchtesgaden ein.[26]

Zu jenem Zeitpunkt waren die Polen antirussisch und antitschechisch eingestellt. Sie hegten Befürchtungen, daß die russischen Armeen, wenn sie erst einmal auf polnischem Boden stünden, die Teile Polens, die zum zaristischen Rußland gehört hatten, nie wieder räumen würden. Außenminister Józef Beck hatte eine

Abneigung gegen die Franzosen und sympathisierte mit den Deutschen. Ministerpräsident Eduard Śmigly-Rydz hatte Vertrauen zu Beck, weil er glaubte, dieser verbessere die Beziehungen zu Deutschland. Am 10. September 1938 berichtete der britische Botschafter in Warschau, Sir Howard Kennard, die Polen hätten wenig Mitgefühl mit den Tschechen und verspürten nicht »das gleiche Entsetzen vor dem Nazismus, das in demokratischen Ländern empfunden wird ... Wenn etwas die Polen ins deutsche Lager treiben könnte, dann wäre es der Versuch der UdSSR, Hilfe für die Tschechoslowakei über polnisches Gebiet zu schicken.« Er erwähnte nicht, wie sehr die Polen hofften, daß Hitler die Tschechoslowakei zerstückeln werde; in dem Fall wollten sie Anspruch auf das Teschen erheben, das früher zum Habsburger Reich gehört hatte und vorwiegend von Polen bewohnt war. Es war der Tschechoslowakei im Jahre 1920 zu einem Zeitpunkt geopfert worden, da Warschau fast an die Rote Armee gefallen wäre.[27]

Chamberlain und sein Kabinett waren genauso bestrebt wie die Polen, Rußland aus der Sudetenfrage herauszuhalten; Chamberlain hatte die Russen durch sein Beharren erbost, daß jeder Vertrag im Rahmen des Völkerbundes ausgehandelt werden müsse. Großbritannien war nicht bereit, russische Hilfe zu akzeptieren – was die einzige Möglichkeit gewesen wäre, Hitler Einhalt zu gebieten. Dadurch aber, daß man dem »Führer« den Weg zu einem unblutigen Triumph im Sudetenland ebnete, wurden auch die Pläne der deutschen Verschwörer sabotiert. Solange Hitler keinen Krieg an zwei Fronten führen mußte, schwächte dies den Willen der deutschen Generale, ihn zu stürzen.

Auch die französische Regierung war nun auf einem antirussischen Appeasement-Kurs. Bonnet teilte Litwinow in Genf mit, daß Frankreich es ablehne, an Generalstabsgesprächen mit Rußland teilzunehmen.[28] Auch Chamberlain hatte nicht die geringste Absicht, ein Bündnis mit Rußland zu schließen, und zeigte allen Annäherungsversuchen die kalte Schulter. Einige Historiker behaupten, Rußland sei nicht aufrichtig gewesen, aber die gegenteiligen Indizien sind überwältigend.

Am 12. September schlug Halifax eine Vier-Mächte-Konferenz

zur Lösung der Sudetenkrise vor. An ihr sollten Frankreich, Deutschland, Großbritannien und Italien, nicht aber Rußland teilnehmen. Vansittart sprach sofort eine klarsichtige Warnung aus:

> Ein solcher Schritt wäre der Anfang einer Austreibung Rußlands aus Europa, und er würde den Deutschen in die Hände spielen ... es ist Deutschland, nicht Rußland, das die physische Existenz dieses Landes [der Tschechoslowakei] bedroht ... Gewiß wäre es eine unverzeihliche Dummheit, wenn wir Deutschland bei dem Versuch helfen, einen Bundesgenossen, den wir brauchen, von der Landkarte zu verbannen.[29]

Er hatte recht, aber Chamberlain und Halifax wollten solche Worte nicht hören. Sie reagierten so kühl auf jede russische Annäherung, daß die UdSSR feindselig wurde, und innerhalb von zwölf Monaten sah Großbritannien sich der Katastrophe des sowjetisch-deutschen Nichtangriffspaktes gegenüber, zu dem es nicht gekommen wäre, wenn man Rußland im Jahre 1938 zu den tschechoslowakischen Verhandlungen hinzugezogen hätte. Die Regierung Chamberlain und die konservativen Abgeordneten waren überzeugt, daß Rußland aus der Distanz zusehen wolle, wie Frankreich und Deutschland sich in einem Krieg ausbluteten. Der französische Außenminister Bonnet unterstützte diese Ansicht.

Am 23. April 1938 ließ Stalin die tschechische Regierung wissen, daß Rußland bereit sei, die Tschechoslowakei gemeinsam mit Frankreich zu verteidigen. Dies scheint ein aufrichtiges Angebot gewesen zu sein. Am 12. Mai forderte Litwinow die Franzosen in Genf auf, die Genehmigung dafür einzuholen, daß russische Truppen Polen oder Rumänien durchqueren könnten.[30] Litwinow hatte schon im März unzweideutig erklärt, daß Rußland beabsichtige, seine Verpflichtung der Tschechoslowakei gegenüber zu erfüllen, was er am 21. September 1938 im Völkerbund wiederholte. Er verkündete vor der Völkerbundversammlung nachdrücklich, daß Rußland seine Verpflichtungen zur Unterstützung der Tschechoslowakei »durch die uns offenen Wege« zu erfüllen gedenke. Die europäischen Großmächte und andere interessierte Staaten sollten sofort in Konsultationen eintreten, um die Bedingungen für eine gemeinsame Démarche festzulegen. Wenn Litwinows Vorschlag akzeptiert worden wäre, hätte Hitler die Tschechoslowakei wohl kaum angegriffen, aber Chamberlain wollte sie nicht mehr retten. Er und Halifax waren so antirussisch gesonnen, daß sie dem britischen Kabinett nicht einmal erlaubten, über den russischen Vorschlag zu diskutieren. Sie fürchteten, ein Bündnis mit Rußland würde im Kriegsfall damit enden, daß die Sowjets einen Großteil Osteuropas militärisch in Besitz nahmen.

Litwinows Vorschlag rief auch bei den britischen Delegierten in Genf, Lord De La Warr (Lordsiegelbewahrer) und Rab Butler (Staatssekretär für Auswärtiges), keine positive Reaktion hervor. Sie führten sofort ein Privatgespräch mit Litwinow und erfuhren von ihm, daß Rußland Polen sehr ernsthaft davor gewarnt habe, die Tschechoslowakei im Verein mit Deutschland anzugreifen, um das Teschen wiederzugewinnen.

Unzweideutige Beweise dafür, daß die von Litwinow auf einer Pressekonferenz im März erwähnten Mittel gefunden waren, sind in einer wichtigen Botschaft De La Warrs enthalten, die er dem Foreign Office am 15. September 1938 aus Genf zugehen ließ:

> Ich habe heute nachmittag mit dem Außenminister Rumäniens gesprochen ... Er gab mir zu verstehen, daß kein definitives Abkommen zwischen Rußland und Rumänien existiert, doch im Kriegsfall würde Nachschub wahrscheinlich durch Rumänien in die Tschechoslowakei weitergeleitet werden. Er meinte, in einem solchen Fall werde es keine Schwierigkeit bereiten, den Transit, besonders für Flugzeuge, zu gestatten. Er betonte die ungeheuren geographischen Probleme, die einen mühelosen Transport von Truppen und Material durch Nordrumänien unmöglich machten ... Die natürliche Kommunikationslinie Rußlands mit der Tschechoslowakei führe durch Polen, und wenn dieses willens sei, sein Gebiet von den Russen durchqueren zu lassen, dann könne Rumänien marschieren, und Jugoslawien ebenfalls.[31]

Halifax wies die britischen Delegierten an, »genaue Informationen« von Litwinow einzuholen, und am 23. September erhielt man weitere Belege für die russische Entschlossenheit, die Tschechoslowakei zu verteidigen. An jenem Tag kamen De La Warr und Butler mit Litwinow und Maiski zusammen, dem russischen Botschafter in London, der von Litwinow nach Genf beordert worden war. Sie bestätigten dem Foreign Office, was Litwinow bereits in der Öffentlichkeit gesagt hatte: Wenn Frankreich seine Verpflichtung der Tschechoslowakei gegenüber erfülle, werde Rußland kämpfen und den Tschechen zu Hilfe kommen. Litwinow ließ die britischen Delegierten wissen, daß er Gespräche außerhalb Genfs, am besten in Paris, mit Frankreich, Großbritannien sowie Rumänien und jedem anderen kleinen Staat führen wolle, der als zuverlässig gelten könne. Litwinow bekräftigte auch, Rußland habe den Polen mitgeteilt, daß der Nichtangriffspakt zwischen den beiden Ländern hinfällig werden würde, falls die Polen das Teschen überfielen.[32] Zu diesem Zeitpunkt weilte Chamberlain bei Hitler in Bad Godesberg, und er ignorierte die russischen Angebote. Halifax unternahm keinerlei Schritte zu britisch-französisch-russischen Gesprächen über die Koodinierung militärischer Pläne, obwohl ein solches Vorgehen unerläßlich war, wenn die Tschechoslowakei verteidigt werden sollte.

BERCHTESGADEN, BAD GODESBERG UND MÜNCHEN
1938

Als Chamberlain am Morgen des 15. September 1938 vom Flugplatz Heston nach Berchtesgaden abflog, überschütteten die Zeitungen ihn mit Jubel, und die Börsenkurse schnellten in die Höhe. Die deutsche Botschaft telegraphierte nach Berlin, man sei noch nie Zeuge eines solchen Umschwungs von Trübsinn zu freudiger Erregung gewesen.

Chamberlain hatte am Tag zuvor in einer Kabinettssitzung erklärt, daß sein Besuch in erster Linie einer »allgemeinen Abmachung« dienen solle, durch die die britisch-deutschen Differenzen überwunden werden sollten.[1] Was genau er mit dieser »allgemeinen Abmachung« meinte, läßt sich nicht ergründen, aber er scheint die Frage der Tschechoslowakei als ein geringfügiges Hindernis betrachtet zu haben. Das Kabinett hatte ihm keine unumschränkte Vollmacht erteilt, über eine Lösung der tschechoslowakischen Frage zu verhandeln. Vielmehr hatte er dem Kabinett versprochen, daß er »keine definitive Zusage hinsichtlich einer Volksabstimmung abgeben werde«.

Wie nicht überraschen konnte, nahmen die Gespräche zwischen dem britischen Premierminister und dem deutschen Kanzler am 16. September in Berchtesgaden einen ungünstigen Anfang. Chamberlain sagte, man habe über ernstere Probleme als das der Tschechoslowakei zu diskutieren. Hitler erwiderte, man müsse mit dem Sudetenland beginnen, da sich die Krise von Stunde zu Stunde verschärfe. Hunderte von Deutschen würden dort getötet oder verletzt. Wenn Großbritannien weiterhin auf seiner feindseligen Haltung gegenüber Deutschland beharre, werde er das britisch-deutsche Marineabkommen widerrufen. Er habe vor, das Sudentenland ins Deutsche Reich einzugliedern, und sei bereit, für die Rückkehr der drei Millionen Deutschen in der Tschechoslowakei einen allgemeinen Krieg zu riskieren. Chamberlain schlug einen gemeinsamen Appell an die beiden Kontrahenten in der Tschechoslowakei vor. Hitler lehnte rundweg ab.

Der Gedanke eines Plebiszits in den deutschen Teilen des Sudetenlandes wurde überhaupt nicht angesprochen. In einem Moment der Entschlossenheit fragte Chamberlain, weshalb Hitler seinen Besuch überhaupt gewünscht habe, obwohl seine Entscheidung, die Sudetenfrage gewaltsam zu lösen, bereits feststehe. Aber dann schwächte Chamberlain diesen Anflug von Beherztheit wieder ab, indem er sein persönliches Einverständnis mit der Abtretung des Sudetenlands an Deutschland erklärte. Da dies bei weitem das Mandat überschritt, das er vom Kabinett erhalten hatte, sagte er, daß er mit seinen Kollegen Rücksprache halten wolle. Im Gegenzug versprach Hitler, in den nächsten Tagen nicht anzugreifen. Da die Invasion ohnehin erst vierzehn Tage später stattfinden sollte, war dies überhaupt kein Zugeständnis. Hitler setzte seine Planung fort, während Chamberlain nach London zurückkehrte.[2]

In Großbritannien glaubten die meisten Bürger zu Unrecht, der Premierminister habe Hitler von einem Angriff auf die Tschechoslowakei abgehalten. Während man in gedankenlosen Enthusiasmus verfiel, bewies Chamberlain beträchtliche Flexibilität in seiner Einschätzung des »Führers«. An seine Schwester schrieb er: »Dies war ein Mann, auf den man sich verlassen konnte, wenn er sein Wort gegeben hatte«; doch dem Kabinett erklärte er, Hitler sei der »ordinärste kleine Hund, dem ich je begegnet bin«.[3]

Nun beschloß Chamberlain, sowohl die tschechische wie die französische Regierung zu überzeugen, daß die Tschechoslowakei zerstückelt werden solle. Er prägte den Begriff »Selbstbestimmung« für die deutsche Mehrheit im Sudetenland und behauptete, dies sei die einzige Möglichkeit, den Krieg zu vermeiden. Am 18. September kamen Daladier und Bonnet aus Paris in die Downing Street, und Chamberlain überredete sie, der »Abtretung« der Sudetengebiete mit deutscher Mehrheit zuzustimmen.[4]

Am folgenden Tag teilte Chamberlain seinem Kabinett listig

mit, »Selbstbestimmung« und »Abtretung« seien nicht seine eigene Erfindung, sondern französische Ideen. Daraufhin billigte man seinen Plan. Eine gemeinsame anglo-französische Botschaft wurde an Beneš gesandt, in der er aufgefordert wurde, alle tschechischen Gebiete mit einer deutschen Bevölkerungsmehrheit an Hitler abzutreten; dafür bot man ihm an, den Schutz des tschechischen Rumpfstaates vor einem deutschen Angriff zu garantieren. Beneš akzeptierte am 21. September. Als Folge würde die Tschechoslowakei ihre befestigte Grenze zu Deutschland verlieren. Chamberlain hatte Hitlers Wünsche ohne jede Gegenleistung hundertprozentig erfüllt. In der Kabinettssitzung vom 21. September wurde er wenigstens zu dem Versprechen gezwungen, die Gespräche abzubrechen, wenn Hitler seine Forderungen erweiterte und Selbstbestimmung für andere Nationalitäten innerhalb des tschechoslowakischen Staates verlangte.

Nachdem Beneš sein Einverständnis erklärt hatte, arrangierte Chamberlain sofort ein neues Treffen mit Hitler in Bad Godesberg. Sie kamen am Nachmittag des 22. September im Hotel Dreesen zusammen. Chamberlain war zuversichtlich, daß der deutsche Diktator nun, da seine Forderungen hinsichtlich des Sudetenlandes erfüllt waren, die »allgemeine Abmachung«, auf die der britische Premier fixiert war, mit freundlicheren Augen betrachten würde. Er erklärte Hitler, die Sudetenfrage könne nun rasch gelöst werden, und zudem sei kein Plebiszit nötig, da man sich einigen könne, welche Gebiete an Deutschland abgetreten werden sollten.

Dann erhob Hitler zu Chamberlains großer Bestürzung neue Forderungen, die über jene von Berchtesgaden hinausgingen. Der »Führer« war entschlossen, sich das Prestige eines militärischen Sieges oder eines triumphalen Einzugs zu sichern. Kühl ließ er Chamberlain wissen, daß »der Frieden in Mitteleuropa nicht fest begründet werden könne«, wenn man die Ansprüche anderer Nationalitäten in der Tschechoslowakei nicht befriedige. Genau an dieser Stelle setzten die Einwände des britischen Kabinetts ein. Chamberlain sagte, er »wolle keine Meinungsverschiedenheit aufkommen lassen«, aber er sei enttäuscht und überrascht, denn

Hitler bekomme, ohne das Leben von Deutschen opfern zu müssen, genau das, was er gewünscht habe.[5]

Hitler nannte weitere Forderungen, die unannehmbar hätten sein müssen. Das deutsche Heer werde das tschechische Heer an der befestigten Grenze ablösen, und alle tschechischen Truppen, Polizisten und Regierungseinrichtungen sollten sofort die abzutretenden Gebiete verlassen. Dann werde er eine Volksabstimmung abhalten und alle Territorien mit tschechischen Mehrheiten zurückgeben, denn er wolle keine Tschechen im Reich.

Chamberlain machte deutlich, daß es ihm schwerfalle, die öffentliche Meinung in Großbritannien auch nur zur Annahme der ursprünglichen Forderungen zu bewegen; er »setze seine politische Existenz aufs Spiel«. Am Vortag seien am Flugplatz Heston Schmährufe zu hören gewesen. Tatsächlich zeigte eine Meinungsumfrage vom 22. September, daß nur noch zweiundzwanzig Prozent der Briten Chamberlain unterstützten, während vierzig Prozent seine Politik ablehnten. Nach einer Kabinettsbesprechung am selben Tag schickte man ein Telegramm an Chamberlain nach Bad Godesberg, um ihm mitzuteilen, daß die öffentliche Meinung sich gegen weitere Zugeständnisse verhärte und es nun an Hitler sei, einen Beitrag zu leisten.

Am Abend war Chamberlain verständlicherweise deprimiert, und er unterrichtete London, daß die britischen Einwände gegen eine tschechische Mobilisierung zurückgezogen werden sollten. Außerdem schrieb er einen Brief an Hitler, in dem er erläuterte, er könne der unverzüglichen Besetzung der fraglichen Gebiete durch deutsche Truppen nicht zustimmen, weil dies »eine unnötige Zurschaustellung von Gewalt« wäre. Hitler erwiderte, er könne wegen der »schändlichen Weise«, in der man Wilsons Vierzehn Punkte im Jahre 1918 mißachtet habe, nur durch eine sofortige militärische Besetzung zufriedengestellt werden.

Am Abend des 23. September fand ein zweites britisch-deutsches Treffen statt. Chamberlain bat vergeblich um irgendein symbolisches Zugeständnis an die britische öffentliche Meinung. Hitler sicherte ihm nur zu, daß er nicht vor dem 1. Oktober in Aktion treten werde (dies war ohnehin der früheste Termin, zu dem die deutschen Armeen angriffsbereit sein konnten). Chamberlain erklärte, zwischen ihm und dem »Führer« habe sich »ein Vertrauensverhältnis« herausgebildet, und er schlage vor, nach der Lösung der tschechischen Krise weitere und größere Probleme anzugehen. Hitler antwortete, es handele sich um seine letzte Gebietsforderung in Europa, und was Kolonien betreffe, werde sich die Frage der Mobilisierung nicht erheben. Es ist ein trauriges Zeugnis für Chamberlains Leichtgläubigkeit, daß diese Aussagen ihn ermutigten.

Nach London zurückgekehrt, setzte Chamberlain sich für eine völlige Kapitulation ein, denn Hitler »würde nicht absichtlich einen Mann täuschen, mit dem er Verhandlungen geführt hat«. Er skizzierte verheißungsvolle Aussichten für den Frieden in Europa, sobald es eine britisch-deutsche Abmachung gebe. Das engere Kabinett kam am 24. September um 15.30 Uhr zusammen und stimmte einmütig für die totale Kapitulation. Doch dann versteifte sich Halifax, der von Cadogan ins Bild gesetzt worden war, und in der Sitzung des vollständigen Kabinetts am nächsten Tag verweigerte man Chamberlain die Genehmigung, weitere Zugeständnisse zu machen.[6]

In der Kabinettssitzung am 25. September tauschten der Premier und der Außenminister folgende Notizen aus:

> Ihr völliger Gesinnungswandel seit gestern abend ist ein entsetzlicher Schlag für mich, aber Sie müssen sich natürlich ihre Ansichten selbst bilden. Es bleibt jedoch abzuwarten, was die Franzosen sagen. Wenn sie sagen, daß sie einschreiten wollen, wodurch sie auch uns hineinziehen, könnte ich wahrscheinlich nicht die Verantwortung für die Entscheidung übernehmen. Aber ich will kein Problem vorwegnehmen, das sich noch nicht gestellt hat. N. C.

> Ich komme mir wie ein Scheusal vor – aber ich lag fast die ganze Nacht hindurch wach, quälte mich und hatte das Gefühl, in diesem Moment zu keinem anderen Schluß kommen zu können, was die Nötigung der Tschechoslowakei angeht. E.

Nächtliche Schlüsse werden selten mit der richtigen Perspektive gezogen. N. C.

Cadogan schrieb in sein Tagebuch: »Ich war völlig entsetzt. PM befürwortete ganz ruhig totale Kapitulation. Noch entsetzter aber über die Entdeckung, daß PM Halifax hypnotisiert hat, der nun klein beigibt.« Am nächsten Morgen sagte Halifax zu Cadogan: »Ich bin zu dem Schluß gekommen, daß Sie recht hatten, und habe mich [heute morgen] im Kabinett für die Ablehnung von Hitlers Forderungen entschieden.«[7]

Unglücklicherweise vermittelten die Depeschen, die Phipps am 24. und 25. September aus Paris geschickt hatte, den irreführenden Eindruck, daß es den Franzosen an Kampfgeist fehlte. Am 24. September meldete Phipps, Flandin habe ihn aufgesucht und ihm mitgeteilt, alle bäuerlichen Schichten seien gegen einen Krieg, und »obwohl sie, wenn nötig, marschieren würden, wären sie nicht mit dem Herzen dabei. Dies wird mir aus mehreren anderen Quellen bestätigt«.[8] Später am selben Tag gab Phipps seinen eigenen »rein persönlichen Eindruck« wieder, daß

> ein Krieg in Frankreich derzeit höchst unpopulär sein würde, es sei denn, die deutsche Aggression wäre so brutal, blutig und andauernd (durch die Tapferkeit des tschechoslowakischen Widerstandes), daß die französische Öffentlichkeit von blindem Zorn ergriffen wird und die Vernunft verliert. Deshalb meine ich, die Regierung Seiner Majestät sollte sich der extremen Gefahr bewußt sein, die sie heraufbeschwört, wenn sie auch nur den Anschein erweckt, die kleine, aber lautstarke und korrupte Kriegsgruppe hier im Lande zu ermuntern.[9]

Am nächsten Tag schrieb Phipps, der Vorsitzende des Finanzausschusses Caillaux habe ihm versichert, eine große Mehrheit der Franzosen, darunter eine große Mehrheit des Senats, sei gegen den Krieg, auch wenn eine kleine Mehrheit der Abgeordnetenkammer vielleicht für ihn stimmen werde. Caillaux bemerkte, diese Einstellung könne sich ändern, wenn Hitler »tatsächlich einen Krieg mit den Tschechen beginnt und in rein tschechisches Gebiet vordringt, obgleich die französische Öffentlichkeit als Ganzes einen Krieg sogar dann noch ablehnen wird«.

Diese Botschaften von Phipps verzerrten die wahre Situation in Frankreich. Es ist seltsam, daß er Caillaux' Ansichten so ernst nahm, denn dieser, wiewohl ein früherer französischer Ministerpräsident, war stets prodeutsch gewesen und hatte als Verräter im Ersten Weltkrieg eine Gefängnisstrafe abgebüßt. Laut Harveys Tagebuch wurde Phipps dieser Telegramme wegen verfrüht in den Ruhestand geschickt. Der ungläubige Cadogan wies Phipps sofort an, die Meinung von Gamelin, Weygand, Pétain, Reynaud und anderen einzuholen und die Ansichten der Geschäfts- und Finanzkreise durch die britischen Konsuln in Frankreich auszuloten. Er setzte hinzu, das Foreign Office habe kein Verständnis für Phipps' Hinweis auf

> »die kleine, aber lautstarke Kriegsgruppe hier im Lande«. Mit Kriegsgruppe meinen Sie doch gewiß nicht alle, die der Ansicht sind, daß Frankreich seine Vertragsverpflichtungen der Tschechoslowakei gegenüber erfüllen müsse? Wenn ja, woraus genau besteht diese Gruppe, was repräsentiert sie, und was sind Ihre Gründe dafür, sie als »korrupt« zu beschreiben?

Harvey kommentierte, das Foreign Office sei überrascht von Phipps' defätistischen Telegrammen und bestehe darauf, daß die Konsuln London direkt Meldung machten, damit die Botschaft die Mitteilungen nicht »frisiere«.[10]

In gewisser Weise hatte Phipps recht, denn die Franzosen waren in der Tat kaum zu einem energischen Kampf bereit. Doch diese Botschaften ließen Halifax zweifellos in einem Augenblick zum Appeasement tendieren, als er beinahe verlangt hätte, daß Chamberlain Hitler die Stirn bieten solle.

Am Abend des 25. September wurde Halifax und Chamberlain von Jan Masaryk im Namen der tschechoslowakischen Regierung ein Memorandum überreicht, das die Godesberger Vorschläge verwarf; anschließend kritisierte Masaryk sie in einer Pressekonferenz. Am nächsten Tag beschrieb die *Times* die Vorschläge als »ganz unrealisierbar«. Inzwischen war Chamberlain ein sogar noch entschiedenerer Anhänger des Appeasement als Dawson, und ohne das Foreign Office zu konsultieren, forderte er den deutschen Diplomaten Kordt auf, Hitler zu übermitteln, er solle die tschechische Ablehnung nicht für das letzte Wort halten. Downing Street sei empört über Masaryks willkürliche Aktion. Dies war eine der erniedrigendsten Gesten Chamberlains.[11] Am Morgen des 26. September berichtete Gamelin dem britischen Kabinett, daß das französische Heer fünf Tage nach Kriegsbeginn von der Maginotlinie aus angreifen und französische Bomber gegen die deutsche Industrie zuschlagen würden. Die Franzosen würden fünf Millionen Mann mobilisieren und hundert Divisionen ins Feld schicken. Zum Unbehagen der britischen Generalstabschefs schränkte er diese Ankündigung durch die Worte ein, daß die Franzosen sich, wenn nötig, in den Schutz der Maginotlinie zurückziehen würden, damit sich die Deutschen an den Befestigungen festrennen mochten. Dies war schwerlich der Blitzkrieg, der erforderlich war, um den Druck auf die Tschechen zu verringern.[12]

Nichtsdestoweniger wurde Hitler unschlüssig. Er begann, seine Angriffspläne für den 1. Oktober nochmals zu überdenken, und in den wenigen Tagen zwischen Bad Godesberg und München war er nervös und unsicher. Unterdessen zögerten auch die Regierungschefs der Dominions, da sie keinen Casus belli zu erkennen vermochten. Chamberlain ordnete die Mobilisierung der Flotte an, und in London wurden Luftschutzmaßnahmen durchgeführt. In Berlin reagierte die Bevölkerung zu Hitlers Ärger wenig begeistert auf eine Parade von drei leichten Divisionen.

Am 26. September verkündete Hitler im Berliner Sportpalast, er werde nach der Lösung der tschechischen Frage keine weiteren Gebietsansprüche in Europa stellen. Gleichzeitig ordnete er den Angriff auf die Tschechoslowakei für den 1. Oktober an und mobilisierte die fünf Divisionen unter General Adam, die an der Maginotlinie standen. Er war gewaltigen Belastungen ausgesetzt, denn er wußte, daß die Franzosen, wenn Gamelin kraftvoll angriff, im Westen weite Teile Deutschlands besetzen konnten, bevor er in der Lage war, seine Truppen aus dem Osten abzuziehen. Doch er behielt die Nerven, da sein Instinkt ihm sagte, daß Frankreich und Großbritannien nicht kämpfen würden, und Chamberlain spielte ihm in die Hände. In diesem Stadium wäre Hitler durch äußerste Festigkeit der Franzosen und Briten gezwungen worden, Farbe zu bekennen. Auch die Aussicht auf ein Eingreifen Rußlands hätte ihn wohl auf den Angriff verzichten lassen.

Das britische Kabinett war nun gespalten. Das Foreign Office lehnte jedes weitere Appeasement ab, und Halifax autorisierte eine Presseerklärung: »Wenn ... ein deutscher Angriff auf die Tschechoslowakei stattfindet, ist das unmittelbare Ergebnis, daß Frankreich ihr zu Hilfe kommen muß, und Großbritannien und Rußland werden mit Sicherheit zu Frankreich stehen.«[13] In der Kabinettssitzung vom 26. September hatte Chamberlain akzeptiert, daß Großbritannien den Franzosen Hilfe garantieren würde, wenn sie Krieg gegen Deutschland führten. Im Gegenzug hatte das Kabinett ihn bevollmächtigt, seinen getreuen Sir Horace Wilson mit einem Schreiben zu Hitler zu entsenden. Es enthielt die Mitteilung, daß die Tschechen die Godesberger Konditionen wahrscheinlich zurückweisen würden, sowie »einen letzten Appell zu weiteren Verhandlungen«. Wenn Hitler sich weigerte, sollte Wilson ihm erklären, daß »Frankreich Krieg führen und wir hineingezogen werden würden«.

Begleitet von Henderson, überbrachte Wilson die Botschaft am Nachmittag des 26. September dem »Führer«. Dieser entgegnete, er sei entschlossen, die Tschechoslowakei zu zerschlagen, und wenn die Tschechen seine Bedingungen ablehnten, werde er sie angreifen. Dann werde es bloß deshalb zu einem Krieg mit Frankreich und Großbritannien kommen, weil die Tschechoslowakei nicht bereit sei, ein Memorandum zu akzeptieren, das nichts weiter bedeute als die »Erfüllung von bereits gemachten Zusagen«. In jedem Fall werde das sudetendeutsche Gebiet - ob durch Verhandlung oder Gewalt - am 1. Oktober unter deutscher Militärbesatzung sein.

Am nächsten Morgen, dem 27. September, teilte Wilson Hitler

mit: »Eine Katastrophe muß um jeden Preis verhindert werden ... Ich werde versuchen, diese Tschechen zur Vernunft zu bringen.« Hitler begrüßte diese Ankündigung und sagte, England könne sich keinen besseren Freund als ihn wünschen. Wilson vermittelte den Eindruck, daß Großbritannien nicht kämpfen werde. Dies war an jenem Tag nicht die Haltung der Kabinettsmehrheit, sondern die des Premierministers, der immer noch nicht zu begreifen schien, wie gefährlich der Gegner war. Wilsons Reise brachte keine Änderung der Godesberger Bedingungen; sie waren schlechter als das ursprüngliche Berchtesgadener Angebot.[14]

Das Kabinett trat am 27. September um 21.30 Uhr nach einer zaghaften Rundfunkansprache des Premierministers zusammen. Wilson, aus Deutschland zurückgekehrt, berichtete von seinen nutzlosen Gesprächen mit Hitler und brachte die Meinung zum Ausdruck, daß der »Führer« kooperieren werde, wenn Beneš seinen Zeitplan akzeptiere. Kriegsminister Duff Cooper erklärte, er wolle lieber zurücktreten, als Beneš die Annahme von Hitlers Bedingungen zu empfehlen, und Halifax weigerte sich, dem neuen Plan zuzustimmen. Chamberlain schloß die Sitzung und erklärte, »er sei bereit, es dabei zu belassen, wenn dies die allgemeine Ansicht seiner Kollegen sei«.[15]

Nun kam es zu aktiven und sichtbaren Kriegsvorbereitungen. Duff Cooper hatte die Erlaubnis zur Mobilisierung der Flotte erhalten; im Hyde Park hob man trotzig Schützengräben aus. Schulkinder wurden aus den Großstädten evakuiert und Krankenhäuser geleert, damit man die in den ersten Tagen erwarteten 50000 Luftangriffsopfer unterbringen konnte. In Prag stellte Beneš sich auf den Krieg ein, und auch Frankreich mobilisierte. Hitler befahl seinem Heer, für Operation »Grün« am 30. September gerüstet zu sein.

Spät in der Nacht des 27. September erhielt Chamberlain einen Brief Hitlers, in dem dieser forderte, die Tschechoslowakei müsse ihre befestigte Grenze zu Deutschland aufgeben. Die verlangte unmittelbare Besetzung durch deutsche Truppen sei nur eine Sicherheitsmaßnahme, die eine rasche und reibungslose endgültige Lösung garantieren solle. Der Brief enthielt keinerlei Zugeständnis, und Hitler unterstrich, er werde nicht gestatten, daß man die Verhandlungen über die Abtretung des Sudetenlandes hinauszögere.

Chamberlain konsultierte seine Kollegen nicht, ignorierte ihre erst ein paar Stunden zurückliegenden Beratungen und schrieb an Hitler: »Sie können alles Wesentliche ohne Krieg und ohne Verzögerungen erhalten.« Er bot an, selbst nach Berlin zu reisen. Außerdem schrieb er an Mussolini und bat ihn um Intervention; er (Chamberlain) werde die Einhaltung der tschechischen Versprechen garantieren.[16]

Am folgenden Nachmittag, dem 28. September, tagte das Unterhaus. Chamberlain gab eine ausführliche Erklärung über seine ergebnislosen Verhandlungen ab und behauptete zu Unrecht, der in der Nacht zuvor von Hitler eingetroffene Brief enthalte »beruhigende Aussagen«. Dann wurde ihm eine Botschaft überreicht, und er teilte dem Unterhaus mit, daß Daladier, Mussolini, Hitler und er am nächsten Tag in München zusammenkommen würden. Alle Parteien des Unterhauses brachen in stürmischen Beifall aus und riefen: »Wir danken Gott für den Premierminister.« Chamberlain war der Held der Stunde, während die Nation sich einem kurzen, hysterischen Taumel der Erleichterung darüber hingab, daß die unmittelbare Kriegsdrohung abgewendet worden war.

Der Premier startete am nächsten Morgen vom Flugplatz Heston, wo er Reportern erklärte: »Diesmal wird es klappen.« Hitler hätte dieser Prophezeiung am 29. September in München gewiß zugestimmt, denn er erhielt alles, was er sich gewünscht hatte. Das Münchener Abkommen zur Zerstückelung der Tschechoslowakei - einige Gebiete gingen an Polen und Ungarn, der Löwenanteil an Deutschland - wurde kurz nach Mitternacht unterzeichnet. Hitlers Truppen sollten sofort einmarschieren, um ihm in den Augen des deutschen Volkes den Triumph zu ermöglichen, den er so leidenschaftlich begehrte. Die Rest-Tschechoslowakei war ein leichtes Opfer für Hitler, und der Weg nach Osteuropa war frei. Die tschechische Regierung wurde erst unterrichtet, nachdem man das Abkommen unterzeichnet hatte; ihre Befestigungen waren verloren, und sie hatte keine Zeit, den Großteil ihrer militärischen Ausrüstung zu entfernen. Chamberlain dachte nicht einmal daran, die Russen zu der Konferenz hinzuzuziehen.

Kurz vor Unterzeichnung des Münchener Abkommens erfuhr Beneš von den Russen, daß sie der Tschechoslowakei auf jeden Fall Hilfe leisten würden.[17] Beneš gab nach Kriegsbeginn bekannt, Litwinow habe von der rumänischen Regierung die Zusage zum Durchmarsch russischer Truppen erhalten, selbst wenn Frankreich sich nicht an dem Krieg beteilige. Dieses Angebot wurde von Beneš abgelehnt, weil er glaubte, die Tschechische Agarpartei werde russische Hilfe nicht akzeptieren; sie habe gefürchtet, ihr Land werde zuerst zu einem Schlachtfeld und dann zu einem Satelliten Rußlands werden.

Oberstleutnant Peter Paul Donat (einer von Hitlers Dolmetschern) schrieb in seinen Memoiren, Hitler sei wegen des Abkommens erzürnt über Chamberlain gewesen. Er habe den britischen Premier als einen feilschenden Krämer bezeichnet, der über jedes Dorf und jede kleine Einzelheit diskutiere. Chamberlain sei schlimmer als die Tschechen selbst, dabei habe er überhaupt nichts in Böhmen verloren. Laut Aussage von Paul Schmidt (einem weiteren Dolmetscher Hitlers) bei den Nürnberger Prozessen erklärte Hitler bei seiner Rückkehr nach Berlin wütend, daß Chamberlain ihm den Einzug nach Prag verdorben habe.[18]

Während der Gespräche in München hatte Chamberlain Wert darauf gelegt, daß hinreichende Vorkehrungen getroffen wurden, die Interessen und den Besitz der im Sudetenland lebenden Tschechen zu schützen. Seine Sorgen wurden durch das Versprechen ausgeräumt, daß eine Internationale Kommission aus britischen, französischen, deutschen und tschechischen Mitgliedern die Übernahme beaufsichtigen werde. In Wirklichkeit legte die Kommission nur die neuen Grenzen fest, und Hitler hatte nie beabsichtigt, ihr irgend etwas anderes zu gestatten.

Am folgenden Tag, dem 30. September, bat Chamberlain, immer noch überzeugt, daß er Hitler trauen könne, um ein weiteres Gespräch, in dem er Themen wie Spanien, Luftwaffenabrüstung, die britisch-deutschen Handelsbeziehungen und eine ganze Reihe anderer, Deutschland und Großbritannien betreffender Fragen anschnitt. Hitler zeigte wenig Interesse, war aber mit einer britisch-deutschen Erklärung einverstanden, die »das in der letzten Nacht unterzeichnete Abkommen und das englisch-deutsche Flottenabkommen als Symbole des Wunsches der beiden Völker, nie wieder gegeneinander in den Krieg zu ziehen« darstellte. Im Text hieß es weiter: »Wir sind entschlossen, die Methode der Konsultation anzuwenden, um alle möglichen Fragen zu regeln, die unsere beiden Länder betreffen mögen, und wir sind gewillt, in unseren Anstrengungen fortzufahren, um mögliche Quellen von Schwierigkeiten zu beseitigen und um auf diese Weise dazu beizutragen, den Frieden Europas zu sichern.«[19]

Die Erklärung bedeutete für Hitler nichts, aber sehr viel für Chamberlain, der vor Freude überwältigt war. Er hatte die Verhandlungen von Anfang an nicht auf die Tschechoslowakei beschränken wollen, und nun gab er sich der Illusion hin, eine besondere Beziehung zu Hitler hergestellt und die Grundlage für eine dauerhafte Friedensstruktur in Europa gelegt zu haben. Er benutzte die unglückliche Wendung, daß er in München »den Frieden in unserer Zeit« gesichert habe. Tatsächlich hatte er Hitler nur den Weg dazu geebnet, einen größeren Teil Osteuropas an sich zu bringen. Privatbriefe, die Chamberlain unmittelbar nach München an seine Schwester und andere schrieb, zeigen unstreitig, daß er aufrichtig davon überzeugt war, eine neue Ära der Freundschaft zwischen Hitler und Großbritannien eingeleitet zu haben.

Manchmal wird argumentiert, Chamberlain habe in München ein Jahr gewonnen, das gut genutzt worden sei, weil Großbritannien und Frankreich in der Rüstung mit Deutschland gleichgezogen hätten. Es gibt immer noch Historiker, die diesen Standpunkt vertreten, obwohl die Aussagen deutscher Generale ihn längst zur Absurdität verurteilt haben. General Jodl erklärte bei seiner Verhandlung in Nürnberg, daß ein Krieg im Jahre 1938 nicht in Frage gekommen wäre, da Deutschland an den westlichen Befestigungen nur über fünf einsatzbereite und sieben Reservedivisionen verfügt habe. In seinen unveröffentlichten Memoiren, die im Institut für Zeitgeschichte in München liegen, schreibt auch General Wilhelm Adam, Kommandeur der deutschen Truppen am Westwall, daß ein Krieg im Jahre 1938 Wahnsinn gewesen wäre, weil er nicht genug Soldaten hatte und die Befestigungen unzureichend waren. Keitel sagte in Nürnberg über die Sudetenkrise: »Wir waren außerordentlich glücklich, daß es zu einer militärischen Operation nicht gekommen war, weil wir in der Zeit der Vorbereitung niemals von der grundsätzlichen Auffassung heruntergegangen sind, daß unsere militärischen Angriffsmittel gegen die Grenzbefestigung der Tschechoslowakei unzureichend seien . . .«[20]

Es besteht kein Grund, den Wahrheitsgehalt dieser einander erhärtenden Erklärungen in Zweifel zu ziehen. Die Franzosen und Briten durchkreuzten also nicht nur die Pläne der deutschen Verschwörer, sondern verpaßten in München auch eine Gelegenheit, Hitler eine militärische Niederlage zuzufügen, die zu seinem Sturz geführt hätte. Kurz nach Kriegsende, am 1. Juli 1945, erläuterte General Halder seinen Vernehmern vom US-Nachrichtendienst: »Mit dem Münchener Abkommen war der psychologisch richtige Moment für die Beseitigung Hitlers vorübergegangen, und er sollte nie wiederkehren. Niemals ist eine Nation gründlicher verraten worden als die Tschechen von den Briten in München.« Christopher Steel, später britischer Botschafter in Bonn, wollte diese Aussage Halders verheimlichen, weil sie die Torheit von Chamberlains Münchenreise bloßstellte.[21]

General Krejci, der tschechoslowakische Generalstabschef, ließ den britischen Luftwaffenattaché in Prag am 23. Februar 1939 wissen, England und Frankreich hätten durch ihren Verzicht auf Widerstand gegen Deutschland einen großen Fehler begangen und späteres Unheil für sich selbst heraufbeschworen. Die Deutschen seien im Jahre 1938 noch nicht kriegsbereit gewesen.[22] Einem maßgeblichen Bericht aus dem tschechischen Kriegsministerium zufolge hätte Deutschland nicht mehr als fünfundsiebzig Divisionen für den Osten und seinen Angriff auf die Tschechoslowakei erübrigen können, und davon hätten einige an der polnischen Grenze bleiben müssen.[23] Die Tschechen besaßen sechsunddreißig Divisionen. Oberst Petitbon, Gamelins vertrautester

Stabsoffizier, bestätigte dies weitgehend, als er dem britischen Militärattaché in Paris am 28. September 1938 mitteilte, daß die Tschechen dreiunddreißig oder vierunddreißig gutausgebildete und schlagkräftige Divisionen hätten und daß die Deutschen das Land nicht ohne schwere Kämpfe überwältigen könnten. Das französische Kriegsministerium meldete, die Moral der tschechischen Armee sei hoch, doch zu diesem Thema gab es anderslautende britische Berichte. Mason-Macfarlane, der Militärattaché in Berlin, erläuterte dem britischen Kabinett am 27. September, die Moral der Tschechen sei »nicht sehr gut. Jedenfalls nicht, wenn sie gezwungen sind, allein zu kämpfen«. Cadogan kommentierte: »Was weiß er denn davon?« Es war eine berechtigte Frage, denn Mason-Macfarlane hatte seine Eindrücke hauptsächlich während einer hastigen Reise als Kurier von Berchtesgaden nach Prag gesammelt.[24]

Kurz nachdem das Kabinett sich spät am Abend des 27. September vertagt hatte, traf eine Botschaft des britischen Militärattachés in Prag, Stronge, ein; er schrieb, daß die regulären tschechischen Soldaten »Vertrauen in ihre Sache, ihre Führung und ihre Ausrüstung haben«. Nach dem Krieg kritisierten sowohl Stronge als auch Mason-Macfarlanes Stellvertreter, Kenneth Strong, Mason-Macfarlanes übereiltes Urteil, das das Kabinett unglücklicherweise zur Kapitulation bewog. Telford Taylor meint: »Man griff es begierig auf, weil es genau das war, was man hören wollte.« Chamberlain und Halifax sowie Simon und Inskip wünschten Informationen, die eine Kapitulation vor Hitler rechtfertigen würden.

Neben einer gutausgerüsteten Armee hatten die Tschechen starke, mit Panzerabwehrkanonen bestückte Befestigungen – nach dem Vorbild der Maginotlinie – entlang der deutschen Grenze. Ihre Škoda-Fabrik war eines der größten Rüstungswerke in Europa. In einem Bericht des deutschen Kriegsministeriums vom Januar 1938 ist von den gewaltigen Anstrengungen die Rede, die die Tschechen machten, um ihre Armee zu modernisieren und ihre Befestigungen zu verstärken. Doch der Preis des Verrats von München war so hoch, daß sie am 1. Oktober Gewehre, Munition und anderes Kriegsmaterial im Werte von zwei Millionen Kronen im Sudetengebiet zurücklassen mußten.[25]

Als Gamelin am 26. September Chamberlain in London aufsuchte, erklärte er, die tschechische Armee werde sich tapfer schlagen, und selbst wenn sie gezwungen sei, sich nach Osten zurückzuziehen, werde sie als Kampftruppe weiterbestehen. Später erklärte Gamelin den britischen Streitkräfte-Ministern, das tschechische 34-Divisionen-Heer sei eine »gute Armee mit guten Soldaten, einer ausgezeichneten Moral und einem tüchtigen Oberkommando ... Sie könnte ein paar Wochen lang standhalten«. Laut Stronge war die tschechische Armee die »wahrscheinlich beste in den kleineren Staaten Europas«. Am selben Tag erfuhr Chamberlain von Daladier, daß Frankreich durchaus imstande sei, seine Luftwaffe zu mobilisieren und Deutschland anzugreifen. Am 18. September hatte Daladier das britische Kabinett informiert, daß französische Geschwader im Kriegsfalle auf dem Luftweg in die Tschechoslowakei entsandt werden würden, damit sie Berlin aus kürzerer Entfernung »bedrohen« könnten. Der britische Premierminister gab keinen Kommentar dazu ab.

Der britische Militärattaché in Moskau, Oberst Firebrace, meldete am 30. Mai 1938, sein tschechischer Kollege habe ihm mitgeteilt, daß die Tschechen sich dem deutschen Angriff mit allen Kräften widersetzen würden; tschechische Offiziere seien zu Einheiten der Roten Armee abkommandiert worden, und Rußland besitze mehr als hundert Divisionen. Seiner Meinung nach könne die Tschechoslowakei drei Monate lang standhalten. Der deutsche Militärattaché, ein Hitlergegner, äußerte Firebrace gegenüber, daß die Rote Armee bis 1936 schlagkräftig gewesen sei, doch durch die »Säuberungen« sechzig Prozent aller Offiziere über dem Oberstenrang verloren habe. Er hielt am meisten von Timoschenko und Budjonny; Woroschilow sei kein guter Befehlshaber. Unter Tuchatschewski, der erschossen worden war, habe das russische Heer eine Bedrohung für Deutschland dargestellt, aber dies sei nun vorbei. Laut Firebrace erreichte die russische Monatsproduktion von Flugzeugen möglicherweise 450 Stück. Der britische Verteidigungsausschuß erklärte, Rußland könne innerhalb eines

Monats nach der Mobilisierung im Westen fünfundsiebzig Divisionen ins Feld werfen, und es verfüge über 3500 Flugzeuge, von denen maximal zweitausend an der Westfront eingesetzt werden könnten. Lord Chilston, der britische Botschafter in Moskau, betrachtete die Sowjets stets mit Geringschätzung; er schrieb, die Rote Armee sei »unfähig, außerhalb Rußlands zu kämpfen«. Er war allzu pessimistisch und verstand wenig von militärischen Dingen, doch Chamberlain gefiel die Mitteilung des Botschafters, weil sie in seine Argumentation paßte.[26]

Die britischen Expeditionsstreitkräfte, die im Kriegsfall nach Frankreich geschickt werden sollten, umfaßten nur zwei reguläre Divisionen. Sie waren nach den Maßstäben von 1938 gut ausgerüstet, und damals besaß Hitlers Heer, im Gegensatz zum Jahre 1940, noch kein Übergewicht an 88-mm-Panzerabwehrkanonen, Panzern und Panzerwagen. Auch fehlte es der deutschen Infanterie noch an den Maschinenpistolen, die sich im Mai 1940 als so tödlich gegen die britische Infanterie erweisen sollten. Die tschechoslowakische Infanterie dagegen war gut mit solchen automatischen Waffen ausgerüstet - viel besser als die britische oder deutsche.

Die deutschen Generale hatten in strategischer Hinsicht recht, Hitler vor einem Einmarsch in die Tschechoslowakei zu warnen, wenn diese von den Alliierten unterstützt würde. Hitler hätte etliche Divisionen an der polnischen Grenze und an der Maginotlinie zurücklassen müssen, und seine besten Truppen wären an den tschechoslowakischen Befestigungen steckengeblieben. Selbst wenn die Tschechen nach ein paar Wochen gezwungen gewesen wären, sich nach Osten zurückzuziehen, hätten sie mittlerweile von den Russen und Rumänen verstärkt werden können, so daß die Deutschen es mit einem langen Zermürbungskrieg zu tun gehabt hätten. In diesem Fall hätten die Franzosen, unterstützt von den Briten, wahrscheinlich große Teile Deutschlands besetzt - wenn Gamelin genug Mut geschöpft hätte, den Westwall anzugreifen, der die französische Armee mit ihrer gewaltigen zahlenmäßigen Überlegenheit damals nicht hätte aufhalten können. Die britischen Generalstabschefs hatten am 21. März 1938 geschätzt, daß Frankreich nach einer Mobilisierung nur dreiundfünfzig Divisionen besitzen würde, aber am 26. September sprach Gamelin von hundert Divisionen.[27]

Chamberlain hatte stets schreckliche Angst davor, daß die Deutschen London und andere britische Städte bombardieren könnten. In Wahrheit hätte Hitler 1938 jedoch nicht viele Flugzeuge erübrigen können, um Großbritannien zu bombardieren, denn sie wären nötig gewesen, um seine Truppen im Osten zu unterstützen und Deutschland gegen Gamelins Angriffe im Westen zu verteidigen. Chamberlain verzweifelte bei dem Gedanken an einen Krieg, denn er glaubte, daß alle Verbesserungen des Lebensstandards, die während seiner Jahre als Schatzkanzler und Wohnungsbauminister zustande gekommen waren, zunichte gemacht werden könnten. Er war psychisch unfähig, die militärischen Faktoren realistisch einzuschätzen, weil er eine Rückkehr zu dem Gemetzel fürchtete, das seine eigene Generation durchgemacht hatte. Auch kein anderes Kabinettsmitglied sah die Probleme realistisch, nicht einmal die Streitkräfte-Minister. Allerdings wurde ihre Lage dadurch erschwert, daß Chamberlain sich jeder Initiative enthielt. Zudem war die französische Regierung schwach, und der unberechenbare französische Oberbefehlshaber Gamelin, von dem soviel abhing, zeigte wenig Begeisterung für den Plan, die wenigen deutschen Divisionen im Westen anzugreifen. Gamelin lehnte auch jede Voraussage darüber ab, wie weit er auf deutsches Territorium vorrücken könne.

NACH MÜNCHEN
1938–1939

Zwischen Oktober 1938 und März 1939 zeigten Meinungsumfragen eine große, wenn auch schwindende Mehrheit für das Münchener Abkommen.[1] Chamberlain erhielt vierzigtausend zustimmende Briefe aus der Bevölkerung. Er bat Dawson, die Argumentation für die Preisgabe der Tschechoslowakei mit Hilfe der *Times* zu untermauern, und die Zeitung brachte Fotos von deutschen Soldaten, die von den Menschen des Sudetenlandes begrüßt wurden. Duff Cooper trat von seinem Kabinettsposten zurück, Churchill und Eden protestierten, aber in der Debatte über das Abkommen im Unterhaus enthielten sich nur einunddreißig konservative Abgeordnete der Stimme. Chamberlain selbst wies alle Vorschläge zurück, die Wehrpflicht einzuführen und ein Beschaffungsministerium einzurichten. Er erklärte dem Kabinett am 2. Oktober, er sei überzeugt, daß Großbritannien seine Wirtschaft dank München nicht durch eine massive Erhöhung der Verteidigungsausgaben zu ruinieren brauche. Auf die von Cadogan geförderten Appelle des Foreign Office zu einer dramatischen Wiederbewaffnung ging er nicht ein; statt dessen sprach er sich dafür aus, daß Frankreich die Maginotlinie bis zum Meer ausweitete.[2]

Am 17. Oktober 1938 unterrichtete Halifax den deutschen Botschafter Dirksen, er hoffe »auf einen weiteren Ausbau der anglodeutschen Beziehungen«. Gleichzeitig wies er auf Presseberichte über die Mißhandlung einiger Sudetenbewohner hin. Dies führte zu einer barschen Reaktion Hitlers, der in einer Rede zwei Tage später in Saarbrücken erklärte, Deutschland könne Bevormundungen nicht länger dulden. Fragen britischer Politiker über das Schicksal von Deutschen oder anderen Reichsangehörigen seien unangebracht. Es war eine schroffe Abfuhr für Chamberlain, der soviel Aufhebens von den Rechten und dem Eigentum der Minderheiten im Sudetenland gemacht hatte, aber er stellte sein Vorgehen in München immer noch nicht in Frage. Sir Charles Petrie schrieb, daß Chamberlain im Herbst 1938 »einen rührenden Glauben an Hitlers Ehrlichkeit bewahrt« habe.[3] Mitte Oktober läßt sich ein Hauch von Unbehagen in einem Brief des Premiers an seine Schwester erkennen: Obwohl München »den Krieg abgewendet« habe, meine er nicht, daß man der Überwindung von Kriegen nähergekommen sei »und sich dem entscheidenden Punkt widme, nämlich der Verwandlung der Welt in etwas Besseres«. Seiner Ansicht nach stellte die Mehrheit der Presse München in einem schlechten Licht dar und jagte der Bevölkerung einen Schrecken über die mangelnde britische Kriegsbereitschaft ein.

Am 7. November wurde Ernst vom Rath, Legationssekretär an der deutschen Botschaft in Paris, von einem polnischen Juden erschossen. Hitler leitete sofort einen Judenpogrom ein, den sogar Lord Londonderry, ein führender britischer Anhänger Hitlers, »abscheulich« nannte. Chamberlain sah mit höchster Selbstgefälligkeit über den Pogrom hinweg und sagte am 9. November in der Guildhall: »Die politischen Verhältnisse in Europa lassen jetzt ruhigere Zeiten erwarten.« Diese Gefühllosigkeit dem nationalsozialistischen Antisemitismus gegenüber läßt, für sich genommen, nicht auf eine bewußte Ablehnung der Juden schließen, aber sie war jedenfalls unglücklich, wenn sie im Verein mit der Starrheit betrachtet wurde, die Chamberlain im Kabinett gegen Zuflucht suchende Juden an den Tag legte. Immerhin begann der Premierminister einzusehen, daß Hitlers Verhalten seine eigene Popularität bei den Wählern beeinträchtigte, weshalb er in Privatgesprächen klagte, daß Hitler »nicht einmal das kleinste Zeichen von Goodwill Großbritannien gegenüber« geben wolle. Am 14. November tagte der Auswärtige Ausschuß, dem Belege für Hitlers kriegerische Absichten unterbreitet wurden. Die Mitglieder ignorierten das Material, und Chamberlain äußerte: »Wir sind nicht in der Lage, Deutschland einzuschüchtern.«[4]

Chamberlains Besuch bei Mussolini am 10. Januar 1939 erbrachte keine konkreten Resultate. Er hatte am 2. November im Unterhaus erklärt, daß er den Besuch als einen wichtigen Schritt zum Frieden ansehe. Nun schrieb er seiner Schwester, die Reise habe seine Erwartungen übertroffen, und die Möglichkeit, einen weiteren Krieg zu vermeiden, sei stark gewachsen. Er zeigte naive Freude über den Applaus, den die römischen Menschenmengen ihm gespendet hatten.

Als das Kabinett am 17. Januar zusammentrat, versicherte der Premier seinen Kollegen, Mussolini und Hitler »könnten einander nicht sehr sympathisch sein«, und er bezweifle sehr, daß Mussolini von Hitlers Plänen wisse. Mussolinis Auftreten und Einstellung hätten einen günstigen Eindruck auf ihn gemacht, und der Duce sei in den Gesprächen absolut loyal Hitler gegenüber geblieben. Dies habe ihn zunächst etwas enttäuscht, aber nach reiflicher Überlegung meine er, daß es »dem Charakter Signor Mussolinis zur Ehre gereiche«. Halifax stimmte dem Premierminister zu, daß Mussolini »zum Frieden neige«. Dies sollte sich als ein recht einfältiges Urteil erweisen. Am 4. Februar umriß Mussolini, unter Ausschluß der Öffentlichkeit, seine Ziele vor dem Faschistischen Großrat. Sie bestanden darin, Korsika, Tunesien, Malta, Zypern, Gibraltar und Suez für Italien zu erobern.

Am 25. Januar erläuterte Chamberlain dem Kabinett, daß »es im Moment nicht wünschenswert wäre, eine präzise und definitive Verpflichtung zum Eingreifen auf uns zu nehmen, wenn Holland von Deutschland überfallen wird«. Auch das Kabinett meinte, es gebe »wenig Spielraum für eine Beschleunigung des Verteidigungsprogramms« – ungeachtet des Materials, das dem Auswärtigen Ausschuß zwei Tage zuvor vorgelegt worden war. Bei dieser Gelegenheit hatten Cadogan, Vansittart, Strong und Cadogans Privatsekretär Gladwyn Jebb strenggeheime Berichte über Deutschland präsentiert. Die Berichte waren höchst alarmierend und sogar noch beunruhigender als jene, mit denen man sich bei der vorherigen Sitzung des Ausschusses am 23. November beschäftigt hatte, aber das Kabinett gab den beschwichtigenden Mitteilungen Hendersons aus Berlin den Vorzug, der in seinen

Depeschen nach London behauptete, Hitler wolle »keine weiteren Abenteuer«.

Der Ausschuß erfuhr, daß Hitler einen »überwältigenden Schlag gegen die Westmächte« erwäge; dabei könne es sich um »eine Invasion Hollands oder einen direkten Luftangriff auf Großbritannien« handeln. Cadogan schrieb: »Die Deutschen rechnen wahrscheinlich damit, daß wir zur Verteidigung Hollands nicht zu den Waffen greifen würden (und dies ist nur zu wahrscheinlich), daß Frankreich und Belgien es ebenfalls nicht tun würden ... Wenn Deutschland erst einmal über Holland und die niederländische Küste gebietet, würde es uns Bedingungen diktieren wollen.« Er wünschte sofortige Gespräche mit den Holländern. Großbritannien solle »irgendeine Form der Vermittlung durch Personen vorschlagen, die zum Beispiel von der amerikanischen, der Schweizer, der schwedischen, der norwegischen, der jugoslawischen oder einer anderen Regierung nominiert werden könnten. Das bliebe zweifellos ohne Wirkung, aber wenn eine Vermittlung zurückgewiesen oder umgestoßen würde, hätten wir einen besseren *locus standi* für unsere Intervention.«

Jebb versicherte, es gebe »schlüssige Beweise dafür, daß zumindest viele Männer aus der Umgebung des Führers die Möglichkeit eines Direktangriffs auf Großbritannien und Frankreich im Laufe der nächsten Monate ernsthaft erwägen ... Alle unsere Gewährsmänner stimmen darin überein, daß er [Hitler] kaum noch bei Sinnen ist, von einem brutalen Haß auf dieses Land verzehrt wird und imstande sein dürfte, einen unverzüglichen Luftangriff auf jedes europäische Land anzuordnen, wonach man seinen Befehl auf der Stelle ausführen würde.«[5]

Chamberlain glaubte jedoch immer noch an einen diplomatischen Triumph, und am 25. Januar bestand niemand in seinem Kabinett auf dringenden Vorbereitungen für einen europäischen Krieg. Am 28. Januar hielt er eine entschlossene Rede zugunsten des Appeasement und schrieb dann an seine Schwester, er glaube, daß Hitler »den Bus in München verpaßt hat« und daß Großbritannien nun in einer stärkeren Position sei.

Es war reines Wunschdenken. Die britische Wiederaufrüstung

war langsam, nur die Entwicklung von Kampfflugzeugen und Radar ging zügig voran. Chamberlain betonte noch am 21. Februar 1939, er rüste hauptsächlich für Verteidigungszwecke auf, die größten Bemühungen sollten Luftschutzmaßnahmen und Flakgeschützen vorbehalten bleiben. Das Kriegsministerium argumentierte, der Verlust der Tschechoslowakei bedeute eine Schwächung Frankreichs Deutschland gegenüber und mache es, ohne weitere Bodentruppen, verwundbar für einen deutschen Angriff durch Holland und Belgien. Der Premierminister mißachtete die Warnung, und es kam in Verteidigungsfragen zu keinerlei Austausch zwischen Chamberlain und Daladier. Die vor München aufgenommenen Generalstabsgespräche mit den Franzosen wurden eingestellt.

Im Oktober hatte das Heeresministerium dem Kabinett ein Papier vorgelegt, in dem es die Mängel des Feldheeres und der Territorialarmee umriß. Heeresminister Hore-Belisha billigte es und leitete es an den Kabinettsausschuß für Verteidigungsvorbereitung weiter, der am 26. Oktober gegründet worden war.[6] Chamberlain nahm die Mitteilung des Heeresministeriums nicht zur Kenntnis und sagte am 1. November im Unterhaus: »Wir erwägen nicht, die Armee für einen kontinentalen Einsatz auszurüsten.« Hitler war erfreut, die Franzosen waren entsetzt. Das Belisha-Papier führte zu keiner Aktion, und Chamberlain verkündete im Kabinett, daß Hore-Belishas Darstellung nicht im Einklang mit Hitlers nächstem Schritt stehe, der sich nach Osten richten werde, »so daß wir vielleicht gar nicht betroffen sind«. Einige Kabinettsmitglieder hatten, was nicht überraschen dürfte, kein Verständnis für Chamberlains Widerstand gegen eine Verstärkung der Feldtruppen.

Von Chamberlains Optimismus angesteckt, glaubte die britische Regierung also noch sechs Monate nach München, daß Frankreich die Landgrenze in einem Krieg mit Deutschland ohne fremde Hilfe verteidigen werde. Chamberlain wollte die Früchte von München vor den kommenden allgemeinen Wahlen ernten, und dies bedeutete für ihn, auf keinen Fall durch höhere Steuern, die für eine stärkere Wiederbewaffnung benötigt werden würden, die wirtschaftliche Erholung oder die Popularität der Konservativen zu beeinträchtigen.

Im Foreign Office war Vansittart verstummt, und der defätistische Cadogan meinte, man solle Deutschland im Osten freie Hand lassen und es nur im Westen eindämmen. Wenn Großbritannien seine Luftmacht ausbaue, werde Deutschland keinen Angriff auf Frankreich wagen. Das Foreign Office und Halifax fürchteten, daß es zum Kommunismus in Deutschland führen würde, wenn Großbritannien sich für Rußland einsetzte. In der Sowjetunion wußte man von der Gleichgültigkeit des Foreign Office gegenüber einer deutschen Expansion nach Osten, und man schloß - mit katastrophalen Folgen -, Großbritannien wolle Deutschland in einen Krieg mit Rußland treiben. Hitler selbst hielt Großbritannien für »dekadent« und glaubte nicht, daß es in genügendem Maße aufrüsten werde, um seinem Ehrgeiz Einhalt zu gebieten. Zum Entsetzen des Kabinetts wurde eine Äußerung von ihm zitiert, daß Großbritannien das Empire verlieren werde, wenn es nicht bis zum Frühjahr 1939 die Wehrpflicht einführe.

Die britische Regierung schenkte den ersten Vertrauensbrüchen Hitlers unmittelbar nach München nicht die geringste Beachtung. Am 11. Oktober notierte Vansittart: »Das Vorgehen der Internationalen Kommission ist skandalös. Sie hat Godesberg einfach nur nachvollzogen.« Hitler trat das Teschen ohne Vorankündigung an Polen ab und stellte Ultimaten - die die Tschechoslowakei akzeptieren mußte - zur Übergabe weiterer Gebiete an Deutschland, darunter die historischen Teile von Taus und sieben Wintersportorte. Die Internationale Kommission, an die Chamberlain seine Hoffnungen geknüpft hatte, funktionierte zu keinem Zeitpunkt. Was die Rechte und den Besitz von Nichtdeutschen im Sudetenland betraf, so verhielt Hitler sich, als hätte es kein Münchener Abkommen gegeben. Er kritisierte Großbritannien wegen dessen Wiederaufrüstung und teilte deutschen Journalisten mit, er lege keinen Wert mehr auf die britische Freundschaft. Dann, am 2. November, wurde durch den Wiener Schiedsspruch zwischen Ciano und Ribbentrop ein Teil der südlichen Tschechoslowakei an Ungarn übergeben, ohne daß London oder Paris konsultiert worden wären. In der Kabinettssitzung vom 16. November, in der man diese Entwicklungen erörtern wollte, wurde keine Entscheidung getroffen, und man überließ das Problem dem Auswärtigen Ausschuß, der am 6. Dezember beschloß, auf jede Aktion zu verzichten. Chamberlain sagte am 1. November im Unterhaus, »München anzugreifen« hieße, »unser eigenes Nest zu beschmutzen«.

Die These des Foreign Office, daß Deutschland als nächstes im Osten angreifen werde, wurde erschüttert, als der polnische Außenminister Beck nach Berchtesgaden und Ribbentrop nach Warschau reiste, um das polnisch-deutsche Abkommen von 1934 zu bekräftigen. Dies war jedoch nur ein Manöver Hitlers, mit dem er seinen Plan zur Zerstückelung Polens tarnen wollte – wie er später seinen Generalen gegenüber zugab, als er die Befehle zum Überfall auf Polen erteilte.

Plötzlich erschien ein Hoffnungsschimmer am Horizont. Im Dezember 1938 erfuhr das Foreign Office von einer Verschwörung, die das Ziel habe, Goerdeler anstelle von Hitler zum Kanzler zu machen. Cadogan schrieb in sein Tagebuch: »Wenn etwas daran ist, handelt es sich um die größte Sache seit Jahrhunderten.« Ashton Gwatkin, Leiter der Wirtschaftsabteilung im Foreign Office, war in Kontakt mit Goerdeler geblieben, der damals vom Foreign Office als der zum Sturz Hitlers am besten geeignete Mann betrachtet wurde. Anfang Dezember trat Goerdeler an Gwatkin heran und bat ihn um eine Zusicherung der britischen Regierung, daß sie eine Revolution in Deutschland nicht zu dem Versuch nutzen werde, »Deutschland zu zerschlagen«, sondern vielmehr das Programm der Revolutionäre billigen werde. Er fügte hinzu, daß die neue deutsche Regierung das von Hitler erworbene Sudetenland behalten wolle. Die oppositionellen deutschen Generale würden an der Spitze des Umsturzes stehen, aber Goerdeler rechnete damit, unter dem neuen Regime Kanzler zu werden. Die britische Regierung solle versprechen, den Revolutionären ihre Unterstützung zuzusagen, sobald der Staatsstreich stattgefunden habe.[7]

Am 8. Dezember zitierte die *Times* den ehemaligen deutschen

Kaiser, der Hitler vorwerfe, »einen alles verschlingenden Staat errichtet zu haben, der die menschliche Würde und das überkommene Gefüge unserer Rasse verachtet ... Ein paar Monate lang neigte ich dazu, den Nationalsozialismus für ein notwendiges Fieber zu halten. Aber er hat sich der klügsten und hervorragendsten Deutschen, die mit ihm verbunden waren, entledigt oder sie sogar ermordet: von Papens, Schleichers, Neuraths, sogar Blombergs. Ihm ist nichts geblieben als ein Haufen braunbehemdeter Verbrecher.«

Wilhelm II. war zweifellos von Goerdeler und einigen Generalen zu diesem Ausfall motiviert worden, und am 10. Dezember suchten Goerdelers Vertreter in London Ashton Gwatkin im Foreign Office auf. Es waren der Deutsche Reinhold Schairer, ein bekannter Pädagoge und enger Freund Goerdelers, und A. P. Young, der englische Generaldirektor von British Thompson Houston. Ashton Gwatkin berichtete:

> Dr. Schairer maß dem vom Kaiser gegebenen Interview, in dem die Nazis kritisiert wurden, große Bedeutung zu. Er erkannte darin die Hand von Dr. G. [Goerdeler] und betrachtete es als den ersten Schritt in dem folgenden Programm.
>
> Sobald die Generale bereit seien – und dies wird in erster Linie von dem abhängen, was G. hinsichtlich des vorgelegten Programms von uns hört –, werde man den Kaiser an Bord eines deutschen Kriegsschiffes gehen und ihn von dort aus eine Rundfunkansprache an die Nation richten lassen, in der er die Zurücknahme des auf ihn abgelegten Eides widerruft (dies ist sehr wichtig für die Treuepflicht der Wehrmacht), die beeidete Loyalität jedoch auf seinen Enkel Prinz Friedrich überträgt.
>
> Die Armee werde dann den Rundfunksender in Berlin besetzen, ebenso die Reichsbank, und eine Restauration ausrufen sowie die Führer des Naziregimes unter Anklage stellen. Man werde etwa zweitausend Führer sofort verhaften, und Prozesse würden folgen, um den Skandalen des Regimes die größtmögliche Publizität zu verschaffen. Daher sei es dringlich, daß Dr. G. bis zum 18. Dezember eine Antwort – wenn möglich, eine

positive Antwort - auf sein Programm erhält. Eine positive Antwort aus England würde den Wendepunkt seiner Auseinandersetzung mit den Generalen darstellen; und er, Dr. S. [Schairer] glaube, daß sich fast sofort, vielleicht zwischen dem 18. und 31. Dezember, Taten anschließen würden.
Wenn eine positive Antwort ausbleibe, werde Dr. G. wahrscheinlich Deutschland verlassen und beginnen, die Opposition offen von außen statt heimlich von innen zu organisieren. Der Chef der Heeresvertreter werde von Fritsch sein, und von Neurath werde von Beginn an bei der Verschwörung mitwirken - nicht jedoch Schacht. Dr. G. werde unter dem neuen Regime wahrscheinlich Reichskanzler sein.

Cadogan zeigte sich in seinem Bericht an Halifax unschlüssig. Er schrieb, Goerdeler wolle seinen Mitverschwörern beweisen, daß Großbritannien die Unruhen nicht ausnutzen würde, um »Deutschland zu zerschlagen«; »jede Goerdeler erteilte Zusicherung würde der Heeresleitung übermittelt, dadurch unvermeidlich bekannt werden und ganz Deutschland hinter den Nazis vereinen«.

Laut Cadogan konnte die Regierung nur eine Botschaft mit folgendem Wortlaut senden:

> Unser einziger Wunsch ist, in Freundschaft und Frieden mit einem geeinten und friedlichen Deutschland zu leben. Wir würden niemals versuchen, in Deutschland entstehende Unruhen für uns auszunutzen, und wir würden zur Kooperation und Hilfestellung für jede deutsche Regierung bereit sein, von der wir überzeugt sein können, daß sie in Frieden mit ihren Nachbarn leben will ...

Halifax wies Cadogan an, am nächsten Tag mit dem Premierminister über die Angelegenheit zu sprechen. Nach seiner Unterredung mit Chamberlain notierte Cadogan: »PM wollte nichts damit zu tun haben. Er hielt Dr. G.s Plan für sehr bedenklich; außerdem vertrat er den Standpunkt, daß jede Botschaft, die für

Dr. G. von Nutzen sein und den Ausschlag zwischen Erfolg und Mißerfolg geben könne, uns einer Gefahr aussetze, von der wir uns vielleicht nicht erholen würden. Er sagte mit Bestimmtheit, daß keine Botschaft geschickt werden solle.«

Wie vorhersehbar, stand Chamberlains Reaktion im Einklang mit seiner Furcht, Hitler gegen sich aufzubringen, und mit seinem anhaltenden naiven Glauben an die Münchener Versprechungen. In Wirklichkeit hätte nichts, was er der deutschen Opposition mitteilte, Hitlers Pläne im geringsten beeinflussen können, doch vielleicht wäre die Widerstandsbewegung durch eine englische Botschaft angespornt worden, einen Staatsstreich zu versuchen.

Vansittart erklärte Schairer, die praktische Politik verbiete unter diesen Umständen, eine »maßgebliche Botschaft« an Goerdeler zu senden, »aber seine Vernunft wird ihm sagen, wie die britische Haltung einer freundschaftlichen Regierung gegenüber, falls sie sich in Deutschland herausbildet, aussehen wird, und dies kann er seinen Freunden selbst erklären«.

Der Vorstoß, den Cadogan durchaus ernst nahm, wurde sogar innerhalb des Foreigns Office geheimgehalten. Sir Ivo Mallet, damals Privatsekretär von Lord Halifax, schrieb dem Autor:

> Weder während ich 1932–36 in Berlin war, noch während ich 1937–38 die Deutschland-Abteilung im Foreign Office leitete, tauchte die Frage einer Hohenzollern-Restauration auf. Wie das deutsche Volk reagiert hätte, wenn Hitler Ende 1938 durch einen Staatsstreich des Heeres beseitigt worden wäre, weiß ich einfach nicht. Ashton Gwatkin glaubte stets, daß eine Übereinkunft mit den Nazis sich auf wirtschaftliche Zugeständnisse, etwa Kredite, Angebote von Kolonien und andere wirtschaftliche Konzessionen, gründen könne. Dies hieß, Hitler völlig mißzuverstehen, und deshalb messe ich seinem Kommentar, »eine positive Antwort aus England würde den Wendepunkt darstellen«, nicht viel Gewicht zu.
> Chamberlain klammerte sich im Dezember 1938 immer noch an seine Überzeugung, daß er durch ein Übereinkommen mit Hitler einen europäischen Krieg verhindern könne. Er mag

unwissend, unaufgeschlossen, arrogant und verstockt gewesen sein, aber wenigstens waren seine Bemühungen aufrichtig – bis zum 15. März, als ihm durch Hitlers Einnahme von Prag die Schuppen von den Augen fielen. Wie konnte Chamberlain unter diesen Umständen in Deutschland die Kunde verbreiten lassen, er korrespondiere mit Verschwörern, die auf den Sturz Hitlers abzielten, und gebe ihnen sogar Zusicherungen? Es ist eine Sache, wenn ein Botschafter im Ausland mit verantwortlichen Oppositionsführern spricht, doch eine ganz andere, wenn eine ausländische Regierung einer Gruppe im Untergrund arbeitender Verschwörer geheime Ermutigungsschreiben schickt.[8]

Man kann Mallets Argument bezweifeln, daß es unrecht sei, wenn eine ausländische Regierung versucht, in einem tyrannischen Einparteienstaat mit oppositionellen Politikern zu sprechen, die in den Untergrund gezwungen wurden. Goerdeler kam einem verantwortlichen Oppositionsführer noch am nächsten. Vielleicht hätte er nach der Eroberung von Prag im März 1939 eine günstigere Antwort von Chamberlain erhalten.

Am 21. Oktober 1938 hatte Hitler eine Weisung an seine Generale herausgegeben, die Zerschlagung der Rest-Tschechoslowakei vorzubereiten und gleichzeitig die Westgrenze zu verteidigen. Anfang Dezember schickte er Ribbentrop zu Gesprächen mit dem französischen Außenminister Bonnet nach Paris.[9] Laut Ribbentrop sagte Bonnet, die Tschechoslowakei liege ganz und gar innerhalb der deutschen Interessensphäre. Bonnet deutete höchstwahrscheinlich an, daß Frankreich nicht eingreifen werde, falls die Deutschen Prag besetzten. Das Ergebnis ihrer Gespräche war eine Übereinkunft, in der Deutschland seine Ansprüche auf Elsaß-Lothringen aufgab.

Damit stand Hitler in den ersten Wochen des Jahres 1939 kurz davor, die gesamte Tschechoslowakei zu erobern und sich das tschechische Rüstungsmaterial anzueignen, darunter 1500 Flugzeuge, 450 Panzer und die Škoda-Waffenfabrik, die in Europa nur von Krupp an Größe übertroffen wurde.

Am 15. März brach Hitler sein in München feierlich gegebenes

Wort und besetzte die Rest-Tschechoslowakei nach einer von den Deutschen inszenierten politischen Revolte in Prag. Er behauptete, nur der Aufforderung des tschechischen Präsidenten Hacha gefolgt zu sein – wie jener Schuschniggs zur Zeit des österreichischen Anschlusses. Hacha befahl, den deutschen Truppen keinen Widerstand zu leisten, aber er handelte unter Druck, denn Hitler hatte gedroht, Prag zu bombardieren. Hacha wurde ohnmächtig, als Hitler ihm die Zerstörung seiner Hauptstadt und seines Landes durch deutsche Soldaten und Flugzeuge ankündigte.

Ungeachtet der Empörung im Lande sagte Chamberlain im Unterhaus, Großbritannien sei nicht verpflichtet, die Tschechoslowakei zu verteidigen, da es sich um eine interne Spaltung des Staates handele; die Garantie habe sich auf »eine vorübergehende Sachlage« bezogen, »und die Regierung Seiner Majestät sei nicht mehr an sie gebunden«. Außerdem schwächte er den Entwurf des britischen Protestes an Deutschland ab. Seine Münchener Politik lag in Scherben, aber er weigerte sich immer noch, dies einzugestehen. Natürlich glaubte Hitler, nun den endgültigen Beweis dafür zu haben, daß Großbritannien nicht zu den Waffen greifen werde, um seine Pläne zu durchkreuzen.

Endlich löste die Schwäche des Premierministers den Anflug einer Revolte in der konservativen Parlamentsfraktion aus. Einem Brief an seine Schwester zufolge bestand Chamberlains erste Reaktion auf die Einnahme der Tschechoslowakei darin, sich um ein Abkommen mit Rußland, Polen und Frankreich zu bemühen, damit man handeln könne, wenn es zu einer neuen deutschen Aggression käme. Aber Polen weigerte sich, etwas mit Rußland zu tun zu haben.[11]

Die Nazigegner in Deutschland waren besorgt, weil das gewalttätige Vorgehen gegen die Tschechoslowakei Hitler beim deutschen Volk überaus beliebt gemacht hatte. Er hatte Chamberlain in München getäuscht, es war ihm gelungen, den Versailler Vertrag zu zerreißen und deutschen »Lebensraum« im Osten zu sichern. Doch noch am Abend vor dem deutschen Marsch nach Prag hatte Hoare – auf Chamberlains Vorschlag hin – vor seinen Wählern in Chelsea eine Rede gehalten, in der er »das goldene

Zeitalter des Friedens und Wohlstands« rühmte, das nach Chamberlains Triumph in München aus der europäischen Kooperation hervorgehen werde. Cadogan hatte am 11. März aus zuverlässiger Quelle gemeldet, daß Hitler den Rest der Tschechoslowakei an sich bringen werde, aber Chamberlain ignorierte dies offenbar völlig.[12]

Halifax und das Foreign Office meinten zunächst, daß nichts unternommen werden könne. Allerdings wollte Halifax den britischen Botschafter Henderson zu Konsultationen nach London zurückrufen. Chamberlain war der Ansicht, dies »gehe zu weit«, aber er stimmte der Verschiebung einer geplanten Reise Stanleys nach Berlin zu. Innerhalb von achtundvierzig Stunden nach Hitlers Besetzung der Tschechoslowakei änderte Chamberlain seine Haltung jedoch radikal. Der rumänische Gesandte in Großbritannien, Virgil Tilea, brachte das Foreign Office durch die Behauptung in Panik, Hitler werde Rumänien innerhalb der nächsten Monate zu einem Vasallenstaat machen und habe bereits ein Ultimatum vorgelegt, demzufolge Deutschland ein Monopol über die Produktion des Erdölgebiets von Ploesti erhalten müsse. Der britische Vertreter in Rumänien, Sir Reginald Hoare, telegraphierte nach London, daß Tileas Geschichte aus der Luft gegriffen sei und vom Außenministerium in Bukarest dementiert werde. Aber Tilea hatte Chamberlain einen Schock versetzt. Im Kabinett erhielt der Premierminister einmütige Unterstützung für einen Wechsel vom Appeasement hin zu einer Politik des »Zusammenschlusses mit Freunden«, um weiteren Aggressionen Widerstand zu leisten. Er sah Polen als den Schlüssel zu der gegenwärtigen Situation an. Doch in einem Brief an seine Schwester drückte er wiederum tiefes Mißtrauen Rußland gegenüber aus.

Zu Chamberlains Ärger schlugen die Russen eine Konferenz Großbritanniens, Frankreichs, Polens, Rumäniens und der Sowjetunion vor, um »gemeinsame Aktionen« zu planen. Dies wurde von Chamberlain und Halifax abgelehnt. Statt dessen erklärte Halifax dem Kabinett am 20. März, es sei unbedingt notwendig, das baldige Einverständnis Frankreichs, Rußlands und Polens zu einer öffentlichen Erklärung über die Eindämmung der deutschen Aggression einzuholen. Am 22. März teilte Litwinow dem britischen Botschafter mit, daß die Sowjetunion eine solche Erklärung unterzeichnen werde.[13]

Am 21. März war es in Berlin zwischen Ribbentrop und dem polnischen Botschafter Lipski zu einer unheilvollen Entwicklung gekommen, über die Polen Großbritannien im dunkeln ließ. Ribbentrop gab Lipski zu verstehen, der Streit um den Korridor müsse gelöst werden, sonst werde »eine ernste Situation entstehen«. Dies war eine unzweideutige Drohung, daß Deutschland Krieg gegen Polen führen werde, falls ihm Danzig und der Korridor nicht übergeben würden. Zwei Tage später schlug Beck den Briten vor, ein geheimes bilaterales Sicherheitsabkommen zwischen Großbritannien und Polen zu schließen. Der Pakt müsse deshalb vertraulich und bilateral sein, weil ein offenes Bündnis mit Rußland Deutschland provozieren könne. Beck erwähnte das Gespräch Ribbentrops mit Lipski vom 21. März nicht, weshalb die britische Regierung zunächst nicht ahnen konnte, daß Polen, nicht Rumänien, von Hitler bedroht wurde.

Am 28. März flog Ian Colvin, der Deutschlandkorrespondent des *News Chronicle,* nach London und überbrachte die sensationelle Mitteilung, daß Hitler einen Putsch vorhabe, um Danzig und den Korridor an sich zu bringen. Colvin war über das Gespräch zwischen Lipski und Ribbentrop und die deutsche Bedrohung Polens unterrichtet. Er genoß das Vertrauen der britischen Regierung, und bei einer Unterredung mit Halifax und Cadogan nannte er »haarsträubende Einzelheiten des drohenden deutschen Vorstoßes gegen Polen«.* Halifax nahm ihn mit zum Premier.[14]

Colvin erklärte, Hitlers Schlag gegen Polen sei nur dann zu verhindern, wenn man ihn überzeugen könne, daß Großbritannien ihn nach einer solchen Aktion mit Sicherheit angreifen werde; in diesem Fall sei es durchaus möglich, daß die deutschen Generale Hitler unter Androhung einer Revolte veranlassen wür-

* Die veröffentlichten deutschen Dokumente zeigen, daß Hitler seine militärische Führung angewiesen hatte, die »polnische Wehrmacht« bis spätestens am 1. September (»Fall Weiß«) »zu vernichten«.[15]

den, sich zurückzuhalten. Colvin fügte hinzu, er habe keinen Zweifel, daß die Generale im September rebelliert hätten, wenn Großbritannien Hitler entgegengetreten wäre. Dies, zusammen mit Goerdelers Mitteilungen im Dezember, hätten überzeugende Hinweise dafür sein sollen, daß die deutsche Opposition zum Handeln bereit war, wenn die Briten sie unterstützten. Doch niemand in Whitehall schenkte Colvins Ansichten über die deutsche Opposition die geringste Aufmerksamkeit.

In fast panischer Angst, daß Hitler Polen überfallen könne, gab die britische Regierung den Polen eine einseitige Beistandsgarantie. Es war eine Stegreifmaßnahme, die am 28. März von Colvins Eintreffen in London ausgelöst und am 29. März im Foreign Office besiegelt wurde. Chamberlain gab sie dem Unterhaus am 31. März bekannt.

Das Polen abgegebene Versprechen nahm Großbritannien die Freiheit, mit Hitler über die Abtretung Danzigs und des Polnischen Korridors an Deutschland zu verhandeln. Jede dortige Anwendung von Gewalt durch Hitler würde für die Polen ein Casus belli sein, und Großbritannien würde ihnen zu Hilfe kommen müssen. In seiner vorübergehenden Empörung über Hitlers Wortbruch hatte Chamberlain den Polen einen Blankoscheck ausgestellt. Er selbst war jedoch anderer Meinung und übernahm sogar häufig die persönliche Verantwortung für das Versprechen an Polen, das - im Rückblick - zu den besonders fahrlässigen und unpraktikablen Gesten in der britischen diplomatischen Geschichte gezählt werden muß, ganz abgesehen davon, daß es im Gegensatz zu allem stand, was Chamberlain seit seiner Regierungsübernahme in der Außenpolitik getan hatte. Doch kaum jemand in Großbritannien, außer Lloyd George und dem Militärhistoriker und inoffiziellen Berater Hore-Belishas, Basil Liddell Hart, zweifelte an der Klugheit des Schachzugs, und Churchill, im Verein mit führenden Politikern der Labour Party und der Liberalen Partei, beglückwünschte Chamberlain.

Stalin war entsetzt über Hitlers Einmarsch in die Rest-Tschechoslowakei und zeigte sich, ebenso wie Litwinow, zunächst beeindruckt von Chamberlains Garantie an Polen. Deshalb beschloß er, Großbritannien und Frankreich einen Drei-Mächte-Verteidigungspakt anzubieten. Rußland sei bereit, jedem Staat in Osteuropa, der Hitlers Aggression zum Opfer falle, Militärhilfe zu leisten, wenn die drei Mächte kooperierten. Hätte Großbritannien dieses Angebot sofort akzeptiert, wäre nicht ausgeschlossen gewesen – nach Ansicht des sowjetischen Botschafters in London, Maiski, die er nach dem Krieg nachdrücklich vertrat –, daß die deutsche Opposition Hitler gestürzt hätte.

Statt dessen fragte Halifax den Botschafter bei einem vorbereitenden Gespräch, ob die Sowjetunion eine »Absichtserklärung« abgeben wolle, sich jeder Aggression zu widersetzen, auch wenn die beiden anderen Mächte kein definitives Abkommen mit den Sowjets schlössen. Dies war der falsche Tonfall, denn die Russen glaubten, sie sollten in Gefahr gelockt werden, ohne daß Frankreich oder Großbritannien ihnen im Falle eines Angriffs durch Hitler Unterstützung garantierten. Halifax' Vorschlag trug nichts dazu bei, den seit langem schwelenden russischen Argwohn auszuräumen, daß Großbritannien sich einen Krieg zwischen Rußland und Deutschland wünsche.

Am 3. Mai sprach der seinerzeitige britische Botschafter in Moskau, Sir William Seeds, bei Litwinow vor und wurde gefragt, ob Großbritannien Deutschland den Krieg erklären werde, wenn es zu einem Angriff auf Rumänien komme. Seeds drückte sich um eine Antwort herum. Dies war ein folgenschwerer Fehler, denn Stalin hatte den Eindruck, daß Großbritannien nur Zeit schinden wolle. Litwinow, der leidenschaftliche Befürworter eines Bündnisses mit Frankreich und Großbritannien, wurde als Außenminister entlassen und von dem weniger freundschaftlichen Molotow ersetzt.[16]

Am 8. Mai wollte Molotow von Seeds wissen, ob daran gedacht sei, unverzüglich Militärgespräche mit dem Ziel der Verteidigung Polens und Rumäniens gegen Hitler aufzunehmen. Seeds zögerte wiederum, da er keine klaren Instruktionen von seiner Regierung hatte. Eine ausgedehnte Korrespondenz zwischen Moskau und London schloß sich an. Vansittart war der Meinung, daß die Verzögerung einer Übereinkunft Stalin in schlechte Laune versetzen werde, was zu engeren Beziehungen zwischen der Sowjetunion und Deutschland führen könne, und er schrieb am 4. Mai an Halifax: »Das betrachte ich als absolut verhängnisvoll.« Er hatte recht. Am 27. Mai sagte Molotow zu Seeds, ihm scheine, daß Großbritannien und Frankreich die Gespräche *ad infinitum* fortsetzen wollten und nicht an konkreten Ergebnissen interessiert seien. Chamberlains kühle Reaktion auf das Angebot eines Verteidigungspaktes veranlaßte Stalin zu dem Schluß, daß er sich mit Hitler einigen müsse – denn sonst werde ihm nichts anderes übrigbleiben, als ohne westliche Unterstützung gegen Deutschland zu kämpfen. Die Mißachtung, mit der Chamberlain das russische Angebot vom 17. April behandelte, erwies sich als ein großer Fehler. Am 16. Juni wurde Vansittart von Kordt gewarnt, daß deutsch-russische Verhandlungen begonnen hätten, und am 22. Mai hatten Mussolini und Hitler den »Stahlpakt« unterzeichnet, der den Eindruck erweckte, daß Deutschland im Kriegsfalle von Italien Hilfe zugesichert wurde (allerdings enthielt der Pakt Geheimklauseln, die besagten, daß Italien wahrscheinlich erst 1942 kriegsbereit sei).[17]

William Strang wurde zwar schon im Juni nach Moskau entsandt, aber erst am 11. August traf endlich eine anglo-französische Mission in der sowjetischen Hauptstadt ein. Die Polen waren zu keiner Mitarbeit bereit und wollten sich in der Frage, ob sie russische Truppen im Falle eines deutschen Angriffs auf Polen oder Rumänien auf ihr Territorium lassen würden, nicht festlegen; noch zu gut erinnerten sie sich an die bolschewistische Armee, die neunzehn Jahre zuvor auf Warschau vorgerückt war.

Die fatale Verzögerung zwischen dem 17. April und dem 11. August bestärkte Stalin in der Überzeugung, daß Frankreich und Großbritannien ihn im Kampf gegen Deutschland allein lassen wollten. Den Russen schwebte vor, daß sie als Gegenleistung für einen Verteidigungspakt so viel wie möglich von den ehemals zaristischen Gebieten in Polen und den baltischen Staaten zurückerhalten würden. Chamberlain hatte kein Verständnis für diesen Wunsch oder für die Furcht Rußlands, in einem Kampf gegen die Deutschen im Stich gelassen zu werden. Die Verhandlungen zogen sich ergebnislos hin, bis Hitler am 23. August den deutsch-sowjetischen Nichtangriffspakt abschloß, der eine unumschränkte Zurückweisung des Westens durch Stalin bedeutete und die Eroberung Polens durch Hitler unvermeidlich machte.

Während dieses Zeitraums blieben die deutschen Verschwörer gegen Hitler nicht untätig. Die Einnahme Prags war ein Schock gewesen, und sie sahen sich stark behindert durch den Auftrieb, den dieses Ereignis Hitlers Beliebtheit in Deutschland und seiner Autorität über die Generale verlieh, denn auf den letzteren ruhten die Hoffnungen der Nazigegner, einen erfolgreichen Staatsstreich durchzuführen. Goerdeler, Schacht und Gisevius fuhren nach Ouchy bei Genf, um sich mit einem Emissär zu treffen, der ihre Pläne an die britische und die französische Regierung weitergab. Sie ließen keinen Zweifel daran, daß Hitler entschlossen sei, den Polnischen Korridor im Herbst mit Gewalt zu besetzen.[18]

Das Foreign Office verhielt sich abweisend, und das Kabinett war nicht interessiert. General Beck und General Oster wollten dem Foreign Office eine dringende Warnung zukommen lassen und nahmen Kontakt zu Ian Colvin auf. Dieser traf am 27. April im Büro des Premierministers im Unterhaus mit Halifax und Chamberlain zusammen. Er erklärte, daß sehr bald ein deutscher Angriff auf den Korridor stattfinden werde, um Polen den Zugang zum Meer abzuschnüren, und daß die Deutschen zur Vorbereitung einen Agitationsfeldzug führten, der angebliche Greueltaten gegen Deutsche in Polen zum Thema habe. Colvin ging ausführlich auf die deutsche Opposition gegen Hitler ein und gelangte zu dem Eindruck, daß weder Halifax noch Chamberlain über deren Existenz auch nur unterrichtet worden waren.[19]

Die Verschwörer waren nun in großen Schwierigkeiten. Sie wußten, daß ein Sturz Hitlers durch das Heer nicht mehr möglich war. Großbritannien zeigte sich, wie sie zu ihrem Kummer einsahen, infolge der Eroberung Prags so deutschfeindlich, daß es nicht mehr vor einem Krieg zurückschreckte. Zudem waren sie der Meinung, Großbritannien habe Polen derart ermutigt, daß es sich nun weigern werde, Danzig und den Korridor abzutreten, und durch die Benachteiligung der deutschen Minderheit in Polen

Hitler einen Kriegsvorwand liefern könne. Die Widerständler waren entschiedene Nationalisten und wollten sich nicht auf das Versprechen festlegen, daß ein entnazifiziertes Deutschland die Tschechoslowakei oder Österreich aufgeben werde. Sie glaubten, die öffentliche Meinung in Deutschland nur dann für sich gewinnen zu können, wenn Großbritannien oder Frankreich ihnen die im Osten von Hitler begehrten Gebiete zusagte. Dies kam für das Foreign Office nicht in Frage.

Zwei der jüngeren Verschwörer waren Helmuth James von Moltke, der Großneffe des berühmten Feldmarschalls, und Adam von Trott. Beide hatten starke Beziehungen zu Großbritannien: Moltkes Mutter war Schottin, und Trott hatte als Rhodes-Stipendiat in Oxford studiert. Zu seinem ausgedehnten Freundeskreis gehörten Stafford Cripps* und Lord Lothian.

Trott war einer der von Weizsäcker und Beck inspirierten Verschwörer im deutschen Auswärtigen Amt. Die beiden letzteren hatten gerade Oberst Gerd von Schwerin mit der Botschaft nach London geschickt, daß Hitler Polen noch im selben Herbst angreifen werde, weil er glaube, daß Großbritannien und Frankreich trotz der Garantieerklärung für Polen nicht zum Kampf bereit seien. Schwerin hatte die Aufgabe, den Briten klarzumachen, daß sie ein Schlachtschiff zu Manövern vor Danzig in die Ostsee entsenden, Geschwader der Royal Air Force nach Frankreich verlegen und Henderson durch einen militanteren und weniger pronazistischen Botschafter ersetzen sollten. Durch Trott lernte Schwerin David Astor kennen, der ihn in die Aufklärungsabteilung des Heeresministeriums einführte.

Whitehall ignorierte Schwerins Nachrichten völlig, obwohl er sich freimütig in einem Lunch *à quatre* äußerte, bei dem Admiral Godfrey, Leiter der Marineaufklärung, General Marshall-Cornwall, ein hoher Vertreter des Heeresministeriums, und, im Namen des Premierministers, James Stuart, ein führender Abgeordneter der Regierungsfraktion, zugegen waren. Schwerin teilte ihnen

* Labour-Abgeordneter; 1940–42 Botschafter in Moskau und später Mitglied des Kriegskabinetts.

mit, er habe eine vertrauliche persönliche Botschaft Becks, daß Hitler entschlossen sei, Polen im Herbst ungeachtet aller Konsequenzen zu annektieren, und daß der deutsche Generalstab einen Krieg ablehne, für den er sich nicht bereit fühle.[20]

Die Verschwörer im deutschen Auswärtigen Amt ersannen nun einen phantastischen Plan. Sie schlugen vor, Hitler solle der Tschechoslowakei die Freiheit zurückgeben, wofür die Westmächte ihm Danzig und den Korridor überlassen würden. Dieses Angebot solle von Großbritannien gemacht werden. Sobald Hitler auf diese Verhandlungen eingehe, würden sie versuchen, ihn durch einen Staatsstreich zu Fall zu bringen. Trott wurde nach London entsandt, um der britischen Regierung diese Idee zu »verkaufen«. Die Astors ermöglichten ihm Gespräche mit Chamberlain und Halifax. Gleichzeitig ließ Trott das deutsche Auswärtige Amt wissen, er werde seine persönlichen Beziehungen in London nutzen, um für ein besseres Verständnis des Führers zu sorgen.

Trott fand in London wegen des drohenden Krieges eine gespannte Atmosphäre vor, aber es gelang ihm, den Premierminister und den Außenminister zu überzeugen, daß es eine deutsche Opposition gab, die zum Sturz Hitlers entschlossen war. Doch die britische Regierung dachte nicht einmal daran, den Verschwörern zu garantieren, daß eine neue demokratische Regierung in Deutschland mit einer wohlwollenden Haltung Frankreichs und Großbritanniens rechnen könne, was die Übergabe östlicher Gebiete betraf. Weder das Foreign Office noch die Regierung setzten sich für eine solche Zusage ein, obwohl sie sehr bald bereit sein sollten, Hitler fast alles zu überlassen, was er verlangte.

Zwar gibt es Hinweise darauf, daß Chamberlain und Halifax einen günstigen Eindruck von Trott hatten, aber sie zeigten kein Interesse daran, einer alternativen Regierung in Deutschland ihre Unterstützung zu versprechen. Weder Chamberlain noch Halifax hatten die Hoffnung auf ein Abkommen mit Hitler verloren. Eine Rede, die Halifax ein paar Tage später in Chatham House hielt, könnte mit Trotts Vortrag in der Downing Street zu tun gehabt haben. Der Außenminister erklärte, Großbritannien sei entschlossen, Danzigs und des Korridors wegen einen Krieg zu führen, aber wenn Hitler friedlich bleibe, wolle es in der Frage der Kolonien mit ihm kooperieren und ihm Zugeständnisse machen.[21]

David Astor schreibt, manche Historiker hätten die deutsche Opposition als unwürdig abgetan, weil sie aus Nationalisten bestand und »Lebensraum« im Osten forderte. Aber wenn eine Regierung in Deutschland populär sein wollte, mußte sie das Volk von den Versailler Ketten befreien, und dies bedeutete die Rückgabe der an Polen und die Tschechoslowakei abgetretenen Gebiete. Kaum jemand in London begriff diesen wichtigen Sachverhalt. Die meisten Verschwörer des Jahres 1938 endeten nach dem Scheitern des Anschlags vom 20. Juli 1944 am Galgen. Britische und amerikanische Historiker sind bisher unfair gewesen, wenn sie die Kompetenz und Entschlossenheit sowie, vor allem, die Erfolgschancen der Widerständler beurteilten.

Im Frühsommer 1939 empfing Churchill Ewald von Kleist-Schmenzin und Fabian von Schlabrendorff, einen Nazigegner, der das Attentat vom Juli 1944 wie durch ein Wunder überleben sollte.* Die Gespräche hatten kein konkretes Ergebnis, aber Churchill interessierte sich nun stärker als die Regierung für die Existenz einer deutschen Opposition, und er war eher bereit, den Versailler Vertrag zu modifizieren, wenn es eine liberale, demokratische, friedliebende Regierung in Deutschland gäbe.[22]

Die Brüder Kordt führten vertrauliche Gespräche mit Vansittart, der ebenfalls besorgt darüber war, daß sie für Deutschland auf »Lebensraum« im Osten bestanden. Als die Kordts ihn vor der Wahrscheinlichkeit eines deutsch-russischen Abkommens warnten, erwiderte Vansittart: »Nur ruhig, wir sind es, die eine Abmachung mit Rußland unterzeichnen werden.«[23] Alle deutschen Nazigegner, die London besuchten, wiesen auf die Gefahren des Blankoschecks hin, den Großbritannien Polen ausgestellt habe,

* Churchill fragte Schlabrendorff, ob er eine erfolgreiche Aktion der Verschwörer garantieren könne. Schlabrendorff verneinte und schrieb nach dem Krieg, seine Reise sei negativ verlaufen. Aber im Jahre 1949 erfuhr er von Churchill, daß dessen Mitarbeiter ihn während des Krieges ständig über Stärke und Ausmaß der Anti-Hitler-Bewegung irregeführt hatten.

und dies veranlaßte Vansittart zu Vorwürfen. Nichts deutet darauf hin, daß irgendeine hochgestellte Persönlichkeit in London Konzessionen an die deutsche Opposition für den Fall befürwortet hätte, daß sie Hitler stürzen würde. Die Besucher des Jahres 1939 wurden nicht so ernst genommen wie Goerdeler im Dezember des Vorjahres von Cadogan.

Im Sommer 1939 gab es kaum eine Möglichkeit, daß die deutsche Verschwörung, die durch Chamberlains Kapitulation in München im Keim erstickt worden war, ohne britische Förderung wiederaufleben konnte. Witzleben, der maßgebliche Militärbefehlshaber, war nach Frankfurt abgeschoben worden, von wo er die Ereignisse in Berlin nicht beeinflussen konnte. Halder zauderte. Die deutsche Opposition hatte sich vorläufig verausgabt, und ohne Witzleben im Zentrum war kein Militärputsch denkbar. Aber im letzten Moment, am 3. September 1939, wurde Generaloberst von Hammerstein-Equord, ein leidenschaftlicher Gegner der Nazis, zum Oberbefehlshaber der Armee-Abteilung A am Rhein ernannt. Die Verschwörer beschlossen, Hitler in Hammersteins Hauptquartier zu locken, wo sie ihn festnehmen wollten. Hitler, der einen fast gespenstischen Instinkt für die Vermeidung von Gefahr hatte, sagte plötzlich seinen geplanten Besuch ab. Wäre diese zufällige Änderung in seinem Terminkalender nicht gewesen, hätte die Geschichte Deutschlands eine dramatische Wendung nehmen können.

General Georg Thomas, Chef des Wehrwirtschafts- und Rüstungsamtes, machte zusammen mit Goerdeler, Schacht und anderen einen letzten Versuch, Hitler auszuschalten. Er legte Keitel eine Denkschrift vor, in der er warnte, es sei eine Illusion, bei einem Angriff auf Polen an einen raschen Krieg und einen raschen Frieden zu glauben; Deutschland habe nicht die wirtschaftlichen Voraussetzungen für einen ausgedehnten Weltkrieg. Doch Keitel schenkte dem Memorandum keine Beachtung.[24]

Ende Juli 1939 berief Hitler seine Reservisten ein und erklärte das gesamte Rheinland sowie große Gebiete an der tschechischen, polnischen und französischen Grenze zu Sperrzonen. Der britische Militärattaché in Berlin schickte eine dringende Warnung nach London, daß Krieg »ausbrechen« könne. Hendersons Reaktion bestand darin, daß er Halifax aufforderte, den Polen größere Konzessionen abzuringen.

Am 23. Mai hatte Hitler seinen Generalen erklärt, daß ein Krieg mit Polen einen Krieg mit Großbritannien und Frankreich nach sich ziehen werde. Dann, am 22. August, brach Rußland die Verhandlungen mit Frankreich und Großbritannien ab und unterzeichnete einen Tag später den deutsch-sowjetischen Nichtangriffspakt. Sofort ließ Hitler seine Generale wissen, daß Polen allein stehen werde, wenn Deutschland es angreife.

Die folgende Zusammenfassung der Rede Hitlers vom 22. August entspricht der Version, die das Foreign Office ein paar Tage später erhielt. Sie unterscheidet sich nicht unerheblich von anderen deutschen Versionen und erreichte London durch Secret-Service-Kanäle:

> Hitler habe den Entschluß zum Angriff auf Polen bereits im Frühjahr gefaßt. Zunächst habe er befürchtet, daß Deutschland der politischen Konstellation wegen gleichzeitig gegen England, Frankreich, Rußland und Polen vorgehen müsse ... Seit Herbst 1938 habe er erkannt, daß Japan sich nicht bedingungslos mit Deutschland verbünden werde und daß Mussolini durch den italienischen König und den Kronprinzen gefährdet sei. Deshalb habe er beschlossen, sich mit Stalin zusammenzutun. Schließlich gebe es auf der Welt nur drei große Staatsmänner: Stalin, Mussolini und Hitler. Mussolini sei der schwächste, da er weder die Macht der Krone noch der Kirche habe brechen können. Stalin und Hitler seien die einzigen, die sich ein Bild von der Zukunft machen könnten. Deshalb wolle er Stalin in ein paar Wochen an der gemeinsamen deutsch-russischen Grenze die Hand reichen und sich mit ihm daranmachen, die Welt neu zu verteilen.
>
> Die Stärke der Deutschen liege in ihrer Schnelligkeit und ihrer Härte ... Er habe seine Totenkopfverbände angewiesen, Frauen und Kinder polnischer Abstammung und Sprache mitleidlos in den Tod zu schicken. Nur so könne man den benötig-

ten Lebensraum erhalten ... Generaloberst von Brauchitsch habe versprochen, den Krieg gegen Polen innerhalb von Wochen zu beenden ... Eine neue Situation sei entstanden. Er [Hitler] habe die »kleinen Würmchen« Daladier und Chamberlain in München erlebt. Sie würden zu feige sein, anzugreifen, und höchstens eine Blockade wagen. Dagegen sei Deutschland durch seine Autarkie und die russischen Rohstoffe gesichert. Polen werde entvölkert und mit Deutschen besiedelt werden. Das Abkommen mit Polen habe nur dem Zeitgewinn gedient. Das Schicksal Rußlands werde sich letztlich nicht von dem Polens unterscheiden. Nach Stalins Tod - er sei ein schwerkranker Mann - werde man die Sowjetunion zerschlagen, und die deutsche Weltherrschaft werde beginnen ...
Die Gelegenheit sei so günstig wie nie zuvor. Er habe nur eine Befürchtung, nämlich die, daß Chamberlain oder irgendein anderer »Schweinehund« im letzten Moment mit Vermittlungsvorschlägen kommen werde. Diesen werde er persönlich die Treppe hinunterwerfen, selbst wenn er [Hitler] ihm vor den Augen der Fotografen in den Bauch treten müßte.
Der Überfall und die Zerschlagung Polens sollten am Samstag morgen [26. August] beginnen. Er wolle ein paar Kompanien in polnischer Uniform in Oberschlesien oder im Protektorat angreifen lassen ... Die Armee solle hart und rücksichtslos vorgehen, rascher und brutaler handeln als die anderen. Die Bürger Westeuropas müßten zittern vor Schrecken. Dies sei die humanste Art und Weise, einen Krieg zu führen. Denn es schrecke die anderen ab.

Laut dem Geheimbericht des Foreign Office wurde die Rede mit Begeisterung aufgenommen. Göring sei auf einen Tisch gesprungen, habe Hitler gedankt und blutrünstige Versprechungen gemacht. Dazu habe er wie ein Wilder getanzt.[25]

Der Text der Rede lieferte den schlüssigen Beweis für Hitlers Absichten und für seine Brutalität den Polen gegenüber. Brauchitsch hatte die Bitten der Verschwörer abgeschlagen, den Befehl zu verweigern, da eine Kriegserklärung ohne Billigung des Reichstags nicht verfassungsgemäß sei. Die einzige logische Reaktion der britischen Regierung war die Mobilmachung. Hitler hatte den 26. August zu dem Termin bestimmt, an dem die deutsche Armee in den Korridor einbrechen sollte. Wenn Großbritannien effektiv in den Kampf einzugreifen beabsichtigte, war sofortiges Handeln vonnöten. Es blieb aus.

Das formelle anglo-polnische Bündnis wurde rein zufällig am 25. August unterzeichnet, doch Hitler hielt es für die gezielte Androhung einer aggressiveren Politik. Plötzlich wurde ihm klar, daß sein Überfall auf Polen einen großen Krieg auslösen könne; gleichzeitig teilte Mussolini mit, daß er im Kriegsfall nicht kämpfen werde. Hitler schwankte. Der Befehl zum Angriff wurde in den späten Stunden des 25. August rückgängig gemacht. Die Verschwörer triumphierten. Laut Oster »hatte der Führer ausgeführt«; Canaris, der Chef der Abwehr, sagte: »Der Friede ist für zwanzig Jahre gerettet.« Sie glaubten, daß Hitler an Prestige verlieren und vielleicht stürzen werde. Aber sie täuschten sich: Am 28. August legte Hitler die Stunde Null auf den Morgen des 1. September.[26]

Göring gab sich alle Mühe, den Krieg zu verhindern, und drängte Hitler, Polen ein mehr oder weniger großzügiges Angebot zu machen. Bei den Nürnberger Prozessen erklärte er, Hitler sei anomal und unberechenbar gewesen, und er, Göring, habe stets mit Himmler und Ribbentrop wetteifern müssen, um Einfluß auszuüben. Er stritt empört ab, nach Hitlers Rede vom 22. August auf dem Tisch getanzt zu haben, gab aber zu, als erster Beifall gespendet zu haben. Möglicherweise tat er dies, um sein Ansehen beim »Führer« zu erhöhen. Offenbar mußte er stets ein »untertäniges Verhalten« an den Tag legen, damit Hitler ihm zuhörte.[27]

Helmuth Wohltat, ein deutscher Industrieller und ein Freund Görings, sprach am 20. Juli 1939 auf Bitten der deutschen Botschaft mit R. S. Hudson, dem Minister für Überseeischen Handel. Wohltat informierte Hudson, daß wirtschaftliche Erwägungen für Hitler eine sehr geringe Rolle spielten und daß Göring der einzige sei, der ihn veranlassen konnte, ökonomischen Argumenten zuzuhören. Wenn Göring erfahre, daß Großbritannien bereit sei, die Etablierung einer starken deutschen Wirtschaftsbasis zu dulden, werde er Hitler vielleicht von einem Krieg abhalten können. Allerdings sei Hitler überzeugt, daß die Vorteile der Naziherrschaft für die deutsche Rasse nur mit Hilfe einer machtvollen Armee unbegrenzt zu bewahren seien. Am 24. Juli kam Wohltat mit Horace Wilson zusammen, der ihm ein Memorandum auf dem offiziellen Briefpapier der Downing Street übergab (offensichtlich mit Wissen Chamberlains). Darin wurde ein anglo-deutscher Nichtangriffs- und Nichteinmischungsvertrag vorgeschlagen; durch eine Abrüstungsvereinbarung und ein Handelsabkommen »werde Großbritannien ... der übernommenen Verpflichtungen [gegenüber Polen], die ja nur im Falle eines Angriffs in Kraft träten, entbunden«.[28]

Einige Einzelheiten dieser Gespräche sickerten an die Presse durch, und es gab Gerüchte einer britischen Milliardenanleihe an Deutschland, durch die der Krieg verhindert werden sollte. Dirksen schrieb am 18. August an Ribbentrop, Großbritannien habe sich nicht hundertprozentig verpflichtet, Polen in jedem Konflikt zu unterstützen. Bereits am 9. August hatte er in einem für Hitler bestimmten Memorandum gemeldet, Wilson habe bestätigt, daß der Abschluß einer anglo-deutschen Entente die britische Garantiepolitik praktisch aufheben und Großbritannien ermöglichen werde, sich aus der im Zusammenhang mit Polen entstandenen mißlichen Lage zu befreien.[29]

Aus den Unterredungen zwischen Wilson und Wohltat geht klar hervor, daß Chamberlain im Juli trotz seiner Garantie an Polen heimlich eine neue Übereinkunft mit Hitler anstrebte, die einen Verteidigungspakt mit Rußland unnötig machen würde. Hitler hatte also Grund zu der Annahme, daß Chamberlain sich Polens wegen nicht in einen Krieg hineinziehen lassen würde, selbst wenn die Deutschen Gewalt anwandten. Wilson enthüllte Wohltats Äußerungen, dem Archivmaterial des Foreign Office zufolge, ausschließlich dem Premier gegenüber. Mithin trugen Chamberlain und er die schlimme Verantwortung dafür, daß Hitler verleitet wurde, die britische Garantie an Polen nicht für »fest« zu halten. Chamberlain selbst ließ sein Kabinett im dunkeln darüber, welche Vorschläge er den Deutschen vermittelte.

Am 25. August gab Halifax dem polnischen Botschafter in London zu verstehen, daß man über eine Änderung des Status von Danzig, im Rahmen einer internationalen Garantie, nachdenken müsse. Am selben Tag verfaßte Roger Makins eine Denkschrift, die als Grundlage für Verhandlungen über die Zukunft von Danzig dienen sollte. Hitler und die Briten waren nicht weit voneinander entfernt.[30]

Göring schloß aus den Gesprächen zwischen Wilson und Wohltat, daß Großbritannien schwanke, was die den Polen gegebene Garantie betraf. Deshalb überredete er Hitler, Birger Dahlerus in letzter Minute als Vermittler zwischen Reichskanzlei und Downing Street einzusetzen, damit Polen gezwungen wurde, Danzig und den Korridor kampflos abzutreten. Seltsamerweise zogen Chamberlain und Halifax die Vermittlung durch Dahlerus jener durch Henderson vor.

Der spätere Botschafter in Moskau und Bonn, Sir Frank Roberts, der damals in der Deutschlandabteilung des Foreign Office arbeitete, berichtete dem Autor, wie er 1939 enge Bekanntschaft mit Dahlerus schloß, der ihm von britischen Geschäftsleuten vorgestellt wurde. Roberts sagte:

> Dahlerus war aufrichtig bemüht, in letzter Minute einen Krieg abzuwenden. Wir wußten genau, daß Göring keinen Krieg wollte. Göring genoß zu viele gute Seiten des Lebens, und er wollte seinen Lebensstil beibehalten, nicht alles in einem Krieg aufs Spiel setzen. Dahlerus war ein typischer schwedischer Geschäftsmann. Er hatte gute Manieren und einen gewissen Charme. Ich glaube, daß er ehrlich, wenn auch naiv war. Wir meinten, es gebe eine Möglichkeit, daß Göring Hitler nachfolgen werde. Auch er war ein Teufel, aber ein weniger kriegerischer Teufel als Hitler.

Sir Peter Tennant war von 1939 bis 1945 Presseattaché an der britischen Gesandtschaft in Stockholm und hatte länger Zeit, Dahlerus kennenzulernen. Seine Einschätzung war weniger günstig; er beschrieb ihn als »einen professionellen Friedenshausierer, dem es hauptsächlich darauf ankam, seine eigene Bedeutung hochzuspielen; er war ganz unzuverlässig und hatte nur seine eigenen Interessen im Auge«.[31]

Göring und Dahlerus waren enge Freunde, doch Dahlerus erwies sich nur als ein Freund im Glück. Bei den Nürnberger Prozessen sagte er aus, daß er nicht als Görings Vermittler aufgetreten wäre, wenn er von der unzweideutigen Absichtserklärung Hitlers vom 22. August 1939, in Polen einzumarschieren, gewußt hätte. Dies ist albern. Schließlich kannten auch Chamberlain und Halifax Hitlers Rede vom 22. August, und sie hielten es für lohnend, sich weiterhin um eine friedliche Abtretung polnischen Territoriums zu bemühen.

Dahlerus flog am 25. August mit einer Botschaft von Göring, die Hitler gebilligt hatte, nach London. Darin wurde der Wunsch der deutschen Regierung bestätigt, sich mit der britischen Regierung zu einigen; Göring versicherte, er wolle alles in seiner Macht Stehende tun, um eine Abmachung zu erleichtern. Dahlerus sollte erklären, daß Chamberlains Rede vom 24. August einen günstigen Eindruck auf Hitler und Göring gemacht habe. Der Schwede suchte Halifax am 25. August um 18.30 Uhr auf und bedeutete ihm, daß »offizielle Verhandlungen, wenn sie erst einmal zustande gebracht werden könnten, vielleicht zu einer friedlichen Lösung führen würden«. Gleichzeitig war Henderson bei Hitler.

Am nächsten Tag, dem 26. August, sprach Dahlerus wiederum mit Halifax, der ihm ein dringendes persönliches Schreiben für Göring übergab. In dem Brief wurde der Wunsch Großbritanniens nach einer friedlichen Regelung bekräftigt. Dahlerus flog nach Berlin und fuhr zu Göring. Dieser forderte ihn auf, den Brief ins Deutsche zu übersetzen, und noch am selben Abend gingen die beiden in die Reichskanzlei zu Hitler.

Aus der Aufzeichnung, die Dahlerus über sein Gespräch mit Hitler anfertigte, geht hervor, daß dieser höchstwahrscheinlich noch schwankte. Er kam Dahlerus »verrückt« vor. Nach einiger Schaumschlägerei über die U-Boot-Kriegführung habe Hitler erklärt, Dahlerus solle nach London zurückkehren und die Nachricht überbringen, daß er, Hitler, eine Übereinkunft herbeiführen wolle. Dahlerus bat Hitler, ihm eine gewisse Vorstellung von seinen Mindestforderungen hinsichtlich Danzigs zu geben. Göring schlug einen Atlas auf, riß eine Seite heraus und markierte mit rotem Stift die polnischen Gebiete, die an Deutschland zu fallen hätten. Hitler sagte, Deutschland müsse Danzig und den Korridor sowie Gdingen bekommen. Dahlerus meldete dem Foreign Office: »Herr Hitler selbst ist nicht für einen Krieg, aber ... sein Temperament ist manchmal unkontrollierbar.«

Am Morgen des 27. August flog Dahlerus wieder nach London. Roberts brachte ihn rasch von Croydon zum Foreign Office und dann zusammen mit Cadogan in die Downing Street, wo der Schwede mit Halifax und Chamberlain zusammentraf.

Henderson kehrte ebenfalls am 27. August nach London zurück und meldete, daß er am Vortag mit Hitler gesprochen habe. Hitler sei ganz ruhig gewesen und habe seine Bereitschaft erkennen lassen, seine Polen betreffenden Forderungen abzuschwächen. Laut Henderson sollte man dies in Großbritannien als einen Hinweis darauf verstehen, »daß Herr Hitler immer noch einen Krieg zu vermeiden wünscht«. Dies bestätigte die Ausführungen von Dahlerus. Am Morgen des 27. August hofften der britische Premier und sein Außenminister immer noch, einen Krieg verhindern zu können, indem sie über die Abtretung Danzigs und des Korridors an Hitler verhandelten. Sie beschlossen, Henderson in London zurückzuhalten, während sie die Verhandlungen mit Göring durch Dahlerus fortsetzten.

Dahlerus erhielt die Antwort, daß Großbritannien bereit sei, eine Danzig und den Korridor betreffende Lösung zu fördern, vorzugsweise durch direkte Gespräche zwischen Polen und Deutschland; wenn man auch andere Probleme ausräumen könne und Deutschland demobilisiere, werde Großbritannien in Gespräche über die Rückgabe der früheren deutschen Kolonien eintreten. Ein Henderson am Vortag von Hitler gemachtes Angebot, »das Britische Empire zu verteidigen«, wurde zurückgewiesen. Dahlerus erhielt den Auftrag, wenn möglich mit Hitler zu sprechen und dann Ogilvie-Forbes, den Gesandten der Berliner Botschaft, aufzusuchen.

Um 23 Uhr traf Dahlerus wieder am Flughafen Tempelhof ein. Göring hielt es für besser, allein mit Hitler zu sprechen. Am 28. August um 1.30 Uhr rief er Dahlerus an, um ihm mitzuteilen, daß Hitler den britischen Wunsch nach einer friedlichen Lösung begrüße und anfrage, ob Großbritannien an einem Vertrag oder an einem Pakt gelegen sei. Er akzeptiere den Vorschlag, daß Warschau und Berlin direkt über Danzig verhandeln sollten. Göring schloß, daß eine Einigung möglich sei.

Um zwei Uhr morgens fuhr Dahlerus in die Botschaft zu Ogilvie-Forbes. Er unterrichtete den Gesandten über die Ereignisse und frühstückte dann mit Göring in dessen Privatzug, wo sich führende Militärs aufhielten, die nun alle optimistisch waren, daß ein Krieg abgewendet werden könne. Ominöserweise bemerkte Göring, daß Ribbentrop und Hitler immer noch einen Krieg wünschten. Am 29. August erfuhr Dahlerus um 1.15 Uhr von Görings Adjutanten, Hitler habe angedeutet, daß die Friedenschancen »gut« seien. Offenbar wurde Hitler durch die Aussicht auf einen weiteren diplomatischen Triumph wie in München in Versuchung geführt, während Göring ihn vom Krieg abzuhalten suchte und Ribbentrop ihn dazu drängte.

Henderson traf am 28. August um 17.00 Uhr wieder in Berlin ein und überbrachte Hitler um 22.30 Uhr ein Schreiben von Halifax. Hitler war freundlich und gelassen und sagte, er werde direkt mit Polen verhandeln, vorausgesetzt, ein Bevollmächtigter komme sofort nach Berlin. Ein weiterer Triumph wie in München zeichnete sich ab. Henderson teilte Halifax mit, dies sei »die einzige Chance, den Krieg zu verhindern«, und beweise Hitlers »aufrichtigen Wunsch nach Freundschaft mit Großbritannien«. Dahlerus sagte im Gespräch mit Henderson, daß die Polen ihren Teil zu einer friedlichen Lösung beitragen müßten.[32] An jenem Abend herrschte Optimismus in Whitehall; es schien, als sei ein Krieg abgewendet worden, wenn auch um den Preis der Abtretung Danzigs und des Korridors an Deutschland - mit dem zusätzlichen Nachteil, daß Hitlers Popularität enorm ansteigen würde.

Am 29. August kam Henderson um 19.15 Uhr wiederum mit Hitler zusammen. In seiner Autobiographie schrieb er, er sei zuversichtlich gewesen, daß Hitler »direkte Verhandlungen mit den Polen« aufnehmen wolle. Doch Hitler war in einer ganz anderen Stimmung als am Vortag. Henderson erhielt ein Dokument, in dem es hieß, daß ein polnischer Bevollmächtigter am nächsten Tag, dem 30. August, in Berlin einzutreffen habe. Henderson sprach von einem »Ultimatum«, was einen Wutausbruch Hitlers auslöste. Der britische Botschafter war tief enttäuscht, denn er war noch am Vortag angenehm überrascht darüber gewesen, daß Hitler die britische Haltung im großen und ganzen akzeptierte. Vermutlich war Hitler von Ribbentrop überredet worden, in seiner schriftlichen Antwort zu verlangen, daß polnische Delegierte am nächsten Tag anreisen sollten. Dies war der springende Punkt.[33]

Göring ließ Dahlerus zu sich kommen und machte Henderson dafür verantwortlich, Hitler in Wut versetzt zu haben; schließlich sei die schriftliche deutsche Antwort in versöhnlichem Ton gehalten. Dann erging Göring sich in Schmähreden gegen die Polen und behauptete, die deutsche Regierung sei wegen der empörenden Behandlung der deutschen Minderheit in Polen berechtigt, eine sofortige Regelung zu fordern. Später beruhigte Göring sich und ließ Dahlerus wissen, daß Hitler ein »großzügiges Angebot« an die Polen vorbereite; darin sei nur von der Rückgabe Danzigs und einer Volksabstimmung im Korridor die Rede. Damit sollte wohl der Eindruck erweckt werden, daß Polen kooperationsunwillig sei. Hitler zog grobe Linien auf einer Karte, um zu zeigen, wo die Volksabstimmung abgehalten werden solle - nämlich in den Gebieten, wo die meisten Deutschen lebten. Dahlerus flog auf Görings Bitte sofort mit dieser Nachricht nach London. Er meldete auch, daß Göring die Volksabstimmung als eine Konzession Hitlers bezeichnet habe.

Um 10.30 Uhr, am Mittwoch, dem 30. August, führte Dahlerus wieder geheime Besprechungen mit Chamberlain, Halifax, Cadogan und Wilson. Auf Dahlerus' Ersuchen hin, das auf Görings Anweisungen zurückging, schickte Halifax ein Telegramm an Kennard in Warschau: Der britische Botschafter solle erwirken, daß man nicht mehr auf deutsche Unruhestifter schieße, sondern sie festnehme; daß Deutsche Polen ungehindert verlassen dürften und daß jede aufrührerische Propaganda eingestellt werde. Dahlerus betonte, daß Hitler an einem »großzügigen Angebot« für Polen arbeite. Der Haken, den Chamberlain und Halifax sofort bemerkten, war Hitlers Forderung, daß ein polnischer Bevollmächtigter unverzüglich in Berlin zu erscheinen habe. Wollte Hitler die Beziehungen durch diese Forderung abbrechen? Wir werden es nie mit Sicherheit wissen. Vielleicht wollte er den Triumph, seinem Volk verkünden zu können, daß er Danzig und einen Teil des Korridors auf dramatische Weise errungen hatte - wobei Großbritannien und Frankreich vor ihm zu Kreuze gekrochen waren - und daß er nur dann Krieg führen werde, wenn nicht sofort ein polnischer Bevollmächtigter in aller Demut nach Berlin käme.

Am 30. August mobilisierten die Polen - gegen den Rat des britischen Botschafters. Frankreich empfahl Beck, unverzüglich nach Berlin zu reisen; auch die britische Regierung hoffte, daß Polen sofort mit Hitler verhandeln werde, doch sie bekräftigte, daß sie zu ihrer Verpflichtung stehen wolle. Beck lehnte ab, nach Berlin zu fahren.

Der britische Premierminister bat Dahlerus, nach Berlin zurückzukehren. Dort solle er Göring und, wenn möglich, Hitler gegenüber betonen, wieviel Wert die Briten auf eine Lösung legten, die die sofortige Übergabe Danzigs und eines Teils des Korridors an Deutschland einschloß. Cadogan veranlaßte Dahlerus, aus der Downing Street bei Göring anzurufen und vorzuschlagen, daß die polnisch-deutschen Verhandlungen nicht in Berlin, sondern auf neutralem Boden stattfinden sollten. Göring antwortete, Hitler werde damit nicht einverstanden sein; die Polen müßten - und könnten mühelos - auf der Stelle Abgesandte nach Berlin schicken. Dies akzeptierten die Briten.

Dahlerus traf sich am 31. August um 0.30 Uhr in Berlin von neuem mit Göring und versicherte ihm, daß London direkte polnisch-deutsche Gespräche wünsche. Göring strahlte über das ganze Gesicht und sagte, Hitlers Note an Polen enthalte »günstigste Bedingungen«. Wahrscheinlich glaubte Göring damals aufrichtig, den Krieg abgewendet zu haben. Aber er warnte vor dem immer noch hohen Risiko eines Konfliktes, da die deutsche und die polnische Armee bereits mobilisiert seien.[34]

Unterdessen war Henderson am 30. August um Mitternacht bei Ribbentrop gewesen. Der Außenminister weigerte sich barsch, Henderson den mit der Maschine geschriebenen Text von Hitlers »großzügigem Angebot« zu geben, und las nur in aller Eile Auszüge aus dem Dokument vor. Die britische Botschaft unterrichtete Dahlerus telefonisch von diesem Vorfall, während er sich bei Göring aufhielt. Als Göring davon hörte, klagte er, daß Ribbentrop seine Friedensbemühungen sabotiere. Der britische Botschafter benötige sofort eine Kopie von Hitlers Angebot, damit die britische Regierung sich damit vertraut machen könne. Dies ist ein weiteres Indiz dafür, daß Göring den Krieg mit allen ihm verfügbaren Mitteln verhindern wollte, während Ribbentrop die Auseinandersetzung provozierte. Göring gab Dahlerus, anscheinend ohne Hitler um Genehmigung zu bitten, eine Kopie, die der Schwede am 31. August um zehn Uhr an Henderson weiterreichte.

Hocherfreut über die Aussicht einer in letzter Minute zustande kommenden Abmachung, schickte Henderson Dahlerus und Ogilvie-Forbes zu einem dringenden Gespräch mit Lipski in die polnische Botschaft. Der Besuch war fruchtlos, denn die Polen bereiteten sich auf die Abreise vor. Lipski sagte, er habe kein Interesse an irgendwelchen deutschen Vorschlägen, denn im Kriegsfalle würden die Nazis gestürzt werden und »die polnische Armee werde wahrscheinlich im Triumph in Berlin einmarschieren«.* Henderson war entsetzt.[35]

Dahlerus rief in London an und informierte Wilson. Dann kehrte er zu Göring zurück, der ihm mitteilte, das auswärtige Amt

* Lipski schrieb in seinen Memoiren: »Um diese schauderhafte Angelegenheit zu beenden, sagte ich ihm [Dahlerus], ich könne nicht verstehen, worum es gehe, und bat ihn, ein paar Aufzeichnungen zu diktieren.« Lipski konnte die Rolle von Dahlerus nicht begreifen und sich nicht vorstellen, daß dieser das Vertrauen sowohl der britischen Regierung als auch Görings genoß.

habe ein verschlüsseltes Telegramm aus Warschau an Lipski abgefangen, worin er angewiesen werde, sich unter keinen Umständen auf Gespräche mit den Deutschen einzulassen. Dieses Telegramm aus Warschau habe Hitler bewogen, sich für den Krieg zu entscheiden. Göring tobte über die Unzulänglichkeiten der Polen. Später, beim Tee mit Henderson, Forbes und Dahlerus – die Atmosphäre war nun herzlicher geworden –, schlug er (mit Hitlers Erlaubnis) vor, Großbritannien solle im Namen der Polen mit der deutschen Regierung verhandeln. Henderson erwiderte, er werde diese Anregung weiterleiten, was er jedoch nicht tat. Göring bemerkte, daß Lipski zu Ribbentrop unterwegs sei. In der Unterredung mit Ribbentrop weigerte der polnische Botschafter sich, zu verhandeln oder einen Termin für die Ankunft eines Bevollmächtigten zu nennen. Das Gespräch besiegelte Polens Schicksal.

Am späten Abend erhielt Henderson eine Note von Ribbentrop: Die von den Briten befürworteten direkten polnisch-deutschen Verhandlungen seien unmöglich, da kein Unterhändler erschienen sei. Hitler habe »zwei Tage vergeblich auf die Ankunft eines polnischen Unterhändlers« gewartet. Dies hätte ein Warnsignal für Henderson sein müssen, denn offensichtlich hatten Ribbentrop und Hitler über Göring triumphiert. Wenn Großbritannien und Frankreich Hitler nicht abschrecken konnten, war der Krieg unvermeidlich.

Aber Henderson gab immer noch nicht auf. Am Abend des 31. August telegraphierte er an Cadogan, daß die Polen irgendeine Geste machen sollten, sonst »müssen wir alle kämpfen«. Möglicherweise sei der Kampf sogar die beste Lösung. Vierundzwanzig Stunden zuvor hatte er gemeldet: »Ich kann nur von neuem betonen, wie wichtig es ist, daß Polen den Vorschlag von Direktverhandlungen sofort akzeptiert und sich dadurch vor der Welt ins Recht setzt.« Halifax hatte erwidert: »Wir können der polnischen Regierung nicht raten, sich auf dieses Verfahren einzulassen, das völlig unzumutbar ist.« Am 31. August um 9.15 Uhr hatte Henderson dem Foreign Office mitgeteilt: »Ich bin gerade aus verläßlichster Quelle informiert worden, daß die deutsche Regierung, wenn in den nächsten zwei oder drei Stunden, das heißt möglicherweise bis Mittag, nichts geschieht, angesichts der polnischen allgemeinen Mobilmachung und der deutschen Überzeugung, daß Polen lieber kämpfen als verhandeln will, den Krieg erklären wird.« Diese Information stammt von Ulrich von Hassell.[36]

Ciano rief aus Rom bei Halifax an und schlug vor, Mussolini solle Hitler vom Einmarsch in Polen abhalten; zudem erklärte er dem britischen Botschafter, der Krieg sei nur noch ein paar Stunden entfernt. Dann empfahl Ciano dem Duce, für den 5. September eine Konferenz zur Revision des Versailler Vertrages einzuberufen, aber Mussolini lehnte ab. Die einzige gute Nachricht, die das Foreign Office am Abend des 31. August erhielt, bestand darin, daß der neue britische Botschafter in Rom, Sir Percy Loraine, von Ciano erfahren hatte, Italien werde nicht gegen Frankreich und Großbritannien kämpfen.

Am Mittag des 31. August schlug Henderson vor, Halifax solle die polnische Regierung anweisen, durch Lipski bei der deutschen Regierung um den Text von Hitlers Vorschlägen nachzusuchen, damit man sofort einen Bevollmächtigten nach Berlin entsenden könne. Statt dessen ließ Halifax dem Polen durch Kennard mitteilen, Lipski solle sich zu einem baldigen Gespräch mit der deutschen Regierung in Verbindung setzen. Um 18.15 Uhr meldete Kennard, Beck sei nur willens, mit der deutschen Regierung über das Verfahren und die Verhandlungsgrundlage zu reden. Die Polen waren entschlossen, Hitler um seinen unblutigen Triumph zu bringen.[37]

Im Gegensatz zu Henderson hielt Kennard nichts von Hitlers »großzügigem Angebot«. Um 22.25 Uhr telegraphierte er dem Außenminister, daß die Bedingungen seiner Meinung nach nicht zumutbar seien, denn die Forderungen wirkten ultimativ und erniedrigend; Polen solle auf freien und gleichberechtigten Gesprächen beharren. Er fügte hinzu, daß Polen sich vielleicht ohne fremde Hilfe verteidigen werde, wenn seine Verbündeten dieses Angebot als Verhandlungsbasis akzeptierten.[38]

Henderson, der Verzweiflung nahe, meldete Halifax am 31. August um 22.45 Uhr, daß die deutsche Regierung ihre Vorschläge nicht mehr gelten lassen wolle, wenn nicht unverzüglich ein polnischer Bevollmächtigter eintreffe. Der Botschafter fuhr fort, daß die deutschen Vorschläge »die Unabhängigkeit Polens nicht gefährden« und daß er nur dann »pessimistisch« wäre, wenn Ribbentrop, nicht Göring, die Verhandlungen führte.

Am 1. September, kurz nach Mitternacht, erhielt das Foreign Office von Henderson eine weitere Depesche mit dem Appell, Hitlers Angebot als »nicht zumutbar« anzuerkennen. Es reagierte mit einer neuerlichen Aufforderung an Kennard, er solle die Polen überreden, ein Dokument mit den deutschen Vorschlägen zu akzeptieren und Gespräche über Verhandlungsort und -teilnehmer zu beginnen. Während die letzten Friedensminuten in den Nachtstunden des 1. September verrannen, war Henderson also mit allen Kräften bemüht, die Annahme von Hitlers Angebot durchzusetzen, während Halifax Druck auf die Polen ausübte, damit sie Gespräche über die baldige Abtretung Danzigs und des Korridors aufnahmen.

Hitler wußte von alledem. Wenn eine polnische Delegation nach Berlin gekommen wäre, hätte man sie genötigt, Hitlers Forderungen auf erniedrigende Weise zu akzeptieren. Halifax und Chamberlain hätten Polen ebenfalls ein Einverständnis abverlangt, damit Großbritannien seiner Verpflichtung, für Polen zu kämpfen, ledig gewesen wäre. Dann hätte Hitler sich zurückgehalten. Die Mission von Dahlerus bewies Hitler, wie sehr die britische Regierung dem Appeasement verhaftet war.

Höchstwahrscheinlich bewog die Unnachgiebigkeit der Polen Hitler letztendlich dazu, den Krieg zu wählen. Er war damals hochgradig nervös. Als Henderson ihm am 29. August die Stirn bot, löste dies, wie Henderson mitteilte, bei Hitler eine Art Nervenzusammenbruch aus, so daß ein Arzt geholt werden mußte. Am Nachmittag des 31. August entschloß sich Hitler impulsiv, den Krieg am nächsten Morgen zu beginnen. Die Tatsache, daß die Deutschen das Telegramm aus Warschau mit dem Verhandlungsverbot für Lipski abgefangen hatten, war unzweifelhaft ein maßgeblicher Faktor.

Ein überzeugender Beleg dafür, daß Hitler seine Möglichkeiten bis zum letzten Moment offenhielt und nicht unbedingt in Polen einmarschiert wäre, ist in General Halders Tagebuch enthalten. Am 30. August verzeichnete er, daß Generaloberst von Brauchitschs Befehle gelautet hätten: »Vorbereitungen so treffen, daß 1.9. 04.30 angegriffen werden kann. Falls Verhandlungen in London Verschiebung nötig machen, dann Verschiebung auf 2.9. Dann morgen bis 15 Uhr Mitteilung an uns ... Führer: Entweder 1. oder 2., nach 2. nicht mehr.«[39]

Hitler wußte, daß Großbritannien physisch fast nichts unternehmen konnte, und er hatte Geheiminformationen darüber, daß die Franzosen keinen Generalangriff auf den Westwall wagen würden. Aber nicht Hitler, sondern Beck sorgte dafür, daß die Briten Farbe bekennen mußten. Die britische Appeasementpolitik brach zusammen, weil Großbritannien den Polen unvorsichtigerweise eine Garantie erteilt hatte und sich ihr nicht ohne den Sturz seiner Regierung entziehen konnte, obgleich der Premierminister zu einem Versuch bereit gewesen wäre.

Am 1. September um 4.45 Uhr rückte die deutsche Wehrmacht auf polnisches Gebiet vor, und die zivilen Ziele Krakau und Kattowitz wurden bombardiert. Ungeachtet der Kämpfe glaubte Henderson immer noch, es gebe eine Möglichkeit, Hitler zu besänftigen, und um 10.50 Uhr schlug er dem Foreign Office vergebens vor, Śmigly Rydz solle als Bevollmächtigter nach Berlin kommen.

Auch Göring hoffte immer noch, die Feindseligkeiten begrenzen zu können. Dahlerus und er suchten Hitler gegen Mittag erneut auf, aber dieser befand sich, laut Dahlerus, in hysterischem Zustand. Dahlerus rief Cadogan an, der ihn über die britischen Bedingungen instruierte: Beendigung der Feindseligkeiten und Rückzug der deutschen Truppen bis hinter die Grenzen. Göring verlor vorübergehend das Interesse an den Friedensbemühungen, aber am folgenden Morgen, dem 2. September, erklärte er Dahlerus, er wolle mit Hilfe Mussolinis ein neues Münchener Abkommen vorbereiten.

Dann schickte Henderson eine Aufzeichnung der Rede, die der Premierminister am 1. September im Unterhaus gehalten hatte, an Dahlerus. Halifax wünschte, daß der Schwede sie sofort Göring zeigte, denn er glaubte, daß sie den Keim einer Lösung enthielt.

Chamberlain erklärte, eine britische Kriegserklärung werde »durch die Abwägung der von der italienischen Regierung gemachten Vorschläge« verzögert. Abweichend von der Haltung, über die er sich mit seinen Kabinettskollegen geeinigt hatte, betonte er wiederum die Möglichkeit einer friedlichen Regelung. Dahlerus ließ Göring wissen, die Rede sei »durchdrungen von der Sehnsucht, einen Krieg zu vermeiden«, obwohl darin Verhandlungen abgelehnt wurden, solange Deutschland seine Truppen nicht zurückgezogen hatte. Göring erbot sich, mit Dahlerus nach London zu fliegen, aber diesen Vorschlag lehnte das Foreign Office ab, solange die deutschen Truppen Polen nicht verlassen hatten. Laut Dahlerus hatte Göring Hitler überredet, die Reise als eine versöhnliche Geste zu genehmigen. Erst am Sonntag, dem 3. September, um 11 Uhr wurde Göring durch Chamberlains Erklärung, daß Großbritannien sich mit Deutschland im Kriegszustand befinde, zum Schweigen gebracht.[40]

DER SITZKRIEG
1939–1940

Am 1. September 1939 erfuhr das Foreign Office um 7.28 Uhr, daß Hitler um 4.17 Uhr in Polen einmarschiert war, nachdem man in einem fingierten Zwischenfall mit polnischen Uniformen bekleidete Häftlinge in deutsche Grenzstellungen gebracht und barbarisch erschossen hatte. Cadogan wartete bis neun Uhr, bevor er den Außenminister informierte. Überhaupt war nichts von der Dringlichkeit zu spüren, mit der man diesen Überfall auf einen Verbündeten hätte beantworten sollen. Um 11.30 Uhr, sieben Stunden nach dem Angriff auf Polen, trat das britische Kabinett zusammen. Der polnische Botschafter Raczynski hatte Halifax um 10.30 Uhr aufgesucht und ihm erklärt, daß es sich nach dem anglo-polnischen Beistandsvertrag um einen eindeutigen Fall von Aggression handele. Halifax versuchte, ihn zu beruhigen, und das Kabinett war eher geneigt, Hitler Avancen zu machen, als seine Verpflichtung zu unmittelbarer Militärhilfe für Polen zu erfüllen. Dahlerus hatte dem Foreign Office telefonisch deutsche Friedensbeteuerungen übermittelt, und Henderson meldete, daß Hitler in seiner für diesen Morgen angekündigten Rede vor dem Reichstag vielleicht weitere Friedenssignale erkennen lassen werde.

In diesem Stadium war das Kabinett nur dazu bereit, Hitler durch Henderson eine moderate »Warnung« zukommen zu lassen. Die britische und die französische Regierung hofften auf eine weitere Intervention im Münchener Stil durch Mussolini, und sie ignorierten die berechtigte Forderung aus Warschau, daß die Alliierten noch am selben Nachmittag Luftangriffe einleiten sollten, um den Druck auf Polen zu mildern. Mehr noch, das Kabinett erfuhr nicht einmal von der polnischen Forderung.

Am Morgen des 2. September, während Hitlers Armeen bereits

tief in polnisches Gebiet vordrangen und seine Luftwaffe polnische Städte bombardierte, rief Cadogan auf Geheiß von Halifax in Paris bei Bonnet an und sagte, die britische Regierung »wünsche Antwort« darauf, welche Frist Hitler eingeräumt werden und ob man eine von Mussolini organisierte Konferenz abhalten solle. Er erkundigte sich auch, ob der Rückzug deutscher Truppen von polnischem Boden eine »Vorbedingung« für eine Konferenz sei. Die Franzosen erwiderten, sie würden sich die Sache überlegen, doch die Tatsache, daß Cadogan überhaupt eine solche Frage nach dem Rückzug deutscher Truppen stellen konnte, spricht nicht dafür, daß Halifax sich besonders für die Garantie engagierte, die Polen von seiner Regierung erhalten hatte.

Am 2. September wurde Chamberlain in London hauptsächlich von Diskussionen über die geplante Mussolini-Konferenz in Anspruch genommen. Sie sollte dazu dienen, den Versailler Vertrag zu revidieren, und sie wurde von Bonnet wie von Halifax lebhaft begrüßt. Um 18 Uhr unternahm Halifax einen letzten verzweifelten Appeasementversuch: Er rief Ciano an und sagte, Großbritannien werde eine Konferenz akzeptieren, aber der deutsche Rückzug aus Polen sei »eine wesentliche Bedingung«. Der realistischere Ciano entgegnete kategorisch, daß dies für Hitler unannehmbar sein werde. Trotzdem erklärte der Premierminister um 19 Uhr im Unterhaus, daß der italienische Vorschlag eine Verzögerung ausgelöst habe, doch wenn Hitler seine Streitkräfte zurückziehe, sei »der Weg offen« für Gespräche. Seine Erklärung fand wenig Anklang.[1]

Für Hitler war jede zusätzliche Stunde vor einem französischen Angriff an der Westfront ein Gewinn, und Ribbentrop unternahm mit Hilfe von Fritz Hesse, einem deutschen Journalisten in London, einen letzten Versuch, Großbritannien fernzuhalten. Er beauftragte Hesse, das britische Kabinett zu informieren, daß Hitler zum Rückzug aus Polen bereit sei, wenn er Danzig und den Korridor erhalte und Großbritannien in dem deutsch-polnischen Konflikt als Vermittler agiere. Hesse sprach am Nachmittag des 2. September in der Downing Street mit Horace Wilson. Dieser empfing ihn freundlich und sagte, daß man Verhandlungen aufnehmen könne, wenn die deutschen Truppen aus Polen abgezogen würden. Cadogan notierte: »Diese indirekten Annäherungen beruhigen mich etwas. Die Deutschen scheinen den Druck zu spüren.« Er täuschte sich gewaltig. Hitler brauchte Zeit, um seine Eroberung Polens abzuschließen, und Hesses Vorstoß war nur ein Verzögerungsmanöver.[2]

Halifax und Chamberlain hofften immer noch auf einen Modus vivendi mit Hitler, aber nun war es zu spät für jedes weitere Appeasement. Wütende konservative Abgeordnete bedrängten andere Kabinettsmitglieder, und es kam zu einer von Hore-Belisha geführten Palastrevolte. Um elf Uhr erhielt Chamberlain von seinem Kabinett ein Ultimatum: er dürfe nicht länger zögern und müsse den Krieg erklären, sonst sei ihm eine Niederlage im Unterhaus sicher. Großbritannien hatte seine Vertragsverpflichtungen bereits gebrochen. Statt zurückzutreten, fügte Chamberlain sich dem Druck; Briten und Franzosen schickten Hitler ein gemeinsames Ultimatum. Chamberlain dachte nicht einmal an Rücktritt, da er sich, wie aus einem Brief an seine Schwester hervorgeht, für »unentbehrlich« hielt.

Am 3. September um 11.15 Uhr befand sich die Nation im Kriegszustand. Chamberlain hielt eine klägliche Rundfunkansprache. Statt dem Verbündeten, für den Großbritannien in den Krieg zog, rasche Hilfe zu versprechen, verbreitete er sich über seinen persönlichen Kummer. Die Polen waren jedoch hocherfreut und jubelten den britischen Diplomaten in Warschau zu. Sie hatten wenig Grund zum Jubeln, denn Großbritannien hatte nicht die Absicht, ihnen zu Hilfe zu kommen. Gewiß, eine dreißig Mann starke britische Militärmission, geleitet von Carton de Wiart und einem Vertreter des Heeresministeriums, Colin Gubbins, überschritt von Rumänien her die Grenze, und am Mittag des 3. September legten die Mitglieder Uniform an, nachdem sie von der Kriegserklärung gehört hatten. Aber erst am 9. September traf eine polnische Militärmission, geführt von General Norwid Neugebauer, in London ein. Die Polen merkten, daß der britische Generalstabschef Ironside keine Pläne hatte, ihrem Land Beistand zu leisten. Ironside konnte nur ein paar tausend alte Gewehre und ein paar Millionen Patronen anbieten und riet ihnen, Waffen von neutralen Ländern wie Spanien und Belgien zu kaufen.[3]

Die Franzosen verhielten sich nicht weniger treulos. Am 19. Mai 1939 hatte Gamelin ein Militärabkommen mit dem polnischen General Kasprzycki unterzeichnet, in dem zugesagt wurde, daß Frankreich am fünfzehnten Tag nach einem deutschen Angriff auf Polen eine Offensive gegen den Westwall einleiten werde. Doch Gamelin hatte nicht vor, das Abkommen zu erfüllen.

Weder Großbritannien noch Frankreich wollten Deutschland bombardieren, um den Polen zu helfen. Hitler hatte seit Beginn seines Überfalls auf Polen die Zivilbevölkerung durch Bombenangriffe terrorisiert, aber die britische Regierung weigerte sich, die klaren Beweise anzuerkennen. Schließlich kehrte Hauptmann Tommy Davis von der britischen Militärmission in Polen nach London zurück und berichtete dem Generalstabschef der Royal Air Force, Cyril Newall, daß er selbst Zeuge der wahllosen deutschen Bombardierungen gewesen sei. Newall schlug dem Kabinett daraufhin vor, im Gegenzug industrielle Ziele in Deutschland von der Royal Air Force angreifen zu lassen, aber Chamberlain wollte nichts davon hören.[4] Luftwaffenminister Kingsley Wood bemerkte sogar zu Leo Amery, dem Minister für die Dominions, Großbritannien dürfe kein deutsches »Privateigentum« bombardieren. Amery kommentierte bissig, Chamberlain verabscheue den Krieg offenbar so sehr, daß er entschlossen sei, »so wenig wie möglich davon zu führen«.

Auch Gamelin lehnte Luftangriffe auf Deutschland ab. Er erklärte Ironside und John Slessor, Planungsdirektor im Luftwaffenministerium, er werde sich gegen den Westwall »lehnen«, um »dessen Stärke zu prüfen«. Das Versäumnis der Franzosen, Deutschland ihrer Verpflichtung gemäß am fünfzehnten Tag anzugreifen, führte zu keinem Vorwurf von seiten Großbritanniens.

General Jodl sagte bei seiner Verteidigung in Nürnberg aus, daß »während unseres Krieges« mit Polen hundertzehn französische und britische Divisionen dreiundzwanzig deutschen Divisionen gegenübergestanden hätten, und nur die Passivität der Alliierten habe Deutschland vor der Niederlage gerettet. Auch Keitel sagte aus, daß hinter den Linien an der Westfront im September 1939 ungefähr zwanzig Divisionen, einschließlich der Reserven im Rheinland, gelegen hätten (verglichen mit sechs Divisionen im Jahre 1938). Er fügte hinzu, daß »rein militärisch-operativ gesehen, ein französischer Angriff während des Polenkrieges auf einen deutschen militärischen Schleier gestoßen wäre, aber nicht auf Abwehr. Und da das nicht erfolgte, kam uns Soldaten natürlich der Gedanke, es ist wohl auch nichts ernstlich beabsichtigt seitens der Westmächte, wenn man diese strategisch und operativ günstige Lage einfach verstreichen ließ . . .«[5]

Durch ihr Nichtstun lähmten die Alliierten jene deutschen Generale, die den Sturz Hitlers anstrebten. Schlimmer noch, der so leicht errungene Sieg über Polen gab Hitlers Popularität beim deutschen Volk weiteren Aufschwung. Hitler kam verständlicherweise zu dem Schluß, daß die Kriegserklärung Großbritanniens leerer Schein sei. Die Hilfe Großbritanniens für Polen bestand allein darin, daß es fünfzehn Kampfflugzeuge, sieben Bomber, sechstausend Tonnen Bomben, 112 Browning-Maschinengewehre und 2,75 Millionen Patronen nach Konstanza, dem Haupthafen Rumäniens, schickte.[6] Nichts davon traf rechtzeitig in Polen ein. Am 15. September meldeten die Generalstabschefs, es sei »sinnlos, Kriegsmaterial nach Polen zu senden«, und man beorderte die drei Schiffe zurück, die gerade beladen wurden oder sich auf der Überfahrt befanden.

Am 17. September überquerte die Rote Armee die Grenze und besetzte die der Sowjetunion in einem geheimen Zusatzprotokoll zum Ribbentrop-Molotow-Pakt zugesprochenen Teile Polens. Die polnische Regierung zog sich – ebenso wie der britische Botschafter und die britische Militärmission – nach Rumänien zurück, und Polen hörte auf zu existieren. Als Seeds, der britische Botschafter in Moskau, davon hörte, teilte er London mit: »Ich sehe nicht, welchen Vorteil ein Krieg mit der Sowjetunion für uns hätte, obwohl es mir persönlich Freude bereiten würde, Molotow die Erklärung zu überbringen . . . Auf lange Sicht ist der sowjetische Einmarsch für uns nicht unvorteilhaft.«

Das Foreign Office wies den Premierminister sofort darauf hin, daß der britische Vertrag mit Polen sich nur auf eine Aggression durch Deutschland beziehe, und am 26. September wurde eine entsprechende Erklärung im Unterhaus abgegeben. Chamberlain war ungeheuer erleichtert. Außerdem informierte das Foreign Office das Kriegskabinett darüber, daß die Russen die rumänische Grenze besetzen würden und Deutschland deshalb Rumänien nur über ungarisches Gebiet würde angreifen können. In einem scharfen *Times*-Leitartikel wurde der russische Einmarsch als »ein Dolchstoß in den Rücken« bezeichnet. Chamberlain, der zunächst außer sich gewesen war, beruhigte sich bald.[7]

Das Kriegskabinett war gespalten. Einige, zum Beispiel Churchill und Hore-Belisha, meinten, Großbritannien müsse sich auf einen Krieg mit Rußland vorbereiten; andere vertraten die Ansicht, daß die deutschen Truppen ohne die Aktion Rußlands nicht erst an der rumänischen Grenze stehen, sondern Rußland bereits zweihundert Meilen näher sein würden. Botschafter Raczynski überreichte Halifax eine Note, in der die Sowjetunion bezichtigt wurde, den Nichtangriffspakt von 1932, die Konvention von 1933 und das Protokoll von 1934 gebrochen zu haben; auch die Behauptung der Russen, daß der polnische Staat am 17. September aufgehört habe zu bestehen, sei falsch. »Alles höchst bedeutsam, aber wir wollen uns jetzt nicht mit den Russen streiten«, notierte Frank Roberts. Dies beschrieb die offizielle Haltung des Premierministers und des Kriegskabinetts.

Kurz nachdem die Deutschen und Russen Polen völlig besetzt hatten, wurde London mit Friedensvorschlägen überschüttet. Das Kabinett hätte nur zu gern Verhandlungen aufgenommen. Cadogan faßte die Haltung der Regierung zusammen: »Wenn Deutschland all jenen Ländern in Europa, die sich durch deutsche Aggressionen geschädigt fühlen, Garantien erteilt, sind wir bereit, einer Konferenz zuzustimmen.« Bezeichnenderweise schrieb Cadogan auch: »Es wäre unklug, wenn wir verkündeten, daß wir die alten Grenzen Polens wiederherstellen wollen. Eine solche Position würde den Konflikt mit Rußland unvermeidlich machen.« Das also war aus den Kriegszielen der Regierung geworden.

Seeds schrieb (und Cadogan stimmte ihm zu), daß der von den Russen besetzte Teil Polens eine russische Bevölkerung habe, während der von Hitler besetzte Teil von Nichtdeutschen bewohnt sei. Der britische Botschafter schlug vor: »Wäre es nicht möglich, einen Keil zwischen die beiden Angreifer zu treiben und dieses Land [die Sowjetunion] vielleicht aus dem Krieg herauszuhalten, indem wir deutlich machen, daß unsere Kriegsziele mit einer Regelung nach ethnischen und kulturellen Kriterien nicht unvereinbar sind?« Ivone Kirkpatrick, der inzwischen nach Whitehall zurückgekehrte frühere Erste Sekretär an der Botschaft in Berlin, äußerte die von Halifax gebilligte Meinung, Großbritannien solle auf der Einhaltung der Curzon-Linie bestehen (die ungefähr der Teilung Polens durch Rußland und Deutschland folgte), weil dann »die vorwiegend polnische Bevölkerung im deutschen Abschnitt« bleiben würde und »wir ein von Ethnographie und Kultur bestimmtes Polen verlangen könnten, ohne den Russen auf die Zehen zu treten - jedenfalls, bis die Russen sich gegen uns erklärt haben«. Der Ratschlag mag auf zynische Weise praktisch gewesen sein, aber er hatte gewiß nichts mit den Bündnispflichten zu tun.

Am 18. November beschloß das Kriegskabinett, die Polen aus dem Obersten Kriegsrat auszuschließen, und am 6. Dezember hieß es in einem weiteren Protokoll des Foreign Office: »Wir haben sehr darauf geachtet, uns nicht auf eine Garantie zur Wiederherstellung der polnischen Grenzen festzulegen und uns auf die Verurteilung der russischen und deutschen Aggression zu beschränken.«[8]

Dies waren die Argumente, die Chamberlain, Halifax und dem Kriegskabinett, abgesehen von Churchill und Hore-Belisha, zusagten. Chamberlain bedauerte, daß ihm die den Polen erteilte Garantie wie ein Mühlstein um den Hals hing. Aus unveröffentlichten Briefen des Premiers geht in aller Deutlichkeit hervor, daß er willens war, Polen im Stich zu lassen, wenn er dadurch eine britische Verwicklung in den Krieg hätte vermeiden können.[9]

Halifax schrieb an Lord Lothian: »Fast jeden Tag werden Friedensfühler ausgestreckt«; und an Feldmarschall Gort: »Es kommt zu recht vielen Friedenssondierungen, die sich alle zu Göring zurückverfolgen lassen.«[10] Dahlerus, der zwei Tage zuvor mit Hitler und Göring gesprochen hatte, wurde am 28. und 29. September im Foreign Office von Cadogan empfangen. Cadogan vermittelte Dahlerus den Eindruck, daß ein Friedensschluß - sogar mit Hitler - möglich sei, wenn ein unabhängiger polnischer Staat gegründet werde. Mit dieser Nachricht kehrte Dahlerus zu Göring nach Berlin zurück, und Hitler wurde in seinem Glauben bestärkt, daß die Briten niemals kämpfen würden. Unterdessen ließ Ribbentrop über die britischen Botschaften in neutralen Ländern, zu denen die deutschen Diplomaten seinerzeit noch gute Beziehungen unterhielten, verlauten, daß Hitler mit einem unabhängigen Polen und irgendeiner Art von autonomem Regime in einem Teil der Tschechoslowakei einverstanden sein werde.[11]

Am 6. Oktober erklärte Hitler, über die Zukunft Polens müsse ausschließlich von Deutschland und Rußland entschieden werden; er versprach, die Grenzen Dänemarks, Belgiens und Hollands zu respektieren, und behauptete, Frankreich gegenüber keine Ansprüche zu haben. Er forderte zur Abhaltung einer Friedenskonferenz auf, bei der Abrüstungs-, Währungs- und Rohstoffprobleme erörtert werden könnten. Allerdings ließ er nicht das geringste Anzeichen dafür erkennen, daß er das Polen zugefügte Unrecht wiedergutmachen oder die Verfolgung der Juden einstellen wolle.

Die britische Regierung mußte erst die Dominions und Frankreich konsultieren, bevor sie Hitlers Angebot beantworten konnte. Daladier wies, zur Bestürzung einiger seiner Kollegen, den Vorschlag schroff zurück, während der kanadische Premierminister, Mackenzie King, ganz anders reagierte. Er hatte einen positiven Eindruck von Hitler gewonnen, als er Deutschland im September 1937 besuchte, und er hielt Göring für »eine attraktive Persönlichkeit«. Mackenzie King glaubte, eine persönliche Beziehung zu Hitler angeknüpft zu haben, und hatte ihm, als der Krieg im September 1939 ausbrach, einen persönlichen Brief mit der Zusicherung geschickt, daß sich alles durch »Konferenzen und Verhandlungen« lösen lasse. Hitler antwortete mit einem freundschaftlichen Brief, in dem er zwölf junge kanadische Studenten und Offiziere zu einer Reise durch Deutschland einlud.

Am 7. Oktober schlug Mackenzie King Chamberlain vor, man solle eine Kommission von Neutralen, darunter den Präsidenten der Vereinigten Staaten, den König von Belgien und den König von Italien, um Vermittlung bitten. Man müsse alles tun, was möglich sei, um den Krieg zu beenden, bevor das große Gemetzel einsetze.[12] Von den anderen Dominions wollten Australien, Neuseeland und Südafrika Hitlers Friedensangebot sofort zurückweisen, ebenso Frankreich.

In Großbritannien waren die Meinungen geteilt. Der Nationale Friedensrat schickte dem Premierminister ein Schreiben, in dem er einen »Waffenstillstand« empfahl. Das Kriegskabinett selbst benötigte vier Sitzungen, um eine Antwort an Hitler zustande zu bringen. Und selbst dann war sie noch nicht heftig genug für Churchill, der einen viel schärferen Entwurf als den von Chamberlain am 12. Oktober im Unterhaus vorgetragenen Text verfaßte. Wenigstens benutzte der Premierminister eine Wendung, die von Churchill hätte entliehen sein können: »Taten, nicht allein Worte müssen zu erkennen sein, bevor wir, die britischen Völker, und Frankreich, unser tapferer und treuer Verbündeter, berechtigt wären, den Krieg nicht mehr mit allen unseren Kräften zu führen.«[13]

Chamberlains Rede war - für ihn - überraschend energisch. Hitler habe wiederholt gelobt, daß es sein einziges Ziel sei, Deutsche wieder ins Reich zu holen, doch nun beabsichtige er, über Millionen von Tschechen und Polen für unbestimmte Zeit zu regieren. Die Aktionen Hitlers hätten häufig in direktem Gegensatz zu seinen öffentlichen Bekundungen gestanden. Chamberlain fuhr fort:

> Die wiederholte Mißachtung seines [Hitlers] Wortes und diese plötzlichen Umkehrungen seiner Politik stellen mich vor die fundamentale Schwierigkeit, auf die umfassenderen Vorschläge in der Rede des deutschen Kanzlers einzugehen. Die schlichte Wahrheit ist, daß wir uns nach unseren früheren Erfahrungen

nicht mehr auf das ungestützte Wort der gegenwärtigen deutschen Regierung verlassen können ... Entweder legt die deutsche Regierung durch eindeutige Taten einen überzeugenden Beweis für die Aufrichtigkeit ihres Trachtens nach Frieden ab und gibt wirksame Garantien für ihre Absicht, ihr Versprechen zu erfüllen, oder wir müssen bis zum Ende auf unserer Pflicht beharren. Es ist Deutschlands Aufgabe, die Entscheidung zu treffen.

Angesichts der furchtsamen Haltung einiger seiner Kabinettsmitglieder hatte Chamberlain nach eigenen Worten »eine Erklärung abgegeben, die mit einem Fragezeichen, nicht mit einer direkten Zurückweisung endete«. Hitler schätzte die Rede völlig anders ein; er bezichtigte Großbritannien der Lüge und behauptete, es strebe »die Ausrottung der deutschen Nation« an. Man hätte annehmen müssen, daß die Friedenssondierungen damit beendet sein würden, aber am 14. Oktober tauchte Dahlerus wiederum auf und sandte dem Foreign Office einen auf den 10. Oktober datierten Brief von Göring: »Es kann keinen Sieger und keine Besiegten geben. Nach dem Krieg würde man sich genau denselben Problemen widmen müssen, mit dem einzigen Unterschied, daß es auf beiden Seiten Millionen von Toten geben würde. Es wäre vernünftig, jetzt Verhandlungen aufzunehmen.« Der Brief wurde ignoriert, denn nach der feindseligen Berliner Reaktion auf Chamberlains Rede standen Dahlerus' Aktien im Foreign Office vorübergehend nicht sehr hoch im Kurs. Kurz darauf überbrachte er allerdings ähnliche Vorschläge, die ernster genommen wurden.[14]

Anfang November machten Königin Wilhelmina der Niederlande und König Leopold von Belgien dem König von England ein gemeinsames Vermittlungsangebot. Dies wurde von weiten Kreisen der britischen Öffentlichkeit begrüßt, und zwanzig Labour-Abgeordnete unterzeichneten ein Memorandum, in dem der Premierminister aufgefordert wurde, zu verhandeln. Einer von ihnen, George Lansbury, behauptete, er habe 14000 Briefe zur Unterstützung des belgisch-niederländischen Angebots erhalten. Es kam jedoch zwischen Chamberlain und Churchill zu einem Streit über die Antwort. Der ursprüngliche Entwurf des Premierministers laufe, wie Churchill zu Recht sagte, darauf hinaus, daß der König von England die anderen Monarchen autorisiere, einen Verhandlungskanal mit Hitler zu eröffnen. Chamberlain war bereit, den Wortlaut zu ändern, aber er entgegnete Churchill, daß der genaue Text unwichtig sei, da aus der Sache ohnehin nichts werden könne. Dahlerus ließ sich nicht abschrecken und setzte seine Bemühungen fort. Am 20. November berichtete er über die britische Botschaft in Stockholm, daß er in Berlin ein dreistündiges Gespräch mit Göring geführt habe. Dieser habe ein Geheimtreffen auf neutralem Boden zwischen jeweils zwei Vertretern der britischen und der französischen Regierung sowie Göring selbst und einem anderen deutschen Repräsentanten vorgeschlagen, um Friedensverhandlungen zu führen. Die Tatsache, daß diese Annäherung vom Foreign Office günstiger aufgenommen wurde, spiegelt eine gewisse Gelassenheit der Regierung angesichts der bisherigen Feindseligkeiten wider. Der Krieg am Westwall war zu einer Farce geworden, in der keine der beiden Seiten gegen die andere kämpfen wollte; auch zu deutschen Bombenangriffen war es noch nicht gekommen.

Kirkpatrick notierte, daß Göring, »dessen Figur, vorsichtig ausgedrückt, auffällig ist, nicht in der Lage sein würde, unbeobachtet an einem Treffen teilzunehmen ... Ich setze voraus, daß unsere Politik darin besteht, die Dinge in die Länge zu ziehen, und wenn die Deutschen uns Vorschläge machen wollen, die ihrer Meinung nach eine Verhandlungsbasis bilden könnten, werden wir sie natürlich nach Rücksprache mit den Franzosen erwägen.« Dies wurde Dahlerus übermittelt, der sofort Göring unterrichtete. Hitler sah in dem ganzen Vorstoß lediglich ein weiteres Zeichen für die Kampfunwilligkeit der Briten.[15]

Offenbar hoffte Göring immer noch, den Krieg durch Verhandlungen zu beenden, während Ribbentrop Hitler zum Angriff auf Holland antrieb. Ribbentrop hatte dem Auswärtigen Amt erklärt, daß die deutsche Regierung nicht länger an den Sondierungen von Dahlerus in Großbritannien interessiert sei, aber Göring ignorierte ihn.[16] Gleichzeitig gaben sich der britische Außenminister und der Premier der Illusion hin, daß Göring Hitler ablösen und einen Verhandlungsfrieden bewirken könne. Dies war völlig ausgeschlossen, es sei denn, Hitler wäre das Opfer eines Staatsstreichs oder eines Unfalls geworden. Seine Popularität in Deutschland hatte nach dem Anschluß, der Eroberung der Tschechoslowakei und nun Polens einen Höhepunkt erreicht, und Göring mußte ihm widerspruchslos gehorchen, wenn er nicht stürzen wollte.

Sir John Colville, der damalige Privatsekretär des Premierministers, berichtete dem Autor, man habe im Winter und Frühjahr 1939/40 in der Downing Street geglaubt, daß es zu keinem wirklichen Krieg kommen werde. Die Deutschen würden irgendwann zu Verhandlungen gezwungen sein, da die Wirtschaftsblockade sie empfindlich treffen werde. Chamberlain habe kein Geheimnis daraus gemacht, daß er mit jedem Machthaber in Deutschland außer Hitler zu einer Einigung bereit sei. Nach Colvilles Ansicht konnte Chamberlain – hauptsächlich seiner eigenen Eitelkeit wegen – Hitler den Wortbruch von München nicht verzeihen, wäre aber vor einem Abkommen mit Göring nicht zurückgescheut. Allerdings habe Chamberlain nicht das gleiche Zutrauen zu Göring gehabt wie Halifax.[17]

Im Dezember 1939 kam Baron Bunde, an dessen Bevollmächtigung das Foreign Office keinen Zweifel hatte, mit Friedensvorschlägen, die von Göring gebilligt worden waren, nach London. Die Vorschläge sahen vor: 1. irgendeine Variante eines polnischen Staates; 2. Freiheit für die Tschechen; 3. hohe Kredite für die Achsenmächte, wie das britische Handelsministerium sie im Frühjahr 1939 angeregt hatte. Bunde hörte von Halifax: »Wir haben nie gesagt, daß wir mit Hitler nicht Frieden schließen würden«; und zur Frage der Kredite: »Ich weiß, daß Amerika helfen würde.«[18]

Laut Colville pflegte Chamberlain zu ihm zu sagen: »Wir müssen der Sache Einhalt gebieten, bevor das Blutbad beginnt.« Dies war auch Halifax' Standpunkt. Typisch für das Denken des Außenministers war ein Brief an Gort vom 22. Oktober 1939: »Wenn Hitler die Hände in den Schoß legt und nichts tut, arbeitet die Zeit in wirtschaftlicher Hinsicht gegen ihn ... Wenn die Dinge bis zum Frühjahr unverändert bleiben, werden sich viele unserer gegenwärtigen Sorgen verringern.« Im November schrieb Halifax: »Diese Unterbrechung kommt uns zustatten, uns wie den Franzosen, denn wir werden im Frühjahr erheblich stärker sein.« Er ignorierte das Ausmaß der deutschen Kriegsproduktion.

Im Januar 1940 führte der Bischof von Oslo ein langes Gespräch mit Göring, das er dem Foreign Office wortwörtlich meldete. Göring sagte ihm, »er würde den Frieden unbedingt dem Sieg vorziehen, aber er hätte sehr gern zuerst den Sieg«, und Deutschland werde Polen und die Tschechoslowakei niemals räumen. Die Unterredung zeigte an, daß Göring nun die Hoffnung auf einen Verhandlungsfrieden aufgegeben hatte. Dies war eine Enttäuschung für Halifax, der Baron Bunde im Vormonat mitgeteilt hatte: »Wenn es einen Mann gibt, der Frieden machen würde, dann wäre es wohl Göring.«[19]

Der einzige Hoffnungsschimmer war die Nachricht, daß die deutschen Generale Hitlers Befehlen, im Westen anzugreifen, nicht gehorchen wollten, aber Chamberlain und Halifax weigerten sich, fundierten Berichten zu glauben, daß Hitler darauf drängte, einen Blitzkrieg durch die Niederlande und Frankreich voranzutreiben. In Wahrheit waren der Premier und der Außenminister völlig ungeeignet für die Regierung in Kriegszeiten. Ihr vorrangiges Motiv bestand darin, jede Wiederholung des Gemetzels von 1914–18 zu vermeiden, und sie ließen zu, daß dieses Motiv ihre Politik und ihre Entscheidungen beherrschte. Leider waren sie allzulange fast allmächtig, da sie große Popularität in ihrer eigenen Partei genossen, die eine überwältigende Mehrheit im Unterhaus besaß; und auch die Labour-Partei billigte die Untätigkeit der Regierung im großen und ganzen, denn auch sie war der Meinung, daß eine Wirtschaftsblockade Deutschland in die Knie zwingen werde. Nur Hore-Belisha und Churchill brachten ihre Unzufriedenheit zum Ausdruck. Churchills tiefe Sorge über die träge Kriegführung ist in seinen Briefen an Halifax und andere nachdrücklich dokumentiert.

Chamberlain wie Halifax schenkten den prodeutschen Ansichten extrem rechtsgerichteter Kreise unverhältnismäßig hohe Aufmerksamkeit. Zu diesen gehörten Lord Brocket, ein nazifreundlicher Konservativer und enger Freund Chamberlains; der Herzog von Buccleuch, ein ehemaliger Tory-Hinterbänkler; der Marquis von Londonderry, der in Baldwins Kabinett als Luftwaffenminister gedient hatte; Lord Ponsonby, ebenfalls ein früherer Kabinettsminister der Tories; und der Graf von Darnley. Diese Clique hatte wenig Rückhalt bei den Wählern, aber sie übte starken Einfluß innerhalb der Konservativen Partei aus. Ihre Mitglieder deckten den Premier und den Außenminister mit langen Briefen ein, in denen sie betonten, wie übel Deutschland durch den Versailler Vertrag mitgespielt worden sei; sie plädierten für Friedensverhandlungen unter der Voraussetzung, daß Hitler den Großteil seiner Eroberungen behalten solle. Anstatt sie zu ignorieren, konsultierten Halifax und Chamberlain einander, bevor sie diese Briefe beantworteten. Colville bezeugt, daß Buccleuch häufig in der Downing Street anrief oder dort vorsprach, obwohl er selten zum Premierminister vordrang. Londonderry beschwerte sich in seinen Briefen an Halifax über Chamberlain, den er als »Verräter« bezeichnete, weil er Hitler keine großzügigen Friedensbedingungen anbieten wolle.[20]

Brocket schickte am 27. Januar 1940 einen langen handschriftlichen Brief an Chamberlain. Darin argumentierte er, daß »ein konstruktiver Frieden unsere Pflicht ist, bevor die Bombardierung und Zerstörung und das gute Wetter einsetzen«, und warnte vor der »beängstigenden Besteuerung, die ein langer Krieg erforderlich machen wird«. Auch könnten »ein Sieg über Deutschland und ein Diktatfrieden in jenem Land zum Bolschewismus führen, der nach Frankreich und Großbritannien übergreift«.

Brockets extreme Formulierungen hielten Chamberlain und Halifax nicht davon ab, Memoranden über den Brief auszutauschen. In seinem Vermerk an den Premier gab Halifax seine Einstellung zu erkennen: »Können wir der Göring-Sippschaft weitere Anreize für einen vernünftigen Frieden anbieten? ... Sondierungen über die Wiederherstellung Polens sind mit den deutschen Aktionen in Polen schwer in Einklang zu bringen.«

Immerhin endete Chamberlains ausführliche Antwort an Brocket mit entschiedenen Worten: »Ihr Brief ist ein Plädoyer für Frieden um jeden Preis ... Wenn wir bereit wären, jeden Preis zu zahlen, könnten wir vorübergehend Frieden erlangen. Aber es wäre nur vorübergehend. Ich bin nicht bereit, Bedingungen zu akzeptieren, unter denen wir genau das aufgeben würden, für dessen Erhaltung wir kämpfen.«

Buccleuch schrieb fast wöchentlich und erhielt stets wohlerwogene Antworten. In einem langen Schreiben an Chamberlain vom 9. Februar wies er zu Recht darauf hin, daß Großbritannien keine militärischen Pläne für einen Sieg an der Westfront habe und Deutschland nur aushungern könne; das Hauptziel der Deutschen sei auch keineswegs »Besiegt Großbritannien«. Der gleiche Tonfall war seinen zahlreichen Briefen an Halifax eigen, dem er am 20. Februar 1940 schrieb: »Unterliegen Sie nicht einem großen Irrtum, wenn Sie behaupten, daß die Polen fast hundertprozentig im Recht und die Deutschen hundertprozentig im Unrecht gewesen seien? Halb und halb wäre angemessen.«

Warum widmeten Chamberlain und Halifax diesen kriegsfeindlichen, rechten Tories soviel Aufmerksamkeit? Sie gaben sich stets Mühe, den Eindruck zu erwecken, daß die Argumente gegen den Krieg sorgfältig berücksichtigt würden und daß zwischen dem Standpunkt der Briefschreiber und dem der Regierung keine große Kluft bestehe.* Viele konservative Adlige und Abgeordnete hielten den Krieg für ungewinnbar und glaubten, Hitler könne immer noch beschwichtigt werden. Chamberlain vertrat den Standpunkt, daß die Wirtschaftsblockade letzten Endes erfolgreich sein werde und Großbritannien sich dann mit einer deutschen Regierung ohne Hitler einigen könne. Lord Bethell zufolge fürchtete die Regierung, durch Friedensbekundungen im Oberhaus in Verlegenheit gebracht zu werden. Wahrscheinlicher

* Etwa in Chamberlains Brief vom 14. November 1939 an Lord Darnley: »Es ist immer hilfreich, die Ansichten nachdenklicher Menschen zu kennen ... Wir stimmen in sehr vielem überein.« Er betonte allerdings, daß Großbritannien Garantien für die Einhaltung eines Abkommens durch Deutschland benötige.

ist, daß Chamberlain die Konservative Partei um jeden Preis zusammenhalten wollte, denn wenn es ihm gelang, einen Verhandlungsfrieden zu sichern, durch den große Teile Polens und der Tschechoslowakei verlorengingen, würde er erhebliche Mühe haben, das Parlament auf seine Seite zu ziehen.

Zum Glück für Chamberlain tat die Labour-Führung unter Attlee ihr möglichstes, um diese schwache Politik zu unterstützen; nur Lloyd George und die extrem linke Unabhängige Labour-Partei wandten sich gegen sie und forderten wie die extreme Rechte Friedensverhandlungen. Bei Nachwahlen erhielten die Unabhängige Labour-Partei und Oswald Mosleys Faschisten, die das extrem rechte, pronazistische Element in Großbritannien repräsentierten, mit ihrer Anti-Kriegsposition nur einen lächerlichen Stimmenanteil. Mosleys wirkungsvollstes Argument besagte, daß der Nation zunächst mitgeteilt worden sei, sie kämpfe zur Rettung Polens. Nun habe der Krieg jedoch das Ziel, den Hitlerismus zu vernichten, und Großbritannien solle sich nicht in die inneren Angelegenheiten eines anderen Landes einmischen. Mosley wurde erst im Mai 1940 interniert, und er erging sich nicht in landesverräterischen Aktivitäten.

Dagegen hatte Maule Ramsay, ein Tory-Abgeordneter und Hauptorganisator des Right Club, in Zusammenarbeit mit Tyler Kent, einem in der US-Botschaft beschäftigten Amerikaner, Landesverrat begangen. Man hatte Tyler Kents Büro mit Erlaubnis des amerikanischen Botschafters durchsucht und eine große Zahl belastender Dokumente gefunden, darunter ein versiegeltes Paket mit den Namen und Adressen der Mitglieder des Right Club. Die Ramsay-Papiere sind noch nicht vom Public Record Office freigegeben worden, weshalb sich nicht einschätzen läßt, wie viele frühere Appeasementpolitiker während des Sitzkriegs für Deutschland arbeiteten.[21]

Ein interessantes Indiz für Halifax' Einstellung zu den deutschen Friedenssondierungen läßt sich in einer bisher unbemerkten Niederschrift über die Bryans-Affäre des Jahres 1940 entdekken. Lonsdale Bryans, ein Abenteurer, wurde von Lord Brocket bezahlt, um Friedensgespräche mit allen Deutschen zu führen, die er in der Schweiz und in Rom finden konnte. Es gelang ihm, Kontakt zu Ulrich von Hassell herzustellen, dem früheren deutschen Botschafter, der in der geheimen, von General Beck geführten Oppositionsgruppe gegen die Nazis eine prominente Rolle spielte. Bryans brachte ein langes Memorandum über etwaige Friedensbedingungen zurück nach London. Darin hieß es, daß Deutschland eine Ausdehnung über die in Versailles festgelegten Grenzen gestattet werden müsse und daß Großbritannien und Frankreich sich zu verpflichten hätten, den Westwall während der durch eine Revolte bedingten militärischen Schwäche Deutschlands nicht anzugreifen. Bryans berichtete dem Foreign Office, die NSDAP sei gespalten, und wenn Göring Hitlers Amt übernehmen könne, würden er und die Generale zu einem vernünftigen Frieden bereit sein.

Halifax empfing Bryans am 8. Januar 1940 im Foreign Office und gab ihm folgende Antwort:

> Ich glaube, daß Göring kein geringerer Gangster ist als Hitler, aber wenn man sich Hitlers und seines Gefolges - Ribbentrops, Himmlers etc. - entledigen könnte und Deutschland seine Verfassung und seine Freiheit zurückerhielte, würde sich eindeutig eine neue Situation ergeben, in der ich persönlich dagegen wäre, den Vorteil einer Revolte durch einen Angriff auf den Westwall auszunutzen, vorausgesetzt, das neue Regime könnte uns von seinen ehrlichen Absichten überzeugen.

Brocket hatte Halifax angefleht, mit Bryans zu sprechen, und nach der Unterredung stattete das Schatzamt Bryans mit finanziellen Mitteln aus und gab ihm ein Visum, damit er sich von neuem mit Hassell in der Schweiz in Verbindung setzen könne. Seine weiteren Gespräche mit der deutschen Opposition wurden am 9. April von dem deutschen Einmarsch in Norwegen überholt.[22]

Die Aufzeichnung von Halifax über den Fall Bryans ist deshalb bedeutsam, weil sie bestätigt, daß er eine Absprache mit Göring nicht ausschloß und, vor allem, daß er bereit war zu verhandeln. Dies stand in deutlichem Gegensatz zu der britischen Politik gegenüber der deutschen Opposition, nachdem Churchill und Eden die Regierungsverantwortung übernommen hatten. Wenn diese flexible Haltung in den späteren Kriegsjahren vorgeherrscht hätte, als Hitler offensichtlich einer Niederlage entgegenging und die Opposition folglich stärker wurde, wäre der Krieg möglicherweise viel früher beendet worden.

Ähnliche Angebote wie Hassell machten Dr. Josef Müller über den Vatikan und Philip Conwell Evans, ein britischer Universitätslehrer mit umfassender Deutschlandkenntnis, der sich in der Schweiz mit Theodor Kordt traf und mit Chamberlains Genehmigung bestätigte, daß einem nichtnationalsozialistischen Deutschland günstige Friedensbedingungen angeboten werden würden. Diese Kontakte boten während des Sitzkriegs die letzte Chance eines Verhandlungsfriedens mit den Nazigegnern.

Am 12. Januar 1940 schrieb D'Arcy Osborne, der britische Gesandte am Heiligen Stuhl, der Papst sei von einem ungenannten Emissär* im Namen der deutschen Generale besucht worden, die Frieden schließen und Hitler stürzen wollten. Die Friedensbedingungen sollten die Wiederherstellung Polens und der Tschechoslowakei vorsehen, doch den Anschluß Österreichs unverändert lassen. Der Emissär habe auch berichtet, daß »eine große deutsche Offensive für Mitte Februar oder noch früher« vorbereitet werde. Osborne erklärte dem Papst, die ganze Sache sei »hoffnungslos vage«. Der offiziellen Geschichtsschreibung zufolge wurde der Vorschlag nicht an das Kriegskabinett weitergegeben, doch in Wirklichkeit wurde er in der Sitzung vom 17. Januar 1940 erörtert. Man informierte die französische Regierung, tat sonst aber nichts.

Am 7. Februar empfing der Papst Osborne von neuem und sagte, man habe nun einen Plan an ihn herangetragen, Hitler durch eine »demokratische, konservative und gemäßigte Regierung, die dezentralisiert und föderativ« sei, zu ersetzen. Das Rheinland und Westfalen würden mit Preußen vereint bleiben; Öster-

* Gemeint ist Dr. Josef Müller, der nach dem Krieg bayrischer Justizminister wurde.

reich werde dem Bundesstaat angehören, doch Polen und die nichtdeutsche Tschechoslowakei sollten unabhängig sein. Die neue Regierung werde versuchen, Friedensverhandlungen aufzunehmen, und man habe den Papst gefragt, ob Großbritannien diese Pläne als Verhandlungsgrundlage akzeptieren könne.

Osborne wurde angewiesen zu erwidern, daß der Vorschlag einer dezentralisierten und föderativen Regierung interessant sei; es würde »nützlich« sein, wenn die Verschwörer dies »konkretisieren« könnten. Allerdings vertrete Großbritannien den Standpunkt, daß Österreich selbst zu entscheiden habe, ob es dem neuen Staat angehören wolle.

Deutsche Autoren der Nachkriegszeit, die sich mit dem Thema des Widerstandes beschäftigten, schenkten diesem Angebot viel Beachtung. Professor Ritter schrieb, die Opposition sei »zuversichtlich« gewesen, daß die Heeresleitung einen erfolgreichen Staatsstreich durchführen könne, und diese Zuversicht wiederum habe die Erwartungen in London erhöht; als sie sich nicht bestätigten, hätten die Verschwörer »an Kredit verloren«. Die britischen Archive zeigen jedoch, daß man das Angebot in Whitehall weniger ernst nahm.[23]

Ein weiterer enthüllender Beleg für Chamberlains Einstellung zu einem sanften Frieden während des Sitzkriegs ist in der Aufzeichnung seines Gesprächs mit dem US-Diplomaten und Staatssekretär Sumner Welles zu finden. Welles war Anfang 1940 von Roosevelt nach Berlin, Paris und London entsandt worden, um die Möglichkeit einer durch Vermittlung herbeigeführten Regelung zu erkunden. Am 13. März 1940 konferierten Chamberlain und Halifax mit Welles und dem US-Botschafter Joseph Kennedy. Welles fragte den Premier, ob er mit dem gegenwärtigen deutschen Regime verhandeln wolle, wenn befriedigende Lösungen für Polen und die Tschechoslowakei gefunden werden könnten. Zuerst antwortete Chamberlain, er sei nicht in der Lage, mit Hitler zu sprechen, schränkte dies jedoch rasch durch den Zusatz ein, es sei ganz wesentlich, daß eine Regelung »von Hitler nicht so dargestellt werden dürfe, als sei er ungestraft davongekommen«. Später widersprach er sich: »Wenn es eine völlige Umkehrung von Hitlers Politik gäbe und die Freiheit des deutschen Volkes von der Gestapo gesichert wäre, dann hätten wir kein Recht, eine Diskussion abzulehnen. Aber das wäre ein Wunder.« Er fuhr fort: »Wir könnten uns mit keiner Regelung zufriedengeben, aus der nicht klar hervorgeht, daß die Politik von Herrn Hitler ein Fehlschlag war.« Aber es werde keine Probleme bereiten, Deutschland eine wirtschaftliche Vorzugsposition in seinen Nachbarländern zu verschaffen. Halifax bemerkte, Großbritannien werde einen Beweis für die deutsche Kooperation in Europa benötigen, entweder im Rahmen des Völkerbunds oder einer anderen Organisation.[24]

In einem Brief an seine Schwester Hilda schrieb Chamberlain am 14. März, Welles sei »ein Amerikaner des besten Typs«; es habe ihm sehr geschmeichelt, von Welles zu hören, daß Roosevelt ihn zutiefst bewundere und sie »einander glänzend verstehen würden«.* Weiter schrieb er, die Amerikaner sähen ein, daß Hitler, wenn »er nicht überhaupt verschwände, das meiste von dem aufgeben müsse, was der Nazismus repräsentiert«. Er glaube, daß die Aussichten dafür eins zu zehntausend stünden, aber die Art und Weise, in der Hitler mit Welles gesprochen habe, »scheint mir einen heimlichen Mangel an Selbstvertrauen im Grunde seiner Psyche anzudeuten«. Chamberlain hatte immer noch viel über den wahren Charakter seines Gegners zu lernen.

Bei dieser Einstellung Chamberlains wären die Briten Hitler entgegengekommen, wenn er im Frühjahr 1940 Frieden gewollt hätte. Trotz seiner Erfahrung mit München hatte Chamberlain im August 1939 unbedingt ein Abkommen mit Hitler über die Abtretung Danzigs und des Korridors treffen wollen, und er hätte während der ersten acht Kriegsmonate Friedensbedingungen, die einem »Rumpf-Polen« eine gewisse Unabhängigkeit zurückgaben, positiv aufgenommen. Doch nun war Hitler, von seinem militärischen Erfolg in Polen berauscht, nicht mehr an Frieden interessiert. Göring und die meisten Generale, darunter einige

* Chamberlain und Roosevelt begegneten einander nie, aber der Präsident schickte im September 1938 eine herzliche Einladung zu einem Amerikabesuch - die der Premierminister sehr gern angenommen hätte.

Anhänger des Nationalsozialismus, wollten den Krieg beenden, hatten jedoch nicht genug Macht. Schon bald, nach weiteren militärischen Erfolgen in Norwegen und Frankreich, sollte jede Aussicht auf einen innerdeutschen Schlag gegen Hitler noch mehr in die Ferne rücken. Erst als der Rußland- und der Nordafrikafeldzug mißlangen, gab es eine begründete Chance, Hitler zu stürzen.

Chamberlains Ansicht, daß man mit Hitler oder seinem Nachfolger Friedensverhandlungen aufnehmen könne, sobald die Wirtschaftsblockade Wirkung zeige, erwies sich als katastrophal für die Kriegsbemühungen. Jedes Gefühl der Dringlichkeit fehlte, die Bürokratie uferte aus, und mit jedem Monat wurde Deutschland, verglichen mit den Alliierten, stärker, was Panzer, Flugzeuge und die sonstige Rüstung betraf.

Im März 1940 traf Lord Beaverbrook, der sich der Unschlüssigkeit des Premiers und des Außenministers vollauf bewußt war, die Entscheidung, seinen Einfluß für die Forderung nach einem Verhandlungsfrieden mit Hitler geltend zu machen. Bereits zuvor war Lord Tavistock, der Vorsitzende des British Council for Christian Settlement, im Zusammenhang mit der Veröffentlichung einer Broschüre über die Friedensbedingungen an Beaverbrook herangetreten. In der Broschüre wurden die Konditionen beschrieben, denen die deutsche Regierung, wie es (von seiten der deutschen Botschaft in Dublin) hieß, zustimmen würde. Bei jener Gelegenheit hatte Beaverbrook sich heftig von solchen Hoffnungen distanziert, aber als der Labour-Abgeordnete Richard Stokes im Januar 1940 eine überzeugend formulierte Schrift veröffentlichte, in der er einen Verhandlungsfrieden befürwortete, ließ Beaverbrook ihn wissen, wie sehr er mit ihm übereinstimme. Er versprach, daß der *Express* den vollen Wortlaut bringen werde, wenn Stokes auf dem Labour-Parteitag im Mai eine Rede dieses Tenors vortragen würde.

Dem Archiv des Foreign Office zufolge notierte William Ridsdale, der in der Presseabteilung arbeitete, am 11. März 1940 für Jebb:

Ich habe heute von einem verläßlichen Journalisten gehört, daß Lord Beaverbrook beabsichtigt, in diesem Land eine Kampagne für einen raschen Kompromißfrieden zu fördern und zu finanzieren. Zu diesem Zweck gab er ein Essen für drei Abgeordnete der Unabhängigen Labour-Partei, nämlich McGovern, Jim Maxton und Campbell Stephen. Dabei soll er mit ihnen über eine landesweite Kampagne diskutiert haben, für die er das Geld bereitstellen würde. Beaverbrook scheint den Eindruck zu haben, daß es im Lande eine weitverbreitete Neigung zu einem Verhandlungsfrieden gibt, vorausgesetzt, in der deutschen Regierung vollzieht sich ein gewisser Wechsel, zum Beispiel durch die Machtübernahme Görings, und ein Vorschlag zu Polen und der Tschechoslowakei wird vorgelegt, der eine Verhandlungsgrundlage bilden könnte.
Mein Gewährsmann ist der Ansicht, daß Beaverbrook im Einklang mit gewissen anderen Interessen des großen Geldes handelt.

Charles Peake, Berater von Halifax im Foreign Office, fügte hinzu:

Ja, ich habe die Bestätigung aus einer glaubwürdigen Quelle. Mr. Kingsley Martin, Herausgeber des *New Statesman* und nicht zur Lieblosigkeit gegen die Linke neigend, sagte mir, er sei ernstlich beunruhigt darüber, in welchem Ausmaß linke und rechte Pazifisten gemeinsame Sache machten und, seiner Meinung nach, stetige Fortschritte erzielten. Er beschrieb Mr. McGovern als »unehrlich und korrupt«.

Und auch Vansittart meldete sich zu Wort:

Lord Beaverbrook hat dies bereits in Frankreich ausprobiert und damit einige heftige und wütende Proteste verursacht, die mir brieflich zugingen. Ich habe versucht, diese berechtigterweise stark verstörten Geister zu beruhigen, indem ich ihnen riet, diesem Krämer nicht allzuviel Bedeutung zuzumessen. Aber ich kann es nicht so leicht aus meinen eigenen

> Gedanken verbannen. Natürlich habe ich, wie Mr. Ridsdale und Mr. Peake, eine verläßliche Bestätigung. Es ist ja schon im voraus ein offenes Geheimnis. Lord Beaverbrook ist ein Kumpel von Mr. Kennedy [dem amerikanischen Botschafter in London] ... Wenn er so weitermacht, wird er eine Menge Schaden 1. hier, 2. in Frankreich, 3. in den USA anrichten, wo man uns ohnehin erhebliches Mißtrauen entgegenbringt, und 4. wird er ein großes Geschenk für die deutsche Propaganda sein. Deshalb sollte er gestoppt werden. Der Premier und Lord Halifax sollten ihn gemeinsam zu sich kommen lassen und ihn auffordern, die Sache sowohl aus Patriotismus als auch aus Vernunftgründen einzustellen, denn der Frieden, der ihm vorschwebt, würde unweigerlich dazu führen, daß uns allen in ein, zwei Jahren die Kehle durchgeschnitten wird.[25]

Halifax hielt nichts von Vansittarts Vorschlag, daß der Premierminister und er ein offenes Gespräch mit Beaverbrook führen sollten. Er notierte, daß Churchill sich am besten dazu eigne, mit Beaverbrook zu reden, doch dabei beließ er es. Halifax' eigene Einstellung kam der Beaverbrooks unangenehm nahe, und er wollte nicht in eine Auseinandersetzung mit Churchill über einen Verhandlungsfrieden, den dieser heftig ablehnte, hineingezogen werden. Churchill, in Unkenntnis gelassen, sollte Beaverbrook am 12. Mai zum Minister für Flugzeugproduktion ernennen. Hätte er von Beaverbrooks Flirt mit der Unabhängigen Labour-Partei und einem Verhandlungsfrieden gewußt, dürfte er eine solche Ernennung kaum ausgesprochen haben.

Am 10. Mai 1940, als bereits deutlich war, daß der britische Feldzug in Norwegen katastrophal verlief, besetzte Hitler die Niederlande. Chamberlain trat zurück, und Churchill übernahm das Amt des Premierministers. Um ein Haar wäre Halifax anstelle Churchills Premier geworden. In diesem Fall hätte die Regierung unzweifelhaft einen Kompromißfrieden mit Hitler geschlossen, wie die Sitzungsberichte des Kriegskabinetts auf dramatische Weise belegen.

Am 27. Mai schrieb der amerikanische Botschafter Joseph Kennedy einen aufschlußreichen Bericht: Wenn die Deutschen Großbritannien und Frankreich ein Friedensangebot machten, würde es im Kabinett einen Konflikt zwischen der »aufs Ganze gehenden« Gruppe und derjenigen geben, »die ein Übereinkommen will«. Kennedy glaubte zwar, daß Churchill und Attlee fest bleiben würden, aber andere seien der Meinung, daß »die physische Vernichtung von Menschen und Eigentum in England schwerer zu ertragen sei als ein Verlust an Stolz«. Halifax habe ihm bereits am 16. Mai gesagt, England werde vermutlich nicht allein weiterkämpfen, falls die Franzosen zusammenbrechen würden; nichts aber könne sie »von einer absoluten Niederlage retten, es sei denn der Präsident mit irgendeinem Geniestreich und Gottes Segen«.[26]

Die konservativen Abgeordneten waren mit überwältigender Mehrheit für Halifax als Premierminister, und er hielt sich bereit. Am 10. Mai war Churchill in der Downing Street, und Chamberlain fragte ihn nach seiner Meinung darüber, ob ein Mitglied des Hochadels Premierminister sein könne. Hätte Churchill bejaht, wäre Halifax Premier geworden. Doch Churchill trat, wie der Autor von Colville erfuhr, ans Fenster, blickte hinaus und weigerte sich zu antworten.

Die Führung der Labour Party unter Attlee war nicht gewillt, unter Halifax zu dienen, und damit in diesem Krisenmoment eine Nationale Regierung gebildet werden konnte, stimmten die Tory-Minister, Halifax eingeschlossen, widerwillig der Ernennung Churchills zum Premier zu. Auch dann sollte es noch Churchills ganze Entschlossenheit fordern, in den ersten Wochen seiner Regierungstätigkeit eine Kapitulation vor Hitler zu verhindern.

Churchills Kriegskabinett hatte fünf Mitglieder: Halifax blieb Außenminister; Chamberlain war Präsident des Geheimen Staatsrats, Attlee Lordsiegelbewahrer und Greenwood Minister ohne Geschäftsbereich. Daneben gab es »regelmäßig Anwesende«, nämlich Eden (Heeresministerium), Sinclair (Luftwaffenministerium und Führer der Liberalen Partei) und Duff Cooper (Information).

Am 25. Mai war Frankreich hoffnungslos geschlagen. Weygands Verteidigungslinie an der Somme war durchstoßen worden;

es gab keine Möglichkeit einer Gegenoffensive, deutsche Panzer rollten über Frankreich hinweg, und die britischen Expeditionsstreitkräfte zogen sich nach Dünkirchen zurück. Im französischen Kriegsausschuß in Paris wurde am 25. Mai auf Vorschlag Weygands die Frage eines Waffenstillstandes erörtert. Am nächsten Tag begab sich der französische Ministerpräsident Reynaud nach London - nicht, um seinen Verbündeten offiziell um die Genehmigung zur Kapitulation zu bitten, sondern vorgeblich, um die Unterstützung der Briten »für Konzessionen an Mussolini mit dem Ziel, Italien aus dem Krieg herauszuhalten« zu erlangen und die Möglichkeit einer italienischen Vermittlung zu Hitler zu ergründen.

Bei seinem ersten Treffen mit Churchill - zum Lunch am 26. Mai - sprach Reynaud eine mögliche Einstellung der Kampfhandlungen an. Er stieß auf schroffe Ablehnung. Churchill sagte, Frankreich müsse weiter Krieg führen. Am selben Morgen hatte er einen deprimierenden Bericht der britischen Generalstabschefs über die Lage erhalten, die nach einem Rückzug Frankreichs aus dem Krieg entstehen würde. Er enthielt seinem Kriegskabinett diesen Bericht vor, da er sich Sorgen über die Wirkung machte, die das Papier auf seine zum Appeasement neigenden Kollegen Halifax und Chamberlain haben könnte.

Das britische Kabinett hatte bereits vor der Ankunft Reynauds getagt. Churchill hatte erklärt, er »bezweifle, daß eine Annäherung an Italien irgendein Ergebnis haben würde«, aber man könne sich darüber unterhalten, sobald Halifax über sein Gespräch vom Vortag mit dem italienischen Botschafter Bastiani Bericht erstattet habe.[27]

Am 24. Mai hatte das Kriegskabinett Halifax zu der Erklärung autorisiert, daß Großbritannien, wenn Italien neutral bleibe, vernünftige italienische Ansprüche bei der Friedenskonferenz berücksichtigen wolle, an der Italien »gleichberechtigt mit den kriegführenden Staaten« teilnehmen könne. Halifax' Unterredung mit Bastiani läßt sich nur als Versuch beschreiben, Italien zur Nichtteilnahme am Krieg zu bestechen und gleichzeitig Mussolini zu bedrängen, damit er Hitler zu einer Friedenskonferenz überredete. Halifax ging weiter, als Churchill beabsichtigte, und ließ den italienischen Botschafter wissen, daß »die Alliierten bereit seien, alle Vorschläge in Betracht zu ziehen, die zum Frieden führen könnten«. Großbritannien könne Italien vielleicht Gibraltar, Malta und Suez überlassen; Frankreich könne ihm Dschibuti und Tunis opfern. Halifax und die Franzosen wollten diese Besitzungen internationaler Kontrolle unterwerfen, was in der Praxis eine Übergabe an Italien bedeutet hätte.

Am Nachmittag des 26. Mai empfing Halifax den französischen Ministerpräsidenten zusammen mit Churchill und gab Reynaud zu verstehen, wenn Italien an einem Frieden mitarbeite, der die Unabhängigkeit Frankreichs und Großbritanniens sichere, würden die Alliierten über alle Ansprüche Italiens im Mittelmeer verhandeln, insbesondere über »die Ausgänge aus diesem Meer«. Churchill widersprach nicht. Nach Paris zurückgekehrt, berichtete Reynaud: »Halifax stimmte zu, aber Churchill verschanzte sich hinter dem Kriegskabinett.« Am 26. Mai bereitete das Schicksal der britischen Expeditionsstreitkräfte im eingeschlossenen Dünkirchen Churchill solche Sorgen, daß er für Verhandlungen mit Hitler so anfällig wie nie war. Als jedoch immer mehr Soldaten sicher nach England zurückkehrten, wurde er wieder optimistischer und lehnte jedwede Verhandlungen ab.

Die wahrscheinlich schicksalhaftesten Kabinettssitzungen des Jahrhunderts fanden nach Reynauds Abreise am 27. und 28. Mai in London statt. Alles wurde von den prekären Umständen überschattet, in denen sich die britischen Expeditionsstreitkräfte befanden. Am 27. Mai verzeichnete Cadogan: »Ich habe nun, da Belgien kapituliert hat, keine Hoffnung für mehr als einen winzigen Bruchteil von ihnen.« Diese Meinung war in Whitehall weithin verbreitet.

Im Kabinett vertrat Halifax den Standpunkt, daß Mussolini alarmiert über Hitlers »Macht« sei und daß die britische Regierung, wie die Franzosen vorschlügen, an ihn herantreten solle. Chamberlain stimmte Halifax zu, der sich gegen Churchill mit den Worten verteidigte: »Wenn wir den Punkt erreichten, an dem wir über ein allgemeines Abkommen sprechen und Bedingungen erzielen könnten, die nicht die Zerstörung unserer Unabhängigkeit bedeuten, wären wir dumm, sie nicht zu akzeptieren.« Churchill wurde überstimmt, und man schickte ein Telegramm nach Paris, um zu bestätigen, daß mit Hilfe des Präsidenten der Vereinigten Staaten ein Annäherungsversuch an Mussolini gemacht werden solle.

Bei einer zweiten Sitzung am 27. Mai erhielt das Kriegskabinett die bedrückende Nachricht, daß Stanley Bruce, der australische Hochkommissar in London, defätistisch geworden war und erklärt hatte, Großbritannien müsse Roosevelt und Mussolini mobilisieren, bevor Paris erobert sei. Chamberlain wollte den Dominions mitteilen, daß »wir weiterkämpfen sollten«, doch mit der Einschränkung: »Wenn uns Friedensbedingungen angeboten würden, sollten wir sie im Rahmen der Umstände berücksichtigen.«

Churchill hatte nur Spott für eine Annäherung an Mussolini übrig: Großbritannien könne seine Schwierigkeiten nicht dadurch überwinden, daß es Italien im Mittelmeer Konzessionen mache und Deutschland seine Kolonien zurückgebe; alle von Hitler angebotenen Friedensbedingungen würden Großbritannien daran hindern, die Wiederaufrüstung fortzusetzen. Man habe keine andere Wahl, als Hitler zu zeigen, daß »er dieses Land nicht besiegen kann«. Churchills Meinung war: »Selbst wenn wir geschlagen werden, kann es uns nicht schlimmer ergehen, als wenn wir jetzt den Kampf aufgeben.« Doch um Halifax und Chamberlain entgegenzukommen, erklärte er sich mit der Herstellung von Kontakten zu Mussolini einverstanden, obwohl er von Mussolini vermittelte Gespräche mit Hitler für sinnlos hielt. Nichtsdestoweniger müsse Großbritannien seinem Verbündeten Frankreich bei dem Versuch helfen, Italien aus dem Krieg herauszuhalten.

Halifax verkündete nun, es gebe »tiefe Meinungsverschiedenheiten« zwischen ihm und dem Premierminister. Eine Kontaktaufnahme mit Mussolini habe nichts mit einem Ersuchen um Friedensbedingungen zu tun, das nach Meinung des Premiers zu einer Katastrophe führen müsse. Am Vortag sei Churchill bereit gewesen, über Friedensbedingungen zu diskutieren, »vorausgesetzt, für unsere Unabhängigkeit lebenswichtige Interessen blieben unberührt«; auch habe der Premierminister eingeräumt, daß »wir dankbar sein sollten, wenn wir aus unseren gegenwärtigen Schwierigkeiten herauskämen, selbst auf Kosten von Gebietsabtretungen«. Nun jedoch wolle Churchill nichts anderes als »den Kampf bis zum bitteren Ende«. Er selbst, Halifax, dagegen meinte, solange die Unabhängigkeit des Landes nicht auf dem Spiel stehe, sei es richtig, ein Angebot zu akzeptieren, »das unser Land vor unvermeidlichem Unheil rettet«. Der Premierminister erboste ihn durch den Vorwurf, seine Worte seien »irreal«. Der aufgebrachte Halifax entgegnete: »Angenommen, die französische Armee bräche zusammen und Hitler machte uns ein Friedensangebot, wäre der Premierminister bereit, über Hitlers Bedingungen zu sprechen?« Churchill antwortete, er werde nicht um Friedensbedingungen nachsuchen, aber wenn man sie ihm anbiete, werde er gewillt sein, sich mit ihnen auseinanderzusetzen.

Zu keinem Zeitpunkt kam Churchill dem Eingeständnis näher, daß er die Kapitulation in Erwägung zog. Ihn trennten immer noch Welten von Halifax und Chamberlain, aber zum Glück für ihn wurde er von Attlee und Greenwood unterstützt. Halifax stand kurz vor dem Rücktritt, was angesichts der Popularität des Außenministers innerhalb der Konservativen Partei eine politische Katastrophe für Churchill hätte sein können. Der Außenminister schrieb in sein Tagebuch: »Winston redete den allergrößten Unsinn, ebenso wie Greenwood, und nachdem ich mir alles eine Zeitlang angehört hatte, sagte ich ganz offen, was ich von ihnen hielt. Ich fügte hinzu, wenn dies wirklich ihre Meinung sei, dann müßten sich unsere Wege notfalls eben trennen.« Die Diskussion war anscheinend viel bitterer, als das offizielle Protokoll anzeigt.

Nach der zweiten Kabinettssitzung am 27. Mai sagte Halifax zu Cadogan: »Ich kann nicht mehr mit Winston zusammenarbeiten.« Cadogan antwortete: »Machen Sie keine Dummheit«, und empfahl ihm dringend, sich zunächst »mit Neville zu beraten«. Dies macht deutlich, wie nahe Halifax einem Rücktritt war; dabei muß auf des Messers Schneide gestanden haben, ob er oder Churchill sich durchsetzen würde. Hätte Halifax den Sieg davongetragen, wäre die europäische Geschichte radikal anders verlaufen. Halifax war unzweifelhaft zu einer Friedenskonferenz mit Hitler bereit.[28]

Am nächsten Tag, dem 28. Mai, trat das Kriegskabinett um 16.30 Uhr zusammen. Chamberlain und Halifax wiederholten, sie seien dafür, durch Mussolini mit Hitler Kontakt aufzunehmen und eine Konferenz einzuleiten. Halifax sagte, wenn Mussolini die Rolle des Vermittlers spielen wolle und für Bedingungen sorgen könne, die die britische Unabhängigkeit nicht beeinträchtigen würde, solle die Regierung sich darauf einlassen: »Wir könnten heute bessere Bedingungen erhalten als vielleicht in drei Monaten, wenn Frankreich sich aus dem Krieg zurückgezogen hat und unsere Flugzeugfabriken bombardiert worden sind.«

Churchill wollte nichts davon hören. Er erwiderte, daß Reynaud Großbritannien an einen Konferenztisch mit Hitler bringen wolle, doch wenn dies geschähe, »würden wir merken, daß Hitlers Bedingungen unsere Unabhängigkeit und Integrität verletzen, und wenn wir dann vom Konferenztisch aufstehen, würden wir merken, daß unsere Entschlossenheit zur Bekämpfung Hitlers verschwunden ist«. Chamberlain und die Labour-Minister neigten dazu, Churchill zuzustimmen; Halifax war isoliert und dürfte wiederum dem Rücktritt sehr nahe gewesen sein.

Während einer Sitzungspause zwischen 17.15 Uhr und 19 Uhr kam Churchill in seinem Büro im Unterhaus mit den anderen Ministern von Kabinettsrang außerhalb seines Kriegskabinetts zusammen. Er teilte ihnen mit: »Ich habe gründlich darüber nachgedacht, ob ich mich auf Verhandlungen mit diesem Mann einlassen sollte. Aber ich bin überzeugt, daß jeder von Ihnen sich erheben und mich von meinem Platz zerren würde, wenn ich auch nur für einen Moment Gespräche oder gar die Kapitulation ins Auge faßte.« Laut Hugh Dalton »ertönten laute Rufe der Zustimmung, und niemand meldete auch nur den geringsten Widerspruch an«.[29] Gestärkt durch diese enthusiastische Unterstützung, erklärte Churchill dem Kriegskabinett an jenem Abend, daß die anderen Kabinettskollegen größte Befriedigung über die von ihm angestrebte Fortsetzung des Kampfes hätten erkennen lassen. Halifax wurde überstimmt, und das Kriegskabinett beschloß,

Reynaud telegraphisch mitzuteilen, dies sei nicht »der richtige Moment, an den italienischen Diktator heranzutreten«.

Sobald deutlich wurde, daß die Mehrheit der britischen Expeditionsstreitkräfte in Sicherheit war, wollte Churchill nicht mehr über ein Friedensangebot reden. Aus Südafrika ließ sich auch General Smuts mit einem Telegramm vernehmen, in dem es hieß, daß »wir allein kämpfen müssen«. Es sollte von nun an keinerlei Verhandlungen mit Hitler mehr geben. Der Außenminister hatte sein Pulver bei dem Versuch verschossen, den Krieg zu den Bedingungen Hitlers und Mussolinis zu beenden.

Überraschenderweise bot Churchill Lloyd George, der Friedensverhandlungen wünschte, am 28. Mai und wiederum am 19. Juni einen Platz in seinem Kriegskabinett an. Laut Halifax' Tagebuch beabsichtigte der Premier, sich von Lloyd George eine Zusicherung geben zu lassen, daß dieser niemals Friedensbedingungen akzeptieren würde, die »verderblich für unsere Unabhängigkeit wären«. Eine andere Möglichkeit ist, daß Churchill fürchtete, nach einem Triumph Hitlers aus dem Amt getrieben zu werden, weshalb er eine geordnete Machtübergabe an jene vorbereiten wollte, die sich um eine Verhandlungslösung bemühen würden.

Zwei Tage lang hing das Schicksal Europas in der Schwebe, während das Kriegskabinett debattierte. Wir werden nie erfahren, wie nahe Halifax und Chamberlain daran waren, sich durchzusetzen. Wären die britischen Expeditionsstreitkräfte nicht mit geringeren Verlusten als erwartet aus Dünkirchen zurückgekehrt, hätte das Ergebnis ganz anders aussehen können. Die Protokolle geben die Entwicklung nicht vollständig wieder, aber man erhält einen gewissen Aufschluß über die Dramatik der Ereignisse und die Gräben im Kabinett. Nachdem Churchill diese Kabinettsprotokolle gelesen hatte, ordnete er für die Zukunft eine weniger umfassende Aufzeichnung der Gespräche an. In den restlichen Kriegsjahren enthüllen die Kabinettsprotokolle keine weiteren Auseinandersetzungen.

Die Appeasementbewegung flackerte durch eine Episode, die Halifax und den damaligen Staatssekretär Rab Butler betraf, noch einmal kurz auf. Folgendes geschah: Butler spazierte am 17. Juni durch den St. James's Park, als er Björn Prytz, dem geachteten schwedischen Gesandten in London, begegnete. Der Staatssekretär nahm Prytz mit ins Foreign Office und führte mit ihm ein langes, vertrauliches Gespräch über den wahrscheinlichen Ausgang des Krieges. Alle britischen Diplomaten jener Zeit, die der Autor konsultiert hat, bezeugen, daß Prytz überaus ehrlich und zuverlässig war. Am 7. September 1965 gab er in einer Rundfunksendung die vollständigen Einzelheiten jener Unterredung mit Butler wieder, und 1984 wurde seine Depesche nach Stockholm vom 17. Juni 1940 zum erstenmal in einem Buch über Schwedens Außenpolitik im Zweiten Weltkrieg veröffentlicht.[30]

Prytz meldete, Butler habe ihm gesagt, daß »keine Gelegenheit zum Kompromiß versäumt wird, sofern man sich auf vernünftige Bedingungen einigen kann«. Während des Gesprächs wurde Butler zu Halifax gerufen, der Prytz die Botschaft überbringen ließ, daß »gesunder Menschenverstand und nicht Unbesonnenheit die Politik der englischen Regierung bestimmen würden«; Halifax wisse, daß Prytz diese Haltung willkommen sein werde, aber sie dürfe nicht als »Frieden um jeden Preis« interpretiert werden. Prytz schrieb in seinem Bericht nach Stockholm, in Gesprächen mit Abgeordneten lasse sich die Hoffnung erkennen, daß sich nach der Geheimsitzung des Unterhauses am 28. Juni eine Gelegenheit zu Verhandlungen mit Deutschland bieten werde; in einem solchen Fall sei zu erwarten, daß Halifax das Amt des Premierministers von Churchill übernehmen werde. Am 17. Juni waren Halifax und Butler immer noch defätistisch, und viele konservative Abgeordnete rechneten mit dem Sturz Churchills. Aber im Laufe des Monats stärkte der Premier seinen Einfluß auf das Parlament und die Nation.

Prytz gab Butlers Ansichten in gutem Glauben nach Stockholm weiter und kommentierte, Großbritannien werde den Krieg nur fortsetzen, »wenn es eines letztlichen Sieges sicher sei«. Sein Bericht wurde im schwedischen Außenpolitischen Ausschuß, der auf Geheimhaltung verpflichtet war, erörtert. Schweden legte großen Wert darauf, daß der Krieg beendet wurde, denn Deutschland hatte plötzlich schroffe Forderungen nach Transitrechten für Truppen und Material durch schwedisches Gebiet erhoben.

Die Mitglieder des Außenpolitischen Ausschusses ließen die Nachricht sofort an die Presse durchsickern, und der Stockholmer Korrespondent des *News Chronicle* teilte seiner Zeitung am 20. Juni mit, Butler habe erklärt, daß Großbritannien nur dann weiterkämpfen werde, wenn es sich des Sieges sicher sein könne. Darauf wurde Ribbentrop aufmerksam und erkundigte sich über Marcus Wallenberg bei Victor Mallet, dem britischen Gesandten in Stockholm, ob die Briten zu verhandeln wünschten. Mallet meldete die Enthüllung und den Kern von Butlers Aussagen nach London und wurde angewiesen, Wallenberg zu informieren, daß man nicht verhandeln wolle.

Am 19. Juni sprach Mallet mit dem schwedischen Außenminister, der ihn fragte, ob Butlers Ansichten geheimgehalten werden sollten. Mallet unterrichtete London. Daraufhin traf Butler sofort mit Prytz zusammen und warf ihm vor, er sei nicht bevollmächtigt gewesen, über die Unterredung vom 17. Juni zu berichten. Prytz erwiderte, daß seiner Meinung nach Interessengruppen in Schweden bemüht seien, böses Blut zu machen. Dann telegraphierte er an seine Regierung, daß sein Bericht nicht als Wiedergabe der Ansichten von Halifax und Butler betrachtet werden solle; er fügte die Einschränkung hinzu, daß »die Haltung der Regierung Seiner Majestät sich vor der Geheimsitzung noch nicht herauskristallisiert habe«. Butler teilte Mallet mit, daß »keine Andeutung« beabsichtigt gewesen sei und Prytz die Bedeutung einer »höflichen Botschaft« von Lord Halifax übertrieben habe.

Churchill las die Telegramme und war sehr verärgert – besonders, da er seine Minister nachdrücklich angewiesen hatte, stets unbegrenztes Selbstvertrauen zu zeigen. Er schrieb am 26. Juni an Halifax, um sich über Butlers »merkwürdige Sprache« und den Eindruck von Lauheit und Defätismus zu beklagen. Butler muß kurz davor gestanden haben, seinen Regierungsposten zu verlieren, aber er bestritt am selben Tag in einem handschriftlichen Brief an Halifax, Prytz einen derartigen Eindruck vermittelt zu haben. Hier ein Auszug aus einem wenig überzeugenden Brief:

Sehr geehrter Herr Minister,
vielen Dank dafür, daß Sie mir den Brief des Premierministers über mein Gespräch mit dem schwedischen Gesandten am 17. Juni gezeigt haben. Ich bin sicher, daß der Gesandte Prytz keinen »Eindruck von Defätismus« erhielt, und ich weiß, daß er Ihnen gern seinen eigenen Eindruck mitteilen würde, wenn Sie darauf Wert legen, ihn zu empfangen ...
Sie mögen fragen, weshalb eine Unterredung mit einem ausländischen Repräsentanten überhaupt in diese Richtung ging und weshalb ich gesagt haben soll, daß »gesunder Menschenverstand und nicht Unbesonnenheit unsere Politik bestimmen würden«. Bei einem Treffen mit mir hat der schwedische Gesandte seitdem bestätigt, das Gespräch durch die Bemerkung eröffnet zu haben, daß eine erfolgreiche Diplomatie nun, da Großbritannien in der Fortführung des Krieges allein gelassen werde, notwendiger als je sei. Wir gingen auf die vielen Bemühungen ein, unsere Position auf internationalem Gebiet zu verbessern, und der Gesandte Prytz machte recht deutlich, daß ein Ende des Krieges im Interesse der Neutralen sei. Ich erinnerte ihn daran, daß wir, wenn wir verhandeln wollten, dies aus einer Position der Stärke tun müßten und daß man Gewalt mit Gewalt zu begegnen habe. Dagegen hatte er keine Einwände, und er hat mir seitdem zugestimmt, daß diese Darstellung unseres Gespräches korrekt ist.
Möglicherweise hätte ich überhaupt kein Gespräch mit dem Gesandten Prytz über das Thema einer letztlichen Regelung führen sollen. Aber ich bin überzeugt, daß ich nichts Definitives oder Spezifisches oder sonst etwas gesagt habe, von dem ich mich nun zu distanzieren hätte. Gewöhnlich bin ich vorsichtig, wenn es darum geht, den Hinweisen ausländischer Repräsentanten zu folgen. Ich sehe ein, daß ich in diesem Falle noch vorsichtiger hätte sein sollen, und bitte um Entschuldigung.
Ich überlasse mich nun ganz Ihrem Urteil ...
Meiner Meinung nach hat man mich in ein falsches Licht gesetzt, aber ich habe volles Verständnis für die Nachfrage des Premierministers.

Unter den Umständen erwarte ich Ihre Entscheidung und die des Premierministers, nachdem Sie diesen Brief gelesen und weitere Erkundigungen eingezogen haben.
Stets der Ihre,
R. BUTLER

Halifax schrieb an Churchill, man solle Butlers Erklärung akzeptieren, wodurch dessen politische Karriere gerettet war.[31] Aber innerhalb der Konservativen Partei wurde sehr rasch bekannt, daß Butler durch seinen Wunsch nach einem Verhandlungsfrieden das schwere Mißfallen des Premierministers erregt hatte. Churchills Sohn Randolph hielt die Geschichte im Laufe der Jahre eifrig am Leben, und sie spielte unzweifelhaft eine Rolle, als Butler weder nach Edens Rücktritt im Jahre 1956 noch nach Macmillans Rücktritt im Jahre 1963 Premierminister wurde.

MUSSOLINIS KRIEG

1940–1943

Italien erklärte Frankreich und Großbritannien am 10. Juni 1940 den Krieg. Schnell wurde deutlich, daß es das schwache Glied in der Achse war: Eine italienische Offensive in Griechenland versandete im Oktober und November 1940 sehr rasch; die Royal Air Force setzte der italienischen Flotte am 11. November bei Taranto übel zu; und Marschall Rodolfo Graziani, Befehlshaber der italienischen Armee in Nordafrika, machte keinen Versuch, das zahlenmäßig schwächere britische Heer in Ägypten anzugreifen. Dann drang General Wavells britische Armee mit erstaunlicher Geschwindigkeit in die italienische Cyrenaika vor und eroberte bis zum 21. Januar 1941 Sidi Barrani, Bardia und Tobruk. 90000 Italiener kapitulierten bei Tobruk und 113000 – mehr als die angreifende Truppe – am 7. Februar bei Beda Fomm.

Durch Meldungen aus Italien erfuhr das Foreign Office von sinkender Moral, einer starken antifaschistischen Opposition und dem Wunsch der Bevölkerung, sich aus dem Krieg zurückzuziehen. Die britische Regierung, die Anfang 1941 durch ihre militärischen Erfolge Aufschwung erhalten hatte, beschloß vier Maßnahmen, mit deren Hilfe die italienische Kriegsteilnahme beendet werden sollte: 1. die Aufstellung einer Freien Italienischen Streitmacht an der Seite der Briten; 2. die Umwandlung der Cyrenaika in eine Freie Italienische Kolonie, »die verhätschelt und zu Wohlstand gebracht werden soll«; 3. Bestechungsgelder an italienische Marineoffiziere, damit sie ihre Schiffe nach Alexandria steuerten und dort kapitulierten; 4. die energische Suche nach einem »italienischen de Gaulle«, der die freien, antifaschistischen Italiener führen würde.

Dies alles wurde mit tödlichem Ernst in die Wege geleitet.

Weder Eden noch Churchill hielten es für angemessen, nach dem Krieg in ihren Autobiographien darauf zurückzukommen - was verständlich ist, denn alle Maßnahmen schlugen fehl und machten dem Scharfsinn der beiden Staatsmänner wenig Ehre. Unerklärlich ist jedoch, weshalb Sir Llewellyn Woodward, der offizielle Historiker für die Außenpolitik im Zweiten Weltkrieg, den Sachverhalt ignorierte. Denn er war nicht nur für sich genommen von Bedeutung, sondern auch deshalb, weil die britische Politik gegenüber Italien zwei Jahre später völlig umschwenkte - eine Kehrtwendung, die sich als katastrophal erwies.

Unmittelbar nach dem britischen Sieg bei Beda Fomm schickte der erfahrene konservative Zeitungsmagnat Lord Davies Churchill die Kopie eines Briefes an Eden, in dem die Aufstellung einer Freien Italienischen Armee empfohlen wurde; sie solle Legion Garibaldi heißen, »gegen den Faschismus kämpfen« und aus italienischen Kriegsgefangenen in Ägypten gebildet werden.[1] Der Vorschlag gefiel Eden, und der Brief wurde an die Abteilung Süd des Foreign Office weitergereicht, die eine Stellungnahme abgeben sollte. Philip Nichols schickte die Anregung an das Heeresministerium, wo sie kühl aufgenommen wurde, doch Orme Sargent, Unterstaatssekretär im Foreign Office, faßte die Ansichten der Abteilung Süd zusammen und notierte, daß vieles für den Versuch spreche, eine antifaschistische italienische Armee zu organisieren.

Durch den Zuspruch seiner Beamten bestärkt, beschloß Eden, dem Premierminister das Projekt zu empfehlen. Nach einer Notiz (»PM sollte zustimmen«) für das Ministerium am 2. Februar 1941 sandte er Churchill am 6. Februar folgendes Memorandum:

> Daltons Organisation* bereitet mit Zustimmung der Streitkräfteministerien Flugblätter vor, die auf italienische Truppen abgeworfen werden sollen, sobald es irgendein Zeichen dafür gibt,

* Gemeint war die Special Operations Executive (SOE), eine geheime Untergrundorganisation, die am 16. Juli 1940 auf Befehl Churchills gegründet worden war, um den Feind durch »Subversion« zu bekämpfen. Sie unterstand dem Minister für Wirtschaftskriegführung (damals Hugh Dalton).

daß eine größere Zahl italienischer Soldaten infolge ihrer Abneigung gegen die Deutschen bereit ist, zu uns überzuwechseln.
In dem an *italienische Seeleute* adressierten Flugblatt soll stehen: »Die Regierung Seiner Britannischen Majestät verpflichtet sich feierlich, Ihnen und Ihren Schiffen im Marinestützpunkt Alexandria Gastfreundschaft und Schutz zu gewähren. Sie verpflichtet sich ferner, nicht den geringsten Druck auf Sie auszuüben, um Sie und Ihre Schiffe zum Kampf gegen Deutschland und die faschistische Tyrannei zu veranlassen. Sie werden völlig freie Wahl haben, entweder den Kampf gegen Deutschland aufzunehmen oder sich ganz von dem Konflikt fernzuhalten, wobei Sie Ihre Schiffe der Reichweite der räuberischen deutschen Klauen entziehen.«
In dem für *italienische Luftwaffenangehörige* vorgesehenen Flugblatt werden diese aufgefordert, sich dem Kampf für die Befreiung Europas von deutscher Tyrannei anzuschließen; außerdem enthält das Flugblatt den Rat, daß sie ihre Maschinen zu einem britischen Luftstützpunkt fliegen sollen, falls sie dem Risiko ausgesetzt sind, von den Deutschen gefangen zu werden. Ferner wird im Namen Seiner Britannischen Majestät versprochen, daß italienische Flieger, die sich entsprechend verhalten, nicht anders behandelt werden als die Angehörigen der RAF.
Ich habe keinen Zweifel, daß sowohl die für die italienische Flotte als auch die für die italienische Luftwaffe vorgeschlagene Argumentation richtig ist. Sind Sie einverstanden? Wenn ja, wird Daltons Organisation die Herstellung der Flugblätter fortsetzen.[2]

Edens Memorandum begeisterte Churchill, und er verfaßte am 11. Februar folgende Notiz an die Generalstabschefs:

Ich sehe keinen Grund, weshalb Sie nicht die Aufstellung einer Mussolini-feindlichen oder Freien Italienischen Streitmacht in der Cyrenaika erwägen sollten. Freiwillige könnten aus unseren 100000 Gefangenen rekrutiert werden. Unter ihnen müssen möglichst viele sein, die den Faschismus hassen. Wir könnten vielleicht sogar die Cyrenaika unter der Freien Italienischen Flagge regieren und sie genauso behandeln, wie wir de Gaulles Kolonien unter unserer militärischen Kontrolle behandeln. Jedenfalls wünsche ich, daß die Cyrenaika verhätschelt, reichlich ausgestattet und zu Wohlstand gebracht wird; man soll mehr Geld für sie ausgeben, als sie im Grunde wert ist. Können wir sie nicht zum Ausgangspunkt für eine wirkliche Spaltung in Italien und zur Quelle Mussolini-feindlicher Propaganda machen? Wir könnten dort eine vorbildliche britische Herrschaft errichten, die Gegend treuhänderisch für das italienische Volk verwahren und 4000 oder 5000 italienische Soldaten auf die Befreiung Italiens vom Joch der Deutschen und Mussolinis vereidigen. Dies könnte als Weltpropaganda betrieben werden. Die Sache läßt weitreichende politische Überlegungen aufkommen, und ich schicke eine Kopie dieser Notiz an den Außenminister.[3]

Eden widersprach Churchills übermütigem Projekt nicht. Lord Gladwyn, damals Privatsekretär von Sir Alexander Cadogan, berichtete dem Autor: »Im Foreign Office sahen wir es damals als eine gute Idee an, und das glaube ich immer noch, vorausgesetzt, wir hätten die Cyrenaika halten können.« Edens Fügsamkeit im Jahre 1941 unterschied sich deutlich von seiner starren Weigerung zwei Jahre später, mit Antifaschisten und Monarchisten zu verhandeln, die Mussolini stürzen und Frieden schließen wollten, da Italien offensichtlich den Krieg verloren hatte. Im Februar 1941 war Eden erst kurz zuvor von neuem Außenminister geworden, und zunächst verbarg er die Arroganz und Verachtung Italien gegenüber, die er später zeigen sollte.

Elektrisiert von Churchills Notiz an die Generalstabschefs, trat zwei Tage später, am 13. Februar, im Foreign Office ein Ausschuß zusammen, der von Orme Sargent geleitet wurde und Vertreter des Foreign Office, der Admiralität, des Heeresministeriums, des Luftfahrtministeriums und der SOE umfaßte. Er sollte »die Möglichkeit einer Freien Italienischen Bewegung in der Cyrenaika oder einer anderen italienischen Kolonie untersuchen«. Eden ließ den Ausschuß warnen, zwar »stehe er einer Freien Italienischen Armee wohlwollend gegenüber, habe aber Zweifel, ob es klug wäre, die italienische Flagge an den Mast der Cyrenaika zu nageln; dies sei eine Angelegenheit, die gründliche Überlegung erfordere«.[4]

Sir Leonard Woolley, der berühmte Archäologe, war damals wahrscheinlich der bedeutendste Experte für die arabische Welt in London. Er diente im Heeresministerium und verfaßte für den Ausschuß ein Memorandum, in dem er heftig gegen den Plan eintrat. Sargent beeilte sich zu verbreiten, daß es sich nur um Woolleys persönliche Ansicht handele. Hier ein Auszug:

> *Memorandum von Major Sir Leonard Woolley, Heeresministerium*
>
> LIBYEN
>
> Es ist offensichtlich unmöglich, den Italienern die Cyrenaika zurückzugeben.
>
> a) Dies würde auf zynische Weise unsere gesamte Propaganda unglaubwürdig machen, die auf die italienische Mißregierung und Unterdrückung in der Kolonie abhebt.
>
> b) Es würde uns jede Sympathie aller Araber in der Welt kosten, die es als einen Verrat der örtlichen Araber betrachten würden.
>
> c) Es würde unseren bisherigen Nachteil fortdauern lassen, der darin besteht, daß wir, abgesehen von Malta, über keine Luft- und Flottenstützpunkte zwischen Gibraltar und Ägypten verfügen.
>
> d) Der Verlust der Cyrenaika wäre den meisten Italienern nicht unwillkommen, die diese Kolonie ebenso wie Abessinien für eine enttäuschende und kostspielige Belastung halten; es wäre jedoch ein schwerer Schlag für die faschistischen Führer, deren Ansehen von der Expansion des Reiches abhängt.

Churchills Enthusiasmus für eine italienische Cyrenaika und die erregende Aussicht, Italien aus dem Krieg herauszulösen, sorgten dafür, daß Woolleys fundierte Einwände kaum Eindruck auf den

Ausschuß machten, der die Initiative des Premierministers unterstützte. Er kam zu folgenden Ergebnissen: 1. Eine Freie Italienische Cyrenaika würde die Kapitulation der gesamten italienischen Flotte oder zumindest eines Teils von ihr erleichtern, und in einem solchen Fall könnten die Familien der Seeleute vielleicht unter ihren Landsleuten in der Freien Italienischen Kolonie leben; 2. vom Propagandastandpunkt aus wäre die Existenz einer wohlhabenden Freien Italienischen Kolonie ausgezeichnet.

Allerdings merkte der Ausschuß an, daß eine solche Entscheidung von der arabischen Bevölkerung der Cyrenaika, die äußerst antiitalienisch eingestellt war, als Verrat empfunden werden würde, weshalb es vielleicht vorzuziehen sei, die Freie Italienische Kolonie in Eritrea zu errichten; zudem könne die Cyrenaika sich nicht selbst versorgen und habe immer »einen sehr großen Anteil« ihrer Lebensmittel aus Importen bezogen; auch sei das Projekt »angesichts der gegenwärtigen Versorgungslage im Mittelmeer« schwer zu realisieren.[5]

Die Finanzabteilung des Heeresministeriums nahm die Möglichkeit einer Freien Italienischen Armee ernst, und General Sir Frederick Boschoven, der Ständige Unterstaatssekretär, schrieb an Strang: »Sie werden aus eigener Erfahrung wissen, eine wie große Rolle Fragen von Sold, Beihilfen und so weiter für die Hebung der Moral jeder Truppe spielen, und die Verantwortlichen werden gewiß Sorge dafür tragen, daß wir aus der Finanzabteilung des Heeresministeriums zu einem frühen Zeitpunkt ins Bild gesetzt werden.«

Strang, der sich nicht mit einer zweitrangigen Abteilung des Heeresministeriums in eine Diskussion über unwesentliche Details einlassen wollte, erwiderte auf dieses Schreiben: »In diesem Stadium ist nur vorgesehen, Wavell über die allgemeine Frage der Machbarkeit zu konsultieren.«[6]

Der Vertreter der Royal Air Force im Ausschuß schrieb ans Foreign Office, nachdem er die Folgerungen des Ausschusses gelesen hatte: »Eine Freie Italienische Luftwaffe wäre ein sehr zweifelhafter Gewinn, da sie keine Flugzeuge hätte. Eritrea ist besser für das Projekt geeignet als die Cyrenaika.« Die Admiralität teilte mit, ihr Vertreter habe den Eindruck, daß die Nachteile des Vorschlags nach allgemeiner Meinung die Vorteile überwogen hätten; der veröffentlichte Bericht stelle die für das Projekt sprechenden Argumente unzulässig in den Vordergrund.

In der Akte des Foreign Office notierte Nichols: »Grandi könnte ein Vermittler zwischen Italien und Großbritannien sein«, und Cadogan fügte hinzu: »Und zwar ein sehr schlüpfriger.« Nichols vermerkte auch, daß das Heeresministerium nicht allzuviel von der Idee einer Freien Italienischen Armee hielt. Sargent schrieb: »Ich befürchte, das Heeresministerium und General Wavell werden meinen, es sei nicht der Mühe wert. Dies trifft in militärischer Hinsicht zweifellos zu, aber vom psychologischen Standpunkt aus würde sehr viel für die Aufstellung einer solchen Streitmacht sprechen.«

In Abwesenheit Edens, der nach Kairo geflogen war, billigte das Kriegskabinett den Bericht des Ausschusses, der am 3. März verteilt wurde. Daraufhin telegraphierte das Foreign Office am 7. März an Sir Miles Lampson, den britischen Botschafter in Kairo:

> 1. Die Regierung Seiner Majestät hat in Erwägung gezogen: a) die Schaffung einer Freien Italienischen Kolonie in der Cyrenaika, die unter der Freien Italienischen Flagge verwaltet und, *ceteris paribus,* wie Freie Französische Kolonien behandelt werden würde; b) die Aufstellung einer Freien Italienischen Streitmacht aus italienischen Gefangenen, die in der Cyrenaika zu stationieren wäre.
> 2. Der Hauptvorteil dieses Plans wäre vom Propagandastandpunkt aus, daß die Existenz einer Freien Italienischen Kolonie uns ermöglichen würde, die Italiener zu der Hoffnung zu ermuntern, daß die Zukunft ihres Landes nicht unbedingt mit Deutschland und dem Faschismus verbunden sein muß . . .
> 3. Zunächst wären wir dankbar für Ihre Ansichten zu folgenden spezifischen Punkten:
> a) Meinen Sie, daß unter der jetzigen Zivilbevölkerung der Cyrenaika eine Freie Italienische Bewegung geschaffen werden könnte? . . .

b) Welche Aussichten gibt es, eine Freie Italienische Streitmacht aus italienischen Kriegsgefangenen zu bilden? ...
c) Was sind Ihre Ansichten zu obigen Vorschlägen unter reinen Heeres-/Marine-/Luftwaffengesichtspunkten und vom Standpunkt der Verwaltung, Versorgung und besonders Sicherheit? Jedenfalls hält die Regierung Seiner Majestät es für wichtig, daß sowohl die italienische als auch die arabische Bevölkerung der Cyrenaika die Annehmlichkeiten und den Wohlstand genießen, die unter Kriegsbedingungen möglich sind.
d) Wie würden die Araber der Cyrenaika, Ägyptens und allgemein die arabische Welt des Nahen Ostens auf diese Vorschläge reagieren?
4. Wir würden alle weiteren Betrachtungen begrüßen, die Sie zu dem Themenkreis vorbringen könnten. Würden Sie es insbesondere für vorteilhaft halten, eine Freie Italienische Bewegung in Eritrea, statt in der Cyrenaika, zu gründen, zum Beispiel deshalb, weil es kein arabisches Problem in Eritrea gibt, weil die italienische Flotte, wenn sie kapitulierte, im Roten Meer eine bessere Position hätte als im Mittelmeer, und weil Eritrea, im Gegensatz zur Cyrenaika, sich außerhalb der Reichweite deutscher Bomber befindet?[8]

Es war ein schlechtes Zeichen für den Erfolg von Churchills Plan, daß die mögliche Reaktion der Araber angesprochen und Eritrea als eine Alternative zur Cyrenaika genannt wurde.

In Kairo wurden die Vorschläge kühl aufgenommen. Wavell und sein Stab hatten eine geringe Meinung von der italienischen Kampfkraft gegen die Deutschen. Ein weiterer Einwand bestand darin, daß man nicht nur die Senussi, die den Briten militärischen Beistand leisteten, sondern die ganze arabische Welt gegen sich aufbringen würde, wenn man die Cyrenaika zu einer italienischen Kolonie ausrief. Woolleys Ansichten, wie er sie dem Ausschuß des Foreign Office gegenüber zum Ausdruck gebracht hatte, entsprachen mehr oder weniger der Haltung von Militär- und Regierungskreisen in Kairo. Wavell meinte vor allem, daß eine Freie Italienische Armee eine schwere Gefahr heraufbeschwören werde, weil die von ihr ausgehende Bedrohung einen deutschen Gegenangriff in der Cyrenaika auslösen könne. Daneben herrschte die Überzeugung vor, daß die Grenze zur Cyrenaika zugunsten Ägyptens korrigiert werden solle, um es für seine Hilfe gegen Italien zu belohnen. Eden war in Kairo eingetroffen, um sich mit Wavell zu beraten, und er antwortete London am 14. März 1941:

> Ich habe mit Sir M. Lampson, General Wavell und Longmore* die Frage einer Freien Italienischen Kolonie besprochen. Ihre Kommentare zu Abschnitt 3 Ihres Telegramms lauten:
> a) Die gegenwärtige Zivilbevölkerung in der Cyrenaika bildet keine Grundlage für eine kraftvolle Freie Italienische Bewegung. Diese Personen wurden als überaus verheißungsvolle faschistische Siedler ausgewählt, deshalb ist ihre Unterstützung unwahrscheinlich und ihre Duldung zweifelhaft, obwohl sie vielleicht keinen Widerstand leisten werden . . .
> b) Wavell wird so bald wie möglich seine Antwort zur Bildung einer Freien Italienischen Streitmacht geben.
> c) Wavell ist überzeugt, daß es gefährlich wäre, mit einer Freien Italienischen Organisation in der Cyrenaika zu experimentieren, solange die Gefahr eines Gegenangriffs aus Tripolis besteht.
> d) Alle stimmten darin überein, daß die Araber der Cyrenaika, Ägyptens und der arabischen Welt im allgemeinen negativ reagieren würden.
> 2. Aus den obengenannten Gründen – und insbesondere im Lichte von Wavells Einschätzung – scheinen die gegen einen solchen Versuch in der Cyrenaika sprechenden Argumente vorläufig den Ausschlag zu geben.
> 3. Wir stimmten überein, daß die Argumente für eine Durchführung des Plans in Eritrea stärker sind. Andererseits würde eine jetzige Ankündigung negative Auswirkungen auf den Kai-

* Air Chief Marshall Sir Arthur Longmore war Befehlshaber der britischen Luftstreitkräfte im Nahen Osten.

ser und die Patrioten in Abessinien haben. Sie könnte die Furcht auslösen, daß wir irgendeinen Abessinien betreffenden Handel mit Italien vorhätten, was die patriotische Begeisterung abkühlen würde. Während das Projekt für Eritrea hier also weiterhin erwogen werden soll, würde ich mich gegen seine Einleitung in Ostafrika aussprechen, zumindest bis der dortige italienische Widerstand zusammengebrochen ist.[9]

Churchills Enthusiasmus für eine Freie Italienische Kolonie in der Cyrenaika war also zum Scheitern verurteilt. Nichols notierte: »Dies ist mehr oder weniger die Antwort, die wir erwartet haben ... Es sieht so aus, als ob die Sache auf Eis gelegt werden sollte, bis der italienische Widerstand in Ostafrika zusammengebrochen ist.«

Das Foreign Office akzeptierte, daß Eritrea geeigneter für eine Freie Italienische Kolonie sei als die Cyrenaika.

In den restlichen Monaten des Jahres 1941 verschleppten das Foreign Office und Wavell die Frage, was aus der Cyrenaika werden solle. Doch die Verzögerung hatte nichts mit neuen Überlegungen zur Rolle Italiens zu tun, sondern betraf das Problem, ob die Ägypter oder die Senussi in der Cyrenaika regieren sollten. Am 8. Januar 1942 erklärte Eden schließlich im Unterhaus, man sei dankbar für die Hilfe der Senussi gegen die Feinde Großbritanniens, weshalb Said Idris und seine Anhänger bei Kriegsende keinesfalls der italienischen Herrschaft unterstellt werden würden. Allerdings blieb offen, ob man Ägypten mit einem Teil der früheren italienischen Kolonie belohnen würde.

Am 24. März 1941 meldete Wavell nach London, daß sich die Aussichten, eine Freie Italienische Streitmacht aus Kriegsgefangenen zu bilden, noch nicht abschließend beurteilen ließen.

Drei oder vier leidenschaftliche Antifaschisten unter ihnen haben die Meinung geäußert, es sei vielleicht möglich, aus ihnen eine mehrere tausend Mann umfassende Truppe zu bilden, aber dies scheint optimistisch. Eine solche Streitmacht würde, wenn man sie in Ägypten aufstellte, schwere Sicherheitsprobleme schaffen, und Eritrea scheint, wenn es erst einmal von uns besetzt ist, der sicherste Ort für die Bildung der Truppe zu sein. Die Wahl eines Führers ist sehr wichtig.[10]

Damals erwartete die britische Regierung noch, einen italienischen de Gaulle zu finden. Unter den im Exil lebenden Italienern kamen die früheren Politiker Sforza, Salvemini und Sturzo in Frage, aber sie hielten sich in den Vereinigten Staaten auf und wollten dort bleiben. Zudem waren sie, wie das Foreign Office unterstrich, seit siebzehn Jahren nicht mehr an die Öffentlichkeit getreten.

Ein Kandidat, den die Briten ernsthaft für einen potentiellen italienischen de Gaulle hielten, war der absonderliche General Annibale Bergonzoli, Befehlshaber des italienischen 23. Korps, der bei Tobruk gefangengenommen worden war. Er hatte in der britischen Presse seines enormen Bartes wegen flüchtigen Ruhm erlangt. Zeitweilig beeindruckte er seine Vernehmer durch die Kraft seiner Persönlichkeit und durch seine lebhaften antifaschistischen Äußerungen. In einer auf den 24. März 1941 datierten Meldung aus Kairo schrieb Wavell: »Mussolini will unangenehme Wahrheiten nicht hören oder glauben, und Bergonzoli beteuert, es sei sein größter Ehrgeiz, dafür zu leben, daß er gegen die Verderbtheit des jetzigen italienischen Regimes rebellieren könne.« In einer weiteren Meldung hieß es, Bergonzoli habe erklärt, es werde nicht schwer sein, einen italienischen General de Gaulle ausfindig zu machen, und eine Militärdiktatur - vielleicht mit Marschall Badoglio an der Spitze - sei die einzig mögliche Art der Revolution in Italien.

William Cavendish-Bentinck, der Vorsitzende des Vereinigten Geheimdienstausschusses, schrieb ans Heeresministerium, daß Bergonzoli sich für die Führung der Freien Italiener eignen könne, wenn seine Referenzen gut genug seien. Aber die Erkundigungen des Heeresministeriums über Bergonzoli waren entmutigend. General Davidson, Direktor des Militärischen Nachrichtendienstes, antwortete Cavendish-Bentinck am 18. April, Major Colwill aus der Italienabteilung des Heeresministeriums kenne Bergonzoli und halte ihn für einen Scharlatan. Er bewege »sich auf Pferden, Motorrädern und Fahrrädern durch die Gegend, widmet belanglosen Details beträchtliche Aufmerksamkeit und mischt sich in die Verwaltung nachgeordneter Einheiten ein.« Folglich notierte Pierson Dixon, daß »wir den ›Elektrobart‹ [britischer Spitzname für Bergonzoli] als einen möglichen Führer der Freien Italiener abschreiben müssen«. Da Wavell keine anderen Kandidaten vorschlug, war die Suche nach einem italienischen de Gaulle beendet.[11]

Im April 1941 leitete Rommel eine erfolgreiche Offensive gegen Wavells Streitkräfte ein und bedrohte Ägypten. Wavell lehnte den Gedanken an eine Freie Italienische Armee nun entschieden ab. Im Mai ging aus Berichten an das Foreign Office hervor, daß die italienische Moral durch die Erfolge der Achsenmächte in der Libyschen Wüste rasch stieg, ungeachtet der Kapitulation des Herzogs von Aosta in Addis Abeba. Dixon notierte am 22. Mai: »Weit davon entfernt zusammenzubrechen, dürfte Italien nun frischen Mut schöpfen und in aller Ruhe zusehen, wie die Deutschen die ganze Arbeit im Mittelmeerraum leisten.« Die Special Operations Executive (SOE) wollte die Hoffnung jedoch noch nicht aufgeben. George Martelli aus ihrer Italienabteilung setzte sich weiterhin für eine Freie Italienische Armee ein, obwohl die Voraussetzungen durch die deutschen Erfolge in der Wüste viel ungünstiger geworden waren. Martelli schrieb am 7. Juni 1941:

> Kein patriotischer Italiener wird sein Leben und Vergeltungsmaßnahmen gegen seine Familie riskieren, nur um Großbritannien zum Gewinn des Krieges zu verhelfen. Der Appell muß auf die Hoffnung abzielen, daß Italien nach dem Krieg unabhängig bleibt und als Großmacht überlebt. Mit anderen Worten, ohne uns lächerlich zu machen, können wir einen italienischen Kriegsgefangenen nicht auffordern, sich der britischen Armee anzuschließen, aber wir können diejenigen, die mit uns sympathisieren, zum Eintritt in eine Freie Italienische Streitmacht auffordern, die für die Befreiung Italiens kämpft. Im ersten Falle wären sie Verräter, im zweiten Patrioten.

Er legte ein von Freya Stark und Oberst Thornhill verfaßtes Memorandum bei, in dem mit völlig unbegründetem Optimismus behauptet wurde, daß zwei Drittel der italienischen Kriegsgefangenen Antifaschisten seien und ihnen wohlwollend gesinnten maltesischen Wachmannschaften anvertraut werden sollten.

Dies stieß im Foreign Office auf wenig Zuspruch. Am 25. Juli fand dort eine Sitzung statt, an der General Dallas Brooks, Verbindungsoffizier der SOE zum Generalstab, Reginald Leeper, Chef des Politischen Kriegführungsstabs, Jebb, Sargent, Nichols und Dixon teilnahmen. Man beschloß zum Ärger der SOE, wegen der ungünstigen Umstände jede politische Propaganda unter italienischen Kriegsgefangenen in Ägypten einzustellen. Allerdings bevollmächtigte man eine Delegation, nach Indien zu reisen und die Möglichkeit zu untersuchen, ob aus den dort internierten Kriegsgefangenen eine Freie Italienische Armee aufzustellen sei. Im Gegensatz zu Ägypten war Indien weit von Rommels vorrückenden Achsenstreitkräften entfernt.[12]

Noch am 20. Oktober bat Eden den Luftfahrtminister Sir Archibald Sinclair, für Fregattenkapitän Martelli, Oberst Thornhill und andere Indien-Flüge arrangieren zu lassen, um »italienische Kriegsgefangene günstig für die Alliierten zu stimmen und herauszufinden, ob das Material für den Kern einer Freien Italienischen Armee in Indien vorhanden ist«. Auch aus Indien kamen keine konkreten Ergebnisse, aber diese Mitteilung belegt, daß Eden während des gesamten Jahres 1941 für die Aufstellung einer solchen Armee eintrat.

Der Befehlshaber der italienischen Streitkräfte in Äthiopien war der Herzog von Aosta (Amedeo), ein Cousin des italienischen Königs; er wurde im Mai 1941 gefangengenommen, als Addis Abeba an die Alliierten fiel. Francis Rodd* schlug vor, Großbritannien solle versuchen, mit Aosta zu verhandeln, um die italienische Kriegsteilnahme zu beenden. Das Foreign Office war unschlüssig, ob es ihm den Thron anbieten solle, falls er Mussolini stürzen

* Francis Rodd (1941 zweiter Lord Rennell) diente im Zweiten Weltkrieg als Generalmajor für Verwaltungsangelegenheiten im Nahen Osten, in Ostafrika und Italien.

würde, doch Eden wies den Gedanken schroff zurück. Statt dessen wollte er über die Freilassung Aostas im Tausch mit General O'Connor verhandeln, einem hervorragenden britischen General, der von Rommel in der Wüste gefangengenommen worden war. Eden betonte, die Regierung dürfe den Feind nicht wissen lassen, wieviel Wert sie auf den Austausch O'Connors lege, und solle auch andere Generale nominieren; würde man jedoch »zu viele Generale zurückerhalten, würde dies von Kriegsgefangenen anderer Ränge übel aufgenommen werden«.[13]

Die einflußreichsten antifaschistischen Verschwörer, die das Foreign Office kannte, waren Marschall Caviglia, Cabruna und Graf Comito. Caviglia genoß durch seine Beteiligung an dem italienischen Sieg über Österreich im Jahre 1918 enormes Ansehen. Er war stets Antifaschist und ein überzeugter Monarchist gewesen. Comito war ein Großindustrieller mit vielen britischen Freunden. Cabruna, Träger der Goldmedaille, der höchsten italienischen Auszeichnung, hatte sich im Ersten Weltkrieg als Pilot Ruhm erworben und als Freund von Gabriele d'Annunzio nach 1918 in Fiume eine prominente Rolle gespielt.* Er hatte ein hohes Amt in der italienischen Polizei inne.

Andere Verschwörer, deren Namen der Secret Service an das Foreign Office weitergab, waren Gräfin Nina Colonna und Marquis Visconti Venosta. Der letztere arbeitete, wie sich bei den Prozessen von Verona gegen Mussolinis Gegner im Januar 1944 herausstellte, entscheidend am Sturz des Duce durch den König (25. Juni 1943) mit.

Nachdem der britische Secret Service Caviglia einen Codenamen gegeben hatte, wurde er im Januar 1941 von einer Verwandten, Ines Pescarmona, bei der faschistischen Geheimpolizei denunziert. Sie war eine fanatische Faschistin und wohnte in seiner Nachbarschaft, in dem Ort Finale bei Savona. Ihren Aussagen zufolge hatte Caviglia mit dem König darüber gesprochen, wie Mussolini zu stürzen sei und wie man die Unterstützung der

* Fiume wurde im Jahre 1919 von einer privaten italienischen Armee unter Führung d'Annunzios illegal besetzt und unter großem Beifall der Öffentlichkeit bis ins folgende Jahr hinein gehalten.

Armee für einen antifaschistischen Staatsstreich gewinnen könne. Sie erklärte auch, daß Caviglia ständige Verbindung zu den Briten außerhalb Italiens gehalten habe.

Diese Information erreichte den Duce, aber er reagierte nicht darauf, da der örtliche Polizeichef von Savona in einem weiteren Bericht hochherzig schrieb, man solle Ines Pescarmona nicht glauben, denn sie sei »hysterisch«. In Wirklichkeit traf ihre Erklärung vom 9. Januar zu. Den ganzen Krieg hindurch hielt Caviglia Kontakt zum britischen Secret Service. Bei Besuchen in Rom führte er mit König Victor Emmanuel geheime Gespräche darüber, wie der Krieg durch den Sturz Mussolinis zu beenden sei, und er hatte Verbindung zu vielen hohen Offizieren aller Waffengattungen, die überzeugte Royalisten und Nichtfaschisten waren. Glückliche Umstände oder die Sympathien hochgestellter Beamter bewirkten, daß Caviglia, obwohl von Mussolini des Verrats verdächtigt, nie verhaftet wurde. Als er im März 1945 starb, ordnete Mussolini ein Staatsbegräbnis an.

Ines Pescarmona erklärte auch, daß Renato Wuilermin, ein Rechtsanwalt aus Finale, Caviglias Ansichten teile und sich, ebenso wie die Neffen des Marschalls, der Komplizenschaft am Verrat Mussolinis schuldig gemacht habe. Dies traf ebenfalls zu. Wuilermin und drei von Caviglias Neffen wurden im Dezember 1942 von der faschistischen Polizei verhaftet. Im Vormonat hatte die Polizei Caviglias Haus durchsucht, doch er hatte alle belastenden Papiere versteckt. Gleichzeitig zog das deutsche Kriegsministerium durch Rintelen, den Militärattaché in Rom, Erkundigungen über ihn ein. Wuilermin wurde nach der Absetzung Mussolinis im Juli 1943 freigelassen und starb bei Partisanenkämpfen in der Nähe von Mailand.

Leeper schrieb am 24. April 1941 an die Italienabteilung des Foreign Office und enthüllte, daß Air Commodore »Freddie« West, der Militärattaché in Bern, durch Quellen des Secret Service von der Existenz »einer Freien Italienischen Bewegung innerhalb Italiens« erfahren hatte, »von der wir nie zuvor gehört haben«, und daß Caviglia mit dem Codenamen X 18 bedacht worden sei (Comito war X 17 und Cabruna X 19). Er fügte hinzu, die »Freie

Italienische Bewegung« habe »durch Rommels Erfolge in Libyen einen zeitweiligen Rückschlag« erlitten.[14]

West, ein heldenhafter Pilot des Ersten Weltkriegs, kümmerte sich in der Berner Botschaft um die italienische Aufklärung. Er sprach Italienisch genauso gut wie Englisch, hatte zuvor in der römischen Botschaft gearbeitet und war nach der italienischen Kriegserklärung an Großbritannien sofort nach Bern versetzt worden. In einem Gespräch mit dem Autor erklärte er, daß Comito, Generaldirektor der Mailänder Textilfirma Snia Viscosa, bei weitem der beste und zuverlässigste Informant gewesen sei. Laut West war Comito ein leidenschaftlicher Antifaschist und Anhänger der Alliierten, doch er sei in einem gewissen Maße dadurch behindert worden, daß sein Chef, der Vorstandsvorsitzende Franco Marinotti, mit den Deutschen »unter einer Decke steckte«. Comito schickte ständig Boten nach Bern, die West über die Geschehnisse in Italien informierten. Außerdem pflegte er West anzurufen, um ihm Nachrichten zukommen zu lassen. Zum Beispiel meldete Comito sich telefonisch, als die Royal Air Force im August 1943 einen umfassenden Luftangriff auf Mailand durchgeführt hatte, und gab durch: »Die Orangenkisten sind nicht zerbrochen worden« - was bedeutete, daß der Angriff ein Fehlschlag war. West gab die Nachricht an das Luftfahrtministerium weiter.

Nichts deutet darauf hin, daß Caviglia, Cabruna oder Comito mit einem Plan zum Verkauf italienischer Kriegsschiffe zu tun gehabt hätten. Auch West erklärte, nichts von einem solchen Vorhaben zu wissen. Allerdings habe man ihm in Bern - nicht ernst zu nehmende - Angebote zum »Kauf« der italienischen Flotte gemacht, und bei einer Gelegenheit habe ein amerikanischer Millionär sogar den Vorschlag gemacht, zusammen mit reichen Freunden die französische Flotte für die Briten zu erwerben. Dies sei als Witz behandelt worden.

Die britische Admiralität erfuhr durch Henry Denham, ihren Marineattaché in Stockholm, daß in der italienischen Flotte starke Unzufriedenheit herrsche. Die Verantwortlichen seien eher geneigt, vor den Briten zu kapitulieren, als die Schiffe von den Deutschen übernehmen zu lassen. Die verantwortlichen Offiziere benötigten allerdings eine Garantie, daß ihre Familien in Portugal oder einem anderen von den Alliierten besetzten Land in Sicherheit sein würden. Churchill gab sein Einverständnis dazu, daß die Besatzungen von freiwillig übergebenen Schiffen die gleiche Bezahlung erhalten würden wie die Seeleute der Royal Navy.

Die italienische Flottenepisode begann am 24. November 1940 mit einem Gespräch zwischen Denham, J. H. Walter, einem schwedischen Geschäftsmann, sowie Peter Tennant, dem Pressesprecher an der britischen Botschaft in Stockholm. Walter hatte 1939 eine maßgebliche Rolle beim Verkauf vier alter italienischer Zerstörer an die schwedische Regierung gespielt und unterhielt weiterhin enge Kontakte zur Führung der italienischen Marine. Die beiden Briten waren sicher, daß Walter das Vertrauen hoher Offiziere im italienischen Marineministerium in Rom hatte, die den Rückzug Italiens aus dem Krieg anstrebten.

Die beiden britischen Botschaftsangehörigen waren so beeindruckt von Walters Informationen, daß sie noch am selben Tag folgendes Telegramm an die Admiralität sandten:

> An den Direktor des Marinenachrichtendienstes
> SEHR DRINGEND
> 1. Schwedischer Geschäftsmann teilt uns mit, daß ihm ein Italiener, der hier offiziell zu tun zu haben scheint und am 17. November aus Rom abreiste, folgendes versichert hat:
> a) Deutsche haben in letzten zwei Wochen Druck auf Italiener ausgeübt, damit diese *deutscher militärischer Besetzung des Landes* zustimmen und den Deutschen ihre Flotte übergeben.
> b) Die kriegsfeindliche Stimmung in Italien wächst, und italienische Marineoffiziere sind sich dieser Möglichkeit der Kapitulation bewußt, können sich ihr jedoch nicht widersetzen, solange ihnen keine Alternative geboten wird.
> c) Die ihnen vorschwebende Alternative ist die Flottenkapitulation vor Großbritannien; in diesem Fall müßten sie und ihre Familien nach Portugal oder in ein alliiertes Land gebracht werden, damit Vergeltungsmaßnahmen entweder von italienischen Faschisten oder von Deutschen ausgeschlossen sind.

2. Italienischer Vertreter kehrt Mittwoch, 27. November, nach Italien zurück. Es wäre möglich, vor seiner Abreise Kontakt mit ihm aufzunehmen, wenn Sie es wünschen.
3. Einzelheiten über schwedischen Gewährsmann und, wenn erhältlich, über Identität des italienischen Vertreters werden so bald wie möglich telegraphiert.

In der Antwort vom 25. November an Denham versprach die Admiralität kapitulierenden Schiffsbesatzungen jede Hilfe und garantierte die Sicherheit der Schiffe in Häfen unter britischer Kontrolle. Die Mannschaften würden nicht verpflichtet, gegen die Achsenmächte zu kämpfen; man werde eine Eskorte für Handelsschiffe stellen, die Familien der Besatzungsmitglieder an Bord hätten, militärischen und zivilen Flüchtlingen Gastfreundschaft gewähren und jedem italienischen Seemann, der auf britischer Seite kämpfen wolle, den normalen Sold der Royal Navy zahlen.

Die Admiralität hatte Halifax, Eden und Churchill ins Bild gesetzt, und der Premier war so begeistert, daß er darum bat, persönlich über die Angelegenheit unterrichtet zu werden. Das Kriegskabinett hatte die Antwort am 25. November gebilligt. Pierson Dixon vom Foreign Office schrieb: »Dies scheint zu schön, um wahr zu sein.«

Am 25. und 28. November sowie am 6. Dezember fanden drei weitere Begegnungen - sämtlich in Denhams Stockholmer Haus - zwischen Denham, Tennant und Walter statt. Walter bestätigte, der erwähnte italienische Geschäftsmann sei am 27. November nach Rom zurückgekehrt und habe seine hohen Kontaktmänner bei der Marine informiert, daß die britische Regierung bereit sei, zu verhandeln und einen Kommunikationskanal zwischen ihnen und London zu eröffnen. Walter bat um eine Summe von 3125 Pfund und versprach, das Geld zurückzugeben, falls das Unternehmen fehlschlug. Die Stockholmer Botschaft meldete dies dem Foreign Office und setzte hinzu, man habe aus anderen zuverlässigen Quellen von Zusammenstößen zwischen Faschisten und dem Beamtenapparat gehört; einzelne Italiener legten großen Wert darauf, mit den Briten Kontakt aufzunehmen.

Das Foreign Office schickte die 3125 Pfund an Mallet in Stockholm, und gleichzeitig wurde ein Agent von MI6 in die schwedische Hauptstadt entsandt, um Erkundigungen über Walters Verläßlichkeit einzuziehen. Er genehmigte die Übergabe des Geldes an Walter, der am 23. Januar 1942 über Moskau und Riga nach Rom aufbrach, nachdem er den Briten in Stockholm versprochen hatte, er werde Verbindung zu den Admiralen Cavagnari, Riccardi und Parola sowie anderen Antifaschisten herstellen.

Am 6. Mai wurde dem Foreign Office aus Stockholm gemeldet, daß Walter aus Rom zurückgekehrt sei:

> 1. Er erklärt, er sei indirekt mit Cavagneri *[sic!]* und anderen prominenten, antifaschistischen Marineangehörigen in Verbindung getreten, denen die Kapitulationsbedingungen nun übermittelt worden seien. Zwar meine man in antifaschistischen Kreisen, daß Cavagneri später mit Grandi und Badoglio ein Triumvirat bilden werde, aber zur Zeit ziehe Cavagneri unter den jüngeren Marineangehörigen für seine Mitverantwortung an der Katastrophe von Taranto viel Kritik auf sich.
> 2. Riccardi hat seinen italienischen Mittelsmann [?], es sei nun ausgeschlossen, daß die Italiener ihre Admiralität oder ihre Flotte deutscher Kontrolle unterstellen würden.
> 3. In der Marine allgemein sowie in anderen Kreisen herrschte der starke Wunsch, jede Unterstützung der Deutschen zu vermeiden. Möglichkeit der Kapitulation vor den Briten sei zwar gegenwärtig nicht realistisch, könne sich aber später, ausgelöst durch künftige Ereignisse, ergeben. ...

Zwei Tage später, am 8. März, schloß sich diese Meldung an:

> 1. Bericht des schwedischen Mittelsmannes immer noch unvollständig.
> 2. Ich habe von ihm und aus einer anderen repräsentativen Quelle den Eindruck erhalten, daß die Kapitulation von Marineeinheiten gegenwärtig nicht realisierbar ist, weil die Familien der Besatzungen nicht geschützt werden können. Diese Gruppe

von Marineoffizieren hat auch das Gefühl, sich unehrenhaft zu verhalten, wenn sie das Land in der jetzigen Stunde der Niederlage verläßt, zumal das Land kurz davor steht, unter deutsche Kontrolle zu geraten.

3. Die Hoffnung der Antifaschisten beruht darauf, daß wir unseren Sieg nicht rachsüchtig ausnutzen, wenn es zur endgültigen italienischen Niederlage kommt, sondern daß wir uns darauf konzentrieren, Italien vor deutscher Herrschaft zu retten. Wenn dies unsere Absicht ist, könnte es genutzt und davon abhängig gemacht werden, daß die Marine unseren Wünschen folgt.

4. Nun bietet sich einzigartige Gelegenheit, höheren antifaschistischen Vertretern direkte Botschaft zukommen zu lassen. Botschaft muß mich bis 15.00, Montag, den 10., erreichen.

Diese Meldungen führten zu emsiger Aktivität und zu Gesprächen zwischen dem Premierminister, Eden und A. V. Alexander, dem Ersten Lord der Admiralität. Am nächsten Tag telegraphierte das Foreign Office um 19.40 Uhr an Mallet in Stockholm:

> Folgende Botschaft kann schwedischem Mittelsmann zur Weiterleitung an seine antifaschistischen Kontakte übergeben werden:
> Wir bekräftigen unser früheres Angebot, daß wir alle Einheiten der italienischen Flotte mit offenen Armen empfangen werden, die zu uns kommen wollen, und wir werden unser Bestes tun, Handelsschiffe mit Familien zu eskortieren.
> Wenn die italienische Flotte einen aufrichtigen Versuch macht, nicht unter deutsche Kontrolle zu geraten, und sie dies durch die Entsendung wichtiger Einheiten in britische überseeische Häfen beweist, würde diese Tatsache unzweifelhaft für uns ausschlaggebend sein, wenn wir Friedensbedingungen ins Auge fassen, und wir würden unser Bestes tun, um Italien sowohl vor als auch nach der endgültigen Friedenskonferenz vor deutscher Herrschaft zu bewahren.[15]

Dieses Versprechen milderer Friedensbedingungen war genau das, was Walters italienische Kontaktpersonen nach seiner eigenen Aussage benötigten. Am 14. März kam eine noch aufregendere Nachricht aus Stockholm, was die italienische Flotte betraf. Erstmals wurde eine Preisliste für italienische Schiffe vorgelegt; außerdem sollten die Familien von Offizieren, die ihre Schiffe übergeben hatten, entschädigt werden. Die Meldung lautete:

> 1. Während seines kürzlichen Besuchs in Rom ist der schwedische Mittelsmann ständig in Verbindung mit einem italienischen Vertreter und einem gewissen Offizier gewesen, der im italienischen Marineministerium dient. Dieser soll rund zwanzig hohe Offiziere repräsentieren, die die italienische Flotte dem Einfluß des faschistischen und des deutschen Regimes entziehen wollen.
> 2. Britische Kapitulationsvorschläge wurden erwogen, aber aus verschiedenen Gründen hielt man es nicht für praktikabel, wie zunächst angenommen, Familien von Kriegsschiffsbesatzungen geschlossen zu evakuieren.
> 3. Italienischer Mittelsmann gab zu bedenken, daß a) Familien prominenter Offiziere in bestimmte ausländische Staaten evakuiert werden müßten und eine gewisse Unterstützung erhalten sollten, b) Offiziere und Besatzungen von übergebenen Kriegsschiffen irgendwann Entschädigung für ihre Familien benötigen würden, damit diese später eine neue Existenz aufbauen könnten.
> 4. Italienischer Repräsentant schlug folgende Bedingungen vor:
> a) Britische Admiralität solle (in Dollars) für ausgelieferte Schiffe zahlen:

Schlachtschiff	300000
Schwerer Kreuzer	60000
Leichter Kreuzer	50000
Zerstörer	50000
U-Boot	25000
Torpedoboot	15000

b) Sollte es sich als praktischer erweisen, Kriegsschiffe zu sabotieren, wäre der halbe Betrag an aktive Seeleute zu zahlen, die die Arbeit ausführen.
c) Die genannten Zahlungen sind nach dem Krieg oder an offiziell bestellte Person, Personen oder Organisation zu zahlen, wenn Beweis vorliegt, daß Kriegsschiffe unzweifelhaft ausgeliefert oder kampfunfähig gemacht wurden. ...
d) Schwedischer Mittelsmann ist trotz erheblichen Risikos bereit, wenn nötig weitere Reise nach Italien zu versuchen. Auch wenn er keineswegs blind für die Tatsache ist, daß er im Erfolgsfall selbst Aussicht auf eine stattliche Vergütung hätte, dürften wir hier kaum je einen anderen finden, der die wesentlichen Kontakte in Italien, wirklichen Schneid und Liebe zu dieser Art von Abenteuer hat. ...

Es ist interessant, daß Mallet dem internationalen Vermittler Walter nun »wirklichen Schneid und Abenteuerliebe« zuschrieb, denn noch im Dezember hatte er dem Foreign Office mitgeteilt, Walter sei ein Mann »mit der zwielichtigsten Reputation. Ich habe eine Reihe von Erkundigungen über ihn eingezogen und dabei nie ein Wort zu seinen Gunsten gehört«. Nach dem Krieg schrieben Denham und Tennant: »Wir beurteilten ihn als einen mutigen Abenteurer, der sich aufrichtig für die Niederlage der Nazis engagierte, mit einer durchschnittlichen Geschäftsmoral, die nicht schlimmer war als die der meisten seiner Landsleute.« Natürlich ging es Walter ums Geld, und er sollte 50000 Kronen von den Briten erhalten, die Oberst Cordeaux von den Royal Marines nach Stockholm brachte. Doch der Betrag wurde von der schwedischen Geheimpolizei gerade in dem Moment beschlagnahmt, als Cordeaux ihn dem italienischen Mittelsmann übergeben wollte. Walter wurde wegen Spionage zu einer Haftstrafe verurteilt, doch später entlassen, als Italien die Seiten wechselte. Walter mußte die schwedische Regierung verklagen, um seine Provision für die italienischen Kriegsschiffe zu erhalten, die Schweden vor dem Krieg mit seiner Hilfe gekauft hatte; das Gericht sprach ihm 300900 Kronen zu. Durch diesen Handel hatte er seine hohen Kontakte im italienischen Marineministerium angeknüpft.

Churchill wollte den Vorschlag akzeptieren und schickte dem Ersten Lord der Admiralität eine entsprechende Notiz. Dieser äußerte die Ansicht, daß die Erfolgschancen gering seien, aber die notwendigen Zahlungen seien, gemessen an der Bedeutung des möglichen Gewinns, so unwesentlich, daß es sich um ein vertretbares Risiko handele. Am 19. März schickte das Foreign Office seine Antwort an Mallet in Stockholm: »Die Erfolgsaussichten des Plans scheinen kümmerlich, aber wir akzeptieren ihn im Prinzip. Sie sind autorisiert, ihn sofort telegraphisch in Gang zu setzen.« Churchill kritzelte auf die Nachricht:

Admiralität } Dies alles scheint phantastisch.
Foreign Office } W.S.C. 20.3.[16]

Kürzlich veröffentlichte italienische Unterlagen deuten darauf hin, daß Admiral Parola der Kontaktmann im römischen Marineministerium gewesen sein könnte und daß Arturo Riccardi, Chef des Marinestabes und für die Flotte zuständiger Staatssekretär, in die Angelegenheit verwickelt war. Allerdings ist das bisher vorgelegte Material sehr dürftig.

Die italienischen Siegesaussichten stiegen unermeßlich, als Rommel im April 1941 seinen Wüstenfeldzug eröffnete und die Briten fast bis an die ägyptische Grenze zurücktrieb. Am 22. Juni 1941 griff Hitler Rußland an, und zunächst schien es, als werde Deutschland einen leichten Sieg erringen. Der Kommunismus war in Italien unpopulär, und die öffentliche Meinung tendierte dahin, daß ein Sieg der Achsenmächte das bestmögliche Kriegsende für Italien sei; insbesondere hoffte eine überwältigende Mehrheit der Italiener, daß Stalin von Hitler eine Niederlage zugefügt werden würde. Bereits im April hatte Hitlers Wehrmacht den katastrophalen italienisch-griechischen Feldzug zu einem erfolgreichen Abschluß gebracht, was den Optimismus über einen Sieg der Achsenmächte verstärkte.

Zur selben Zeit wurde Mussolini vor Verrätern in seiner Umgebung gewarnt. In einem anonymen Brief hieß es: »Duce, Sie haben einen Verräter in Ihren Reihen.« Nachdem der Argwohn einmal geweckt worden war, verhörte und inhaftierte die faschistische Polizei, unterstützt von der Gestapo, führende Angehörige der Marine und des Heeres. Die Verschwörer mußten vorübergehend untertauchen. Laut Denhams Memoiren fing die schwedische Polizei eine von Mallets Meldungen nach London ab und unterrichtete die Deutschen, die ihrerseits die italienische Polizei warnten.

Bis zum Juli hatten die italienischen Behörden sich beruhigt und glaubten nicht mehr an eine ernsthafte Verschwörung. Am 15. Juli telegraphierte Mallet aus Stockholm nach London:

> 1. Infolge von Haftentlassung gewisser Marineoffiziere ist unser Kommunikationskanal wiederhergestellt und sollte nun aufrechterhalten bleiben. Italienischer Abgesandter ist kürzlich mit Zusicherungen gewisser italienischer Marineoffiziere eingetroffen, daß in Botschaft vom 14. März erörtertes Verfahren eingeleitet werden sollte, sobald die Zeit reif sei. Er möchte am 19. Juli mit der Zusage zurückkehren, daß britische Seite der Abmachung weiterhin gilt.
> 2. Er meldet folgende jüngste Entwicklungen in der Marine:
> a) Plötzliche Lockerung der deutschen Kontrolle über die Marine bei Ausbruch des Rußlandkrieges. Dies sei zu einem Zeitpunkt geschehen, als Admiral Riccardi durch deutsche Einmischungen fast zum Rücktritt getrieben worden sei.
> b) Mehrere italienische Marineoffiziere sind ihrer Ämter enthoben worden und haben Vergeltungsmaßnahmen über sich ergehen lassen müssen. Dies wird von einer anderen zuverlässigen Quelle bestätigt. . . .

Am 19. Juli 1941 telegraphierte das Foreign Office zurück: »Unsere Seite der Abmachung gilt weiterhin.«[17] Dies war das Ende der Episode. Aus Stockholm kamen keine weiteren Botschaften zu dem Projekt, und die Akten des Foreign Office wurden geschlossen.

Im Rückblick meint Denham, daß Walter »teils ein Schwindler« gewesen sein könne und daß vielleicht gar kein Mittelsmann existiert habe, der im Juni 1941 zwischen Stockholm und Rom hin und her reiste. Jedenfalls war Denham sicher, daß sich ein italienischer Abgesandter im Januar 1941 in Schweden aufhielt und daß die ursprüngliche Kontaktaufnahme ernst gemeint war. Walter diktierte die Preisliste für die Schiffe aus dem Gedächtnis und besaß keine Dokumente mit Einzelheiten. Dies weckte schon damals Denhams Argwohn.

Sir Peter Tennant berichtete dem Autor, er habe während der gesamten Gespräche den Eindruck gehabt, daß Walter aufrichtig sei. Laut Tennant hätte Mallet seine Erkundigungen über Walters Charakter nur von dazu ungeeigneten Personen eingeholt – zum Beispiel von Marcus Wallenberg und anderen Schweden in Regierungskreisen, die versuchten, Walter um seine Provision für den Verkauf der italienischen Zerstörer an Schweden zu bringen. Tennant glaubt, bei dem italienischen Emissär könne es sich entweder um den Dirigenten Vittorio Gui oder den Kurier der italienischen Bank gehandelt haben, der das Geld für die verkauften italienischen Zerstörer abholte. Mit Sicherheit traf Vittorio Gui im März und Dezember 1942 in Stockholm mit Agenten des britischen Secret Service zusammen. Er lieferte ihnen viele Informationen über die Verhältnisse in Italien, und seine Bemerkungen zeigten, daß er äußerst antifaschistisch eingestellt war.

Fregattenkapitän Barrow-Green, damals Chef des Marinenachrichtendienstes Italien, führte nach dem Krieg eine kleine Gruppe von Ermittlern nach Italien, um der Verschwörung auf den Grund zu gehen. Im Public Record Office gibt es dazu keine Unterlagen, aber nach seiner Rückkehr teilte Barrow-Green mit, daß die betroffenen Italiener zwar nicht reden wollten, daß jedoch einiges auf die Existenz eines Plans hindeute, die italienischen Schiffe nach Wavells Sieg bei Beda Fomm in Alexandria an die Briten auszuliefern. Weitere Nachforschungen würden zu »Verleumdungsklagen italienischer Familien gegen die Regierung Seiner Majestät« führen.[18]

Es ist kein Wunder, daß alle in Frage kommenden Italiener die

Aussage verweigerten, denn nach dem Krieg war in Italien eine Welle des Grolls über die strengen Kapitulationsbedingungen aufgekommen, die von den Alliierten verhängt und erst im Herbst 1945 enthüllt worden waren. Viele, die zur Zeit Mussolinis für den Rückzug Italiens aus dem Krieg gearbeitet hatten, fühlten sich im Stich gelassen. Deshalb wollten sie nicht als »Verräter« an den italienischen Kriegsbemühungen bekannt werden. Zum Beispiel schrieb General Castellano, der 1943 die Waffenstillstandsurkunde im Namen Badoglios unterzeichnete: »Der Waffenstillstand, zu dessen Unterzeichnung die Alliierten uns zwangen, war alles andere als großzügig und stand nicht im Einklang mit den Versprechungen der alliierten Propaganda ...«

Professor Alberto Santoni hat verschiedene Artikel über »die Kapitulation« verfaßt und ist zu der Ansicht gelangt, es habe eine Verschwörung gegeben. Dies wird von anderen italienischen Historikern in Frage gestellt. Wie auch immer, es gibt jedenfalls keinen Zweifel, daß Anfang 1941 in der italienischen Marine starke Unzufriedenheit herrschte und daß nach Grazianis Niederlage eine Auslieferung der Schiffe durchaus möglich war. Ob solche Anstrengungen nach Rommels Sieg über Wavell fortgesetzt wurden, ist nicht festzustellen.

Admiral Massimiliano Marandino, Leiter des italienischen Instituts für Marinegeschichte, hat erklärt, in seinem Archiv sei nicht die Spur eines Beweises für Professor Santonis Behauptungen zu finden. Seiner Meinung nach handelte es sich um einen Plan des britischen Secret Service, der beabsichtigt habe, den Deutschen bestimmte Dokumente in die Hände fallen zu lassen, damit zwischen Italien und Deutschland Unstimmigkeiten geschaffen würden.[19]

Das Foreign Office bestätigte am 7. April 1941: »Unsere Propaganda sollte behaupten, daß Hitler vorhatte, die italienische Flotte zu übernehmen; wir sollten entsprechende Gerüchte verbreiten und versuchen, direkten Kontakt mit Offizieren der Flotte herzustellen.« Man teilte der BBC mit, das strategische Ziel der Regierung sei: »Kapitulation der italienischen Flotte und Luftwaffe oder bestimmter Einheiten.« Die BBC wurde aufgefordert, das

Bild einer mächtigen Freien Italienischen Bewegung außerhalb Italiens zu zeichnen, damit es italienischen Offizieren leichterfalle, die Flotte ohne das Gefühl, Verrat zu üben, zu übergeben.

Professor Franco Bandini hat sowohl in britischen als auch in italienischen Archiven umfassende Recherchen angestellt. Er ist überzeugt, daß Ende 1940 und Anfang 1941 Kontakte zwischen dem britischen Secret Service und den Admiralen Domenico Cavagnari (der am 8. Dezember 1940 von Mussolini entlassen wurde), Arturo Riccardi (wie Cavagnari ein früherer Chef der italienischen Marine) sowie Badoglio und Grandi bestanden. Bandini hat keinen Zweifel, daß sie für den Fall der Kapitulation »gewisse offizielle Zusicherungen« des Foreign Office über die Behandlung der italienischen Flotte erhielten.[20] Außerdem glaubt er, Riccardi habe Großbritannien im Jahre 1940 versprochen – ähnlich wie Admiral Darlan von der französischen Flotte –, daß die italienische Flotte den Deutschen niemals in die Hände fallen werde. Die Tatsache, daß das Kriegskabinett im Dezember 1940 die Verteilung von Flugblättern autorisierte, in denen die italienische Marine zur Kapitulation aufgefordert wurde, untermauert dieses Argument.

Die historische Bedeutung der oben zitierten britischen Dokumente aus Stockholm liegt hauptsächlich darin, daß sie beweisen, mit welchem Enthusiasmus Eden und Churchill 1941 versuchten, die italienische Flotte zur Kapitulation zu bewegen. Doch im Jahre 1943, als Italien in viel größeren Nöten war, wurde rebellierenden italienischen Armee- und Marineführern keine helfende Hand gereicht.

Churchills Hoffnungen auf eine die Alliierten unterstützende Legion Garibaldi, auf eine freie und prosperierende italienische Cyrenaika und auf den Versuch, italienische Marineoffiziere durch Bestechung zur Übergabe ihrer Schiffe zu veranlassen, waren mit einem Separatfrieden für Italien verbunden. Wavells Sieg bei Beda Fomm hatte die Erwartung geweckt, daß Italien Hitler im Stich lassen könne. Das Foreign Office erhielt immer wieder Berichte über ein Sinken der italienischen Moral, und das Heeresministerium machte sogar Pläne für ein Landungsunternehmen in Sizilien (INFLUX), um die Unzufriedenheit zu nutzen. Die Special Operations Executive in Ägypten förderte diese Hoffnungen dadurch, daß sie die antifaschistische Einstellung der Gefangenen betonte, aber die italienischen Führungspersönlichkeiten im Exil waren schwach.

Anfang 1941 wollte Churchill Italien die Gelegenheit bieten, nach Kriegsende wieder zu einer Großmacht zu werden, und er war bereit, die Senussi zu opfern und die gesamte arabische Welt gegen sich aufzubringen. Doch im Sommer 1941, nach dem erfolgreichen Balkan-Feldzug der Deutschen und Hitlers Angriff auf die Sowjetunion, waren die Anstrengungen der britischen Regierung, den italienischen Widerstand zu brechen, eindeutig gescheitert. Von diesem Zeitpunkt an vertraten die Briten den Standpunkt, daß Italien im Weltkrieg nur ein unbedeutender Satellit Hitlerdeutschlands und keine unabhängige Macht sei.

Am 25. Dezember 1940 hatte Churchill der italienischen Nation in einer Rundfunkansprache erklärt, daß Mussolini allein für den Krieg zwischen den beiden traditionell befreundeten Ländern verantwortlich sei, und das italienische Volk aufgefordert, den Duce zu stürzen. Damals und im Laufe der nächsten sechs Monate wären alle nennenswerten Friedensvorschläge der italienischen Opposition in London wohlwollend aufgenommen worden. Doch es kam zu keinen Vorschlägen.

Eden schlug im Sommer 1941 einen härteren Kurs Italien gegenüber ein. Am 18. Juli legte ihm die Abteilung Süd ein Memorandum vor, das jede Möglichkeit eines »milden« Friedens mit Italien beendete. Darin hieß es, das italienische Volk werde zwar durch die Siege der Achsenmächte in der Wüste, in Griechenland und Rußland nicht allzusehr ermutigt, aber es halte die Deutschen nun für die wahrscheinlichen Sieger. Die italienischen Streitkräfte seien gegen den Krieg und gegen das faschistische Regime, doch sie seien zu sehr von Faschisten durchsetzt, als daß sie revolutionäre Schritte würden ergreifen können. Auch vom italienischen König sei nichts zu erhoffen. Dieses Memorandum wurde an das Kriegskabinett weitergereicht und zusammen mit folgendem Vermerk Edens am 11. August gebilligt:

Apathie und Kriegsmüdigkeit sind die hervorstechenden Merkmale der in Italien herrschenden Stimmung. Die Aussichten, Italien aus dem Krieg herauszulösen (das heißt Separatfrieden), können nun unberücksichtigt bleiben, da die Deutschen unzweifelhaft jeden derartigen Schritt in Italien dadurch vereiteln würden, daß sie die gegenwärtige moralische Besetzung in eine physische Besetzung des Landes umwandeln. Aber je deprimierter und beunruhigter die Italiener sind, desto unwirksamer ist der italienische Beitrag zu den deutschen Bemühungen und desto größer werden die Überwachungsaufgaben der Deutschen in Italien.

Die Moral aus alledem ist, daß wir, obwohl wir nun nicht mehr hoffen können, Italien herauszulösen, nicht in unseren Bemühungen nachlassen sollten, aus der Luft und vom Meer her Schläge gegen das italienische Mutterland zu führen, wann immer sich die Gelegenheit bietet. Jeder Schlag gegen Italien ist ein Schlag gegen Deutschland.[21]

Die Foreign-Office-Dokumente, auf die Eden seinen Vermerk für das Kriegskabinett stützte, enthielten einen Zusatz: »Die italienische Moral war viel weniger gut, als nach der langen Serie von Achsensiegen zu erwarten gewesen wäre.« Eden schrieb am 6. August 1941 an Luftfahrtminister Sinclair: »Ich möchte Sie darauf aufmerksam machen, daß es wünschenswert ist, wann immer möglich gegen Italien vorzugehen.« Zum Glück für Italien galt die Bombardierung von Zivilzielen nicht als besonders dringlich.

Im August notierte Cadogan, daß jede Hoffnung auf einen Separatfrieden mit Italien nichts anderes als »Mondschein« sei. Eden stimmte zu: »Wir müssen einen Landsieg auf einem wichtigen Kriegsschauplatz erringen, bevor wir einen dieser Mondstrahlen fangen können.«[22]

Als Roosevelt und Churchill sich am 13. Januar 1943 in Casablanca trafen, hatte sich das Blatt gewendet. Die Alliierten verfügten über genügend Truppen in Tunesien, um die dortigen deutschen und italienischen Armeen zu besiegen, und die Schlagkraft reichte offensichtlich auch für einen Angriff, der innerhalb von Monaten auf dem europäischen Kontinent durchgeführt werden konnte. Damit nicht genug, auch die Russen hatten die deutschen Linien bei Stalingrad durchbrochen und fügten dem Gegner unerhörte Verluste zu.

In jener Woche gelangte der König von Italien, Victor Emmanuel III., zu der Überzeugung, daß Deutschland den Krieg verlieren werde und daß es seine Pflicht sei, sich um einen Frieden mit den Alliierten zu bemühen, um die Deutschen aus Italien zu vertreiben. Danach rückte er sofort in den Mittelpunkt aller Intrigen, die auf den Sturz Mussolinis abzielten.

Mussolini, ebenfalls beunruhigt über den Erfolg der Alliierten in Nordafrika und die deutsche Niederlage bei Stalingrad, war der Meinung, daß die Achsenmächte entweder mit Rußland Frieden schließen müßten oder daß Italien sich von Deutschland trennen und einen Separatfrieden mit den Alliierten anstreben sollte. Aber der Duce stand weiterhin unter dem Einfluß von Hitlers hypnotischen Kräften und hatte einen Rest von Vertrauen zu dessen nicht völlig unbegründeter Prahlerei, daß seine Geheimwaffen Großbritannien zerstören und es zu einem schimpflichen Frieden zwingen würden.

Versuche, mit den Alliierten zu verhandeln, gingen sowohl von Faschisten als auch von Royalisten aus. Die Alliierten vermochten diese Chancen nicht zu ergreifen. Eden hatte heftige Vorurteile gegen die Italiener: Mussolinis Verhalten in der Frage Abessiniens und Edens dadurch erzwungener Rücktritt als Außenminister hatten ihn zutiefst verbittert. Die Regierung der Vereinigten Staaten war den Italienern gegenüber aufgeschlossener, und Roosevelt verlor den bedeutenden Anteil italienischer Wählerstimmen in den USA nie aus den Augen. Unglücklicherweise begriffen die Italiener nicht, daß sie in Washington eine bessere Erfolgschance als in London hatten. Die Royalisten hingen einem rührenden Glauben an die traditionelle britische Freundschaft mit Italien an, die bis ins Risorgimento zurückging. Somit war, da die italienischen Initiativen sich an das Foreign Office richteten, der Staatsstreich gegen Mussolini am 25. Juli 1943 eine rein inneritalienische Angelegenheit, ohne jede Hilfe der Alliierten. Vor dem 25. Juli unternahm man fünf vergebliche Annäherungen an die Briten, doch Faschisten wie Antifaschisten wurde nichts als die »bedingungslose Kapitulation« angeboten.

Edens harter Kurs wurde im November 1942 deutlich, als Raczynski, der polnische Botschafter in London, Sargent im Foreign Office aufsuchte und ihm berichtete, daß einer der Untergebenen Franzonis, des italienischen Botschafters in Portugal, in Lissabon an einen polnischen Diplomaten herangetreten sei, um sich zu erkundigen, ob die Briten irgend etwas tun würden, um Italien den Rückzug aus dem Krieg zu erleichtern. Der italienische Diplomat erklärte, daß Franzoni häufig Verbindung mit der britischen Botschaft aufgenommen, doch nie erfahren habe, wie »die Alliierten die Situation einschätzten«.

Edens Kommentar vom 11. November zu diesem Vorgang lautete:

> Ich würde dieses Zeug viel lieber vernichten und den Polen raten, das gleiche zu tun. Wir beabsichtigen nicht, mit Mussolini Frieden zu schließen, und diese Männer sind seine Kreaturen. Die einzige Hoffnung in Italien ist eine Revolution, also genau das, was diese Männer vermeiden wollen. Wenn ein Hauch davon an russische Ohren dringt, hätte es sehr schlimme Folgen, besonders da Polen in die Sache verwickelt sind. Jedenfalls kann es keinen Vorteil bringen. Ich meine, die Polen sollten zurückgewiesen werden und wir sollten die ganze Angelegenheit unter allen Umständen ablehnen und uns weigern, mit den Mittelsmännern zu reden.[23]

Genau dies war Edens Position, als Ciano Botschafter Franzoni zwei Wochen später anwies, Gespräche mit Sir Ronald Campbell, dem britischen Botschafter in Lissabon, anzubahnen. Die Landung der Alliierten in Nordafrika hatte gerade stattgefunden, und Franzoni, der sich damals in Rom aufhielt, fragte Ciano, ob dieser immer noch auf einen militärischen Sieg der Achsenmächte hoffe. Der Außenminister verneinte. Daraufhin schlug Franzoni vor, sich nach den Absichten der britischen Regierung für den Fall eines separaten italienischen Friedensersuchens zu erkundigen. Ciano war einverstanden, aber er hatte keinen Plan und nicht einmal Mussolinis uneingeschränkte Zustimmung. Franzoni schickte über einen rumänischen Mittelsmann, Jan Pangal, Botschaften an Campbell in Lissabon. Diese wurden an das Foreign Office in London weitergegeben. Eden stellte sich taub und schrieb am 18. Dezember an Winant, den Botschafter der Vereinigten Staaten in London (mit einer Kopie für Maiski, den russischen Botschafter): »... Wir haben beschlossen, diesen Möglichkeiten nicht nachzugehen, denn die Italiener in Lissabon sind *Sklaven der Faschisten*, und wenn wir diese Kontakte weiterverfolgen, wird der Eindruck entstehen, daß wir nicht auf die Zerstörung des Faschismus bedacht seien.«[24]

Hier zeigte Eden seine große Unkenntnis der in Italien wirksamen Kräfte. Franzoni war gewiß kein *»faschistischer Sklave«*, sondern ein aufrichtiger, patriotischer Diplomat. Das Weiße Haus nahm den Schritt weitaus ernster und erwiderte, er sei ein Zeichen für »wichtige inneritalienische politische Entwicklungen«. Eden verschenkte eine Möglichkeit, die italienische Kriegsteilnahme während der ersten Phasen des kostspieligen Nordafrikafeldzugs zu beenden. Wäre man auf Cianos Initiative eingegangen, hätte eine große Zahl alliierter Opfer in Nordafrika vermieden werden können.

Im Dezember 1942 teilte der italienische Generalkonsul in Genf, Luigi Cortese, seinem britischen Kollegen mit, er wolle eine Verbindung zwischen London und dem neuen Herzog von Aosta* herstellen, der bereit sei, unter folgenden Voraussetzungen einen bewaffneten Aufstand gegen Mussolini zu führen: 1. Die Royal Air Force habe Unterstützung zu leisten; 2. eine Landung der Alliierten in Italien solle zur selben Zeit wie der Aufstand stattfinden - nicht mit dem Ziel, Italien zu erobern und zu besetzen, sondern mit dem Ziel, den Untergang des

* Amedeo, Herzog von Aosta, der die italienischen Streitkräfte in Abessinien befehligt hatte, starb Anfang 1942. Sein Nachfolger war der Herzog von Spoleto (sein Cousin).

Faschismus zu beschleunigen; 3. die italienische Flotte habe unversehrt zu bleiben; 4. die Zukunft der Monarchie sei zu garantieren.

Diesmal meinte auch Eden, daß es sich um ein ernst zu nehmendes Angebot handele. Er informierte den amerikanischen und den sowjetischen Botschafter und schlug vor, der Herzog von Aosta solle den Plan mit Kronprinz Umberto diskutieren. Diese ermutigende Botschaft von Eden an Aosta half Victor Emmanuel zweifellos bei der Entscheidung, einen Versuch zum Sturz Mussolinis und zu einem Friedensschluß mit den Alliierten zu machen. Bald sollte es zu weiteren monarchistischen Angeboten kommen.

Unterdessen hatte US-Außenminister Cordell Hull Eden offiziell zugestimmt, daß man den Annäherungsversuch von Ciano und Franzoni via Lissabon zurückweisen, doch die Gespräche mit Aosta in Gang halten solle. Hull empfahl, daß das amerikanische und das britische Außenministerium eine gemeinsame Politik definieren sollten, was die Eignung italienischer antifaschistischer Persönlichkeiten betraf. Die Briten ignorierten diesen vernünftigen Vorschlag, und die aufgeschlossenere Haltung der Amerikaner fand bei Eden keine Gegenliebe. Am 14. Januar 1943 schrieb er an Hull, es gebe in Italien niemanden, der Mussolini stürzen könne. Der König sei ein »gefügiger Diener des Faschismus«, und »nur Badoglio« könne etwas unternehmen, allerdings erst »später, wenn die Unzufriedenheit in der Armee gewachsen ist«. Eden behauptete, laut Angaben des britischen Geheimdienstes sei die faschistische Partei immer noch geeint; die gemäßigten Faschisten seien »ohnmächtig«, und er, Eden, befürworte eine Verstärkung der Bombardements.[25]

In diesem Brief vom 14. Januar an Hull schrieb Eden, es sei zwecklos, dem italienischen Volk verlockende Friedensbedingungen anbieten zu wollen, denn es werde zumindest eine Garantie seiner Vorkriegsgrenzen verlangen, und dies sei wegen der Ansprüche Jugoslawiens und (überraschenderweise) Österreichs unmöglich. Cordell Hull und das Weiße Haus waren anderer Ansicht als Eden, aber sie taten nichts, um den harten Kurs der Briten zu mildern.

Bei der Konferenz von Casablanca im Januar 1943 wurde die Formel der »bedingungslosen Kapitulation« ersonnen. Roosevelt und Churchill wollten Italien von dieser Formel ausnehmen. Beide meinten zu Recht, daß die Zeit gekommen sei, an die italienischen Antifaschisten zu appellieren, und daß die Forderung einer bedingungslosen Kapitulation diesen Plan durchkreuzen würde. Deshalb telegraphierte Churchill während der Konferenz von Casablanca an das Kriegskabinett und erkundigte sich, was die Mitglieder davon hielten, Deutschland und Japan, nicht aber Italien zur bedingungslosen Kapitulation aufzufordern: »Auslassung Italiens würde Zusammenbruch fördern. F.D.R. gefällt die Idee.« In Abwesenheit Churchills dominierte Eden das Kriegskabinett, was die Außenpolitik anging, und zusammen mit Attlee sandte er die kompromißlose Erwiderung: »Kabinett einstimmig dafür, daß Italien mit bedingungsloser Kapitulation bedroht werden muß. Wissen um bevorstehende harte Gangart müßte den erwünschten Effekt auf die italienische Moral haben.«[26] Also wurde Italien bis zum bitteren Ende eine bedingungslose Kapitulation abverlangt - mit bösen Folgen für die Alliierten.

Die Special Operations Executive (SOE) hatte am 25. August 1942 aus Bern nach London gemeldet, daß John McCaffery, ihr Agent in Lugano, Verbindung mit einem Freund Badoglios aufgenommen habe. Es handelte sich um Dr. Rusca, einen Direktor des Verlagshauses Mondadori in Mailand. Er sagte, Badoglio wünsche, daß die Briten aus »annehmbaren Elementen« außerhalb Italiens eine Freie Italienische Bewegung bildeten. Er riet McCaffery, man solle durch einen hohen italienischen Offizier im Namen Badoglios Kontakt zu General Bergonzoli herstellen, der damals immer noch Kriegsgefangener war. Am 15. November meldete McCaffery, Badoglio habe Rusca erklärt, er wolle nichts mit General Bergonzoli zu tun haben, der »ein Strohmann« sei, aber General Gazzara komme in Frage. Anfang Januar 1943 reiste Rusca von Mailand nach Lugano und unterrichtete McCaffery, er habe mehrere Gespräche sowohl mit Badoglio als auch mit Caviglia geführt, die »Waffenruhe« geschlossen und gemeinsam General Pesenti zu ihrem Vertreter bestimmt hätten. Pesenti solle jede denkbare Unterstützung erhalten, damit er aus Kriegsgefangenen und im Ausland ansässigen Italienern eine »Freie« Italienische Armee bilden könne. McCaffery suchte in London um Richtlinien für mögliche Gespräche mit Pesenti nach. Er wurde angewiesen, den Italienern nur »Hilfe bei ihren Plänen« zuzusichern und »auf keinen Fall auf Friedensfühler zu reagieren«. Am 20. November berichtete McCaffery, daß diese Botschaft an Rusca übermittelt worden sei.

Am 1. Januar 1943 teilte die SOE in London dem Foreign Office und den Vereinigten Generalstabschefs mit, daß Kontaktpersonen behaupteten, Badoglio und Caviglia besäßen in Italien eine mächtige und einflußreiche Anhängerschaft und wollten, gestützt auf »eine antifaschistische Armee«, eine Militärregierung einsetzen. Die SOE bat um Genehmigung, Pesenti von Mailand in die Cyrenaika zu fliegen, damit er mit der britischen Regierung sprechen und beginnen könne, aus italienischen Kriegsgefangenen in Nordafrika eine entsprechende Armee zusammenzustellen. Die SOE in Bern meldete: »Der Kurier könnte nur mit Mühe aus Bern nach Rom gelangen, und es ist wichtig, daß bis zum 12. Januar, dem Datum der Ankunft des Kuriers in Bern, eine Antwort erteilt wird. Pesenti stellt es völlig in unser Ermessen, ob die Neuigkeiten nach seinem Flug veröffentlicht oder geheimgehalten werden.«[27]

Pesenti entstammte einer bekannten Genueser Familie und war ein begabter Musiker. Er war ein überzeugter Antifaschist und ein entschiedener Kriegsgegner. Im Jahre 1941 war er Militärbefehlshaber von Somaliland gewesen, und nach General Cunninghams erfolgreichen Angriffen im Februar desselben Jahres war er zu der Ansicht gelangt, daß Italien den Krieg in Ostafrika verloren hatte. Er teilte seinem Oberbefehlshaber, dem Herzog von Aosta, mit, man solle sich an der abessinischen Front um einen separaten Waffenstillstand bemühen, da es keine Hoffnung mehr gebe. Aosta war außer sich, und es kam zu einem erbitterten Streit, in dessen Verlauf Aosta den General als Verräter bezeichnete, der eigentlich erschossen werden müsse. Doch Pesenti wurde entlassen und flog ungeschoren zurück nach Italien, während Aosta in Kriegsgefangenschaft geriet.

Nur einen Monat vor Kriegsbeginn war Pesenti in Südafrika gewesen, und es gibt kaum einen Zweifel, daß er Kontakt zum britischen Secret Service hielt, während er 1941 italienische Truppen in Ostafrika befehligte. Churchill erklärte den Generalstabschefs im März 1941: »Wir werden vielleicht von der abgeschnittenen italienischen Garnison in Äthiopien Waffenstillstandsvorschläge erhalten.« Diese Worte gingen höchstwahrscheinlich auf eine Botschaft von Pesenti zurück.[28]

Badoglio und Caviglia machten nun ein konkretes Angebot zur Zusammenarbeit mit den Alliierten. Eden legte dem Kriegskabinett am 18. Januar 1943, während Churchill an der Konferenz von Casablanca teilnahm, ein Memorandum vor:

Memorandum des Ministers für Auswärtige Angelegenheiten

1. SOE hält seit einiger Zeit über einen Mittelsmann Verbindung zu Marschall Badoglio und Marschall Caviglia in Italien.
2. Es scheint nun, daß Marschall Badoglio bereit ist, im richtigen Moment die Macht zu übernehmen und eine Militärregierung zu errichten. Er möchte einen Abgesandten, General Pesenti, in die Cyrenaika schicken, um mit der Regierung seiner Majestät über ein koordiniertes Vorgehen außerhalb und innerhalb Italiens zu sprechen, das auf den Sturz des faschistischen Regimes abzielt.
3. Marschall Badoglio ist die wohl geeignetste italienische Persönlichkeit, eine erfolgreiche antifaschistische Bewegung zu führen und ein Höchstmaß an Sympathie und Unterstützung innerhalb Italiens zu gewinnen. Marschall Caviglia, der die italienische Armee in der Schlacht von Vittorio Veneto befehligte, ist nun rund achtzig Jahre alt, aber zusammen hätten die beiden wahrscheinlich eine mächtige und einflußreiche Anhängerschaft aus italienischen Antifaschisten. General Pesenti scheint in der Politik keine Rolle gespielt zu haben, was seine Wahl für den gegenwärtigen Zweck geeignet macht. Er war von 1939 bis Januar 1941, als man ihn aus unbekannten Gründen nach Italien zurückbeorderte, Kommandierender General in Somaliland.

4. Marschall Badoglio bittet um keine Zusicherungen, was die Zukunft betrifft. Er möchte nur: 1) daß General Pesenti mit uns über ein koordiniertes Vorgehen spricht, das zu gegebener Zeit stattfinden soll; und 2) daß General Pesenti die Möglichkeit geboten wird, eine Streitmacht unter den im Ausland ansässigen Italienern sowie unter den Kriegsgefangenen zu rekrutieren.

5. Der Nachteil einer Annahme von Marschall Badoglios Vorschlag bestünde darin, daß wir verpflichtet wären, den General und die beiden Marschälle zu unterstützen, wenn es Pesenti gelingt, eine Streitmacht aufzustellen. Dies könnte peinlich sein, wenn später der Eindruck entstehen sollte, daß eine andere Persönlichkeit größere Erfolgsaussichten als diese beiden Marschälle hätte, eine antifaschistische Bewegung zu bilden. Wir würden auch das Risiko laufen, uns eine undefinierbare Truppe von zweifelhaftem militärischem Wert aufzubürden, die sich in unwillkommenen politischen Aktivitäten ergehen und versuchen könnte, uns unerwünschte politische Konzessionen abzuringen.

6. Die Vorteile einer Genehmigung von General Pesentis Ausreise aus Italien wären: *a)* Wir würden wertvolle Informationen über die Verhältnisse und die allgemeine Lage in Italien sowie über das Ausmaß von Untergrundbewegungen erhalten; *b)* wenn es General Pesenti gelingt, eine italienische Streitmacht außerhalb Italiens zu bilden, könnte ihre Existenz erhebliche Wirkung auf unzufriedene Elemente in Italien haben; *c)* es wäre nützlich, eine Streitmacht nach dem Vorbild der »Garibaldi«-Truppe zu besitzen, falls und wenn alliierte Operationen in Italien stattfinden, vor allem da ein Mann von Marschall Badoglios Ansehen eine wertvolle Rolle für uns spielen könnte, sobald sich Risse im faschistischen Regime zeigen werden.

7. Ich wäre jedoch nicht dafür, den beiden Bitten Marschall Badoglios im voraus zuzustimmen, weil ich glaube, daß es unklug wäre, wenn wir uns festlegten, bevor wir uns eine Meinung über General Pesentis Autorisierung zu Gesprächen über

ein koordiniertes Vorgehen oder über seine persönlichen Qualifikationen hinsichtlich der Sammlung italienischer Kriegsgefangener und Flüchtlinge gebildet haben.

8. Vorausgesetzt jedoch, wir lassen keinen Zweifel daran, daß wir mit Marschall Badoglios Emissär in der Schweiz nicht über irgendwelche Bedingungen diskutieren können und daß General Pesenti bereit sein muß, vorbehaltlos anzureisen, bin ich der Ansicht, daß wir das uns gemachte Angebot nutzen und daß die SOE den Plan realisieren sollte.

9. Wenn General Pesenti aus Italien eintrifft, werden besondere Vorkehrungen getroffen werden müssen, was die Form der Gespräche und die Gesprächspartner angeht, und ich möchte mir ausbedingen, daß ihm bei solchen Unterredungen ohne vorherige Rücksprache mit dem Foreign Office keine Angebote gemacht oder Versprechen gegeben werden.

10. Wenn wir beschließen, auf den Vorschlag zu reagieren, sollten wir zweifellos die Regierungen der Vereinigten Staaten und der Sowjetunion unterrichten.[29]

Auf Edens Empfehlung hin beschloß das Kabinett am 18. Januar, daß »den Marschällen Badoglio und Caviglia ohne weitere Instruktionen [des Kabinetts] keine Antwort gegeben werden sollte«. Da Eden am 4. Januar an Hull geschrieben hatte, daß nur Badoglio den Sturz Mussolinis bewirken könne, erscheint es merkwürdig, daß er nur zwei Wochen später alle Verhandlungen rundweg ablehnte.

Der militärische Nachrichtendienst und die SOE drängten darauf, durch Pesenti Informationen über Militärbewegungen und interne Ereignisse in Italien zu erlangen. Das Heeresministerium setzte das Foreign Office unter Druck, um Pesenti herauszuholen. Daraufhin sandte Eden am 17. Februar das folgende, »höchst geheime« Memorandum an Churchill. In aller Deutlichkeit enthüllt es Edens Feindseligkeit Italien gegenüber, die einen frühen Frieden mit Mussolinis Gegnern verhinderte. Hier ein Auszug:

Es gibt nichts Definitives, was wir den Italienern versprechen könnten. Wir können ihnen keine Hoffnung machen, was ihre überseeischen Besitzungen betrifft. Wir können die territoriale Wiederherstellung des italienischen Mutterlandes nicht garantieren, da wir uns den Jugoslawen gegenüber verpflichtet haben, deren Anspruch auf Istrien nach dem Krieg zu vertreten. Die Regierung der Vereinigten Staaten legt jedoch offensichtlich Wert darauf, daß den Italienern ein Hoffnungsschimmer für ihre Zukunft bleibt, und ich habe gerade von Hull eine Formel erhalten, die den Umständen meiner Meinung nach gerecht werden würde. Sie lautet folgendermaßen: »Wir sollten dem italienischen Volk, ohne daß wir spezifische politische oder territoriale Verpflichtungen eingehen, die Hoffnung lassen, daß Italien als Nation nach der Niederlage der faschistischen Regierung überleben wird und daß weder wir noch unsere Alliierten Ansprüche auf solche Gebiete haben, die von Grund auf italienisch sind und es stets waren.«
Ein zweites, was wir den Italienern übermitteln können, ist die Tatsache, daß sie die Vorzüge der Atlantik-Charta genießen werden, insbesondere die Freiheit, über ihr eigenes Regime zu entscheiden, sowie Zugang zum Handel und zu den Rohstoffen der Welt.
Die Exekutive für Politische Kriegführung meint, daß es unserer Propaganda in Italien helfen würde, wenn sie unseren gegenwärtigen harten Kurs in dem Maße modifizieren könnte, daß sie den Italienern eine gewisse Hoffnung ... hinsichtlich ihrer Zukunft machen könnte. Während ich glaube, daß es bei ernsthaften Gesprächen mit Abgesandten von inneritalienischen Gruppen notwendig wäre, mindestens so weit zu gehen, bin ich nicht völlig überzeugt, daß es erforderlich ist, in unserer Propaganda *jetzt schon* den gleichen Kurs einzuschlagen. In Anbetracht des italienischen Charakters denke ich, daß wir unser Ziel, Italien aus dem Krieg herauszulösen, höchstwahrscheinlich durch die Einhaltung unseres gegenwärtigen harten Kurses, verstärkt durch schwere Bombardements und die Drohung einer Invasion, erreichen können. Voreilige und unver-

mittelte Versprechen würden von den Italienern als ein Zeichen von Schwäche interpretiert und vom faschistischen Propagandaapparat mit Sicherheit zu unseren Ungunsten ausgenutzt werden.

Ich habe die Regierung der Vereinigten Staaten (durch Winant) bereits über Marschall Badoglios Sondierung informiert.[29]

Churchill kritzelte auf das Dokument: »Eine Kabinettssitzung, bevor Sie abreisen. 18. 2. 43.« Ursprünglich sollte das Papier in der Kabinettssitzung vom 22. Februar vorgelegt werden, doch sie wurde verschoben, da der Premierminister nicht anwesend sein konnte. Man sprach dieser glänzenden Gelegenheit keinerlei Dringlichkeit zu, und das Kabinett befaßte sich in den nächsten achtundzwanzig Tagen nicht mehr damit. Dann war es zu spät.

Eden nahm an der Sitzung des Kriegskabinetts am 18. März nicht teil, aber Staatssekretär Richard Law sagte, der Außenminister sei sehr dafür, General Pesenti aus Italien herbeizuholen, falls er »ohne Vorbedingungen« erscheine. Die allgemeine Meinung des Kabinetts war, daß es vernünftig sei, mit Pesenti Kontakt aufzunehmen, vorausgesetzt, ohne vorherige Genehmigung der Minister würden keine Verpflichtungen eingegangen. Das Kabinett vermerkte, daß die geplanten italienischen Streitkräfte, die außerhalb Italiens zusammengestellt werden sollten, wahrscheinlich keine allzu wertvolle Rolle spielen würden und daß Verhandlungen mit Badoglio, der die italienischen Truppen in Abessinien befehligt hatte, »politische Rückwirkungen haben könnten«. Trotzdem autorisierte es das Foreign Office, die SOE zu unterrichten, sie könne ihren Plan, Pesenti in die Cyrenaika zu schaffen, in die Tat umsetzen. Er kam nie dort an, obwohl er erwartet wurde, wie der auf den 7. April datierte Brief von Major Roseberry, Chef der Italienischen Sektion des SOE, an das Foreign Office zeigt[30]:

Mit Bezug auf den Vorschlag, General Pesenti zu empfangen, um uns über Marschall Badoglios Pläne zu vergewissern, haben wir nun erfahren, daß unsere Zustimmung zu der Sondierung an Badoglios Abgesandten weitergegeben wurde, der nach Rom gereist ist, um den Marschall zu informieren. Man teilte uns mit, daß eine Antwort am Ende dieser Woche erwartet werden kann.[31]

Bevor Eden nach Washington abreiste, notierte er, daß es besser wäre, keinen Nachdruck auf die Atlantik-Charta zu legen, »sondern uns darauf zu beschränken, der Hoffnung Nahrung zu geben, daß Italien nach der Niederlage der faschistischen Regierung als Nation überleben würde«.

Die italienische Historikerin Bianca Ceva war damals mit Pesenti bekannt. Sie schreibt, er habe Kontakt zu französischen Antifaschisten gehabt, die ständig aus der Schweiz nach Mailand reisten. Man habe Pesenti nicht direkt in die Cyrenaika, sondern nach Bern und dann nach London fliegen wollen. Die Maschine, die ihn in die Schweiz bringen sollte, habe trotz des Treibstoffmangels viele Wochen lang am Mailänder Militärflugplatz bereitgestanden. Man habe den Piloten schließlich verhaftet, und das Risiko für Pesenti sei zu hoch geworden.[32] Jedenfalls traf er im Jahre 1943 nicht in der Schweiz ein.

Im Rückblick ist deutlich, daß eine einmalige Gelegenheit, mit Badoglio und den antifaschistischen und monarchistischen Kräften Verbindung aufzunehmen, vertan wurde, als man Pesentis Angebot im Januar - also zu einem Zeitpunkt, da er noch mühelos hätte ausgeflogen werden können - zurückwies. Mit seiner Hilfe hätte man Pläne für eine militärische Übernahme Italiens durch die Alliierten koordinieren können, sobald Mussolini verhaftet und die faschistische Partei gestürzt war. Dies hätte vor den Deutschen geheimgehalten werden können.

Im Dezember 1942 und Januar 1943 kämpften die italienischen Streitkräfte in Tunesien laut Feldmarschall Montgomery, dem Befehlshaber der britischen 8. Armee in Nordafrika, verbissener als je zuvor. Hätten die italienischen Soldaten von einem Versuch Badoglios gehört, eine antifaschistische Truppe aus Kriegsgefangenen zu bilden, wäre ihre Moral stark angeschlagen worden, so daß sie die Deutschen vielleicht im Stich gelassen hätten. Solche Überlegungen scheint Eden nicht angestellt zu haben, und seine

Berater im Foreign Office vergaßen oder übersahen die Information, die sie 1941 über Caviglias Beziehungen zum britischen Secret Service in Bern erhalten hatten.[33]

Caviglia und Pesenti blieben in Mailand, während Badoglio sich in Rom aufhielt. Obwohl die beiden Marschälle unversöhnliche Gegner Mussolinis und des Faschismus waren, haßten sie einander. Der Streit ging auf strategische Fragen im Ersten Weltkrieg während der Schlacht von Caporetto zurück. Nichtsdestoweniger schienen sie zur Zusammenarbeit bereit, um Italien aus seiner Not zu retten.

In der zweiten Hälfte des Jahres 1942 ließ die Kontrolle Mussolinis über das italienische Volk aufgrund der militärischen Niederlagen rasch nach, und es kam zu einer dramatischen Wiederbelebung heimlicher antifaschistischer Aktivitäten in Rom. Ivanoe Bonomi, der letzte Ministerpräsident Italiens vor Mussolinis Machtübernahme, traf sich häufig mit namhaften Politikern der vorfaschistischen Zeit, darunter der ehemalige Ministerpräsident Orlando und De Gasperi.[34] Er sprach auch mit Badoglio und Caviglia über Pläne für einen Staatsstreich des Königs gegen Mussolini. Am 2. Juni 1943 legte er dem König persönlich diese Pläne vor und führte auch eine Unterredung mit Kronprinz Umberto, der ihn stärker ermutigte als sein Vater.

Dem Plan zufolge sollte der König Mussolini verhaften lassen und die faschistische Partei auflösen, um dann, unterstützt von den Generalen und der Armee, direkt die Macht zu übernehmen. Dies war die einzige praktische Lösung der italienischen Probleme, denn die Chefs der Streitkräfte (außer General Cavallero, dem früheren Oberbefehlshaber*) standen loyal zum König, und Cavallero war im Februar 1943 von Mussolini zum Prügelknaben für das militärische Scheitern in Afrika gemacht und entlassen worden. Bonomi und seine Gefährten glaubten aus gutem Grund, daß

* Cavallero behauptete nach dem Staatsstreich vom 25. Juli, er sei Antifaschist geworden, doch Badoglio ließ ihn verhaften. Als die Deutschen nach Mussolinis Rückkehr verlangten, er solle Befehlshaber der italienischen Republikanischen Armee werden, beging er Selbstmord. Höchstwahrscheinlich hatte er sich in der Tat den Antifaschisten anschließen wollen.

die italienische Armee Italien aus den Klauen Hitlers retten könne.

Während die Bonomi-Gruppe zusammen mit dem rechten Badoglio in Rom einen royalistischen Staatsstreich plante, hatte eine Reihe anderer Intellektueller und früherer Politiker in Mailand die Aktionspartei (Partito d'Azione) gegründet. Parteichef war der spätere Ministerpräsident Ugo La Malfa. Die Gruppe war linksgerichtet und betrachtete sich als Erbin der Giustizia e Libertà, die seit Mussolinis Machtübernahme einen energischen Untergrundkrieg gegen ihn geführt hatte, obwohl viele ihrer Mitglieder von den Faschisten ermordet oder inhaftiert worden waren. Ihre berühmtesten Mitglieder waren die Brüder Rosselli gewesen, die Mussolini 1937 in Frankreich durch seine Agenten hatte umbringen lassen, weil ihm ihre antifaschistischen Aktivitäten in Paris bedrohlich erschienen. Dieser Flügel der Opposition lehnte den König heftig ab, weil er 1922 mit Mussolini kollaboriert, die verfassungswidrige Aktion im Januar 1925 geduldet und 1940 Großbritannien und Frankreich den Krieg erklärt hatte.

Es war unmöglich, eine offene politische Organisation aufzubauen, da die faschistische Geheimpolizei (Ovra) auf der Hut war, und ohnehin stellte die Aktionspartei kaum mehr dar als einen politischen Debattierclub. Immerhin gelang es ihr im Januar 1943, eine linke, antifaschistische Zeitung, *Italia Libera*, weithin zu verteilen; die Autoren wandten sich gegen die Monarchie und den Vatikan und kritisierten frühere Politiker, die den Sturz Mussolinis durch den König und eine Rückkehr zur Herrschaft des Hauses Savoyen wünschten.

Von Rom aus brachte die Bonomi-Gruppe daraufhin ihre eigene Geheimzeitung *Ricostruzione* in Umlauf, in der alle Antifaschisten aufgefordert wurden, sich zu vereinen, um die faschistische Tyrannei mit oder ohne Hilfe der Monarchie zu stürzen. Bonomi betonte, wie wichtig es sei, Italien vor der »äußersten Katastrophe« eines deutschen Einmarsches zu bewahren.[35]

Die Aktionspartei war hoffnungslos weltfremd. Sie lehnte die Monarchie so fanatisch ab, daß sie sich weigerte, irgendeine Rolle in Badoglios Plan zum Sturz Mussolinis durch den König zu spielen; dies sei »die Ablösung des Faschismus durch den Neofaschismus«. Damit ließ sie außer acht, daß eine deutsche Besatzung in Italien nach dem Zusammenbruch des Faschismus weit schlimmer sein würde als eine rechte, royalistische Regierung mit früheren Faschisten, die abgewählt werden konnten, sobald sich die Möglichkeit zu allgemeinen Wahlen bot.

Bonomi hatte ständigen Kontakt zur Aktionspartei, die später erklärte, das Hauptziel dieser Gespräche sei gewesen, Bonomi von der Monarchie und von Badoglio zu entfremden und jede royalistische antifaschistische Bewegung zu schwächen, der das Risiko eines »Faschismus ohne Mussolini« innewohne.

Im Oktober 1942 schlugen La Malfa und seine Mitarbeiter Bonomi vor, mit einem britischen U-Boot von Lissabon nach London zu reisen, wo er sich zum legitimen Führer der demokratischen Antifaschisten ausrufen könne. Er solle die Alliierten auffordern, ihn als Oberhaupt einer »gaullistischen« italienischen Exilregierung anzuerkennen; dazu solle er sich die Hilfe prominenter, in Amerika lebender Antifaschisten wie der früheren Politiker Sforza und Salvemini und des Philosophen Croce (damals in Neapel) sichern, der als Präsident einer Republik in Frage komme. Bonomi war realistischer, lehnte den Vorschlag ab und schmiedete weiterhin mit Badoglio an den Plänen für den Sturz Mussolinis durch einen royalistischen Staatsstreich.[36]

La Malfa berichtete, die Aktionspartei habe eine Denkschrift verfaßt, um die Alliierten »vor den Bemühungen Victor Emmanuels zu warnen, die Monarchie durch Gründung einer alternativen Form des gemäßigten Faschismus zu retten«. Das Papier wurde Sforza geschickt und in der *New York Times* veröffentlicht. Es war unter kommunistischem Einfluß entstanden, enthielt Vorschläge für eine umfassende Verstaatlichung der Industrie und fand wenig Anklang bei den Regierungen der Alliierten, die nichts mit einer »gaullistischen« italienischen Regierung zu tun haben wollten, die sich auf in Amerika ansässige Antifaschisten stützte. Die Italienexperten im britischen und amerikanischen Außenministerium meinten, es fehle der Partei in Italien an Anhängern, weil sie der Vergangenheit angehöre.[37]

Im April 1943 nahm die Aktionspartei durch McCaffery ihre erste direkte Verbindung zu den Alliierten auf. Ihr Abgesandter war Fürst Filippo Caracciolo, der italienische Generalkonsul in Lugano. Nach dem Krieg hatte Caracciolo Ämter in mehreren italienischen Regierungen inne und schrieb zwei Memoirenbände. Darin erwähnte er seine SOE-Kontakte von 1943 nicht. Höchstwahrscheinlich ging sein Schweigen auf die abweisende Behandlung Italiens durch die Alliierten zurück.

Begleitet von seiner amerikanischen Ehefrau, suchte er McCaffery in Bern auf und stellte sich als Repräsentant der Aktionspartei vor; die Grundlagen der Partei seien von Ugo La Malfa im Rahmen der Banca Commerciale Italiana gelegt worden. Sie bestehe aus »linken Radikalen«, die überzeugte Gegner der Monarchie seien und nichts mit Badoglio oder irgendeinem anderen Militärführer zu tun haben wollten.

McCaffery kam sofort zu dem Schluß, daß diese Sondierung wichtig war, und arrangierte weitere Treffen, die in Caracciolos Villa in Lugano abgehalten werden sollten; dort erschien auch La Malfa zu den Gesprächen. Die beiden machten McCaffery deutlich, daß der Partei »nicht nur der König persönlich« verhaßt sei, »sondern auch die Idee der Monarchie, und sie unterschieden nicht zwischen dem Königshaus und seinem Diener Badoglio«. McCaffery schickte einen Bericht nach London und wurde instruiert, den beiden mitzuteilen, daß die Alliierten jeden Versuch, die deutschen Kriegsanstrengungen zu sabotieren, unterstützen würden, aber nicht in der Lage seien, irgendwelche Garantien im Hinblick auf Friedensbedingungen für eine antifaschistische Regierung nach dem Sturz Mussolinis abzugeben. Immerhin konnte McCaffery den Austausch zwischen der Aktionspartei und den im amerikanischen Exil lebenden Antifaschisten wie Sforza erleichtern. Er machte La Malfa und Caracciolo darauf aufmerksam, daß die Aktionspartei wenigstens eines mit Badoglio gemeinsam habe: Auch er wolle in Übersee ein freies italienisches Gebilde schaffen.

Schließlich erklärten La Malfa und Caracciolo sich widerwillig einverstanden, mit Badoglio bei einem Staatsstreich zusammenzuarbeiten, wobei sie allerdings auf vollständiger Handlungsfreiheit ihm und der Monarchie gegenüber beharrten, »wenn die großen Übel des Nazismus und Faschismus« überwunden seien. Mit diesem Einverständnis ging La Malfa über das Mandat hinaus, das seine Kollegen in Mailand ihm erteilt hatten. Vielleicht erwähnte er deshalb nach dem Krieg nie wieder die Verhandlungen mit McCaffery.

Ende Mai erkannte La Malfa, daß er in Mailand Gefahr lief, verhaftet zu werden. Daraufhin reiste er nach Lugano und kam dort in einem Haus unter, das seinem Freund Rino de Nobile gehörte, einem reichen Angehörigen der Aktionspartei, der nach dem Krieg eine prominente Rolle in der italienischen Politik spielen sollte. Caracciolo erhielt den Codenamen »Captain Philipps«; in einer Notiz des Foreign Office vom Mai 1943 heißt es: »Captain Philipps reiste häufig aus der Schweiz nach Mailand und Rom und hatte Kontakt mit Badoglio.« Letzten Endes willigten La Malfa und Caracciolo ein, in London weiterzuverhandeln. McCaffery besorgte den beiden britische Pässe und plante, vier britische Reisegefährten in demselben Zug durch Frankreich nach Lissabon reisen zu lassen, damit das ganze Abteil belegt war.

In letzter Minute sträubte La Malfa sich. Er merkte, daß er nur vom Heeresministerium eingeladen worden war, und hatte Angst, für einen britischen Agenten, nicht für den Vertreter einer politischen Partei gehalten zu werden. Trotz größter Anstrengungen McCafferys und der SOE in London weigerte Eden sich, La Malfa eine förmliche Einladung des Foreign Office zugehen zu lassen. So wurde eine wichtige Gelegenheit, mit der verantwortlichen italienischen Opposition Kontakt aufzunehmen, in den Wind geschlagen. McCaffery verzeichnet, daß La Malfa »ohne Bedingungen« nach London gereist wäre, nachdem die Invasion Siziliens am 10. Juli 1943 begonnen hatte, aber »der Moment war verpaßt«. Eines von La Malfas Problemen bestand darin, daß er zwar widerwillig mit Badoglio zum Zweck eines royalistischen Staatsstreichs kooperieren wollte, daß jedoch viele seiner politischen Mitstreiter ein solches Vorgehen heftig ablehnten.[38]

Ein weiterer bedeutender rechter Antifaschist, Adriano Olivetti, der Sohn des Gründers der berühmten Schreibmaschinenfirma, wandte sich im Juni 1943 in unabhängiger Mission an McCaffery. Er berichtete, daß er mit der Prinzessin von Piemont einen Plan diskutiert habe, der vorsah, daß der König und der Kronprinz abdanken und die Einrichtung eines Regentschaftsrats zulassen sollten, bis der Sohn der Prinzessin mündig sei. Dies werde die Kritiker der Monarchie beschwichtigen.

McCaffery meldete nach London, daß Olivetti Kontakte zu Caviglia und Badoglio aufgenommen habe und mit den verbotenen politischen Parteien sowohl in Rom als auch in Mailand vertraut sei. Überzeugt, daß Olivettis Pläne aufrichtig und praktikabel seien, stellte McCaffery ihn Allan Dulles vom Office of Strategic Services (OSS) vor, dem amerikanischen Gegenstück der SOE. Die beiden Agenten stimmten Olivettis Bitte zu, man solle ihm erlauben, über Hugh Montgomery, den Ersten Sekretär der britischen Gesandtschaft am Heiligen Stuhl, Verhandlungen mit den Alliierten zu organisieren. McCaffery setzte Montgomery in Kenntnis.

McCaffery schmiedete auch Pläne für die Beförderung Olivettis nach London. Als Schotte war er von dessen »Sportsgeist« angetan, als dieser vorschlug, daß eine Maschine der Royal Air Force auf dem Vivarone-See bei seinem Haus landen solle, um ihn abzuholen. Doch im Juli wurde Olivetti - wissend, daß ein Staatsstreich gegen Mussolini bevorstand - leider »ungeduldig«, handelte laut McCaffery »verfrüht«, ging zweimal über seine Instruktionen hinaus und mußte »gemaßregelt« werden. Dann reiste Olivetti ohne Wissen McCafferys nach Lissabon, um mit unbekannten Personen Gespräche zu führen. Bei seiner Rückkehr nach Italien wurde er von Mussolinis Geheimpolizei festgenommen, doch ein paar Tage später freigelassen, als der Faschismus am 25. Juli gestürzt wurde.[39]

Air Commodore West ließ den Autor wissen, daß man in Bern durch die Formel der bedingungslosen Kapitulation schwer behindert worden sei, was die Verhandlungen mit Caviglia und Badoglio betraf. Die SOE hatte den Befehl, oppositionellen Italienern mitzuteilen, dies sei die einzige Basis, auf der die britische Regierung nach der Konferenz von Casablanca mit ihnen umgehen werde. In Bern wurde mit den italienischen Emissären sofort eine Diskussion über die Wirkung der Formel geführt. Alle waren der Meinung, dadurch würden ihre Pläne durchkreuzt, Italien mit Hilfe der Antifaschisten aus dem Krieg herauszulösen. Laut West drückte McCaffery es am besten aus. »Die Italiener wollen Frieden, aber sie sind eine stolze Nation und werden *umiliazione* [Demütigung] nicht hinnehmen. Ich bin *cento per cento* [hundertprozentig] sicher, daß die bedingungslose Kapitulation unsere Pläne ruinieren wird.«

Es war absurd, von der SOE »Zerrüttung« in Deutschland und Italien zu erwarten, wenn sie die dortigen Antifaschisten und Nazigegner nicht durch die Hoffnung ermutigen konnte, daß ihr Land nach einem Sieg der Alliierten eine befriedigende Zukunft haben werde. Aber Eden bestand darauf, daß außer dem Personenkreis, den er im Foreign Office unter direkter Kontrolle hatte, niemand etwas über einen möglichen Frieden verlauten lassen dürfe.

Die Lage hatte sich im Januar 1942 zugespitzt, als es in einem Foreign-Office-Telegramm aus Barcelona hieß, daß nach Angaben von Agenten des Secret Service fünf bedeutende frühere Faschisten in Italien bereit seien, den Widerstand gegen Mussolini zu organisieren, da sie meinten, daß Italien den Krieg verloren habe. Dieses Telegramm wurde an den Chef der SOE, Gladwyn Jebb, weitergereicht. Er schlug dem Foreign Office vor, die SOE solle den Leiter ihrer Italienischen Sektion nach Spanien schikken, um mit einem Emissär dieser neubekehrten Antifaschisten zu sprechen und herauszufinden, ob die Männer in »unser allgemeines Subversionsmuster in Italien« eingefügt werden könnten. Jebb ließ in einem Brief an Cadogan keinen Zweifel daran, daß er nicht »vorzuschlagen wünsche, die SOE solle Verhandlungen mit irgendeiner wirklich bedeutenden Persönlichkeit in Italien führen, die einen Separatfrieden abschließen möchte«, aber sein Minister (Hugh Dalton)

> hält es für die legitime Aufgabe der SOE, in feindlich besetzten Ländern mit allen ihr zu Gebote stehenden Mitteln Revolutio-

nen zu fördern und zu organisieren. Und da solche Förderung normalerweise nur durch ein Agentensystem geleistet werden könne, falle es, so Dalton, gewöhnlich in den Bereich der SOE, die Kleinarbeit zu machen, bis der Punkt erreicht sei, an dem das Foreign Office wichtige Entscheidungen in Fragen der hohen Politik zu treffen habe.

Dieser vernünftige Vorschlag veranlaßte Eden zu einem nahezu hysterischen Vermerk:

> Ich begreife nicht, weshalb die SOE dieses Telegramm überhaupt zu Gesicht bekommen hat, denn es trägt die Kennzeichnung *Ressort-Verschlußsache*, was nichts anderes bedeutet, als daß es *auf das Foreign Office beschränkt* ist. Wenn es dies nicht bedeutet, muß ich irgendeine andere Methode finden, damit ich die Möglichkeit habe, mich um meine eigenen Angelegenheiten zu kümmern.

Edens Privatsekretär Loxley wies in einer Notiz an Eden darauf hin, daß Jebb geheime Telegramme übergeben würden: »Er darf sie aber nicht in die SOE-Akten aufnehmen, es sei denn, er hat unsere Genehmigung. Aber wenn er eines liest, das seiner Ansicht nach für das SOE von Interesse ist, wendet er sich an mich oder an das Ministerium, um uns mitzuteilen, daß die SOE offiziell unterrichtet oder konsultiert werden sollte.« Eden schrieb mit roter Tinte an den Rand: »Das sollte er eben nicht.« In einem weiteren Vermerk klagte Eden:

> Ich muß zugeben, daß ich dies ganz unerträglich finde. Ich bin dem Parlament gegenüber für die Außenpolitik verantwortlich, und solange dies der Fall ist, habe ich nicht die Absicht, die Verantwortung mit Mr. Jebb oder sonst jemandem zu teilen.
> Ich hatte natürlich angenommen, daß als Ressort-Verschlußsache gekennzeichnete Telegramme auf das FO beschränkt seien. Dies ist in Zukunft notwendig. Kann noch jemand anders sie draußen lesen? Wenn ja, muß es aufhören. Werden meine

> persönlichen Telegramme an Botschafter etwa auch Mr. Jebb gezeigt?
> Diese spezielle Frage hat nichts mit Subversion im Sinne militärischen Eingreifens zu tun. Die Diplomatie - oder ihre Gestaltung - muß ausschließlich meine Sache sein. Dies ist ein Aspekt davon. Wenn ich um eine Kabinettsentscheidung nachsuchen muß, um mir dieses konstitutionelle Recht zu sichern, bin ich dazu bereit.

Zu Edens Erwähnung des Kabinetts kam es, weil Cadogan dem Außenminister folgendes Memorandum geschickt hatte:

> Sir O. Sargents Hinweis auf »Friedensfühler« bezieht sich auf einen kürzlichen Vorfall in Schweden, als SOE-Vertreter entsprechende Angebote erhielten und sie an ihre Vorgesetzten in London weitergaben, *ohne der Botschaft irgend etwas zu sagen.* Das war selbstverständlich falsch. Aber solange die SOE mit »Subversion« betraut ist, kann man nicht sagen, daß sie nichts von solchen Dingen wissen sollte. Um ihr jede Beteiligung an Subversion zu entziehen, wäre, wie ich meine, eine Kabinettsentscheidung erforderlich. Aber ich habe starke Zweifel, daß man der SOE erlauben sollte, den Chef ihrer Italienischen Sektion auszusenden.[40]

Die Akten zeigen, daß Cadogan die Sache mit Eden besprach und ihn beruhigte, doch Eden wies ihn an, »bestimmte Instruktionen« über die Verteilung von Geheimtelegrammen des Foreign Office auszugeben. Dies bedeutete unzweifelhaft, daß der SOE Nachrichten über oppositionelle Italiener vorenthalten wurden, die sowohl in politischer Hinsicht als auch im Rahmen subversiver Aktivitäten überaus hilfreich hätte sein können.

Gleichwohl zeigte ein Bericht des Foreign Office an das Kriegskabinett vom 24. April 1943, daß nützliche Informationen von SOE-Kontaktpersonen in Italien nach London geschickt wurden. In dem Bericht heißt es:

> Es ist nicht bekannt, über welche Unterstützung Badoglio in der Armee verfügen würde, aber sie könnte erheblich sein, wenn er im Namen des Königs handelte. Neben Badoglio ist Marschall Caviglia der einzige, dessen Name ernsthaft im Gespräch war. Er ist nun ein sehr alter Mann, soll aber sehr aktiv sein. Wir wissen von keinen anderen Armeechefs, denen die Führung einer Revolte zugetraut werden könnte.[41]

Ein schlagender Beweis für die Kehrtwendung in der Frage des Angebots eines milden Friedens an die italienischen Antifaschisten wurde im Juni 1942 geliefert. Emilio Lussu war ein linker sardischer Antifaschist mit einer beträchtlichen Anhängerschaft in Italien. Nachdem er in Vichy-Frankreich tätig gewesen war und versucht hatte, im Exil lebende italienische Antifaschisten vor drohenden Gefahren zu retten, ging er im Juni 1941 nach Lissabon. Hier entwarf er detaillierte Pläne für einen Guerillaaufstand in Sardinien, der, wie er hoffte, nach Anfangserfolgen auf das italienische Festland übergreifen würde; zudem besuchte er Malta und Gibraltar, um Gespräche mit SOE-Agenten zu führen. Aus Lissabon reiste er nach Amerika, wo er versuchte, führende antifaschistische Emigranten, darunter Sforza, Salvemini und Tarchiani, zur Kooperation zu bewegen, doch er empfand ihre Haltung als realitätsfern. Darauf ging er im Januar 1942 nach London und trat mit der SOE in Verbindung. Die Italienische Sektion unter Major Roseberry begrüßte seine Pläne enthusiastisch und hielt ihn für einen vorzüglichen Agenten, der in Sardinien und auf dem italienischen Festland subversive Unternehmungen durchführen könne. Doch Lussu, der in erster Linie Politiker war, verlangte Zusicherungen über die geplante Behandlung Italiens nach dem Krieg, bevor er sein Leben riskieren und für die Alliierten in Sardinien tätig werden würde. Roseberry führte ihn im Juni 1942 bei Sargent im Foreign Office ein. Nach einer langen Unterredung sagte Lussu, er werde sich sofort nach Sardinien begeben, um eine Revolte anzuzetteln, wenn man ihm garantiere, daß die Alliierten Italien nach dem Krieg gestatten würden, sein gesamtes Territorium zu behalten - einschließlich der Kolonien, die es im

Jahre 1922 besaß, als Mussolini an die Macht kam. Hambro und Sporborg vom SOE unterstützten Lussu, aber das Foreign Office erteilte ihm eine Abfuhr.*

Die in Edens Brief vom 14. Januar 1943 mitgeteilte Entscheidung, Badoglios Angebot nicht einmal zu beantworten, war bedauerlich, denn Roosevelt und Churchill hatten in Casablanca beschlossen, nicht den Dodekanes, den Balkan oder Südfrankreich, sondern Sizilien und Italien zum nächsten Invasionsgebiet zu machen. Bei der Gipfelkonferenz wurde berechnet, daß ein Vormarsch in Italien fünfzehn deutsche Divisionen binden werde, sobald Nordafrika befreit sei. Trotzdem hatten die Planer Vorbehalte, denn Deutschland würde den größten Teil der Transportmittel zurückgewinnen, mit denen es Italien jährlich zwölf Millionen Tonnen Kohle lieferte, und die Operation würde fast alle alliierten Truppen im Mittelmeergebiet in Anspruch nehmen, abgesehen davon, daß ein Schiffsbestand von 1,5 Millionen Tonnen nötig war, um die italienische Wirtschaft aufrechtzuerhalten.

Am 11. Februar beantwortete Hull Edens Brief vom 14. Januar. Er war der Meinung, das Haus Savoyen könne eine vorläufige Regierung stellen, wenn der Faschismus gestürzt sei, und er befürwortete einen aufgeschlossenen Kurs Italien gegenüber, um es aus dem Krieg zu »eliminieren«; Bombardements sollten sich auf militärische Ziele beschränken. Er unterstrich, daß die Briten eine beispiellose Reputation für eine abgewogene Bombardierung legitimer Ziele hätten, während die Italiener sich keine Illusionen über die Brutalität der Deutschen machten. In Propagandasendungen sollten laut Hull Aussagen wie folgende benutzt werden: »Die Alliierten haben nicht die Absicht, Italien als Nation zu zerstören oder es um Territorien zu bringen, die stets italienisch gewesen sind.« Auch sollten »Vernichtungsdrohungen gegen Volk

* Sir Charles Hambro war Chef der SOE und Henry Sporborg sein Stellvertreter. Mittlerweile hatte Lord Selborne von Dalton das Ministerium für Wirtschaftskriegführung übernommen. Er war nicht so resolut wie sein Vorgänger und völlig unfähig, Edens Abneigung dagegen zu überwinden, daß die SOE mit Hilfe ihrer geheimen Beziehungen zu Antifaschisten in Italien politische Verhandlungen führte.

und Land« vermieden werden. Dies waren die Zusicherungen, die Lussu im Jahre 1942 vergebens angestrebt hatte. Eden nannte das Schreiben einen »guten Brief«, doch er sollte schon bald einen viel härteren Kurs einschlagen, besonders was Bombardements anging.[43]

Zu Beginn des Frühjahrs 1943 bemühte sich die Königsfamilie um weitere Sondierungen in Lissabon und Genf. Die Verhandlungen wurden Alessandro Marienni übertragen, der im italienischen Generalkonsulat in Genf arbeitete. Er war ein Vertrauter des Herzogs von Aosta und wurde von Giacomo Cicconardi unterstützt, einem italienischen Auslandskorrespondenten, der später zu einem hohen EWG-Amtsträger werden sollte. Cicconardi war mit dem britischen Secret-Service-Agenten Victor Farrell befreundet, und die beiden entwickelten einen Code, mit dessen Hilfe sie Botschaften an den Herzog von Aosta in Lerici schicken konnten. Der Herzog machte deutlich, daß er eng mit Kronprinz Umberto zusammenarbeitete und daß der König über alles informiert werden würde.

Zuerst forderten die Briten, ein Mitglied der Königsfamilie solle in Sardinien eine freie, nichtfaschistische Regierung bilden, die an der Seite der Alliierten gegen die Deutschen kämpfen sollte. Dies war recht unrealistisch, da die Deutschen schlagkräftige Truppen auf der Insel unterhielten und außerdem nicht wenige der dortigen italienischen Soldaten stark profaschistisch waren. Wie auch immer, auf Anweisung des Foreign Office winkte der britische Secret Service mit dem Köder leichterer Kapitulationsbedingungen für den Fall, daß eine antifaschistische Regierung gebildet wurde.

Man informierte die Italiener, daß die Regierung der Vereinigten Staaten den Briten die Verhandlungsführung überlasse. Marienni teilte Farrell mit, daß die Monarchisten eine Art gaullistisches Regime in Sardinien ins Auge faßten, daß der Herzog von Aosta jedoch unbedingt wissen wolle, wie die Behandlung Italiens durch die Alliierten aussehen werde. Es sei äußerst schwierig, das italienische Oberkommando zu einem Seitenwechsel zu bewegen, wenn es nicht wisse, welche Vorteile dem Land dadurch erwachsen würden. Marienni erkundigte sich auch nach den Details der Hilfe, welche die Luft- und Seestreitkräfte der Alliierten leisten würden, wenn es zu einem antifaschistischen Staatsstreich in Sardinien käme.

Nach dem Krieg erklärte Marienni, er habe keine befriedigende Auskunft von Farrell erhalten können; wann immer er versucht habe, im Namen des Herzogs von Aosta genaue militärische Aktionspläne in Erfahrung zu bringen, sei man ihm mit Ausflüchten begegnet. Seinem Eindruck nach habe es keinen Kontakt zwischen dem Foreign Office und dem Oberkommando der Alliierten gegeben, und die Briten hätten immer wieder lapidar geantwortet: »Unternehmen Sie etwas, und dann werden wir sehen.« Der Herzog von Aosta kam letztlich zu dem Schluß, daß die Alliierten, was immer die Monarchisten erreichen mochten, bei ihrer Formel der bedingungslosen Kapitulation bleiben würden. Seine Unterhändler und er verübelten den Alliierten ihre Kompromißlosigkeit, aber zumindest bestärkten die Gespräche den König von Italien in seiner Überzeugung, daß er einen Staatsstreich gegen Mussolini unternehmen müsse.

Während Aostas Mittelsmann sich in Genf abmühte, war Maria José, die Gattin von Kronprinz Umberto, mit dem gleichen Ziel in Lissabon aktiv, wo sie Gespräche mit Bonomi und anderen früheren demokratischen Politikern Italiens führte. Diese machten kein Hehl aus ihrer Ansicht, daß Monarchie und Faschismus unlösbar miteinander verbunden seien, doch Maria José bemühte sich nach Kräften, sie eines Besseren zu belehren. Ihr Schwiegervater war dagegen, daß weibliche Angehörige des Hauses Savoyen in die Politik eingriffen, aber er wußte ihre Informationen zu schätzen. Nach dem Sturz Mussolinis verbannte der König sie in einen fernen Teil von Piemont, aus dem sie in letzter Sekunde, zusammen mit ihren Kindern, vor den Deutschen in die Schweiz entkam. So war sie nicht an den Absprachen beteiligt, die im Waffenstillstand des Septembers 1943 ihren Höhepunkt fanden.

Maria José war Präsidentin des Italienischen Roten Kreuzes, und ihre Begegnungen mit verwundeten Soldaten in Lazaretten hatten sie überzeugt, daß es an der Zeit war, sich Mussolinis zu entledigen. Zuerst wandte sie sich an D'Arcy Osborne, den britischen Gesandten im Vatikan, und im Herbst 1942, noch vor El Alamein und Stalingrad, hörte sie über ihre Verbindungen zum Vatikan, daß Sir Samuel Hoare, der frühere Außenminister und damalige britische Botschafter in Madrid, den Italienern mitteilen wollte, sie würden nach dem Krieg Wirtschaftshilfe erhalten, wenn sie sich aus dem Achsenbündnis zurückzögen. Es gibt keinen Beleg dafür, daß dies mehr als eine persönliche Meinungsäußerung war. Maria José unterrichtete sofort ihren Schwiegervater, wurde jedoch abweisend beschieden. Vielleicht hoffte der König damals immer noch, daß die Achsenmächte siegen würden.

Als nächstes nahm sie Kontakt mit Salazar auf, dem Diktator Portugals. Durch ihre Freundschaft mit dem portugiesischen Gesandten im Vatikan, Antonio Pacheco, erhielt sie die Möglichkeit, den italienischen Bankier Mattioli zu Salazar zu schicken, der nach dem Krieg einen Bund romanischer Staaten anstrebte. Im Juni teilte Salazar der Prinzessin in einer Geheimbotschaft mit, er sei bereit, zwischen den Alliierten und Italien zu vermitteln. Am 17. Juli 1943 schickte die Prinzessin einen weiteren Emissär, Emo Capodilista, zu Salazar, und dieser informierte den britischen Botschafter am 19. Juli über dessen Eintreffen. Aber es war zu spät. Nach dem Sturz Mussolinis sechs Tage später ließ Churchill den portugiesischen Diktator wissen, er wolle nichts mit einem italienischen Unterhändler zu tun haben, es sei denn, es handele sich um den akkreditierten Vertreter einer neuen italienischen Regierung. Wenn Salazar sich an die Amerikaner gewandt hätte, wäre er vielleicht erfolgreicher gewesen. Die Umstände wollten es jedoch, daß er besser mit dem britischen Botschafter stand.[44]

Eden war äußerst verärgert, als er erfuhr, daß die Royal Air Force Anfang Juni über Rom Flugblätter abgeworfen hatte, in denen den Italienern ein »ehrenvoller Frieden« angeboten wurde. Kardinal Maglione, der Staatssekretär des Vatikans, bat in D'Arcy Osbornes Abwesenheit - er war im Urlaub in London - dessen Ersten Sekretär Montgomery zu sich, um ihm die Flugblätter vorzulesen. Wie, fragte der Kardinal, könne Großbritannien einen »ehrenvollen Frieden« mit einer »bedingungslosen Kapitulation« in Einklang bringen?

Montgomery war vom Foreign Office angewiesen worden, auf den Versuch zu verzichten, den Widerspruch zu erklären, und Harold Macmillan in Algier wurde nachdrücklich angewiesen, diese Wendung in künftigen Flugblättern zu vermeiden, da sie »Eden und dem Informationsminister Brendan Bracken nicht zusage«. Macmillan hörte von Eden: »Ich hoffe, Sie werden in Zukunft auf den Gebrauch ähnlicher Formulierungen verzichten, die politisch unklar und deshalb nicht wünschenswert sind.«[45]

Der Papst ließ D'Arcy Osborne zu sich kommen, sobald dieser aus dem Urlaub zurückgekehrt war, und brachte ebenfalls seine Sorge über den Gegensatz zwischen einem »ehrenvollen Frieden« und einer »bedingungslosen Kapitulation« zum Ausdruck. Eden blieb gelassen, und als er erfuhr, daß Kardinal Maglione sich auch danach erkundigt habe, was die Briten zum Schutz der Kunstschätze Italiens unternähmen, sagte er, Maglione sei Italiener und die Italiener hätten sich diese Frage überlegen sollen, bevor sie den Krieg erklärten.[46]

Am 18. Juli beschloß Mussolini plötzlich, sich an die Alliierten zu wenden, um zu erfahren, mit welchen Bedingungen er rechnen könne, falls er Hitler im Stich lasse. Er bevollmächtigte Bastiani, seinen Staatssekretär im Außenministerium, Cianos Lissaboner Kontakte von 1942 zu erneuern. Es war eine verrückte Mission. Wie hätten die Alliierten, da die Invasion Siziliens bereits im Gange war und Pläne zur Invasion des Festlandes bestanden, eine Übereinkunft mit Mussolini treffen können, die ein Dolchstoß in den Rücken der Antifaschisten gewesen wäre? Bastiani suchte Kardinal Maglione auf und bat um einen Paß für einen führenden römischen Bankier, Luigi Fummi, damit dieser über Lissabon nach London reisen könne. Fummi sprach mit Campbell, der sich beim Foreign Office erkundigte, ob er ihn nach London schicken solle; aber dann traf die Nachricht von Mussolinis Sturz am 25. Juli ein, und Fummis Referenzen als Unterhändler des Duce waren wertlos geworden. Eden wollte nichts mit ihm zu tun haben.

Am 25. Juli 1943 ließ der König Mussolini festnehmen und machte Badoglio zum Ministerpräsidenten. Monarchisten und Antifaschisten hatten sich zu einer Verschwörung zusammengetan, und Grandi hatte am Vortag im Faschistischen Großrat einen kritischen Antrag gegen Mussolini eingebracht. Dieser wurde mit einer stattlichen Mehrheit verabschiedet und lieferte dem König den erforderlichen Vorwand, um den Duce abzusetzen, der mittlerweile durch die Rückschläge des Krieges den größten Teil seiner Popularität eingebüßt hatte. Die faschistische Partei hörte über Nacht auf zu existieren.

ITALIEN NACH DEM WAFFENSTILLSTAND
1943–1944

Die Alliierten wurden von Mussolinis Festnahme überrascht. Eden hatte sich auf die Berichte D'Arcy Osbornes verlassen, der im Vatikan allzu isoliert von der italienischen öffentlichen Meinung war. Am 24. Juli 1943, dem Tag vor Mussolinis Festnahme, schrieb Osborne ans Foreign Office: »Ich erwarte keine ernste oder erfolgreiche Aktion von irgendeiner Seite gegen die faschistische Regierung ... Typhus und Hungersnot sind wahrscheinlicher.«

Der Großindustrielle Alberto Pirelli hatte Anfang Juli mit Mussolinis Billigung eine Reise in die Schweiz unternommen, um die Möglichkeit der Vermittlung von Friedenskontakten durch die Schweiz zu erkunden. Am 24. Juli erhielt Eden einen Bericht von der Italienabteilung des Foreign Office; Pirelli habe in der Schweiz gesagt: »Der König wird den Duce innerhalb eines Monats ablösen lassen.« Eden schrieb mit roter Tinte auf die Meldung: »Italiener von Pirellis Schlag haben eine Menge zu lernen. A. E.« Doch während der Außenminister diese Bemerkung schrieb, war der Faschistische Großrat bereits zusammengekommen, um den Sturz des Duce zu planen. Eden hatte die Stärke der Bewegung gegen den Faschismus falsch eingeschätzt. Er trägt die schwere Verantwortung für das Versäumnis der Alliierten, unmittelbar nach dem Staatsstreich vom 25. Juli in Italien zu landen, als sie eine deutsche Besetzung hätten verhindern können. Nachdem der König die Regierung Badoglio ernannt hatte, erwartete er eine sofortige Nachricht über die bereits in Genf und Lissabon eingerichteten Kanäle. Aber von den Alliierten kam keine Botschaft.[1]

Am 25. Juli war Hitler genauso überrascht wie die Briten und die Amerikaner. Er machte sich berechtigte Sorgen, daß britische und amerikanische Soldaten im Einverständnis mit Badoglio plötzlich auf dem See- und Luftweg in Italien landen würden. Dies hätten die Alliierten mühelos bewerkstelligen können. Zu jenem Zeitpunkt befand sich nur eine einzige deutsche Division in Mittelitalien: die dritte Panzergrenadierdivision, die unvollständig ausgerüstet war und nur wenige Panzer besaß. Daneben verfügte General Student über Teile einer Fallschirmjägerdivision. Vier deutsche Divisionen kämpften in Sizilien und waren übel zugerichtet worden. Zwei Panzerdivisionen, die ursprünglich für Sizilien vorgesehen waren, standen in Süditalien, blieben jedoch wegen der Transportverhältnisse und später wegen der abzusehenden Eroberung Siziliens durch die Alliierten in ihren Kasernen.[2]

Am 27. Juli sagte Churchill im Unterhaus: »Die einzige Konsequenz der Tatsache, daß die italienische Regierung unter dem deutschen Joch bleibt, besteht darin, daß Italien in den nächsten Monaten von einem Ende zum anderen versengt, entstellt und geschwärzt werden wird ... Wir sollten die Italiener, um eine gängige Wendung zu benutzen, eine Weile ›in ihrem eigenen Saft schmoren lassen‹ und das Feuer bis zum äußersten schüren.«

Dies überzeugte Hitler, daß er nicht sofort nach Rom zu marschieren brauche, aber deutsche Divisionen – auf den Helmen der Soldaten stand »Viva Duce« – begannen, den Brenner zu passieren, um Italien zu besetzen. Die Deutschen gaben auch sogleich, wie in besetzten Ländern, ihre eigene Währung aus.

Churchills Rede verdeutlichte Badoglio und dem König die Schwierigkeiten, die sie bei einem Seitenwechsel haben würden. Grandi, der den Sturz Mussolinis organisiert hatte, wünschte eine radikale Wende: Die Italiener sollten sofort an der Seite der Alliierten gegen die Deutschen kämpfen. Aber Badoglio zauderte, weil er sich der vergeblichen Hoffnung hingab, daß Italien für den Rest des Krieges neutral bleiben könne. Die Realisten in seiner Regierung wußten, daß Grandi recht hatte, aber sie konnten Badoglio nicht klarmachen, wie dringlich es war, sich mit den Alliierten zu einigen. Sogar als Grandi vom König konsultiert wurde, ignorierte Badoglio seinen Rat.

Der König hatte mit dem Gedanken gespielt, Caviglia anstelle

Badoglios mit der Regierungsbildung zu betrauen. In diesem Fall hätte Italien unverzüglich versucht, sich den Alliierten anzuschließen. Caviglia war eine stärkere und resolutere Persönlichkeit und hatte von Kriegsbeginn an die Seiten wechseln wollen.* Doch nun verschenkten die Alliierten den Lohn, den sie während der ersten zwei Wochen von Badoglios 35-Tage-Regierung hätten haben können: den Wechsel der vollständigen italienischen Armee, Luftwaffe und Flotte auf ihre Seite - unter minimalen Eingriffsmöglichkeiten der Deutschen. Statt dessen begannen die britische und die amerikanische Regierung einen langen Schacher um den Waffenstillstand und die Friedensbedingungen. Kein hoher Amtsträger, außer Macmillan und Eisenhower, schien zu durchschauen, welch einmalige Chance vertan wurde. Die Forderung nach bedingungsloser Kapitulation trug ebenfalls zu den Verzögerungen bei.

Sobald die Nachricht von Mussolinis Sturz das Foreign Office erreichte, schrieb Jebb ein hellsichtiges Memorandum, in dem er betonte, daß es der britischen Regierung schwerfallen werde, den von ihr gewünschten »rein militärischen Waffenstillstand« zu erlangen, wenn sie auf der bedingungslosen Kapitulation beharre. Weiter schrieb er: »Es ist recht offensichtlich, daß der Faschismus vernichtet wird und daß die Armee sowie das Haus Savoyen verzweifelte Anstrengungen unternehmen, sich in eine Position zu bringen, in der sie das erhalten können, was sie als ›vernünftige Friedensbedingungen‹ für Italien betrachten. Aber es ist gleichermaßen klar, daß weder der König noch die Armee unsere eigenen Bedingungen für vernünftig halten würden.«[3]

Cadogan kommentierte: »Es ist eine gräßliche Aussicht, daß, sollten die Italiener um einen Waffenstillstand nachsuchen, ein blitzschneller telegraphischer Austausch zwischen dem Premierminister, dem Präsidenten und Ike [Eisenhower] sowie Ikes Generalstabschefs und Vereinigten Generalstabschefs stattfinden muß, bevor wir eine Antwort schicken können.«

* Sir William Deakin hat nachgewiesen, daß der König sich für Badoglio anstelle Caviglias entschied, weil der letztere ein überzeugter Freimaurer war, was Victor Emmanuel nicht zusagte; zudem war Badoglio viel jünger.

Genau dies geschah bedauerlicherweise. Edens Unnachgiebigkeit in der Frage der bedingungslosen Kapitulation veranlaßte Churchill, der Anfang August zur Konferenz von Quebec in Kanada weilte, zu der Mahnung: »Verpassen Sie die Chance nicht. Wenn bloß auf bedingungsloser Kapitulation ohne Aussicht auf Gnade herumgeritten wird, wird es vielleicht zu überhaupt keiner Kapitulation kommen.« Eden erwiderte: »Ich kann gut verstehen, daß Sie die Pille für die Regierung Badoglio versüßen wollen ... Ich bin der Meinung, daß uns nun, nachdem wir in der Öffentlichkeit so kategorisch die bedingungslose Kapitulation gefordert haben, nichts anderes übrigbleibt, als Badoglios Emissär mitzuteilen, daß wir darauf bestehen.«[4]

Die Amerikaner, der Premier und der Außenminister stritten sich weiterhin über die Einzelheiten der Kapitulationsurkunde, wollten aber den Begriff »bedingungslose Kapitulation« nicht ändern. Dadurch war Eisenhower im August nicht fähig, seine Pläne zur Landung alliierter Truppen in Italien mit Badoglio abzustimmen, bevor die Deutschen Widerstand leisten konnten. Erst am 26. August wurden Eisenhower aus Washington die Kapitulationsbedingungen übermittelt, die er mit Italien unterzeichnen sollte - und dann auch nur auf britisches Drängen hin.[5] Die neue italienische Regierung befand sich also in einem Vakuum und mußte bei ihren Bemühungen, das Bündnis zu wechseln, ganz von vorn anfangen. Dieses Manöver war auch ohne die Gefahr, die durch Hitlers Rachegelüste drohte, schwierig genug.

Am 3. August wurde der Diplomat Alberto Berio offiziell als Generalkonsul nach Tanger entsandt, in Wirklichkeit jedoch, um dem britischen Generalkonsul Gascoigne die geheime Botschaft zu überbringen, daß Italien in den Händen der Deutschen sei; Hitler könne Rom in jedem Moment besetzen, und wenn die Alliierten ihre Bombardements nicht einstellten, werde die Regierung Badoglio zusammenbrechen. Die Alliierten sollten auf dem Balkan oder in Südfrankreich landen, um den Druck auf die italienische Regierung zu verringern.[6] Am 9. August, als Berio sich mit Gascoignes Stellvertreter Watkinson in Verbindung setzte, war Churchill per Schiff unterwegs zur Konferenz von Quebec, Roosevelt machte Urlaub, und Eden hielt sich auf dem Lande auf. Niemand konnte eine Entscheidung zu den dringenden Telegrammen aus Tanger fällen.[7]

Bei der Sitzung des Kriegskabinetts am 11. August, in Churchills Abwesenheit, erklärte Eden, neben Berios Sondierung habe es zwei weitere Annäherungsversuche gegeben: einen vom Marchese D'Ajeta in Lissabon und einen anderen, im Namen der italienischen politischen Parteien, von Signor Bussetti in Barcelona. Eden meinte, die beiden letzteren seien zu ignorieren, doch Berio sei ein offizieller Vertreter der Regierung Badoglio. Ihm müsse mitgeteilt werden, daß die Alliierten auf bedingungsloser Kapitulation als erstem Schritt bestünden und daß Verhandlungen nicht in Frage kämen.

Bussetti behauptete, er sei der akkreditierte Vertreter der früheren politischen Parteien Italiens, die zwanzig Jahre lang von den Faschisten unterdrückt worden seien, aber Eden war der Ansicht, daß diese Parteien nicht für die italienische Armee »sprechen« könnten, die loyal zu Badoglio stand und die stärkste Kraft des Landes ausmachte. Unterdessen machte sich Macmillan in Algier große Sorgen, daß die Forderung nach bedingungsloser Kapitulation den König und Badoglio abschrecken und ein Übereinkommen über eine unbehinderte Landung in Italien sabotieren könne. Am 29. Juli hatte er dem Premierminister erläutert, daß man, um die Italiener »zur Unterzeichnung sehr harter Bedingungen« zu zwingen, »eine militärische Situation benötigen würde, die ihnen keine Wahl ließe. Ein Katalog attraktiverer Bedingungen sollte vorgelegt werden, in denen Ihr Versprechen einer ehrenvollen Kapitulation deutlicher wird. Genau dies wünscht Ike«. Churchill blieb unbeeindruckt.

Wie Eden begriff Churchill nicht, daß aus militärischen Gründen sofort und um jeden Preis ein Abkommen mit Badoglio getroffen werden mußte, um die deutsche Besetzung Italiens zu verhindern. Macmillan, Eisenhower und Alexander in Algier wurden von der Gemächlichkeit der britischen und der amerikanischen Regierung zur Raserei getrieben.

Am 10. August erregte Macmillan Edens Unwillen, als er ein

langes »Waffenstillstandsquiz« nach London schickte. Ein Abschnitt trug den Titel: »Was ein Befehlshaber wissen sollte«, ein anderer war überschrieben: »Was ein Gesandter wissen sollte«. Der Text begann:

> Was bedeutet bedingungslose Kapitulation? Offensichtlich nicht Kapitulation ohne Bedingungen, denn London und Washington sind seit vier Monaten damit beschäftigt, Bedingungen niederzuschreiben, die bereits 42 Klauseln umfassen und noch nicht abgeschlossen sind ... Meiner Ansicht nach muß die Definition lauten, daß die Kapitulation Sache der Italiener und der ehrenvolle Teil Sache der Briten ist. Mit anderen Worten, es gibt keinen Gegensatz zwischen ehrenvoller Kapitulation und bedingungsloser Übergabe.

Er fuhr fort, daß man Eisenhower gestatten solle, im Notfall ein Dokument zu unterzeichnen, das die Kriegsteilnahme Italiens über Nacht beenden würde. Weder Eden noch Churchill gingen auf diese vernünftigen Vorschläge ein, und die Alliierten setzten ihr Gefeilsche um die Bedingungen des Waffenstillstandes fort.[8]

Der Verzweiflung nahe, entsandte die italienische Regierung eine dritte Delegation, diesmal nach Lissabon. Sie bestand aus General Castellano und Franco Montanari, einem Neffen Badoglios und Mitarbeiter des Außenamtes, der perfekt Englisch sprach. Castellano – typisch für die italienische Saloppheit – hatte keine hinreichenden Referenzen, sondern nur eine Note von D'Arcy Osborne an die britische Botschaft in Madrid. Zum Glück wurde sein Schlafwagen in Nizza jedoch versehentlich an den Madrid-Express und nicht an den Zug nach Lissabon gekoppelt, so daß er am Mittag des 15. August in Madrid eintraf. Er klopfte an die Tür der britischen Botschaft, legte D'Arcy Osbornes Note vor und wurde von Hoare empfangen. Der Botschafter reagierte aufgeschlossen und schickte ihn weiter zu Campbell in der britischen Botschaft in Lissabon.

Am 18. August hielt Castellano unter großer Geheimhaltung eine Konferenz in Campbells Privatwohnung in Lissabon ab. Anwesend waren der Botschafter, Eisenhowers Generalstabschef Bedell Smith, sein britischer Nachrichtendienstchef Brigadegeneral Strong und der amerikanische Botschafter in Portugal, George Kennan.[9] Inzwischen ließ sich eine Einigung mit den Italienern nicht länger hinausschieben. Eisenhower hatte den 9. September als Datum für die Landung der Alliierten in Salerno festgelegt, und er war überzeugt, daß das Unternehmen fehlschlagen würde, wenn die Italiener gemeinsam mit den Deutschen Widerstand leisteten.

Zu Beginn erkundigte Campbell sich bei Castellano, ob die italienische Regierung einen Waffenstillstand mit bedingungsloser Kapitulation unterzeichnen würde. Sehr zur Überraschung der Alliierten erwiderte dieser, er sei nicht bevollmächtigt, über einen Waffenstillstand zu verhandeln. Er wolle nur über die Hilfe diskutieren, die die Alliierten Badoglio bei der Vertreibung der Deutschen aus Italien leisten könnten; die Italiener wünschten, sich den Alliierten zu diesem Zweck anzuschließen.

In diesem Stadium war die Atmosphäre frostig, doch als Castellano begann, wertvolle Informationen über deutsche Heeres- und Luftwaffendislozierungen in Italien zu geben, besserte sich die Stimmung. Schließlich teilte man Castellano mit, daß die Waffenstillstandsbedingungen um so milder sein würden, je mehr Hilfe die Italiener den Alliierten bei der Landung in Italien leisteten. Endlich hatte man Eden umgangen.

In den frühen Morgenstunden wurde Whisky hervorgeholt, alle zeigten sich freundschaftlich, und Castellano erklärte sich bereit, nach Rom zurückzukehren und herauszufinden, ob seine Regierung einer bedingungslosen Kapitulation zustimmen und den Alliierten eine ungehinderte Landung in Italien erlauben wolle. Er sollte Lissabon am 22. August mit einer Gruppe aus Chile heimkehrender italienischer Diplomaten verlassen, da er nicht separat reisen konnte, ohne die Deutschen aufmerksam zu machen. Man überreichte ihm ein spezielles SOE-Funkgerät mit dazugehöriger Codechiffre und erklärte ihm, daß das Gerät von einem britischen Agenten, Leutnant Richard Mallaby, bedient werden könne, der ein paar Tage zuvor in Como gefangengenommen worden sei. Die SOE hatte Mallaby, einen jungen Funker, auf Geheiß MacCafferys am 14. August in Norditalien abgesetzt, damit er eine Funkverbindung zwischen den Antifaschisten in Mailand und der SOE in Bern herstellte. Er sollte nominell einer der SOE-Sabotagetruppen, die in Norditalien operierten, zugeteilt werden. Er beherrschte die italienische Sprache und war über alle SOE-Kontakte mit Antifaschisten in Italien unterrichtet worden.

Während Bomber der Royal Air Force in der Nacht vom 13. auf den 14. August den Comer See überquerten, um Ziele in der Umgebung von Mailand anzufliegen, sprang Mallaby mit dem Fallschirm in den See. Er hatte den Auftrag, sich zu einer bestimmten Adresse in Como zu begeben. Die Ufer des Comer Sees waren dicht besiedelt, und die Anwohner beobachteten häufig Angriffe der Royal Air Force auf Mailand, als handele es sich um eine Feuerwerksvorführung. Der abspringende Mallaby war im Mondlicht klar zu erkennen, und bald - laut der Mailänder Zeitung *Corriere della Sera* - umkreisten ihn Boote, darunter solche des Militärs und der Polizei.

Nach ein paar Tagen Haft wurde Mallaby nach Rom geschickt, wo er mit dem SOE-Funkgerät gute Arbeit leistete. Er stellte rasch eine vorzügliche Geheimverbindung zwischen der Regierung Badoglio und dem Hauptquartier der Alliierten Streitkräfte in Algier her.

Obwohl Castellano dringend in Rom Bericht zu erstatten hatte, mußte er warten, bis das Schiff mit den Diplomaten eintraf, und konnte Lissabon erst am 25. August verlassen. Er sandte zwei Telegramme an das Kriegsministerium in Rom, die jedoch nicht vorschriftsgemäß entschlüsselt, sondern nur registriert wurden. Da die Regierung Badoglio nichts von Castellano hörte, schickte sie einen weiteren Abgesandten, General Zanussi, nach Lissabon; er wurde von General Carton de Wiart begleitet, der in einem italienischen Kriegsgefangenenlager festgehalten worden war. Carton de Wiart suchte Campbell auf, der ihm von den Unterredungen mit Castellano berichtete und sich weigerte, Zanussi zu empfangen - der ohnehin das Mißtrauen der Alliierten erregt hatte.

Das Kriegskabinett in London telegraphierte an Eisenhower, Zanussi sei wahrscheinlich von prodeutschen Italienern entsandt worden, um »herauszufinden, was Castellano vorhatte«.

Am 27. August wurde Zanussi doch noch von Campbell empfangen. Der Botschafter sagte, die Regierungen der Alliierten seien sehr beunruhigt über ihre Kriegsgefangenen in Italien; wenn Badoglio sich akzeptable Bedingungen wünsche, müsse er die Kriegsgefangenen schützen und dürfe sie nicht den Deutschen in die Hände fallen lassen. Zanussi erwiderte, Hitler werde Giftgas gegen Italien einsetzen, wenn es die Seiten wechsele. Daraufhin verbrachte das Kriegskabinett einige Zeit damit, über Giftgas und die Kriegsgefangenen zu diskutieren, kam aber zu keiner Entscheidung.

Zanussi hatte keine schriftlichen Referenzen mitgebracht, sondern sich völlig auf Carton de Wiart verlassen, aber die Regierungen der Alliierten beschlossen trotzdem, ihm die vollständigen Bedingungen ihrer langen Kapitulationsurkunde anzuvertrauen. Diese Bedingungen waren äußerst streng und erniedrigend für die Italiener.

Am 29. August wurde Zanussi nach Algier geflogen, wo Macmillan ihn als »einen sehr gutinformierten und gesprächigen Mann mittleren Alters« kennenlernte, »der seinen Mangel an schriftlichen Referenzen durch die Aufrichtigkeit wettmachte, mit der er alle Pläne für eine baldige Einigung mit den Alliierten behandelte«. Nach dem Gespräch nahm Macmillan Zanussi das Papier mit den Kapitulationsbedingungen wieder ab, da er aus gutem Grund glaubte, sie könnten Badoglio und den König so schockieren, daß der Waffenstillstand abgelehnt werden würde. Am 29. August schickte Castellano, nach Rom zurückgekehrt, über Mallabys Funkgerät die Nachricht, daß er am 31. August nach Sizilien reisen werde.

Macmillan hatte das richtige Gespür. Innerhalb von Tagen sollten die amerikanische und britische Armee eine gefährliche amphibische Landung bei Salerno vornehmen. Würden die italienischen Streitkräfte zusammen mit den Deutschen Widerstand leisten, konnte es zu einer Katastrophe kommen. Die einzige

Methode, die Italiener vom Kampf abzuhalten, bestand darin, sie ungeachtet der langfristigen Konsequenzen zur Annahme eines sofortigen Waffenstillstandes zu überreden.

Macmillan stand hoch in Churchills Gunst, aber Eden war eifersüchtig auf ihn. Die Reaktion des Foreign Office auf die Nachricht, daß Zanussi die Waffenstillstandsbedingungen nicht mehr besaß, war außergewöhnlich. Dixon, der sich peinlich genau an Edens Kurs hielt, notierte am 31. August:

> Mr. Macmillans Telegramm Nr. 1615
> Die in diesem Telegramm für die Entscheidung, die ausführlichen Bedingungen nicht durch General Zanussi oder seinen Begleiter nach Italien zu schicken, angeführten Gründe sind überaus fadenscheinig. Es ist offensichtlich, daß das Hauptquartier, unterstützt von Mr. Macmillan, darauf aus ist, den Waffenstillstand zu der Kurzfassung der Bedingungen abzuschließen und die Einhaltung der vollständigen Bedingungen zu sabotieren. Dieses läuft natürlich allem direkt zuwider, was wir in den letzten Monaten getan haben, und auch den Instruktionen in unserem Telegramm Nr. 1722.
> Es ist nun vermutlich zu spät, die Dinge zurechtzurücken, aber wir sollten zumindest wissen, woran wir sind, damit wir die Russen und andere informieren können. Es ist ganz falsch zu sagen, wie es die Vereinigten Generalstabschefs ... tun, daß die Russen die Unterzeichnung der militärischen Bedingungen in ihrem Namen genehmigt hätten.[10]

Hier täuschte sich Dixon. Die US-Botschaft in Moskau meldete am 28. August, daß die Sowjetregierung den Bedingungen zugestimmt habe und Eisenhower in ihrem Namen unterzeichnen könne. Churchill und Roosevelt telegraphierten am 2. September gemeinsam nach Moskau: »Wir nehmen an, Sie erwarten von uns, daß wir die Kurzfassung der Bedingungen in Ihrem Namen unterzeichnen.«

Natürlich ahnte Dixon nicht, daß das Landungsunternehmen in Italien für den 9. September geplant war, aber er zeigte eine verschleppende und legalistische Haltung angesichts der dringenden Notwendigkeit, die Italiener noch vor dem Angriff auf das Festland aus dem Krieg ausscheiden zu lassen. Während Eden und Churchill bei der Konferenz von Quebec weilten, verfaßte Dixon eine Antwort, die mit Attlees Billigung an Macmillan gesandt wurde. Darin hieß es, Castellano solle aufgefordert werden, die vollständigen Bedingungen zu unterzeichnen, sobald er in Sizilien eintreffe, und wenn er dazu nicht bevollmächtigt sei, solle er der italienischen Regierung mitteilen, daß dies so bald wie möglich erfolgen müsse; obwohl der Waffenstillstand durch Castellanos Unterzeichnung der Kurzfassung der Bedingungen wirksam werden könne, solle der Regierung Badoglio klargemacht werden, daß die vollständigen Bedingungen ein wesentlicher Teil des Waffenstillstandes seien.

Nichts wäre geeigneter gewesen, die Italiener störrisch werden zu lassen, und Eisenhower und Macmillan ließen Dixons Instruktionen vernünftigerweise außer acht. In seinem Bericht an Churchill schrieb Macmillan: »Das umfassende Dokument wurde vorsichtshalber in Reserve gehalten, da die Ansicht vorherrschte, daß seine Einführung in diesem Stadium nur weitere Verzögerungen auslösen könnte, die nicht im militärischen Interesse der Alliierten waren. Castellano und Montinari wurden überredet, ihre Regierung zur Annahme der Kurzfassung der Waffenstillstandsbedingungen aufzufordern.«[11]

Die Regierung Badoglio ließ Eisenhower durch Castellano mitteilen, sie werde die Waffenstillstandsbedingungen akzeptieren, vorausgesetzt, man verkünde sie erst nach einer Landung »in hinreichender Stärke«. Badoglio schlug vor, fünfzehn alliierte Divisionen einzusetzen; da er keine Vorstellung von Logistik hatte, begriff er nicht, daß dies monatelange Vorbereitungen erfordert hätte, und ohnehin verfügten die Alliierten nicht über so viele Truppen im Mittelmeerraum.

Castellano flog von dem römischen Flugplatz in Centocelle nach Termini Imerese auf Sizilien, wo er von Bedell Smith, Strong und Zanussi erwartet wurde. Der Anblick Zanussis erboste Castellano, und er fragte: »Was tun Sie denn hier?« Zanussi antwortete, er mache sich Sorgen wegen des umfassenden Waffenstillstandes und wolle mit Castellano darüber reden. Castellano behauptete, bereits völlig im Bilde zu sein, was nicht zutraf, und weigerte sich zuzuhören. Dies gefiel Eisenhower und Macmillan, die nicht wollten, daß Badoglio etwas über die demütigenden vollständigen Waffenstillstandsbedingungen erfuhr, denn sie hätten die Verhandlungen scheitern lassen können.

Churchill wünschte, daß Repräsentanten des Commonwealth und aller alliierten Nationen bei der Unterzeichnungszeremonie des Waffenstillstandes zugegen sein sollten. Dies hätte die Geheimhaltung der Salerno-Landung aufs Spiel gesetzt. Eisenhower telegraphierte an das Kriegskabinett in London: »Unsere Pläne müssen geheimgehalten werden, oder sie scheitern.« Mit Macmillans Hilfe hielt man unwillkommene Zuschauer fern – was de Gaulle erbitterte.

Castellano unterzeichnete die Kurzfassung der Waffenstillstandsbedingungen am 3. September. Er war von Eisenhower geblufft worden, denn er ahnte nicht, daß die Salerno-Landung nur aus fünf Divisionen bestehen würde. Wären die Italiener darüber informiert gewesen, hätten sie wahrscheinlich nicht unterzeichnet. Eisenhower räumte seinen Bluff später ein und wurde deshalb nach dem Krieg von den Italienern heftig kritisiert. Aber Italien war endlich ein Rettungsanker zugeworfen worden, denn Alexander erklärte sich bereit, eine Luft- und eine Seelandungsdivision nach Rom zu schicken, um den Italienern bei der Verteidigung ihrer Hauptstadt gegen die Deutschen zu helfen. Er war großzügig genug, diese alliierten Truppen dem italienischen Oberbefehl zu unterstellen, was Castellano erfreute und seine Haltung dem Waffenstillstand gegenüber milderte. Alexander versprach auch, daß die 82. US-Luftlandedivision nicht an dem Salerno-Unternehmen beteiligt sein und statt dessen auf den römischen Flughäfen landen solle.[12]

Castellano erklärte den alliierten Befehlshabern, daß die Italiener zwischen Rom und den Deutschen ein Panzerkorps und drei Divisionen sowie zwei Infanteriedivisionen in Stellung gebracht hätten. Theoretisch seien sie überlegen, aber sie hätten Mangel an

Panzerabwehrgeschützen und Munition. General Ridgway, der Befehlshaber der 82. Division, versprach, auf dem Luftwege siebenundfünfzig Panzerabwehrgeschütze heranzuschaffen; weitere hundert wurden für das Seelandungsunternehmen zugesagt.

Um den deutschen Flakgeschützen auszuweichen und die Beschießung der amerikanischen Transportmittel durch italienische Flakbatterien zu vermeiden, schlug Castellano vor, die ersten Landungen auf den Flughäften Cerveteri und Furbara, dicht an der Küste nordwestlich von Rom, mit Anflug über das Meer, durchzuführen. Ridgway bereitete sofort eine Planskizze für diese Luftlandeoperationen vor, die Giant 2 getauft wurden.

Die 82. Division hatte an der Invasion Siziliens teilgenommen und war dann im tunesischen Kairouan neu formiert worden, von wo aus sich bereits mehrere Einheiten für das amphibische Salerno-Unternehmen eingeschifft hatten. Die ganze Division wurde am 4. September umgehend nach Licata an der Südküste Siziliens beordert, um für das römische Abenteuer bereit zu sein. Ridgway und sein Stab arbeiteten die ganze Nacht hindurch und legten am 4. September ihren Plan für Giant 2 vor, der Castellano übergeben wurde. Dessen Adjutant brachte den Plan am 15. September mit Castellanos Privatflugzeug nach Rom. Castellano nahm an, daß das italienische Kriegsministerium sofort einen detaillierten Schlachtplan entwerfen würde, damit sein vor Rom liegendes Panzerkorps die Flugplätze zusammen mit den Amerikanern besetzen und verteidigen könnte. Die Kooperation zwischen der amerikanischen und der italienischen Armee auf dem Schlachtfeld würde die Alliierten seiner Meinung nach veranlassen, großzügige Friedensbedingungen anzubieten, wie sie in Cassibile versprochen worden waren.

General Ambrosio, der italienische Oberbefehlshaber, und sein Stab im Kriegsministerium verschleppten den Plan. Sie lasen ihn, unternahmen nichts und reichten ihn an Badoglio weiter. Castellano kannte das Datum des Waffenstillstandes und folglich das Angriffsdatum für Giant 2 immer noch nicht, aber er wäre entsetzt gewesen, wenn er gewußt hätte, daß seine hingebungsvollen Bemühungen, Italien bei den Alliierten zu rehabilitieren, durch die

Trägheit in Rom zunichte gemacht wurden. Er erwartete, daß das Kriegsministerium in den letzten entscheidenden Tagen vor dem Waffenstillstand in Aktion treten würde.

Giant 2 sah vor, daß die 82. Division am D-Day auf den Flughäfen Cerveteri und Furbara landen würde; am Tag danach wollte man Material mit Fallschirmen abwerfen und schweres Gerät in Guidonia, Centocelle und Littoria - unweit Roms - anlanden. Eine amerikanische Infanteriestreitmacht wurde hastig im nordafrikanischen Bizerta zusammengestellt und auf Landungsboote gebracht. Sie stach am 7. September mit der versiegelten Anweisung in See, am 9. September bei Tagesanbruch in der Tibermündung zu landen.

Der Waffenstillstand sollte am 8. September, zwischen 18 und 19 Uhr, gleichzeitig von Badoglio und Eisenhower bekanntgegeben werden; die ersten Luftlandeaktionen sollten ein paar Stunden später stattfinden. Britische und amerikanische Seelandungstruppen würden vor Tagesanbruch des 9. September bei Salerno italienischen Boden betreten, und kurz darauf würden die amphibischen Streitkräfte den Tiber erreichen. Das italienische Heer sollte alle Zufahrtsstraßen zu den Flugplätzen absperren und die Seelandungstruppen bei ihrer Fahrt durch den Tiber schützen.

Der Plan Giant 2 sah vor, daß die Italiener auf den Flughäfen Furbara und Cerveteri horizontale, nach Westen ausgerichtete Suchscheinwerfer anzubringen und daß römische Rundfunksender Navigationssignale auszustrahlen hätten. Flugfelder, Start- und Landebahnen sollten durch Leuchten markiert werden. An beiden Flughäfen würde ein hoher italienischer Stabsoffizier mit jeweils einem Dolmetscher pro Kompanie warten. Die Italiener wollten 21000 Rationen, 355 Lastwagen, zwölf Unfallwagen, Spitzhacken, Schaufeln, Stacheldraht und hundertzwanzig Feldtelefone sowie fünfhundert Arbeiter zum Ausheben von Gräben bereitstellen. Die Luftlandetruppen würden Rationen für zwei Tage und Treibstoff für einen Tag mitbringen, sich jedoch selbst versorgen, was Muniton und medizinische Betreuung anging. Castellano hatte bereits gebeten, alle verfügbaren Mengen klopffesten Benzins nach Furbara und Cerveteri zu schicken.

Ridgway bekam plötzlich kalte Füße, was Giant 2 betraf, weil er bezweifelte, daß die Italiener fähig sein würden, die deutschen Angriffe zurückzuschlagen. Er wollte Stabsoffiziere nach Rom entsenden, damit sie über die Realisierbarkeit des Unternehmens Bericht erstatten könnten. Alexander verbot ihnen, vor dem 7. September abzureisen, weil sie das Risiko liefen, von Deutschen gefangengenommen zu werden, wodurch der Feind verfrüht von Ort und Datum der alliierten Landungen erfahren könne. Also verließen General Maxwell Taylor, stellvertretender Befehlshaber der 82. Division, und ein weiterer Stabsoffizier, Oberst Gardiner, Palermo am Morgen des 7. September in einem britischen Torpedoboot, das sie zu der Insel Ustica, sechzig Kilometer nördlich von Sizilien, brachte. Hier wartete bereits eine italienische Korvette.

Um 18.30 Uhr legten sie in Gaeta an, knapp hundertzwanzig Kilometer südöstlich von Rom. Die beiden gaben sich als Kriegsgefangene aus und ließen sich von Wachposten in ein wartendes Auto drängen. Auf der Fahrt nach Rom waren sie erstaunt über das Ausmaß an zivilem und militärischem Straßenverkehr, das alle Behauptungen, es herrsche Benzinmangel, Lügen strafte. Sie sahen fast keine deutschen Soldaten, aber auf der Via Appia gab es ordentliche Schilder mit Pfeilen, die auf die deutschen Einheiten von Students 2. Fallschirmjägerdivision hinwiesen.

Nach Einbruch der Dunkelheit erreichten sie den Palazzo Caprara, gegenüber dem italienischen Kriegsministerium. Ein üppiges Diner war bereitet. Das Essen und die luxuriösen Zimmer waren eine angenehme Überraschung für die Amerikaner, die seit Monaten nichts anderes als Feldbetten und Armeerationen gekannt hatten. Aber zu ihrem Erstaunen waren keine Vorkehrungen für eine sofortige Planungskonferenz getroffen worden. Niemand im italienischen Kriegsministerium wußte, daß der Waffenstillstand und die Landungen für den nächsten Tag vorgesehen waren, gleichwohl schien die in Rom herrschende Gemächlichkeit nach Castellanos sachlichen Mitteilungen in Sizilien ganz unglaublich.

Nicht nur war Giant 2 nicht weisungsgemäß ins Italienische übersetzt und an die betroffenen Divisionskommandeure verteilt worden, auch hatte General Carboni, Befehlshaber des Korps um Rom, keinerlei Einsatzbesprechungen mit seinem Stab oder den Kommandeuren untergeordneter Verbände abgehalten. Die Wahrheit war, daß die Generale Ambrosio (Oberbefehlshaber), Roatta (Generalstabschef des Heeres), Rossi (stellvertretender Oberbefehlshaber) und Carboni sämtlich Angst davor hatten, gegen die Deutschen zu kämpfen. Ihr einziger Gedanke war, die Alliierten zur Entsendung so vieler Soldaten wie möglich zu bewegen, damit diese an ihrer Stelle Rom verteidigen könnten.

Taylor verlangte sofort eine Unterredung mit Carboni, der in Panik geriet, als er hörte, daß Luftlandeunternehmen und Waffenstillstand keine achtundvierzig Stunden entfernt waren und daß die Hauptlandungen nicht bei Rom, sondern mehr als zweihundert Kilometer südlich, bei Salerno, stattfinden würden. Durch schamlose Lügen überzeugte er Taylor, daß die Luftlandungen mit einer Katastrophe enden müßten. Bei seiner Kriegsgerichtsverhandlung sagte Carboni aus, er habe gelogen, weil es seiner Meinung nach im Interesse der italienischen Nation gewesen sei, den Waffenstillstand hinauszuschieben, damit neue Truppenverteilungen fünf Tage später den Erfolg der US-Luftlandungen hätten sichern können. Dies war Unsinn.

Carboni behauptete, die Flugplätze seien »praktisch in deutscher Hand« und das Panzerkorps habe kaum noch Treibstoff und Munition. In Wirklichkeit gab es genug Treibstoff im römischen Hauptdepot bei Mezzocammino am Tiber, und die römischen Arsenale waren voll von Granaten und Munition für Handfeuerwaffen.

Taylor war entsetzt über Carbonis »alarmierenden Pessimismus« und über das Versäumnis der Italiener, sich auf Giant 2 vorzubereiten. Ambrosio war am Vortag mit dem Zug nach Turin gereist, wo er Wertgegenstände seiner Familie für den Fall versteckte, daß Norditalien zum Schlachtfeld wurde. Er weigerte sich, zu einem Gespräch mit Taylor zurückzufliegen, so daß dem ängstlichen Carboni das Feld überlassen blieb.

Carboni zeigte Taylor ein Memorandum der italienischen Luftwaffe, in dem es hieß, daß man eine Woche benötigen werde, um die Beleuchtung an den Landebahnen anzubringen. Dabei lag auf der Hand, daß dies in einem halben Tag hätte improvisiert werden können. Laut Carboni hatte das Kriegsministerium gemeldet, daß das Heer keine Lastwagen entbehren könne. Tatsache war, daß man in ein paar Stunden zahlreiche Lastwagen und Busse in Rom hätte requirieren können, um den Transportbedarf der 82. Division zu decken. Diese Apathie der höchsten Militärs war eine schlechte Empfehlung für zwanzig Jahre Faschismus.

»Castellano hat uns so sehr über die militärische Stärke Italiens getäuscht, daß wir am Rande einer Katastrophe stehen. Viele der höchsten Tiere in Cassabile hielten ihn für einen Schwindler«, erklärte Taylor. Doch Castellano hatte die Wahrheit gesagt, Carboni war der Schwindler. Mit seinem Dienstwagen brachte er die Amerikaner zu Badoglios Villa, wo er versuchen wollte, das Einverständnis des Marschalls zur Verschiebung des Waffenstillstandes zu erlangen. Er ließ die Amerikaner eine Viertelstunde lang vor dem Haus im Auto warten, während er auf Badoglio einredete und ihn schließlich mit Hilfe falscher Angaben überzeugte, daß das Panzerkorps nicht in der Lage sei, die römischen Flugplätze zu verteidigen. Als Badoglio endlich mit Taylor sprach, wiederholte er Carbonis Argumente und sagte, er wolle Eisenhower um eine Verschiebung des Waffenstillstandes bitten. Dies kam nicht in Frage, denn die alliierten Konvois waren bereits in See gestochen, und wenn man den Waffenstillstand verschob, hätten die italienischen Streitkräfte sich der Salerno-Landung widersetzt.

Am 8. September um 1.20 Uhr kehrten Taylor und Gardiner zum Palazzo Caprara zurück und schickten mit Hilfe von Mallabys Funkgerät eine Meldung an das Alliierte Hauptquartier in Algier, um das Luftlandeunternehmen zu verschieben. Schwere atmosphärische Störungen führten dazu, daß die Nachricht Algier erst um acht Uhr erreichte. Daraufhin erhielte General Lemnitzer den Befehl, nach Licata in Sizilien zu fliegen und die Fallschirmjäger zu stoppen. Wegen schlechter Navigation erreichte er Licata erst um 16 Uhr. Fünfzig Maschinen vom Typ Dakota standen auf der Rollbahn, um Fallschirmjäger an Bord zu nehmen; dreiundsechzig waren bereits gestartet und warteten auf das Codewort, um ihre Soldaten nach Cerveteri und Furbara zu bringen. Wie erwähnt war auch die amphibische Streitmacht, die in der Tibermündung landen sollte, schon in See gestochen.

Der wütende Eisenhower teilte Badoglio aus Algier mit, Italien müsse noch am selben Tag den Waffenstillstand verkünden oder sich mit den Konsequenzen abfinden. Badoglio und der König waren unschlüssig, fügten sich jedoch im letzten Moment. Um 19 Uhr gaben beide Seiten die Annahme des Waffenstillstandes im Rundfunk bekannt. Unglücklicherweise hatte Eisenhower schon Churchill und Roosevelt über Badoglios Vertrauensbruch in Kenntnis gesetzt, was dazu führte, daß die Alliierten Italien härtere Friedensbedingungen auferlegten.[13]

Das kühne Luftlandeunternehmen bei Rom wurde also in letzter Minute abgeblasen. Was wäre geschehen, wenn es stattgefunden hätte? Drei Monate später schrieb Bedell Smith an Castellano: »Ich habe sehr viel über unseren gescheiterten Plan nachgedacht, eine Luftlandedivision bei Rom abzusetzen ... Ich bin, ebenso wie die Offiziere unseres Planungsstabes, überzeugt, daß der Plan hätte durchgeführt werden können, wenn die italienischen Divisionen um Rom von einem Offizier befehligt worden wären, der Mut, Entschiedenheit und Zielstrebigkeit besitzt.« Diese Meinung wurde nach dem Krieg von General Westphal, dem Stabschef Kesselrings, geteilt.[14]

Churchill sagte am 21. September im Unterhaus: »Wir hatten vor, eine US-Luftlandedivision, die sich der 3. Panzergrenadierdivision widmen sollte, gleichzeitig mit der Bekanntgabe des Waffenstillstandes abzusetzen, aber dies war unmöglich, da die Flughäfen um Rom in deutscher Hand waren.« Er täuschte sich, denn in Furbara und Cerveteri waren am 9. September keine Deutschen, und Guidonia wurde von der Königlichen Italienischen Luftwaffe sogar bis zum 12. September ohne deutsche Einmischung benutzt.

Gewiß bestand die Gefahr, daß Hitler Rom bombardiert und der Stadt schweren Schaden zugefügt hätte, aber er war sich der neutralen Weltmeinung bewußt, und die Opfer in Rom wären geringer gewesen als die Verluste an Menschenleben in der Zivilbevölkerung während der eineinhalb Jahre, die der Krieg in ganz Italien tobte.

Hätten die Amerikaner ihr Luftlandeunternehmen durchgeführt, wären die Moral des italienischen Panzerkorps gestärkt und die amerikanisch-italienische Einheit zementiert worden. Italienische Truppen hätten viel enthusiastischer als in Nordafrika oder Rußland gekämpft, wenn es darum gegangen wäre, die Deutschen aus ihrer Heimat zu vertreiben. Auch die alliierte Haltung in der Frage der Friedensbedingungen wäre weniger unnachgiebig gewesen, wenn die Italiener in den ersten Tagen der alliierten Landungen einen entscheidenden Beitrag geleistet hätten.

Carbonis Panzerkorps, nun bei der Verteidigung Roms gegen Kesselrings zwei Divisionen auf sich allein gestellt, kämpfte so erfolgreich, daß es die Flughäfen Cerveteri und Furbara zweifellos für die vier Tage hätte halten können, die notwendig gewesen wären, um die 82. Division in voller Stärke landen zu lassen. Während dieses Zeitraums hätten deutsche Truppen die Flugplätze Guidonia oder Littoria im Landesinnern nicht erreichen können. Hätte das Panzerkorps, verstärkt von den Amerikanern der 82. Division, einen Ring um Cerveteri und Furbara geschlossen, wären die nahe gelegenen Strände ideal für Seelandungsunternehmen gewesen.

Zahlenmäßig waren die Italiener stärker als die Deutschen. Carbonis Korps bestand aus vier Divisionen: Ariete und Centauro (Panzer), Piave (leichte Infanterie) sowie Granatieri (nichtmotorisiert). Am Abend des 8. September brachten Transportzüge die Infanteriedivisionen Lupi und Re in das Gebiet von Rom. Außerdem war die nicht allzu schlagkräftige Piacenza-Division am Tiber und an der Straße von Rom nach Ostia zur Küste hin in Stellung gebracht worden. Zwischen Anzio und Fiumicino lagen in schmaler Linie zwei schlechtbemannte und unzureichend ausgerüstete Küstendivisionen. In Rom befand sich die Sassari-Division, die kurz zuvor aus Kroatien zurückgekehrt war und nur zur Wahrung der öffentlichen Ordnung taugte. Insgesamt hatten die Italiener ungefähr 75000 Soldaten, verglichen mit 45000 der Deutschen.

Am Bracciano-See nördlich von Rom stand die Division Ariete der 3. Panzergrenadierdivision gegenüber. Ihr Befehlshaber war der beherzte General Cadorna, ein hervorragender italienischer Offizier, der später mit den Partisanen in Norditalien Ruhm erringen sollte. Ariete war nach der Panzerdivision gleichen Namens benannt, die in Nordafrika verlorengegangen war, und Mussolini hatte sie mit den besten und neuesten Lancia-Panzerkampfwagen und von Fiat in Turin hergestellten modernsten Panzern ausgerüstet. Das Aufklärungsregiment Montebello, die Elitetruppe von Ariete, war das Glanzstück der verbleibenden Armee Mussolinis. Ariete war den 3. Panzergrenadieren an Feuerkraft gewachsen und verpaßte ihnen nicht nur einen Denkzettel, sondern setzte sich auch fast ohne Verlust von ihnen ab – ein schwieriges Manöver während der Schlacht.

Am frühen Morgen des 9. September zeigten Geheimdienstberichte, daß Kesselring sich nicht zurückzog, sondern statt dessen die italienischen Truppen in Rom angriff. Roatta geriet in Panik. Er erklärte Badoglio, daß Rom nicht verteidigt werden könne und die Regierung fliehen müsse. Um 5.10 Uhr flohen der König, die Königin, der Kronprinz, Ambrosio und einige Minister aus Rom nach Pescara an der Ostküste. Roatta folgte ihnen bald, aber zuerst befahl er Carboni, die Division Ariete und die leichte Infanteriedivision Piave nach Tivoli südöstlich Roms zu schicken, um die Flucht zu decken. Diese Divisionen sollten sich bereithalten, um nach Osten vorzurücken und sich später mit der britischen 8. Armee zu vereinigen – doch in Wirklichkeit ging es Badoglio nur darum, daß die Regierung bei ihrer Flucht geschützt war.[15]

In der Nacht vom 8. zum 9. September führten die Deutschen überall auf der Halbinsel, von Rom abgesehen, und auf dem Balkan überraschende brutale Angriffe gegen die italienische Armee durch. Die meisten Soldaten, überrumpelt und ohne Befehle von oben, kapitulierten, aber Marine und Luftwaffe hielten stand. Am Mittag des 9. September hatte die italienische Armee – die Divisionen um Rom und auf Korsika, Sardinien und den Ägäischen Inseln ausgenommen – praktisch aufgehört zu existieren. Viele italienische Soldaten wurden von den Deutschen erschossen oder gefangengenommen, doch die Mehrheit betrachtete die Verkündung des Waffenstillstandes als Signal, so rasch wie möglich mit dem Zug, dem Fahrrad oder zu Fuß heimzukehren.

Als Badoglio entschied, daß der König und die Regierung Rom verlassen sollten, beabsichtigte er ursprünglich, Kriegsministerium und Regierung in Chieti, in der Nähe des Adriahafens Pescara, wiedereinzusetzen. An der Ostküste befanden sich kaum deutsche Truppen, und dort schien sich eine gute Möglichkeit zu einem raschen Zusammenschluß mit der britischen 8. Armee zu bieten, die ungehindert bei Taranto gelandet war. Aber als der italienische Generalstab Chieti erreichte, gingen so bedrohliche Meldungen über die deutschen Angriffe ein, daß Badoglio beschloß, die italienische Korvette *Bayonette* nach Ortogna zu beordern und den König und die Regierung nach Süditalien zu evakuieren. Dort würden sie unter dem Schutz der alliierten Armeen stehen.

Den Waffenstillstandsbedingungen zufolge mußte Mussolini den Allierten übergeben werden. Er war in einem Skihotel auf dem Gran Sasso - unweit des Fluchtweges der Königsfamilie, aber fern von den Deutschen - interniert, und man hätte ihn mühelos holen und zusammen mit dem König in den Süden bringen können. Doch sowohl Badoglio als auch der König ignorierten diese wichtige Klausel des Waffenstillstandes, so daß Hitler den Duce kurz darauf befreien lassen und zwingen konnte, in Norditalien eine Marionettenregierung zu bilden. Dieses Versäumnis der Regierung Badoglio hatte unglückliche Konsequenzen für die Alliierten und die royalistische Regierung, denn Mussolini nutzte seine Popularität und sein Prestige, um im Norden eine neue faschistische Armee zur Unterstützung der Deutschen aufzustellen. Diese Armee kämpfte gegen die Alliierten und die Partisanen und verursachte einen Bürgerkrieg in Italien, der auf beiden Seiten schwere Verluste forderte.

In den späten Stunden des 10. September legte die *Bayonette* in Brindisi an. Dort befanden sich weder deutsche noch alliierte Truppen, doch Montgomerys 8. Armee stand nicht weit entfernt. Sobald die legale Regierung auf italienischen Boden zurückgekehrt war, versuchte sie, wieder ihre konstitutionelle Rolle zu spielen. Aber sie konnte kaum etwas unternehmen, weil vier Fünftel Italiens von den Deutschen besetzt waren.

Am 11. September sandten die italienischen Generalstabschefs von Brindisi aus den Befehl an alle italienischen Streitkräfte: »Behandelt die Deutschen als Feinde.« Es war zu spät. Die Entwicklung hätte ganz anders verlaufen können, wenn Badoglio am 8. September den Mut zum Handeln gehabt hätte. Aber in jener Nacht ergingen keine Befehle an die italienischen Kommandeure, und sie waren auf die deutschen Angriffe überhaupt nicht vorbereitet.

Das deutsche Oberkommando in Italien meldete Hitler am 14. September, daß die Operationen gegen die italienische Armee abgeschlossen seien. Man habe sechsundfünfzig Divisionen völlig und neunundzwanzig teilweise entwaffnet; 700000 Soldaten seien gefangengenommen und eine ungeheure Menge Kriegsgerät erbeutet worden.

In Rom hatte die Abreise der Regierung am 9. September ein Vakuum hinterlassen. Anrufer aus Militärstäben, die sich erkundigten, ob sie gegen die Deutschen kämpfen sollten oder nicht, wurden von untergeordneten Offizieren beschieden: »Wir können Ihnen nicht helfen, es ist niemand hier.« Der erfahrene Caviglia übernahm die Macht und eröffnete am 10. September Verhandlungen mit dem deutschen Befehlshaber: Man erklärte Rom zu einer offenen Stadt und einigte sich auf einen Waffenstillstand, der vorsah, daß die Rom verteidigenden italienischen Divisionen entwaffnet werden sollten. General Cadorna, der Kommandeur von Ariete, übergab den Deutschen Reihe um Reihe der modernen Panzer und neuesten Panzerfahrzeuge. Wären sie sabotiert worden, hätten die Deutschen einen Vorwand gehabt, italienische Soldaten zu erschießen. Nun würden diese Waffen gegen die Alliierten eingesetzt werden, statt römische Flughäfen und Strände gegen die Deutschen zu verteidigen und umfangreiche amerikanische Landungen zu ermöglichen.[16]

In Brindisi bezog der König das historische Schloß Svevo; Badoglio und seine Generalstabsoffiziere quartierten sich im besten

Hotel, dem International, ein, und die Regierung versuchte, mit Hilfe örtlicher Beamter in düsteren Admiralitätsgebäuden unweit des Hafens ihre Geschäfte weiterzuführen. Als am 13. September alliierte Truppen aus Taranto eintrafen, mußten italienische Offiziere das Hotel International räumen, da es zu einem Durchgangslager für alliierte Offiziere gemacht wurde. Die Alliierte Kontrollkommission ließ sich in Brindisi nieder, und die Regierung Badoglio merkte bald, daß sie nicht einmal über Verwaltungsdetails mehr selbständig entscheiden konnte. Eine strenge Rundfunk- und Pressezensur wurde eingeführt, und es kam zu einem absurden Streit, weil ein Rundfunksprecher Victor Emmanuel als König von Albanien und Kaiser von Äthiopien bezeichnet hatte.

Macmillan und Robert Murphy, die Vertreter der britischen und der amerikanischen Regierung, trafen am 14. September zusammen mit General Noel Mason-Macfarlane, dem früheren Gouverneur von Gibraltar und jetzigen Chef der Alliierten Kontrollkommission, in Brindisi ein. Mason-Macfarlane war antiitalienisch gesonnen und meinte, daß die italienischen Streitkräfte kaum eine Hilfe für die Alliierten sein würden. Er ignorierte Victor Emmanuel nahezu und beschrieb ihn als »plemplem«, aber Macmillan und Murphy mit ihrer größeren politischen Erfahrung erkannten an, daß der König den Sturz Mussolinis inszeniert hatte, und waren wohlwollender. Macmillan nannte ihn »einen traurigen und verdrossenen, aber wahrscheinlich recht hartnäckigen alten Mann«. Er war der Ansicht, daß Kronprinz Umberto »eine nützliche Rolle« spielen könne.

Ein offizielles Treffen von Eisenhower und Badoglio wurde für den 29. September in Malta angesetzt. Hier unterzeichnete Badoglio die erniedrigenden vollständigen Kapitulationsbedingungen, die der Presse – zum Glück sowohl für Italien wie für die Alliierten – vorenthalten wurden. Der König wurde bereits von Sympathisanten der Faschisten angegriffen, weil er unehrenhafte Bedingungen akzeptiert habe. Immerhin milderte Eisenhower den Schlag für Badoglio dadurch, daß er ihm ein Schreiben überreichte, in dem es hieß, die Bedingungen würden entsprechend dem Ausmaß der militärischen Kooperation, die die Italiener gegen Hitler leisteten, modifiziert werden. Macmillan wandte sich besonders heftig gegen die Formel der »bedingungslosen Kapitulation« und klagte später, wie sehr er »das Verfahren in Malta verabscheut« habe, »zu dessen Durchführung wir gezwungen waren«.

Eisenhower drängte Badoglio, Deutschland den Krieg zu erklären. Badoglio erwiderte, dies sei das Vorrecht des Königs, der noch Einwände habe. Aber Badoglio kehrte nach Brindisi zurück und überredete den zögernden Monarchen, Deutschland am 12. Oktober den Krieg zu erklären. Daraufhin erhielt Italien den Status eines »mitkriegführenden Staates«, obwohl das Foreign Office – wenig hilfreich – anmerkte, daß Italien sich, technisch gesehen, immer noch im Krieg mit den Alliierten befinde. Zwei Tage später ließ Alexander zu, daß sich eine italienische Division seinen Fronttruppen anschloß.

Im Unterhaus wurden peinliche Fragen nach der Beteiligung von Ambrosio und Roatta an Greueltaten in Jugoslawien gestellt. Roatta hatte im September 1942 unstreitig befohlen, alle Häuser und Dörfer im Umkreis einer halben Meile von der Pipeline aus Rumänien zu zerstören. Beide wurden entlassen. Badoglio ersuchte darum, daß Feldmarschall Messe, ein Kriegsgefangener in Großbritannien, Ambrosios Platz einnahm. Messe sowie General Orlando und General Berardi wurden nach Italien geflogen, wo sie versuchen sollten, einer neuen royalistischen Armee Rückhalt zu geben.

Bald kam es zwischen Amerikanern und Briten zu einem heftigen Konflikt über die italienische Regierung. Churchill wollte die Monarchie mit oder ohne Victor Emmanuel beibehalten, da sie ein »einigender Faktor« sei. Roosevelt war entschlossen, den König abzusetzen, denn er hielt ihn für unpopulär bei den italienischen Wählern, die in den bevorstehenden Präsidentschaftswahlen eine wichtige Rolle spielen würden.

Victor Emmanuel wollte Grandi in die Regierung aufnehmen, doch dies scheiterte am Veto der Amerikaner (obwohl Grandis Initiative zum Sturz Mussolinis geführt hatte). Vielmehr gab

Roosevelt dem König – und letztlich den Alliierten – dadurch ein weiteres Problem auf, daß er den exzentrischen und umstrittenen Grafen Sforza nach Italien zurücksandte. Er war die führende antifaschistische Persönlichkeit in den Vereinigten Staaten, und seine Ansichten hatten dort während des Krieges große Publizität erhalten. Roosevelt glaubte, daß Sforzas Unterstützung bei der Wahl von Vorteil sein werde. Der einundsiebzigjährige Sforza war in der Regierung Giolitti Außenminister gewesen und bis 1927 Senator geblieben, doch dann hatte er sich Mussolinis Zugriff entzogen und das Land verlassen. Seit 1940 hatte er in den Vereinigten Staaten als Sprecher der italienischen Opposition gegen den Krieg eine Sonderstellung eingenommen.

Das Foreign Office lehnte Sforzas Rückkehr ab, weil er ein Gegner Badoglios und Victor Emmanuels war. Churchill erlag jedoch Roosevelts Überredungskünsten und schob den Widerspruch des Foreign Office beiseite. Am 11. Oktober machte Sforza in London Zwischenstation und führte Gespräche mit Churchill und Eden. Beide Unterredungen verliefen unglücklich. Churchill nannte Sforza »einen nutzlosen, schwachköpfigen Politiker, dessen Feindschaft dem Haus Savoyen gegenüber und dessen Republikanismus daraus abzuleiten sind, daß er sich selbst als Repräsentanten des Hauses Mailand betrachtet«, und schloß, »der alte Narr möchte selbst König werden«. Das Foreign Office mußte dem Premierminister erklären, daß Sforza kein Thronanwärter war und die Savoyer die Mailänder Sforzas nicht von der Macht »wegmanövriert« hatten. Ohnehin leitete der Graf seine Abstammung nicht direkt von der Familie Sforza her, die einst Mailand beherrschte. Während Sforza nach Neapel weiterflog, telegraphierte Churchill an Macmillan: »Badoglio ist die einzige verläßliche Stütze, an ihm müssen wir festhalten.«

Nach wiederholten Aufforderungen Roosevelts teilten Macmillan und Murphy dem König und Badoglio mit, sie müßten die italienische Regierung erweitern. Badoglio bot seinen Rücktritt an und ersuchte den König, zugunsten Umbertos oder seines sechsjährigen Enkels abzudanken. Victor Emmanuel weigerte sich und reiste nach Neapel, um herauszufinden, welche Politiker dort seit den demokratischen Tagen Italiens – einundzwanzig Jahre zuvor – überlebt hatten. Der Philosoph Benedetto Croce war der einflußreichste, aber er wollte der Regierung nur beitreten, wenn der König abdankte. Ohne Croces Beispiel aber war niemand bereit zu dienen. Sforza lehnte sogar ein Gespräch mit dem König verächtlich ab.

Trotzdem bot Victor Emmanuel Sforza das Amt des Ministerpräsidenten an. Sforza schlug das Angebot aus, weil er den erstarkenden Kommunismus fürchtete und der Meinung war, daß die Monarchie und die italienische Verfassung nur zu retten seien, wenn der König zugunsten seines Enkels abdankte. Er ließ Macmillan wissen, daß er Kronprinz Umberto für »degeneriert, schwach und zügellos« hielt. Macmillan folgerte daraus, daß Sforza Ministerpräsident werden wollte, aber mit einem Regenten Badoglio als reiner Repräsentationsfigur.

Sforza schickte über Algier ein unverschämtes, nachlässig formuliertes und schlecht getipptes Schreiben in englischer Sprache an Eden, in dem er sich selbst als Nachfolger Badoglios empfahl und die Abdankung des Königs vorschlug. Roger Makins, Macmillans Bürochef in Algier, meinte zwar, der Brief sei es nicht wert, an den Außenminister weitergeleitet zu werden, aber er erreichte schließlich den Premierminister. Dieser telegraphierte an Sforza: »Ich sehe voll Bedauern, wieviel Unruhe Sie stiften. Sie dürfen auf keine Unterstützung von mir rechnen.« Cadogan notierte: »Diese Ohrfeige für den alten Sforza macht mir beträchtliche Freude.«[17]

Unterdessen wurde der Gegensatz zwischen Churchill und Roosevelt, was die italienische Regierung betraf, immer schärfer. Macmillan teilte dem Premierminister mit, daß die Abdankung des Königs sich negativ auf die Moral der italienischen Soldaten auswirken könne, die den Alliierten zur Seite standen. Am 4. November warnte Churchill Macmillan davor, die Position Badoglios oder des Königs zu untergraben, und zwei Tage später schickte er eine ähnliche Botschaft an Roosevelt, mit dem Zusatz: »Sforza wird die Italiener nicht zum Kämpfen bringen.« Eisenhower stimmte mit Churchill überein, aber Roosevelt war entschlossen, Victor Emmanuel zu stürzen. Die Position der italienischen

Regierung wurde jedoch gestärkt, als die sechs politischen Parteien (darunter Sozialisten und Kommunisten), die sich illegal in Rom trafen, die Nachricht nach Brindisi schickten, daß sie Badoglio als Militärbefehlshaber unterstützen würden, wenn man die Regierung erweiterte und nach der Besetzung Roms Wahlen abhielt. Auf Victor Emmanuels Ersuchen hin nahm Badoglio sein Rücktrittsangebot zurück.

Am 6. November schrieb Churchill auf einen Vermerk Cadogans, daß der König und Badoglio unbedingt weiterregieren sollten: »Erstklassig.« Am selben Tag telegraphierte der Premierminister an Roosevelt: »Wir sollten keinen Wechsel im Regime Badoglios und des Königs zulassen ... Weshalb britische und US-Soldaten auf dem Marsch nach Rom schwächen? ... VE [Victor Emmanuel] und Badoglio haben schließlich die italienische Flotte übergeben und gebieten über die Loyalität eines Großteils der italienischen Armee. Ike [Eisenhower] neigt zu dieser Ansicht.«[18]

Am 20. Januar 1944 sollte der erste demokratische Konvent seit der Machtübernahme durch den Faschismus in Bari stattfinden. Unglücklicherweise hörte das Foreign Office in London nur durch die Presse davon, was Churchill und Eden in Wut versetzte. Am 24. Januar verlangte der Premierminister, man solle die Veranstaltung verschieben. Eden tat sein Bestes, um die Zusammenkunft durch Macmillan verbieten zu lassen, aber schließlich begann sie am 30. Januar.

Croce eröffnete die Versammlung. Sforza leistete sich hysterische Ausfälle gegen die Regierung und den König und machte einen schlechten Eindruck auf die alliierten Beobachter, die dem Foreign Office meldeten, er sei »ein Aufschneider und selbstgefälliger Schwätzer«. Der Konvent forderte die Abdankung des Königs, verlangte eine Allparteienregierung und ernannte eine »Giunta« aus Politikern hohen Alters als beratende Körperschaft. Sforza und Croce lehnten eine Mitgliedschaft in der Giunta ab, weil ihr »stabilisierender Einfluß« außerhalb des Rates größer sein werde.

Eden war nicht erfreut über diesen Versuch der Italiener, eine demokratische Regierung zu schaffen. Wieder einmal verriet er seine Abneigung gegen Italien, als er notierte: »Ich sehe viele Schwierigkeiten mit den sogenannten italienischen Demokraten voraus ... Sie werden behaupten, daß alle dem König und Badoglio auferlegten Strafen nicht für sie gälten, und dafür gibt es keine Berechtigung.« Churchill bezeichnete es als Katastrophe, wenn entweder Croce oder Sforza Ministerpräsident würde und »wir Badoglio verlieren«.[19]

Mittlerweile war deutlich, daß das Anzio-Unternehmen fehlgeschlagen war, und da die Deutschen noch bei Monte Cassino Widerstand leisteten, konnte mit der Befreiung Roms vorläufig nicht gerechnet werden.* Roosevelt wurde ungeduldig und sandte, ohne Churchill zu konsultieren, eine Nachricht an die US-Vertreter in der Alliierten Kontrollkommission: »Liberale Kräfte müssen ohne Victor Emmanuel eine neue Regierung bilden.« Cadogan hielt diese Mißachtung Londons für »erstaunlich«. Churchill bestand jedoch darauf, daß die italienische Regierung in Ruhe gelassen werden müsse, und er erinnerte Roosevelt daran, daß die Übereinkunft mit Darlan in Algier vielen alliierten Soldaten das Leben gerettet hatte.** Er argumentierte: »Die italienische Armee und Flotte arbeiten mit uns zusammen und gehorchen unseren Befehlen. Wenn Sie neue Liberale an die Regierung bringen, werden sie vielleicht Einwände haben. Ein neues Regime könnte sich als eine selbstverschuldete Last entpuppen.«

Am 12. Februar einigten Washington und London sich darauf, die Regierung unverändert zu lassen, obwohl die Giunta öffentlich die Entlassung des Königs und Badoglios gefordert hatte. Inzwischen hatte Eisenhower sich nach England begeben, um den Oberbefehl der Streitkräfte an der Zweiten Front zu übernehmen; Murphy war zu Besprechungen nach Washington zurückbeordert

* Die Alliierten hatten Ende Januar 1944 bei Anzio, ein paar Kilometer südlich von Rom, eine Landung durchgeführt. Zuerst hatte es den Anschein, daß Rom fallen würde, aber die deutsche Verteidigung war so hartnäckig, daß die Alliierten nicht durchbrechen konnten. Rom fiel erst im Juni.

** Admiral François Darlan, ein Vichy-Anhänger, hatte am 8. November 1942 überraschend dem ungehinderten Einzug alliierter Truppen in Algier zugestimmt.

worden, und Eisenhowers Nachfolger als Kommandierender General des Alliierten Hauptquartiers, Maitland Wilson, war dafür, daß Umberto seinen Vater ablöste, da dies die Moral der italienischen Truppen stärken werde. Am 21. Februar entschied das Kriegskabinett: »Keine Änderung.« Der Premierminister tadelte Wilson für dessen Vorschlag und sagte: »Warten Sie, bis Sie Rom erreichen. Geben Sie keinen Erpressungen der Giunta nach, die keine Bedeutung hat.«

Roosevelt machte noch einen Versuch und beschied Wilson, der König habe zu verschwinden. Churchill widersprach ihm und unterrichtete den Präsidenten über seine Furcht, daß dem Rücktritt der »zahmen« und kooperativen Regierung gaullistische Verhältnisse folgen könnten. Gleichzeitig stärkten die Russen die Position des Königs, indem sie den Austausch von Botschaftern vorschlugen. Badoglio akzeptierte sofort - zur Verärgerung der Briten und Amerikaner, die meinten, er habe ohne ihre Billigung kein Recht zu solchen Maßnahmen.

In der ersten Aprilwoche kehrte Murphy aus den Vereinigten Staaten zurück, nachdem er zwei Monate in Washington verbracht hatte. Er war vom Präsidenten nachdrücklich angewiesen worden, sich des Königs zu entledigen. Am 8. April gab Churchill nach und unterrichtete Macmillan, er sei damit einverstanden, daß der König zugunsten seines Sohnes abdanke, vorausgesetzt, daß Sforza nicht das höchste Amt erhielt. Daraufhin suchten Murphy und Macmillan den König in Brindisi auf. Er gab vor, den Zweck ihres Besuches nicht zu verstehen, und weigerte sich abzudanken. Am nächsten Tag, nach einer langen Auseinandersetzung und einer emotionalen Szene, bei der Badoglio Tränen vergoß, erklärte der König sich bereit, am Tag der Befreiung Roms abzudanken. Dann solle Umberto »Generalstatthalter« des Reiches werden und seine Herrschaft antreten. Dies entsprach nicht genau Roosevelts Wünschen, aber es kam ihnen nahe.

Die Alliierten machten sich nun Gedanken über einen vorläufigen Friedensvertrag mit der Regierung Badoglio. Der Marschall verlangte Alliiertenstatus und die Genehmigung, der Atlantik-Charta beizutreten. Eden notierte: »Das bitte nicht«, aber Sargent machte den konstruktiven Vorschlag, daß die Ziele der Alliierten in Italien zu sein hätten: 1. Eindämmung des Kommunismus; 2. Wiederherstellung eines freundschaftlichen Italien; 3. Mobilisierung der italienischen Kriegsmittel.

Die Aussichten für einen milden Friedensvertrag waren günstig, bis es am Tage der Befreiung Roms, am 4. Juni 1944 - sechsunddreißig Stunden vor D-Day in der Normandie - zu unerwarteten politischen Ereignissen kam. Der Befehlshaber der Alliierten, General Mark Clark, sagte, daß der König in Rom das hohe Risiko einer Ermordung eingehen würde, doch er behauptete überraschenderweise, Umberto werde ungefährdet sein. Als Victor Emmanuel am 5. Juni in Ravello bei Neapel um ein Flugzeug bat, das ihn nach Rom bringen sollte, wies Mason-Macfarlane ihn mit einem Mindestmaß an Höflichkeit ab. Daraufhin unterzeichnete der König den Abdankungserlaß zugunsten seines Sohnes. Umberto und Badoglio flogen mit Mason-Macfarlane nach Rom.

Dann stellten die unberechenbaren italienischen Politiker sich derart quer, daß ein früher Friedensvertrag unmöglich wurde. Am 8. Juni kamen die Führer der sechs demokratischen Parteien (darunter De Gasperi und der Gewerkschafter Nenni), die unter deutscher Besatzung im Untergrund operiert hatten, im Grand Hotel in Rom mit Badoglios Ministern zusammen. Nach einer Tirade von Mason-Macfarlane gab Badoglio sein Mandat formell an Umberto zurück, erklärte jedoch: »Der Herrscher hat mich gebeten, im Amt zu bleiben.« Er wurde grob unterbrochen: Die neue Regierung müsse von einem langjährigen Antifaschisten geführt werden, der ein neuer Mann zu sein habe - nämlich von Bonomi. Badoglio war wie vom Donner gerührt. Er wandte sich an den Kommunistenführer Togliatti, der bestätigte, daß die Kommunistische Partei in diesem Punkt mit den anderen politischen Parteien völlig übereinstimmte. Badoglio faßte sich und sagte: »Ich habe Italien alles gegeben, was ich besitze, und ich übergebe die Regierung gern meinem Freund Bonomi.«

Umberto war inzwischen in den königlichen Palast auf dem Quirinal eingezogen. Am 10. Juni wurde ihm die neue Regierung formell präsentiert. Bonomi hatte bereits mit Umberto um den

Text des neuen Treueeides auf die Krone gefeilscht (der Eid war stets von großer Bedeutung für das Haus Savoyen gewesen). Danach fügte Mason-Macfarlane, der an jenem Morgen bereits Sforza als Außenminister abgelehnt und ihn nur als Minister ohne Geschäftsbereich akzeptiert hatte, den Italienern eine weitere Demütigung zu. Er teilte ihnen mit, die neue Regierung dürfe nicht in Rom tätig werden, sondern müsse nach Salerno zurückkehren.

Churchill war erzürnt über Badoglios Entlassung. General Clark hatte dem britischen Botschafter, Sir Noel Charles, nicht gestattet, nach Rom zu kommen; der Premierminister rügte ihn für die Hinnahme dieses Banns und machte ihn dafür verantwortlich, daß Mason-Macfarlane die Vorgänge in Rom geleitet und »Badoglios Entlassung hilflos geduldet« hatte. Italien sei ein erobertes Land und habe kein Recht, irgendeine ihm genehme Regierung zu bilden. Churchill teilte Präsident Roosevelt mit, es sei »verhängnisvoll«, daß Badoglio von einer Gruppe »bejahrter und hungriger Politiker« abgelöst worden sei. Er klagte Stalin gegenüber: »Wir haben den einzigen kompetenten Mann verloren, mit dem wir Geschäfte machen konnten.« Dies war jedoch nicht die Ansicht der alliierten Vertreter, die mit Badoglio zu tun hatten; einer von ihnen verzeichnete: »Er ist nur vor dem Mittagessen in Schwung.«

Der Premierminister beschwerte sich bei Cadogan, daß »dies von dem alten Weib Mason-Macfarlane verpfuscht worden ist«, aber am 14. Juni 1944 verlangte Roosevelt: »Bonomis Kabinett sollte unverzüglich eingesetzt werden.« Churchill erkannte die Regierung Bonomi am 17. Juni willfährig an, und Italien befand sich, unter einer Regierung seiner eigenen Wahl, im Frieden mit den Alliierten (offiziell wurde der Frieden allerdings erst 1947 erklärt).[20]

Mason-Macfarlane wurde von Churchill vorgeblich wegen schlechter Gesundheit entlassen, in Wirklichkeit aber wegen seiner Rolle bei der Regierungsbildung. Doch er nahm zwölf Monate später Rache und kehrte als Labour-Abgeordneter für Paddington, wo er Churchills Kumpan Brendan Bracken mit einer überraschend hohen Mehrheit verdrängte, ins öffentliche Leben zurück.

BEDINGUNGSLOSE KAPITULATION

1943–1945

Am 21. Juni 1940 unterzeichnete Hitler einen Waffenstillstand mit den besiegten Franzosen, an deren Spitze nun Pétain stand. Die Bedingungen waren teuflisch raffiniert. Hitler überredete Mussolini, italienische Gebietsansprüche gegen Frankreich zurückzustellen; nur der nördliche Teil des Landes sollte von deutschen Truppen besetzt werden, und die Franzosen konnten ihre Flotte behalten. Es gab keine der demütigenden Bedingungen, die Deutschland im Jahre 1918 von den Alliierten auferlegt worden waren. Hitler gab sich trügerisch milde.

Die Mehrheit der französischen Nation akzeptierte den Waffenstillstand mit ungeheurer Erleichterung, und Pétains Außenminister Flandin behauptete, die Zustimmung sei fast einmütig gewesen. In dem Prozeß gegen Pétain nach dem Krieg bezeugte Paul Reynaud, der seinen Rücktritt als Ministerpräsident der Kapitulation vorgezogen hatte, daß die meisten Franzosen für Pétain und den Waffenstillstand gestimmt hätten, wenn ein Referendum abgehalten worden wäre.[1]

Churchill war entschlossen, jeden Schritt zu einem ähnlichen Kompromißfrieden mit Großbritannien zu vereiteln, der, wie er wußte, äußerst attraktiv für Chamberlain, Halifax, Butler, Lloyd George und eine Reihe von Abgeordneten war. In der Geheimsitzung des Unterhauses am 26. Juni wurde er von Abgeordneten bedrängt, unmißverständlich zuzusichern, daß »wir bis zum Tode kämpfen würden«. Er gab diese Zusicherung, woraufhin Land und Parlament sich um ihn sammelten.

Eine Fortsetzung des Krieges mit Großbritannien war Hitler höchst unwillkommen. Er machte sich Sorgen um die sowjetische Bedrohung im Osten und besonders um die Gefährdung seiner

Ölversorgung, falls Rumänien in feindliche Hände fiel. Am 1. Juli 1940 hatte er sich fast schon für einen Rußlandfeldzug entschieden und befahl Jodls Stab, eine Studie über Operationen in Rußland anzufertigen. In diesem Stadium fiel es ihm schwer zu glauben, daß Großbritannien nicht über Friedensbedingungen verhandeln würde. Diese damals in Berlin vorherrschende Meinung wird durch einen Tagebuchvermerk Ernst von Weizsäckers im Juli 1940 unterstrichen, in dem es hieß, daß Churchills Widerstand »nicht logisch, sondern psychologisch« bedingt sei.[2]

Für kurze Zeit erwog Hitler eine Invasion Großbritanniens. Die entsprechende Weisung Nr. 16 lautete: »Da England, trotz seiner militärisch aussichtslosen Lage, noch keine Anzeichen einer Verständigungsbereitschaft zu erkennen gibt, habe ich mich entschlossen, eine Landungsoperation gegen England vorzubereiten und, wenn nötig, durchzuführen.« Zunächst mußte die Luftwaffe jedoch die Oberhand gewinnen, und die deutsche Flotte hatte die Aufgabe, die Invasionsgewässer mit Minen abzusichern. Beide Operationen scheiterten. Deutschland verlor den Luftkrieg in der Schlacht um England, und die für August 1940 geplante Invasion wurde abgeblasen.[3]

Nach der Niederlage Frankreichs wurde erwartungsgemäß die Möglichkeit eines Verhandlungsfriedens von offizieller deutscher Seite erkundet. Ende Juni 1940 wandte sich Attolico, der italienische Botschafter in Berlin, an seinen amerikanischen Kollegen und schlug vor, daß die Vereinigten Staaten als Vermittler fungieren sollten. Ähnliche Angebote wurden in anderen europäischen Hauptstädten vorgetragen. Dann schickte Lovell, ein prominenter New Yorker Quäker, eine Nachricht des deutschen Botschafters in Washington an Lord Lothian, den dortigen Botschafter Großbritanniens. Lovell erklärte, er wolle die deutschen Friedensbedingungen übermitteln, denn Hitler habe zwar keinen Zweifel an der Niederlage Englands, wünsche aber nicht, das Britische Empire zu vernichten. Die Deutschen versuchten aus Propagandagründen, den Eindruck zu erwecken, daß Lothian für diese Initiative verantwortlich war. Churchill befahl Halifax, auf keines der beiden Angebote zu reagieren.

Am 19. Juli sagte Hitler im Reichstag, der Krieg könne noch lange dauern, deshalb solle Großbritannien seine Niederlage akzeptieren und um Friedensbedingungen nachsuchen. Halifax erwiderte, daß Großbritannien nicht aufhören werde zu kämpfen, bis seine eigene Freiheit und die anderer Länder gesichert sei.

Im August sandte der König von Schweden ein Telegramm an König Georg VI. und bot seine guten Dienste an. Dies empörte Churchill, da der schwedische Monarch sich bereits als prodeutsch erwiesen hatte. Im Juli 1940 trafen durch Salazar, Prinz Max Hohenlohe und den finnischen Ministerpräsidenten Botschaften ein, daß Hitler eine Vereinbarung zwischen Deutschland und dem Britischen Empire wünsche. Nach seinem vollständigen militärischen Sieg auf dem Kontinent waren die Bedingungen härter geworden. Nun war nicht mehr die Rede von einem unabhängigen Staat in der Tschechoslowakei oder in Polen.

Im September 1940, als Hitlers Hoffnungen auf eine Invasion Englands geschwunden waren und er insgeheim beschlossen hatte, Rußland anzugreifen, leitete er weitere Friedensangebote über Stockholm ein; daran waren Weißauer, ein bekannter Berliner Anwalt, und Eckberg, der Vorsitzende des Schwedischen Obersten Gerichts, beteiligt. Hitler ließ durch Weißauer vorschlagen, daß »die politische Unabhängigkeit der von Deutschland besetzten europäischen Länder, die Tschechoslowakei ausgenommen, wiederhergestellt werden würde«. Italienische Ansprüche wurden nicht erwähnt, was Mussolini als einen sehr untergeordneten Partner erscheinen ließ.

Am 9. September meldete Mallet nach London, Weißauer und Eckberg hätten deutlich gemacht, daß Hitler eine in zwei Wirtschaftssphären geteilte Welt anbiete: eine kontinentale, beherrscht von Deutschland, sowie eine maritime und koloniale unter dem Einfluß des Britischen Empire und der Vereinigten Staaten. Laut Mallet würde ein Schweigen Großbritanniens von Berlin als eindeutige Absage aufgefaßt werden. Wahrscheinlich um die Schweden zu beschwichtigen, die ängstlich auf Friedensverhandlungen bedacht waren, erhielt Mallet die Erlaubnis, Eckberg eine Botschaft zu schicken. Darin wurde festgestellt, daß die britische

Haltung deutschen Friedensangeboten gegenüber sich seit Chamberlains Rede im Unterhaus am 12. Oktober 1939 nicht verändert habe:

> ... unsere Absicht, den Krieg fortzuführen, sei durch die vielen entsetzlichen Verbrechen, die die Herrscher Nazideutschlands gegen die kleineren Staaten an seinen Grenzen verübt hätten, und durch die willkürliche Bombardierung Londons gefestigt worden. Es liege an Deutschland, Vorschläge zur Wiedergutmachung des anderen Nationen zugefügten Unheils zu machen und nicht durch Worte, sondern durch Taten wirksame Garantien dafür zu geben, daß Deutschland in einem allgemeinen Frieden Frankreich und den anderen Ländern die Freiheit, der sie beraubt worden seien, wiedergeben würde.

Weißauer erwiderte, er werde die Antwort als vorläufige Absage betrachten, aber er wolle »die Verbindung offenhalten«. Daran war Churchill nicht interessiert, und Weißauer erhielt keine weitere Mitteilung durch Eckberg.[4]

Aus Angeboten, die britischen Diplomaten in neutralen Ländern gemacht wurden, ließ sich ablesen, daß Hitler hoffte, die Alliierten würden den Kampf aufgeben und seinen Plan einer sogenannten »friedlichen« deutschen Hegemonie über Europa unterstützen; der Plan sollte auch von Vichy, den norwegischen »Quislingen« sowie den wenigen verbleibenden neutralen und unabhängigen Staaten in Europa gebilligt werden.

Das Foreign Office interpretierte Hitlers Vorschläge als Versuch, eine kurze Atempause zu gewinnen, der sich weitere deutsche Aggressionen in ganz Europa anschließen würden. Deshalb beschloß das Kriegskabinett, daß es nichts mit der deutschen »Neuen Ordnung« oder irgendeinem Friedensangebot Hitlers zu tun haben wolle. Churchill machte dies in einer Rede im Mansion House am 10. November 1940 überaus deutlich.

Im Winter 1940/41 trafen keine weiteren bedeutsamen Friedensangebote von Hitler ein, aber am 17. Februar 1941 bot sich der japanische Außenminister Matsuoka »als Vermittler« nicht nur in ganz Ostasien, sondern »überall in der Welt« an. Das Foreign Office sah dies als eine Aktion, die die britischen Verteidigungsbemühungen in Fernost beeinträchtigen sollte. Der Premierminister erwiderte, daß »ein Kompromiß oder Verhandlungen nicht in Frage kämen«.[5]

Mittlerweile setzten sich deutsche Nazigegner und friedenswillige Militärs aktiv für den Sturz Hitlers ein. Ihr Einfluß war durch Hitlers Erfolge in den Niederlanden und in Frankreich stark geschwächt worden, aber als das Heer von Hitlers Angriffsplänen gegen Rußland erfuhr, fanden die Verschwörer Unterstützung bei weiteren Generalen, die eine Katastrophe für Deutschland befürchteten. Sie strebten einen Kompromißfrieden, die Beseitigung Hitlers und die Ablösung der Nazis durch eine gemäßigte demokratische Regierung an, die einen Teil von Hitlers Eroberungen behalten würde. Das Foreign Office verunglimpfte sie wegen ihres Wunsches nach einem Großdeutschland, obwohl Großbritannien zuvor bereit gewesen war, Hitler mit dem Sudetenland und Teilen Polens zu bestechen. Es schien unlogisch zu verlangen, daß ein liberales, demokratisches Deutschland sich auf die Grenzen von Versailles zu beschränken habe, denn dies hätte es einer neuen Regierung fast unmöglich gemacht, sich die umfassende Unterstützung des Volkes zu sichern.

Am 14. April 1941 verteilte das Foreign Office an alle Mitglieder des Kriegskabinetts ein ausführliches Dokument, in dem die Friedensangebote seit Kriegsbeginn zusammengefaßt waren:

> ... Bei fast allen Angeboten soll Göring entweder der Drahtzieher oder wenigstens einer der Beteiligten gewesen sein. Dem Schweden Dahlerus zufolge war es Göring, der hoffte, nach dem Fall Polens über eine ehrenvolle Regelung zu verhandeln und Hitler als den wahren Herrscher Deutschlands abzulösen, sobald ein Friedensvertrag unterzeichnet war ... Das andere Hauptelement derer, die angeblich den Frieden anstrebten, war ein Teil des deutschen Heeres. Diese Herren fürchteten, wie es hieß, das Ergebnis des Paktes mit der Sowjetunion und befürworteten einen Kompromißfrieden sowie Hitlers Amtsenthe-

bung ... Sie konnten jedoch zu keinem Zeitpunkt mit einer detaillierten Diskussionsgrundlage aufwarten, und sie brachten nie einen Beweis für ihre Fähigkeit, die zu verabredenden Bedingungen in die Tat umzusetzen ... Es scheint allerdings klar, daß ihr Einfluß von den Emissären stark übertrieben wurde ... alle Vorschläge liefen darauf hinaus, daß wir den Frieden um den Preis der Sache kaufen sollten, für die wir zu den Waffen gegriffen hatten. Mehr noch, wenn man die verschiedenen Schritte in ihrer Gesamtheit und nicht isoliert betrachtet, machen sie den verdächtigen Eindruck von Elementen eines großen Propagandaplans, dessen Hauptzweck es war, die Kraft der Friedensanhänger in England zu prüfen und die Keime des Zweifels in unserem Kopf und in den Köpfen der weniger beherzten Neutralen zu säen.[6]

Im Rückblick ist klar, daß die aufrichtigen Nazigegner in dem Foreign-Office-Bericht völlig falsch eingeschätzt wurden, aber unter diesen Umständen konnten die Verschwörer wenig von Großbritannien erhoffen. Es war kein Wunder, daß im September 1940 ein ernst gemeinter Umsturzversuch durch den ehemaligen Reichskanzler Wirth und Geßler, Reichswehrminister während der Weimarer Republik, zum Scheitern verurteilt war.[7] Wirth war aus Nazideutschland geflohen und lebte in der Schweiz; er stand in dem wenig hilfreichen Ruf, Alkoholiker zu sein. Am 1. September 1940 erklärte er dem britischen Militärattaché in Bern, die deutsche Wehrmacht sei sich des ersten ernsthaften Rückschlags in Hitlers Siegesserie bewußt, denn Großbritannien werde trotz der Niederlage Frankreichs nicht kapitulieren, und im Frühjahr sei ein Krieg zwischen Deutschland und Rußland unvermeidlich.

Am 5. September sprach Wirth mit Leigh Smith, einem Vertreter des Foreign Office, und teilte ihm mit, er wolle ein Friedensangebot im Namen des deutschen Generalstabs, nicht im Namen Hitlers machen, wozu er ein Visum für die Reise nach London benötige. Er handele im Auftrag von Geßlers Gruppe, der Brauchitsch und andere Mitglieder des alten Generalstabs – im Gegensatz zu Hitlers neuem, »privatem Generalstab« aus Keitel und

Jodl – angehörten. Wirth bestätigte, daß Geßlers Gruppe durch Hitlers Siege im Mai 1940 geschwächt worden sei. Unbedacht fügte er hinzu, daß Deutschland seiner Ansicht nach die Kanalhäfen von Dünkirchen bis Boulogne für ein paar Jahre behalten und freie Hand im Osten haben solle, »wobei er allerdings zu verstehen gab, daß man mit sich reden lassen könne«. Laut deutschen, nach dem Krieg veröffentlichten Darstellungen könnte dieser Teil des Gesprächs falsch übermittelt worden sein, aber er machte jedenfalls im Foreign Office einen äußerst schlechten Eindruck.

Das Foreign Office wies seinen Berner Vertreter an, Wirth kein Visum für London auszustellen; es gebe allen Grund zu der Annahme, daß Wirth von Hitler vorgeschoben werde. Heute wissen wir, daß Wirth im Namen der Verschwörer handelte, die für das spätere Bombenattentat am 20. Juli 1944 verantwortlich waren, und daß die Unterstützung Geßlers und Wirths durchaus von Nutzen gewesen wäre.[8]

Hitler machte keine weiteren direkten Friedensangebote wie nach seinem Blitzkrieg in Polen und nach dem Zusammenbruch Frankreichs. Andererseits hielt die britische Regierung es zunächst für unangebracht, ihre Kriegsziele zu veröffentlichen, denn Großbritannien kämpfte schließlich um die reine Existenz. Bevor die reale Aussicht auf einen alliierten Sieg bestand, wäre es lächerlich gewesen, die Geographie Nachkriegseuropas festzulegen. Churchill vertraute seinen engsten Mitarbeitern an, er sei sicher, daß die Vereinigten Staaten in den Krieg eintreten würden, und vorher sei es nicht sinnvoll, über Friedensbedingungen zu sprechen.

Mit Hitlers Aufgabe des Invasionsplans für Großbritannien und dem teilweisen Scheitern seines Angriffs auf Rußland, der am 22. Juni 1941 begann, verbesserte sich die Lage der Alliierten ganz erheblich. Churchill traf im August 1941 in Neufundland mit Roosevelt zusammen und stimmte dem Vorschlag zu, daß die anglo-amerikanischen Ziele als »Atlantik-Charta« bekanntgemacht werden sollten. Die Charta umfaßte acht Punkte und fand den starken Zuspruch der Weltöffentlichkeit. Besondere Beachtung fanden die Punkte eins bis drei, die eine »Vergrößerung« Großbritanniens oder der Vereinigten Staaten sowie Gebietsänderungen gegen die Wünsche der betroffenen Länder ausschlossen und das Selbstbestimmungsrecht aller Völker vorsahen. Artikel vier war eine Absichtserklärung, die Zollschranken für den Handel abzubauen; Artikel fünf und sechs gaben der frommen Hoffnung auf eine weltweite Verbesserung des Lebensstandards Ausdruck; Artikel sieben betraf die Freiheit der Meere und Artikel acht die allgemeine Abrüstung nach dem Krieg. Die Charta führte zur Gründung der UN-Organisation im Januar 1942, aber im Jahre 1941 füllte sie zunächst das bisherige Vakuum der britischen Kriegsziele, was die deutsche Widerstandsbewegung zu der Ansicht ermunterte, daß die Alliierten eine neue, liberale deutsche Regierung großzügig behandeln würden, wenn diese das Naziregime beseitigte und Frieden schloß.

Die deutsche Opposition verstärkte ihre Aktivitäten und stellte wieder Verbindung zu britischen Diplomaten in neutralen Hauptstädten her. Churchill beharrte jedoch, gegen den Rat des Foreign Office, auf einer Politik des »absoluten Schweigens«; Angebote jedweder Art sollten nicht beantwortet werden, gleichgültig, ob sie von »guten Deutschen« ausgingen, die sich dem Nationalsozialismus widersetzten, oder von Hitler selbst. Dies war ein schwerer Fehler.

Ende Dezember 1940 erhielt Churchill vom Foreign Office die Kopien von zwei Telegrammen aus Bern, die Friedensgesuche eines in Görings Auftrag handelnden Schweden enthielten. Er schickte Eden die brüske Antwort: »Ich nehme an, daß Sie dies alles im Auge behalten. Ihr Vorgänger wurde im Dezember 1939 völlig irregeführt. Unsere Haltung solchen Nachfragen gegenüber sollte durch absolutes Schweigen gekennzeichnet sein. Es ist durchaus möglich, daß die neue Kampagne als Alternative zu Invasions- und Giftgasdrohungen gedacht ist.«[9]

Mit dem Hinweis auf den Dezember 1939 spielte Churchill darauf an, daß Halifax den Secret-Service-Agenten Best bevollmächtigt hatte, mit deutschen Vertretern in dem holländischen Grenzstädtchen Venlo zusammenzukommen, wo Best und seine

Gefährten entführt wurden. Eden akzeptierte die Forderung nach »absolutem Schweigen« umstandslos.

Auf Veranlassung des Foreign Office bat Eden den Premierminister erneut am 10. September 1941 – diesmal sehr verhalten – um Erlaubnis, auf deutsche Friedensangebote zu reagieren. Er schrieb:

> Sie werden sich erinnern, daß unsere gegenwärtige Haltung zu allen Anfragen und Vorschlägen, was Friedenssondierungen betrifft, absolutes Schweigen ist. In den letzten beiden Monaten sind solche Sondierungen wiederaufgelebt:
>
> a) Im Juli wurde eine Botschaft von Herrn Goerdeler (früherer Bürgermeister von Leipzig) an SIS-Agenten in der Schweiz geschickt, in der Verhandlungen in der Schweiz vorgeschlagen werden. Goerdeler behauptet, in Verbindung mit einer Gruppe deutscher Generale unter Leitung von Halder und Blakowitz *[sic!]* zu stehen. Wir haben schon früher Nachrichten von ihm erhalten und sind nicht geneigt, ihm zu trauen.
>
> b) Im August wurde Bern bevollmächtigt, die Mitteilung eines Dr. Schultze aus Zürich an den Erzbischof von York weiterzuleiten. Sie enthielt einen Vorschlag zu Friedensverhandlungen, der im Namen einer ungenannten Gruppe angeblich gemäßigter und einflußreicher Deutscher gemacht wurde und auf der Beseitigung des Naziregimes beruht. Ich habe diese Botschaft nicht an den Erzbischof weitergegeben.
>
> c) Ende August wurde durch illegale Kanäle in Stockholm ein Verhandlungsvorschlag im Namen einer repräsentativen und einflußreichen Oppositionsbewegung in Deutschland entgegengenommen, die sich Freie Aufbaubewegung nennt. Sie akzeptiert, wie es heißt, alle Punkte der Atlantik-Charta außer Punkt acht, der als Verhandlungsgrundlage dienen könnte. Man regte an, mit einem Abgesandten der britischen Regierung in Schweden Verhandlungen zu eröffnen. Der SIS hält dies für ein aufrichtiges Angebot.
>
> d) Am 6. September wurde eine Nachricht von Dr. Kurt Schmidt, einem ehemaligen deutschen Finanzminister [*sic!* Gemeint ist

Kurt Schmitt, 1933–35 Wirtschaftsminister] in den frühen Tagen des Naziregimes, durch einen schwedischen Industriellen übergeben. Darin steht, daß sich die Lage in Deutschland zugespitzt habe und er von Göring bevollmächtigt sei, die Friedensbedingungen, die Göring nun billige, nach Schweden zu bringen und sie auf privatem Wege an die britischen Behörden weiterzuleiten.

Diese Sondierungen gewinnen dadurch an Bedeutsamkeit, daß wir 1. aus geheimer Quelle den Hinweis bekommen haben, daß einige der führenden Generale inzwischen glauben, es sei an der Zeit, sich rückzuversichern; daß 2. Göring sehr bedrückt über die allgemeine Lage ist.

Ich glaube nicht, daß wir irgendein Interesse an diesen Sondierungen zeigen oder irgendeinen britischen Bürger bevollmächtigen sollten, mit einem deutschen Abgesandten zusammenzutreffen. Aber was würden Sie davon halten, in den Fällen c) und d) die Anerkennung eines ausländischen Vermittlers zu autorisieren? Solche Botschaften werfen gelegentlich ein interessantes Licht auf interne Schwierigkeiten und Tendenzen in Deutschland. Dies ist allerdings die Grenze, die ich nicht überschreiten würde.

Der Premierminister erwiderte kategorisch: »Ich bin sicher, daß wir nicht von unserer Politik des absoluten Schweigens abgehen sollten. Nichts wäre beunruhigender für unsere Freunde in den Vereinigten Staaten oder gefährlicher im Hinblick auf unseren neuen Verbündeten, Rußland, als der Gedanke, daß wir mit solchen Ideen spielen. Ich bin absolut gegen den geringsten Kontakt.« Eden schrieb an den Rand: »Ich stimme mit Ihnen überein und bin wirklich erleichtert über Ihre Entscheidung. Das dafür sprechende Argument war, wie ich dachte, einer Erwähnung wert. A. E.«[10]

Churchill vermerkte auf Edens Papier: »Bitte behalten.« Offensichtlich wollte er sichergehen, daß das Foreign Office keinen Rückzieher von seiner Politik des »absoluten Schweigens« machte. Er trägt eine schwere Verantwortung dafür, daß er sich weigerte, die oppositionellen deutschen Patrioten zu ermutigen, die den Krieg vielleicht hätten beenden können. Aber auch Eden zeigte Schwäche, da er gegenüber dem willkürlichen Urteil des Premierministers nicht auf der Position seines Ministeriums beharrte.

Die Weigerung Edens, die Botschaft an den Erzbischof von York weiterleiten zu lassen, ist unerklärlich. Dadurch hätte weder den Kriegsbemühungen noch den Friedensaussichten irgendein Schaden zugefügt werden können. Auch sein Statement, daß das Foreign Office nicht geneigt sei, Goerdeler zu trauen, ist schwer zu erklären. Dies war nicht die vorherrschende Meinung im Ministerium. Schließlich hatte Goerdeler schon in Halifax' Tagen Kontaktversuche gemacht, die Cadogan für aufrichtig hielt. Edens Vorschlag, möglicherweise auf das Angebot Görings, nicht aber Goerdelers zu reagieren, ist seltsam, wenn man bedenkt, welchen Enthusiasmus Cadogan im Jahre 1938 für Goerdeler bewies.

Sir Frank Roberts berichtete dem Autor, Vansittart habe über neutrale Botschaften intensive Kontakte zu Goerdeler unterhalten: »Wir im Ministerium hielten nichts von ›absolutem Schweigen‹ auf Friedensangebote. Unserer Meinung nach war es besser, die Gespräche fortzusetzen, da wir auf diese Weise eine Menge Informationen erhalten hätten. Eden machte sich daraus nicht viel. Wir meinten, es sei besser zu wissen, was vorging.«[11]

»Absolutes Schweigen« auf deutsche Friedensangebote, ob von seiten der deutschen Regierung oder der Opposition, blieb die starre Regel ungeachtet der glänzenden Gelegenheiten, die dadurch vertan wurden. Für jene deutschen Patrioten, die den Sturz Hitlers und die Beendigung des Krieges durch einen Kompromißfrieden planten, sollte es noch schlimmer kommen.

Auf seiner abschließenden Pressekonferenz nach dem angloamerikanischen Treffen in Casablanca verkündete Roosevelt am 24. Januar 1943:

> Frieden kann sich nur aus der totalen Vernichtung der deutschen und japanischen Kriegsmacht herleiten ... Vernichtung der deutschen, japanischen und italienischen Kriegsmacht bedeutet bedingungslose Kapitulation Deutschlands, Italiens und

> Japans. Dies bedeutet nicht die Ausrottung der Bevölkerung Deutschlands, Italiens und Japans, sondern die Ausrottung der Philosophien in diesen Ländern, die auf Eroberung und Unterjochung anderer Menschen beruhen.[12]

Die Wirkung der Worte »bedingungslose Kapitulation« war verhängnisvoll. Goebbels setzte seinen Propagandaapparat geschickt ein, um das deutsche Volk zu überzeugen, daß es besser sei, den Krieg fortzusetzen, als die schrecklichen Entbehrungen zu erleiden, die einer bedingungslosen Kapitulation vor den Alliierten folgen würden.

Viele Historiker meinen, daß Roosevelt die Formel der bedingungslosen Kapitulation improvisiert habe. Dies trifft nicht zu.[13] Roosevelt hatte die Idee im voraus entwickelt, wie Roberts dem Autor erläuterte:

> Ich glaube, die bedingungslose Kapitulation ging ursprünglich ganz und gar auf eine Idee Roosevelts zurück, die sich aus dem Ende des amerikanischen Bürgerkriegs herleitete und, wie er wußte, romantische Assoziationen für Winston haben würde. Winston hatte das Gefühl, zustimmen zu müssen, weil es so viele andere Punkte gab, in denen er und Roosevelt voneinander abwichen.
>
> Zudem herrschte damals der allgemeine Eindruck, daß Deutschland diesmal vollständig besiegt werden müsse, damit sich die Dolchstoßlegende von 1918 nicht wiederholen konnte, wobei jetzt nicht die deutschen Sozialisten, sondern die Nazigegner für den Dolchstoß verantwortlich gemacht werden würden. Damals konnten sich Churchill und Eden, ob zu Recht oder zu Unrecht, kaum vorstellen, daß irgendeine denkbare deutsche Opposition, die von der Aussicht auf andere Bedingungen als jene der »bedingungslosen Kapitulation« angespornt wurde, ihr Wort halten würde oder könnte.
>
> Nicht zuletzt hielt man es für wahrscheinlich, daß Stalin die Formel als Beweis für unsere Härte ansehen und seinen Argwohn überwinden würde, wir wollten vielleicht auf seine Ko-

sten einen Handel mit dem nichtkommunistischen Deutschland abschließen, was ihn zu einem eigenen Handel hätte verlocken können, wie 1939 mit Hitler.[14]

William Cavendish-Bentinck hatte 1943 als Berater des Leiters der Kriegsplanung eine hohe Position im Foreign Office inne. Er teilte dem Autor mit:

> Als die Nachricht von der Formel der bedingungslosen Kapitulation aus Casablanca eintraf, sagte ich zu Cadogan: »Da draußen sind zwei alte Männer, die dies ohne nachzudenken getan haben, während sie voll von herbem marokkanischem Rotwein waren.« Später war meine Ansicht, daß diese Formel die Deutschen tatsächlich verbissener kämpfen ließ; andererseits führte die bedingungslose Kapitulation zur völligen Auflösung und Diskreditierung des deutschen Offizierskorps.
> Nach dem Ersten Weltkrieg blieb die Armeemoral in Deutschland intakt. Dies wäre ohne bedingungslose Kapitulation auch nach dem Zweiten Weltkrieg geschehen. Wenn die Armeemoral intakt geblieben wäre, hätte der deutsche Generalstab sich wahrscheinlich bald mit den Russen geeinigt, was schlimmer gewesen wäre als die gegenwärtige Situation. Ich war nicht begeistert von den deutschen Generalen, und wenn nach dem Bombenanschlag vom 20. Juli eine Regierung Goerdeler gebildet worden wäre, hätten die Generale die Trumpfkarten gehabt.[15]

Obwohl sie Roosevelts Idee war, setzte Churchill sich leidenschaftlicher für die Formel ein als der US-Präsident. Er duldete nicht die geringste Abweichung von diesem Prinzip. Allerdings schwankte er im August 1943. Der britische Botschafter in Ankara, Sir Hughe Knatchbull-Hugessen, telegraphierte, der deutsche Botschafter von Papen habe den türkischen Außenminister unterrichtet, daß er erwarte, zur Ablösung Ribbentrops nach Berlin berufen zu werden, und die Möglichkeiten einer Annäherung an die Alliierten erwäge. Hugessen fuhr fort: »Ich erklärte dem Außenminiser, daß wir meinen Informationen zufolge angesichts der Vergangenheit Papens nicht bereit seien, Angebote durch ihn oder von ihm anzuhören ... Ich fügte hinzu, daß wir ohnehin auf bedingungsloser Kapitulation bestünden.«

Sehr zur Überraschung des Foreign Office hatte der Premierminister plötzlich Zweifel an der »bedingungslosen Kapitulation« und schrieb nach der Lektüre der Akte an Eden:

> Dies alles ist sehr wahr, aber es hätte besser ungesagt bleiben sollen. Die Ablösung Ribbentrops wäre ein Meilenstein und würde wahrscheinlich zu einer weiteren Auflösung des Naziapparats führen. Es ist nicht nötig, daß wir diesen Prozeß behindern, indem wir ständig die Parole »Bedingungslose Kapitulation« ausstoßen. Solange wir uns nicht auf den Umgang mit einer bestimmten neuen Konstellation oder Regierung festlegen müssen, liegt unser Vorteil auf der Hand. Wir wollen jedenfalls nicht, wenn es sich irgendwie verhindern läßt, daß sie alle zu einem massiven Block von Verzweifelten ohne jede Hoffnung verschmelzen. Sie werden mir sicher zustimmen, daß eine allmähliche Zerrüttung in Deutschland seinen Widerstand schwächen müßte, was die Rettung Hunderttausender britischer und amerikanischer Leben bedeuten würde. W.C. 14.8.43

Dieser Gesinnungswandel Churchills ließ im Foreign Office die Hoffnung aufkommen, daß der harte Kurs, was die Friedensbedingungen und das »absolute Schweigen« betraf, ein wenig gemildert werden könne. Dazu zwei Aufzeichnungen von Foreign-Office-Mitarbeitern:

> Friedenssondierung durch von Papen
> *Protokoll*
> Dies wirft eine wichtige Prinzipienfrage auf. Bisher haben unsere Botschaften im Ausland – besonders dort, wo Friedensangebote wahrscheinlich sind – die Anweisung gehabt, ganz unverblümt auf bedingungslose Kapitulation zu pochen. Dies hat jedoch bereits zu Schwierigkeiten beim Umgang mit italieni-

schen Friedensangeboten geführt, zum Beispiel in Lissabon, Madrid und Tanger, weshalb man verschiedene kunstvolle Formulierungen gefunden hat, die zwar nichts anderes als bedingungslose Kapitulation bedeuten, aber diese Wörter nicht allzusehr betonen. Aus der Weisung des Premierministers ist offenbar zu schließen, daß ähnliche Flexibilität deutschen und anderen Friedensangeboten gegenüber gezeigt werden sollte. Deshalb schlage ich vor, ein Rundtelegramm mit Anweisungen im Sinne der Notiz des Premierministers nach Lissabon, Madrid, Tanger, Ankara, Bern und Stockholm sowie eine Erklärung nach Washington und Moskau zu senden.

F. K. Roberts, 27. August 1943

Unsere Repräsentanten werden von den Einzelheiten dieses Rundtelegramms verwirrt werden, falls es verschickt wird. Wäre es nicht besser, diese Angelegenheit ruhen zu lassen? Wenn wir ein ernstgemeintes Angebot aus Deutschland erhalten, werden wir wissen, wie wir darauf zu reagieren haben, und es besteht kein Risiko, daß einer unserer Repräsentanten es nicht an uns weiterleiten würde. Falls die Deutschen beabsichtigen, ein Angebot zu machen, werden sie sich nicht von dem abschrecken lassen, was der Botschafter Seiner Majestät in Angora [*sic!* – Ankara] über Papen sagte ... W. Strang, 13/9[16]

Roberts bestätigte dem Autor, daß man im Ministerium nicht nur gegen »absolutes Schweigen«, sondern auch gegen bedingungslose Kapitulation gewesen sei. Cadogan äußerte seine Meinung besonders nachdrücklich, und Eden versuchte tatsächlich hin und wieder, Churchill den Standpunkt des Foreign Office darzulegen, »aber ohne jede Überzeugungskraft«. Roberts setzte hinzu: »Meiner Ansicht nach waren wir tolpatschig, was die Frage der bedingungslosen Kapitulation betraf.«[17]

Alle Hoffnungen, die Churchills Memorandum vom 14. August bei Vertretern des Foreign Office geweckt hatte, waren kurzlebig. Eden zeigte wenig Interesse, und Churchill änderte bald wieder seine Meinung.

Die drei Außenminister der Alliierten – Cordell Hull, Eden und Molotow – kamen am 19. Oktober 1943 zur Moskauer Konferenz zusammen. Man bekräftigte die Formel der bedingungslosen Kapitulation. Doch auf der Konferenz von Teheran erklärte Stalin am 28. November 1943, das Beharren auf bedingungsloser Kapitulation sei ein taktischer Fehler. Deutschland werde wahrscheinlich eher nachgeben, wenn Friedensbedingungen ausgearbeitet und dem deutschen Volk bekannt gemacht würden. Stalin hatte vermutlich nicht die Absicht, sich an im voraus verkündete Bedingungen zu halten; es ging ihm einfach darum, den Kampfeswillen der Deutschen zu schwächen. Man begann, an einem Entwurf zu arbeiten, aber er kam nicht zustande.[18]

Überzeugende Belege dafür, daß die Formel der bedingungslosen Kapitulation die deutsche Moral stärkte, trafen bald darauf im Foreign Office und im Heeresministerium ein. Im Dezember 1943 beriet das Kriegskabinett über einen Bericht des Nachrichtendienst-Unterausschusses, der folgendes Resümee zog:

> Formel der bedingungslosen Kapitulation, wie die Nazipropaganda sie angesichts des Fehlens jeder Erläuterung durch die Vereinten Nationen auslegt, ist sehr wirkungsvoll, da sie den Deutschen Furcht vor den Konsequenzen einer Niederlage für den einzelnen und das ganze Volk einjagt ... Die Deutschen fürchten, bedingungslose Kapitulation bedeute, daß sie keine Gnade von den Vereinten Nationen erwarten können; daß Deutschland alle möglichen Schrecken erleiden und als Nation verschwinden werde. Sie glauben, zu ihren Führern stehen zu müssen, weil sie sonst wie diese mit einer Katastrophe zu rechnen hätten. Es gibt vielfache Beweise dafür, daß die Propaganda einigen Erfolg hat, besonders bei den ungebildeten Massen ... Industrielle, Bankiers und hohe Beamte fürchten weniger die Beseitigung des Naziregimes, dem sie sich nicht verpflichtet fühlen, als die Möglichkeit, daß dies zur Zerstörung der gesamten Gesellschafts- und Wirtschaftsstruktur Deutschlands führt.[19]

Dieser Bericht, von Deutschlandexperten aus Zeitungen und anderem, in neutralen Ländern gesammeltem Material zusammengestellt, traf eindeutig zu. Die Forderung nach bedingungsloser Kapitulation hatte eine verhängnisvolle Wirkung auf die Oppositionellen, die verzweifelt versuchten, weitere Teilnehmer an ihrer Verschwörung zum Sturz Hitlers zu finden. Allen Dulles, der kenntnisreichste US-Diplomat in Fragen des deutschen Widerstands, schrieb nach dem Krieg, Goebbels habe sehr rasch die Wendung »totale Sklaverei« geprägt und der Mehrheit des Deutschen Volkes eingeredet, daß dies mit bedingungsloser Kapitulation gemeint sei. Aus dem Tagebuch des oppositionellen deutschen Diplomaten von Hassell geht hervor, daß die Verschwörer überzeugt waren, die Formel der bedingungslosen Kapitulation habe »sechs Jahre Aufbauarbeit der aktiven Opposition gegen Hitler in Frage gestellt, wenn nicht vernichtet«.[20]

Während Churchill und Eden jeden Hinweis auf die Mängel dieser Politik ignorierten, verlangte Eisenhower, sobald er am 1. Januar 1944 den Befehl über die Invasionsstreitkräfte übernahm, daß man ihm gestatten solle, den ihm gegenüberstehenden deutschen Truppen ein weit angenehmeres Bild für den Zeitpunkt nach der Kapitulation auszumalen. Churchill wies Eisenhowers Vorschlag kategorisch zurück. Doch Sir John Colville berichtete dem Autor, daß Churchill sich nie rachsüchtig dem deutschen Volk gegenüber gezeigt habe, wenn von Plänen für die Nachkriegszeit die Rede war. Offensichtlich glaubte er, daß fixierte Friedensbedingungen entweder so hart sein würden, daß Goebbels noch mehr Spielraum für seine Propaganda hätte, oder daß sie falsch sein würden, da Stalin nicht beabsichtigte, sie einzuhalten. Dann würde Deutschland nach dem Krieg behaupten können, es sei wie im Jahre 1918 falschen Versprechungen zum Opfer gefallen.[21]

Dies ist Churchills Aufzeichnung vom 15. Januar 1944, die an die Mitglieder des Kriegskabinetts verteilt wurde und jeder weiteren Kontroverse entgegenwirken sollte:

1. Der Ausdruck »bedingungslose Kapitulation« wurde von dem Präsidenten in Casablanca ohne vorherige Konsultation benutzt, aber ich hielt es für richtig, seine Aussage zu unterstützen, und es ist durchaus möglich, daß die Erklärung in jenem Stadium des Krieges den Umständen angemessen war.
2. Mit »bedingungsloser Kapitulation« meine ich, daß die Deutschen danach kein *Recht* auf irgendeine besondere Behandlung haben. Zum Beispiel würde die Atlantik-Charta *rechtlich* nicht für sie gelten. Andererseits sind die Siegernationen es sich selbst schuldig, die Verpflichtungen von Humanität und Zivilisation zu beachten ...
3. Die Frage ist, ob wir zur Zeit weitergehen sollten ... Vielleicht ist es ratsam, zunächst den Verlauf der Dinge in Deutschland zu beobachten, bevor wir darüber entscheiden, ob präzisere Aussagen die Deutschen zur Kapitulation bewegen würden.
Erstens, sie müssen völlig entwaffnet und ihnen muß jede Möglichkeit zur Wiederbewaffnung entzogen werden.
Zweitens, ihnen ist jede Form der Luftfahrt, ob ziviler oder militärischer Art, sowie die Ausübung der Flugkunst zu untersagen.
Drittens, zahlreiche Personen, denen Greueltaten vorgeworfen werden, sollen den Ländern, in denen sie ihre Verbrechen verübt haben, zur Aburteilung übergeben werden. Generalsekretär Stalin erwähnte in Teheran, er werde mindestens vier Millionen Deutsche benötigen, die viele Jahre zu arbeiten hätten, um die von ihnen in Rußland angerichtete Zerstörung zu beseitigen. Ich habe keinen Zweifel, daß die Russen die Übergabe gewaltiger Mengen deutscher Maschinen verlangen werden, um einen großzügigen Ausgleich für das zerstörte Material zu schaffen. Es ist durchaus möglich, daß andere Siegermächte ähnliche Ansprüche erheben werden. Angesichts der großen Härte, mit der ungeheure Zahlen von französischen, italienischen und russischen Kriegsgefangenen und Internierten behandelt wurden, dürfte eine solche Vergeltung nicht ungerecht erscheinen.

Viertens, die britische, die amerikanische und die russische Regierung stimmen meiner Auffassung nach darin überein, daß Deutschland endgültig in eine Reihe separater Staaten aufzuteilen ist. Ostpreußen und das Gebiet östlich der Oder sind für immer von Deutschland zu trennen, und die Bevölkerung muß umgesiedelt werden. Preußen selbst ist zu teilen und zu verkleinern. Das Ruhrgebiet und andere große Kohle- und Stahlzentren müssen der Macht Preußens entzogen werden.

Fünftens, der gesamte Kern der deutschen Wehrmacht, repräsentiert vom deutschen Generalstab, muß zerschlagen werden. Möglicherweise werden die Russen fordern, eine sehr große Zahl von Angehörigen des Generalstabs der deutschen Wehrmacht entweder dem Tod zu überantworten oder für viele Jahre zu internieren. Ich selbst habe den Wunsch, eine Liste von rund fünfzig bis hundert Banditen ersten Grades zu veröffentlichen, um die Mehrheit des Volkes von jenen zu trennen, die die Todesstrafe von den Alliierten erleiden werden, und um jede Form von Massenhinrichtungen zu vermeiden ...

4. Jedenfalls genügen die obigen Feststellungen, um zu zeigen, daß eine freimütige Darlegung dessen, was mit Deutschland geschehen wird, nicht unbedingt eine beruhigende Wirkung auf das deutsche Volk haben würde und daß es die verschwommeneren Schrecken der »bedingungslosen Kapitulation«, gemildert durch Erklärungen, wie der Präsident sie abgegeben hat, vorziehen könnte. W. S. C.

Anhang

Präsident Roosevelts Erklärung

Ich habe am 24. Dezember folgende Bekanntmachung abgegeben: »Die Vereinten Nationen haben nicht die Absicht, das deutsche Volk zu versklaven. Wir wünschen den Deutschen, daß sie eine normale Möglichkeit haben, sich als nützliche und ehrbare Mitglieder der europäischen Familie in Frieden zu entwickeln. Aber wir betonen das Wort ›ehrbar‹ mit allem Nachdruck, denn wir beabsichtigen, sie ein für allemal von Nazismus, von preußischem Militarismus sowie der unsinnigen und katastrophalen Idee zu befreien, daß sie das ›Herrenvolk‹ darstellten.«

Attlee stellte die Behauptung des Premierministers in Abschnitt 4 in Frage, daß Großbritannien, die Vereinigten Staaten und Rußland sich über die Teilung Deutschlands in eine Reihe separater Staaten geeinigt hätten, und schrieb dem Premierminister am 25. Januar 1944: »Ich entsinne mich nicht, daß wir je eine so definitive Entscheidung getroffen hätten. Was mich selbst angeht, so wünsche ich zwar die Dezentralisierung Deutschlands und die Abtrennung gewisser Gebiete, bin aber skeptisch hinsichtlich der Wirksamkeit einer von den Siegern erzwungenen Teilung.« Woraufhin der Premierminister notierte: »Dies war jedenfalls die Ansicht des Präsidenten und Herrn Stalins. Ich selbst legte mich nicht fest, abgesehen von der Isolierung Preußens.«

Am 21. Januar verzeichnete Sargent: »Der Premierminister irrt sich, wenn er sagt, die Regierungen des Vereinigten Königreichs, der USA und Rußlands stimmten darin überein, daß Deutschland unbedingt in eine Reihe separater Staaten aufgeteilt werden soll. Denn als das Kabinett die Frage am 5. Oktober 1943 diskutierte, herrschte keine einheitliche Meinung, und kein Entschluß wurde gefällt. Die Frage eines geeinten oder geteilten Deutschland wird dringlich.« Cadogan schrieb auf die Akte: »Diese Angelegenheit fordert, wenn möglich, eine frühe Entscheidung.«[22]

Die Moskauer Drei-Mächte-Außenministerkonferenz hatte im Oktober 1943 die Gründung einer Europäischen Beratenden Kommission beschlossen, und das britische Kabinett hatte einen »Ausschuß für die Zeit nach den Kampfhandlungen« gebildet. Gleichwohl konnte man sich bis zur Konferenz von Jalta im März 1945 weder über die Zerstückelung Deutschlands noch über Reparationen einigen; immerhin waren im Anschluß an die Quebec-Konferenz vom August 1944 mit Rußland und den Vereinigten Staaten Besatzungszonen festgelegt worden.

In Eisenhowers Oberstem Hauptquartier der Alliierten Expeditionsstreitkräfte (SHAEF) in London war man unglücklich über Churchills Memorandum vom 15. Januar. Eisenhowers Generalstabschef Bedell Smith machte sich besondere Sorgen, und er drängte Eisenhower, Druck auf Charles Peake, den Verbindungsoffizier des Foreign Office beim SHAEF, auszuüben, damit dieser die Sache energisch im Foreign Office vortrug.

Am 31. Januar fand in Cadogans Büro im Foreign Office eine Besprechung über Churchills Papier statt. Cadogan wollte Roosevelt und Stalin überreden, einer Erklärung an das deutsche Volk zuzustimmen, und er wies darauf hin, daß alle Ausschüsse des Heeresministeriums und des Foreign Office für einen solchen Schritt waren. Er fuhr fort: »Eine solche Erklärung wäre günstig. Die Art und Weise, wie die Nazis die Verwerfung von Wilsons vierzehn Punkten durch die Alliierten ausgenutzt haben, sollte uns hinreichend vor den langfristigen Gefahren warnen, was immer die kurzfristigen Vorteile sein mögen.«

Am 27. Januar hatte Cadogan notiert, er habe eine solche Aussage stets befürwortet, doch »ich muß zugeben, daß das Papier des Premierministers mich ziemlich erschütterte. Wenn wir einigermaßen offen sein wollen, bezweifle ich sehr, ob die Aussichten für die Deutschen rosig genug sein werden, um den Krieg zu beenden, anstatt weiterzukämpfen.« Eden vermerkte: »Ich teile Sir A. C.s Zweifel.«[23]

Peake betonte im Namen Eisenhowers, daß es Monate dauern werde, bis die Erklärung die deutsche Wehrmacht »weichmachen« könne. Deshalb solle sie abgegeben werden, sobald es zu einem Durchbruch an der Westfront komme. Er schlug vor, den Begriff »bedingungslose Kapitulation« fallenzulassen und durch »unverzügliche Kapitulation« zu ersetzen.

Bedell Smith war überzeugt, daß der psychologisch günstigste Moment kommen werde, nachdem der durch die erfolgreiche Invasion eroberte Brückenkopf gefestigt sei; ohne eine solche Erklärung werde es unmöglich sein, die Krise auszunutzen, »die sich nach einer erfolgreichen Landung unzweifelhaft in der deutschen Wehrmacht einstellen würde«.[24]

Von Dezember 1943 bis Mai 1944 debattierte das britische Kabinett ohne Ergebnis über die bedingungslose Kapitulation. Man produzierte große Mengen Papier, erzielte aber vor der Invasion im Juni 1944 keine Einigung über die Erklärung an das deutsche Volk.

Am 8. Februar 1944 brachte Eden in einer Note an den Premierminister vorsichtige Unterstützung für Eisenhower zum Ausdruck:

> Ich bin einer Meinung mit den Generalstabschefs, daß es weder möglich noch wünschenswert für uns ist, die Formel der »bedingungslosen Kapitulation« in diesem Stadium aufzugeben, aber ich denke, daß wir sie in unserer Propaganda nicht allzusehr herausstellen sollten. Obwohl ich mir der Schwierigkeiten, die Sie darlegen, bewußt bin, glaube ich, daß eine Erklärung der drei Regierungschefs hilfreich wäre, wenn sie im richtigen psychologischen Moment erfolgte und wenn die Bedingungen nicht so geartet wären, daß sie uns später dem Vorwurf eines Vertrauensbruchs aussetzen könnten.
>
> Der beigefügte Entwurf scheint mir im weitesten Sinne auf die von Ihnen angesprochenen Punkte einzugehen. Er vermeidet jede Festlegung, die sich als peinlich erweisen könnte, doch man darf erwarten, daß er die Deutschen ermutigen wird, selbst in der Niederlage noch eine gewisse Hoffnung für ihre Zukunft zu finden. Wenn Sie einverstanden sind, würde ich ihn an die Kabinettsmitglieder weitergeben.

Churchill erwiderte am 9. Februar:

> Geben Sie ihn auf alle Fälle an die Kabinettsmitglieder weiter. Aber er gefällt mir überhaupt nicht. Ich glaube nicht, daß er den Deutschen zusagen wird. Der Zeitpunkt wäre günstiger, wenn wir ein paar Siege gegen ihre Armeen errungen hätten. Wenn wir ihnen dieses ganze Gebiet abnehmen und sechs oder sieben Millionen Menschen umsiedeln, und wenn mehrere Millionen von ihnen in Rußland arbeiten sollen, dann bezweifle ich sehr, daß wir in der Lage sind, diese Zusicherungen abzugeben, so trostlos sie sein mögen.

Edens Hinweis auf sein Einverständnis mit den britischen Generalstabschefs bezog sich auf deren Bericht vom 26. Januar 1944, in dem es hieß, die Nazipropaganda habe »die Formel der bedingungslosen Kapitulation zu einem Mittel für die Stärkung des deutschen Widerstandswillens gemacht«. Unlogischerweise fuhren sie fort, daß es ein »grundsätzlicher Fehler« wäre, »die Formel nun aufzugeben, aber vom militärischen Standpunkt aus wäre es besser, wenn die drei Regierungschefs vor der Invasion eine Erklärung über die Zukunft des deutschen Volkes abgeben könnten, die mit der Zusage endet: ›Wir werden sicherstellen, daß es zu keinem wirtschaftlichen Zusammenbruch Deutschlands kommt.‹« Churchill kritzelte neben »wirtschaftlichen Zusammenbruch«: »Wie denn?«[25]

Am 13. März 1944 befaßte sich das Kriegskabinett mit Edens Entwurf. Unterdessen hatte Churchill am 22. Februar im Unterhaus eine Rede gehalten, in der er auf den Entwurf zurückgriff und unterstrich, daß mit bedingungsloser Kapitulation nicht die Versklavung oder Vernichtung des deutschen Volkes gemeint sei. Diese Bemerkung war wahrscheinlich für den »Hausgebrauch« gedacht und hatte laut Berichten, die das Foreign Office aus neutralen Hauptstädten erhielt, in Deutschland kaum Wirkung.

Es ist zweifelhaft, ob Edens Entwurf so resolut war, daß man ihn in der psychologischen Kriegführung als wirksame Propagandawaffe hätte einsetzen können.

Entwurf einer Erklärung

Wir, Winston Churchill, Franklin Roosevelt und Josef Stalin, erklären hiermit feierlich im Namen unserer Regierungen:

Deutschland soll für seine Aggression bestraft werden. Die für diese Aggression und für die sie begleitenden Verbrechen Verantwortlichen müssen zur Bestrafung ausgeliefert werden. Die Maßnahmen der Vereinten Nationen werden von Gerechtigkeit bestimmt sein. Es wird keine Massenvergeltung gegen das deutsche Volk geben.

Deutschland werden die Früchte seiner Aggression entzogen und es wird für all das zur Rechenschaft gezogen werden, was es den von seinen Armeen besetzten Ländern geraubt hat, sowie für die Verluste und den Schaden, die es den Vereinten Nationen während des Krieges zugefügt hat.

Die deutsche Aggression darf sich nicht wiederholen. Deutschland werden die umfassendsten materiellen Garantien für die Zerstörung seiner Aggressionsmacht abverlangt werden.

Deutschland wird vom nationalsozialistischen Parteisystem gesäubert werden. Preußische Vorherrschaft und preußischer Militarismus sind auszurotten.

Die Militärstreitkräfte der Vereinten Nationen werden gemeinsam Deutschland besetzen, und die deutsche Zivilverwaltung wird im Rahmen des Nötigen kontrolliert und überwacht werden.

Es liegt im Interesse unseres eigenen Volkes und der Welt, daß

1) in Deutschland die Herrschaft des Gesetzes und nicht der Willkür sowie ein Erziehungssystem eingerichtet werden, das auf Wahrheit, nicht auf Geschichtsklitterung beruht. Nur dann werden die Nationen der Welt vor der Entstehung einer neuen deutschen Tyrannei sicher sein, die wiederum den Frieden stören würde;

2) Deutschland nicht zum Zentrum von wirtschaftlichem Zusammenbruch und sich anschließendem Chaos wird, die die Welt infizieren könnten;

3) das deutsche Volk, wenn es gesäubert und regeneriert ist und sich fähig gezeigt hat, zu einem gesetzestreuen Mitglied der Weltgemeinschaft zu werden, schließlich seinen Platz in der Weltfamilie demokratischer Nationen und im Weltsicherheitssystem finden wird.[26]

In der Sitzung des Kriegskabinetts vom 13. März sprach Churchill sich gegen den Vorschlag des Foreign Office aus. Eden setzte sich nicht energisch für den Entwurf ein, betonte jedoch »den ungeheuren Propagandawert, den Goebbels der Sorge nicht nur des deutschen Volkes, sondern aller feindlichen oder ehemals feindlichen Länder in Europa hinsichtlich der Maßnahmen abgewinnt, die von den siegreichen Alliierten getroffen werden würden«. Man faßte den Beschluß, »den Vorschlag zu einem späteren Datum noch einmal zu prüfen«. Damit stand die bedingungslose Kapitulation weiterhin auf der Tagesordnung, während der Tag der Invasion immer näher rückte.[27]

In einer Denkschrift, die vor dieser Sitzung des Kriegskabinetts verteilt wurde, schlug Stafford Cripps Änderungen an dem Entwurf vor, die seiner Ansicht nach den Unterschied zwischen den Nazis und dem deutschen Volk deutlicher machen würden. Eden hielt wenig davon und notierte: »Der Gedanke, zwischen deutscher und nazistischer Schuld zu unterscheiden, wird in unserem Entwurf stärker betont als in dem Staffords.«

Dies alles war Spiegelfechterei. Die einzige Möglichkeit, den von Goebbels angerichteten Schaden wiedergutzumachen, bestand darin, öffentlich auf die bedingungslose Kapitulation zu verzichten und die Pläne für ein »befreites Deutschland« bekanntzumachen.

Eisenhower weigerte sich, die Entscheidung des Kriegskabinetts zu akzeptieren, und versicherte Peake am 19. April, er werde »am Montag beim Lunch« mit dem Premierminister auf diesen Punkt eingehen. Eden notierte, Eisenhower sei nicht darauf eingegangen, »solange ich dabei war, aber ich mußte mich um 15 Uhr empfehlen«.

Sir Robert Bruce Lockhart, Chef des Stabs für Politische Kriegführung, riet dem Foreign Office, auf eine neue Erklärung zu drängen. Harrison aus der Deutschlandabteilung des Foreign Office erwiderte, daß der Premierminister die ganze Sache den Amerikanern überlassen wolle, »aber gegen jede Erklärung sei«.

Am 13. April 1944 nutzten Eisenhower und Bedell Smith die Anwesenheit von Edward Stettinius in London zu einem neuen Vorstoß. Stettinius war ein amerikanischer Industrieller, den Roosevelt zum Staatssekretär im Außenministerium gemacht hatte und der später, im Dezember 1944, Außenminister werden sollte. Die US-Generale berichteten Stettinius von den zunehmenden Indizien dafür, daß die Formel der bedingungslosen Kapitulation »die Moral der deutschen Wehrmacht und des deutschen Volkes stärke«. Bedell Smith unterstrich, daß es ohne eine neue Erklärung unmöglich sein werde, die Krise in der deutschen Wehrmacht auszunutzen, die »sich unzweifelhaft sofort nach einer erfolgreichen alliierten Landung ergeben wird«.

Eisenhowers Hauptquartier wünschte vor der Landung eine Bestimmung des Begriffs »bedingungslose Kapitulation« und eine Zusammenfassung der anglo-amerikanischen Prinzipien einer Militärregierung in Deutschland. Außerdem solle im deutschen Generalstab eine Atmosphäre geschaffen werden, die ermögliche, daß »ein deutscher Badoglio die nötigen politischen Schritte zur bedingungslosen Kapitulation unternimmt«.

Wiederum wurde Peake aufgefordert, dem Foreign Office diese Ansichten zu übermitteln, während Stettinius den amerikanischen Präsidenten am 13. April telegraphisch unterrichtete. Peake informierte das Foreign Office über die Dringlichkeit der Sache, da mindestens ein Monat zwischen der ersten Ankündigung und dem geplanten Kapitulationsvorschlag des Alliierten Oberbefehlshabers – nach der Festigung des Brückenkopfes an der Westfront – vergehen müsse.[28]

Am 15. März hatte Cadogan dem Premierminister ein Papier geschickt, das Bedell Smith' und Eisenhowers Beharren auf einer öffentlichen Präzisierung des Begriffs »bedingungslose Kapitulation« betraf und den anderen Kabinettsmitgliedern vorgelegt werden sollte. Cadogan wünschte, daß das Foreign Office Edens Entwurf vom 8. Februar als Diskussionsgrundlage an Moskau und Washington weiterreichte. Eden war im Ausland, weshalb Cadogan sich direkt mit dem Premierminister auseinandersetzen mußte. Churchill lehnte den Vorschlag rundweg ab. Ihm gefiel nicht, daß die »Generale vor der Schlacht zitterten«. Hier ein Auszug aus seiner Antwort vom 19. April an Cadogan:

> 1. Diese Angelegenheit obliegt dem Präsidenten. Er verkündete den Begriff in Casablanca ohne jede Konsultation. Ich unterstützte ihn in allgemeiner Hinsicht. Die spätere Korrespondenz mit dem Präsidenten erweist, daß er sehr abgeneigt ist, seine Statements nun zu modifizieren ...

2. Ich habe das Kabinett darauf aufmerksam gemacht, daß die für Deutschland erwogenen Bedingungen nicht im geringsten geeignet sind, es zu beruhigen, wenn sie im Detail dargelegt werden. Sowohl Präsident Roosevelt als auch Marschall Stalin wünschten in Teheran, Deutschland in weit kleinere Stücke zu schneiden, als mir vorschwebte. Stalin sprach von sehr großen Massenhinrichtungen für mehr als 50000 höhere Beamte und Militärs. Ob er scherzte oder nicht, war nicht festzustellen. Die Atmosphäre war heiter, aber auch verbissen. Er sagte mit Sicherheit, daß er vier Millionen deutsche Männer benötigen werde, die für unbestimmte Zeit am Wiederaufbau Rußlands arbeiten sollten. Wir haben den Polen versprochen, daß sie sowohl in Ostpreußen als auch, wenn sie wollen, bis zur Oderlinie entschädigt werden sollen. Es gibt eine Menge anderer Bedingungen, die den deutschen Ruin bedeuten und auf unbegrenzte Zeit verhindern sollen, daß Deutschland als bewaffnete Macht aufersteht.

3. Andererseits wissen die Deutschen, daß die bedingungslose Kapitulation im Falle der Italiener sehr günstig interpretiert wurde, und wir sehen nun, was alles den Rumänen geboten wird, wenn sie, wie so oft schon, den Mantel nach dem Winde hängen ...[29]

Roosevelt konterte mit dem Vorschlag, eine einseitige Erklärung an das deutsche Volk abzugeben. Er sandte am 20. Mai einen Entwurf an Churchill, in dem es hieß: »Allein Deutschland und Japan stehen der übrigen Menschheit entgegen ... die Alliierten trachten nicht nach der totalen Vernichtung des deutschen Volkes. Sie trachten jedoch nach der totalen Vernichtung der Philosophie jener Deutschen, die verkündet haben, sie könnten die Welt unterjochen.«

Ob Roosevelts Erklärung von einer geschickten Propaganda hätte genutzt werden können, um Goebbels' Behauptungen zu widerlegen, läßt sich nicht abschätzen. Es wäre einen Versuch wert gewesen, auch wenn der Wortlaut weit von den Friedensbedingungen entfernt war, mit deren Hilfe Eisenhower und Bedell

Smith die deutschen Streitkräfte »weichmachen« wollten. Cadogan vermerkte: »Die Erklärung selbst ist nicht schlecht und liegt im allgemeinen auf der richtigen Linie.« Churchill war anderer Meinung, und Informationsminister Brendan Bracken notierte: »R.s Entwurf war schlampig und albern und kein Ersatz für die Drei-Mächte-Erklärung, die wir vorgeschlagen haben.« Eden kommentierte: »Es ist besser, vor der Schlacht zu schweigen.«[30]

Am 24. Mai, nur wenige Tage vor der Normandie-Landung und im Zeichen steigender Spannung, beriet das Kriegskabinett über Roosevelts geplante Erklärung und wies sie zurück. Eden meinte, die Botschaft solle die Grundlage für den Abschluß der Feindseligkeiten bilden und von den drei Regierungschefs ausgehen, denn wenn Roosevelt sich allein äußere, würden die Deutschen im unklaren über die Haltung der Russen und der Briten sein. Der Premierminister gab zu bedenken, die Regierung solle mit jedweder Aktion warten, bis der Sieg greifbar sei, und die geplante Mitteilung könne vielleicht als Friedensangebot präsentiert werden, dem die drei Alliierten zuzustimmen hätten. Das Kriegskabinett stimmte Churchill zu und kam zu dem Schluß, daß es viel zu spät sei für die Alternative einer Drei-Mächte-Erklärung noch vor dem D-Day, zumal, wenn man sich mit Stalin darüber einigen wolle.*[31]

Churchill teilte Roosevelt mit:

> Ich persönlich glaube, daß Ihre Botschaft als Friedensangebot aufgefaßt werden könnte. Kabinett zeigte sich sehr besorgt über freundschaftlichen Tonfall den Deutschen gegenüber, da die Truppen kurz vor der Eröffnung des Kampfes stehen.
> In Teheran hielten Sie und UJ [Uncle Joe, das heißt Stalin] meinen Vorschlag der Zerstückelung und Abtrennung Ostpreußens für viel zu bescheiden. Wie sollen die Polen entschädigt werden, wenn sie nicht Ostpreußen und gewisse Gebiete bis

* Am 26. Mai telegraphierte Stalin an Roosevelt: »Der vorgeschlagene Appell kann keine positive Wirkung haben ... Rückkehr zu der Frage, wenn sich günstige Umstände ergeben.«

zur Oderlinie als Gegenleistung für die Curzon-Linie erhalten, die die Russen bestimmt fordern werden?

Hier hoffen wir inständig, daß Sie die Erklärung nicht in ihrer gegenwärtigen Form und vor allem nicht zum jetzigen Zeitpunkt abgeben werden. Außerdem besteht die Ansicht, daß ein so wichtiges, an den Feind adressiertes Dokument von den drei Hauptalliierten ausgehen sollte. Ich darf hinzufügen, daß nichts von diesem Dokument rechtzeitig die deutschen Unterstände und die Front erreichen würde, um die kämpfenden Truppen zu beeinflussen.

Roosevelt gab nach und stimmte Churchill zu. Als die Invasion am 6. Juni begann, durfte Eisenhower deshalb keinerlei Mitteilung über einen milden Frieden und die Vorzüge der Kapitulation für die deutschen Soldaten herausgeben.[32] Churchill und Roosevelt waren entschlossen, die Unklarheiten von Wilsons Vierzehn Punkten zu vermeiden, die Deutschland den Vorwand zu der Behauptung gegeben hatten, es sei im November 1918 betrogen worden. Weder Churchill noch Roosevelt noch Eden versuchten, gründlich zu analysieren, was die Formel von der bedingungslosen Kapitulation bedeutete. Welche Kapitulation? Durch wessen Regierung oder Generale? War die Vernichtung Deutschlands gemeint?

Roosevelt war jedoch bereit, Eisenhower gegen Churchill zu unterstützen, was das Angebot eines milden Friedens auf dem Schlachtfeld betraf. In seinen Memoiren erläuterte Churchill, sein Hauptgrund für die Ablehnung eines alternativen Dokuments sei gewesen, daß »eine Darlegung der tatsächlichen Bedingungen«, auf der die Öffentlichkeit bestanden hätte, für jede deutsche Friedensbewegung viel abstoßender gewesen wäre als der allgemeine Ausdruck »bedingungslose Kapitulation«.

DER MORGENTHAU-PLAN
1944

Auf der Quebec-Konferenz im September 1944 bescherten Roosevelt und Churchill der Moral der Nationalsozialisten wiederum unverdienten Auftrieb. Sie spielten Goebbels durch die Erklärung in die Hände, daß die deutsche Industrie nach dem Krieg zerstört und das gesamte Staatsgebiet »in Agrarland verwandelt« werden sollten.

Im August war dem Foreign Office mitgeteilt worden, daß US-Finanzminister Henry Morgenthau nach dem Krieg eine sehr strenge Behandlung Deutschlands wünsche und sich über die Neigung amerikanischer Planer beschwere, den wirtschaftlichen Aufbau Deutschlands ins Auge zu fassen und die »Zerstückelungspolitik« des Präsidenten zu ignorieren.

Am 2. September telegraphierte Halifax nach London, Morgenthau empfehle dringend, daß die alliierte Militärregierung keinen Versuch mache, der deutschen Nachkriegswirtschaft zu helfen; eine »schwere Inflation« mit der daraus resultierenden Not werde »eine heilsame Wirkung auf die Deutschen« haben, da sie unter Hitler die wirtschaftlichen Konsequenzen des Ersten Weltkriegs vergessen hätten; ein weiterer Zusammenbruch ihrer Währung werde den Deutschen zeigen, daß Krieg »wirtschaftlichen Ruin« bedeute. Halifax schrieb, daß dies alles unvermeidlich in Quebec von den beiden Regierungschefs erörtert werden würde. Im Foreign Office hielt man Morgenthau für irregeleitet; dort hieß es, man müsse das Nazisystem vernichten, aber stets im Gedächtnis behalten, daß ein hungerndes und bankrottes Deutschland nicht »in unserem Interesse« sein würde.[1]

Am 11. September, während Churchill nach Kanada unterwegs war, beschäftigte das Kriegskabinett sich mit den von Morgenthau aufgeworfenen Problemen. Eden befragte seine Kollegen außerhalb des Kriegskabinetts, und alle, außer Bevin, sprachen sich gegen Morgenthau aus. Am 14. September schickte Eden dem Premier ein Telegramm, das die Haltung des Foreign Office wiedergab. Es traf zu spät ein. Mittlerweile hatte Churchill sich bereits mit dem Morgenthau-Plan befaßt und sich, stark beeinflußt von dem ihn begleitenden Lord Cherwell, für das Vorhaben ausgesprochen. In einem Telegramm, das sich mit dem Edens kreuzte, erläuterte Churchill, weshalb Cherwell und er den Plan Morgenthaus und des US-Präsidenten begrüßten, die Stahlindustrie des Ruhr- und Saargebiets abzubauen und Deutschland zu einem Agrarstaat zu machen: Dies bedeute, daß Großbritannien jährlich Güter im Wert von drei bis vier Milliarden Pfund nach Deutschland exportieren könne.[2]

Zudem billigte Churchill den Plan, weil er den Deutschen jede Möglichkeit der Wiederaufrüstung nehmen würde. Der Premierminister wollte offenbar keine andere Meinung hören. Am selben Tag paraphierten Roosevelt und er das Dokument, das als Morgenthau-Plan in die Geschichte einging. Es war ein verhängnisvolles Papier, das weitreichende Konsequenzen hatte.

Während Eden nach Quebec reiste, gab Churchill den Text telegraphisch an Attlee und den Schatzkanzler durch. Am nächsten Tag, dem 16. September, sandten die beiden dem Premierminister die herzlichsten Glückwünsche, ohne ein Wort darüber zu verlieren, ob es wünschenswert oder praktikabel sei, Deutschland in einen Agrarstaat zu verwandeln. Dies widersprach der Ansicht, die sie Eden gegenüber geäußert hatten.

Eden verbrachte nur zwei Tage in Quebec. Seine Mißbilligung des Morgenthau-Plans ließ Churchill ungerührt. Attlee warf die Frage im Waffenstillstands- und Nachkriegsausschuß auf, der schwere Zweifel vorbrachte und einen Bericht vom Unterausschuß für Wirtschafts- und Industriepolitik anforderte. Dieser ließ bis Dezember nichts von sich hören und legte dann einen negativen Bericht vor, doch Eden machte weder damals noch später einen entschlossenen Versuch, den Morgenthau-Plan rückgängig machen zu lassen, während Churchill ihn weiterhin begrüßte.[3]

Allerdings handelte es sich, verglichen mit den militärischen Operationen, für den Premierminister stets um ein nebensächliches Problem.

In seinen Memoiren schreibt Churchill, es sei ein Fehler gewesen, dem Morgenthau-Plan zuzustimmen. Er entschuldigt sich damit, daß er den Plan zuerst »heftig abgelehnt« habe, doch daß Roosevelt und Morgenthau ihm am Ende keine Wahl gelassen hätten. Er behauptet tendenziös, er habe sein Einverständnis nur unter dem Vorbehalt der Stellungnahme des Kriegskabinetts gegeben, und unter diesen Umständen »überlebte die Agrarisierung Deutschlands nicht«.[4] Colville berichtete dem Autor, daß Churchill den Plan in voller Kenntnis der gegensätzlichen Meinung seiner Kabinettskollegen akzeptiert habe, doch dies habe ihn nicht beunruhigt. Colville vermutete, der Premierminister habe nie ernsthaft über den Plan nachgedacht, sondern ihn nur paraphiert, weil er Roosevelt unbedingt veranlassen wollte, im Gegenzug seinen, Churchills, Plan für eine gleichwertige Teilung aller Atomprodukte zwischen dem Vereinigten Königreich und den Vereinigten Staaten zu paraphieren. Der Plan wurde nie offiziell rückgängig gemacht und nach Kriegsende sogar in begrenztem Maße von der alliierten Militärregierung in die Praxis umgesetzt.[5]

In der amerikanischen Presse kam es zu einer heftigen Auseinandersetzung um Morgenthau, und Goebbels nutzte den Schnitzer bis zum äußersten. Am 23. September schrieb das *Wall Street Journal,* das US-Finanzministerium habe einen Plan vorbereitet, der die Demontage Deutschlands und den Abbau seiner Industriemacht vorsehe.

Wieviel Publizität dem Morgenthau-Plan zuteil wurde, offenbarte Halifax in einer Depesche aus der Washingtoner Botschaft am 25. Dezember 1944:

> Die Urheberschaft Mr. Morgenthaus an dem Plan gibt den Ausschlag gegen ihn.
> a) Er ist einer der unpopulärsten amerikanischen Regierungsvertreter, während Mr. Hull, der die Meinungsverschiedenheit recht deutlich gemacht hat, einer der populärsten ist ...

> b) Mr. Morgenthau wird nicht als Fachmann für Außenpolitik angesehen, im Gegensatz zu Mr. Hull.
> c) Viele Amerikaner sind offenkundig antisemitisch eingestellt und deshalb besonders geneigt, der Objektivität eines Juden, was Deutschland betrifft, zu mißtrauen ...[6]

Zwei Tage später meldete Washington, Gouverneur Dewey habe behauptet, daß die Veröffentlichung des Morgenthau-Plans den Krieg verlängern könne. Dies war laut Halifax die bis dahin bedeutsamste Äußerung; er kommentierte gleichzeitig, daß Morgenthau zwar heftig kritisiert werde, jedoch »der zunehmende Beifall für die harte Behandlung, welche die Regierung ... bevorzugt, nicht zu verkennen« sei.[7] Goebbels' Propagandaministerium verbreitete sofort die Legende, Clemenceau habe gesagt, es gebe 23 Millionen Deutsche zuviel, doch nun wolle Morgenthau 43 Millionen Deutsche ausrotten. Der Labour-Abgeordnete Richard Stokes legte eine parlamentarische Anfrage zum Morgenthau-Plan vor, erhielt jedoch nur eine ausweichende Antwort. Die Reaktion in Großbritannien war verhalten.

Bald waren die Akten des Stabs für Politische Kriegführung im Foreign Office voll von Berichten aus neutralen Ländern über den ungeheuren Propagandawert des Morgenthau-Plans für Goebbels. Die meisten Deutschen glaubten, man werde sie brutal behandeln und dem Hunger ausliefern. Eine weitere Ausschmükkung von Goebbels besagte, daß jeder, der nach dem Krieg das Land zu verlassen versuche, an der Grenze erschossen werden würde. Die routinemäßigen Meldungen über die deutsche Propaganda können im Foreign Office kaum einen Zweifel an dem Schaden hinterlassen haben, der durch den Morgenthau-Plan angerichtet wurde.

Am 2. Oktober 1944 hieß es in einem Bericht des Stabs für Politische Kriegführung:

> Größte Bedeutung wird Morgenthaus angeblichen Vorschlägen für die Unterjochung Deutschlands eingeräumt. Morgenthau wurde als Führer der Agitation beschrieben, »der dieselbe Bot-

schaft verkündet wie die Juden im Kreml und völlige Vernichtung der deutschen Industrie, Zerstückelung des Landes und Ausrottung der halben Bevölkerung verlangt« ... Roosevelt soll die Pläne seines Busenfreundes, des Finanzjuden Morgenthau, erweitert und ein Programm gnadenloser Ausrottung entwickelt haben ... Eisenhowers Befehle an die alliierten Truppen bei Überquerung der deutschen Grenze wurden ausgelegt wie folgt: Keine Lebensmittel für die deutsche Bevölkerung sowie Zwangsregistrierung zur Deportation ...[8]

Es ist unwahrscheinlich, daß Churchill von diesen Meldungen unterrichtet wurde. Jedenfalls schien er sich ihrer nicht bewußt zu sein.

Unglücklicherweise gab Morgenthau in Washington unverantwortliche Erklärungen ab und veröffentlichte unter anderem ein langes Verzeichnis mit Kategorien von Amtsträgern, die hinzurichten seien. Goebbels hob immer wieder hervor, daß der Urheber des Plans Jude war, und es gelang ihm, einen Enthusiasmus für die NSDAP wiederaufleben zu lassen, der nach der vernichtenden Niederlage in der Normandie und angesichts der allgemein trüben militärischen Aussichten fast unglaublich schien. Es gibt schlüssige Beweise dafür, daß die unterschiedslosen Bombardierungen und die Politik der bedingungslosen Kapitulation den Widerstandswillen des deutschen Volkes unermeßlich stärkten, denn die schrecklichen Schäden und Verluste, die aus britischen und amerikanischen Bombenangriffen resultierten, wurden von Goebbels als unverzichtbarer Bestandteil des Morgenthau-Plans hingestellt.

Im September 1944 hatten Hitlers Armeen in der Normandie eine Niederlage erlitten, die weit ernster war als die des Kaisers im Jahre 1918. Statt jedoch eine Kapitulation zu erwägen, mobilisierte Hitler zusätzliches Menschenpotential für neue Divisionen und für die Rüstungsproduktion, indem er alle tauglichen Deutschen heranzog und skrupellos Sklavenarbeiter aus besetzten Ländern einsetzte. Sogar zwölfjährige Schuljungen mußten Befestigungen graben, und die neuen Bataillone enthielten einen bedrückenden

Anteil an Minderjährigen. Bis Mitte Oktober - nachdem sechs Wochen zuvor die Niederlage noch unvermeidlich erschienen war - hatte Hitler zwölf neue Divisionen für die Westfront ausgehoben. Sie umfaßten Fabrikarbeiter, Ladeninhaber und kleine Beamte. Die über Nacht in Soldaten verwandelten Schuljungen hatten keine andere Regierung und keine andere Ideologie als die der Nazis kennengelernt; der Kampf für Hitler mutete sie romantisch an, und sie setzten sich wie besessen zur Wehr. All das war durch den enormen Aufschwung, den die deutsche Kampfmoral durch den Morgenthau-Plan erhalten hatte, sowie durch die unheilvolle Bedrohung möglich geworden, die sich in der Formel der bedingungslosen Kapitulation verbarg.

Morgenthau wußte, daß er in Cherwell einen Verbündeten hatte. Im November sandte er diesem ein Memorandum, in dem Entwürfe des britischen Waffenstillstandsausschusses für eine Deutschlandpolitik scharf kritisiert wurden. Diese Entwürfe, die man der Europäischen Beratenden Kommission vorgelegt hatte, zeigen, daß das Foreign Office und das Heeresministerium durch Welten von Morgenthaus Denkweise getrennt waren. Cherwell schlug in einer Denkschrift an den Premierminister vor, daß »wir im allgemeinen Morgenthaus Ansichten übernehmen sollten«. Eden und Sir James Grigg, der Heeresminister, waren außer sich; sie hielten es für unverschämt, daß Morgenthau über Cherwell an den britischen Premier herantrat und daß ihm das US-Finanzministerium keine direkte Empfehlung für die Behandlung Deutschlands gab. Churchill fachte ihren Zorn noch dadurch an, daß er Eden mitteilte, Morgenthaus Argumentation sei »sehr zwingend«.[9]

Churchill schickte eine Note von Eden und Grigg mit detaillierten Vorschlägen für einen vernünftigen Wiederaufbau Deutschlands an Cherwell, der seine Abneigung nicht verbarg. Der Premierminister schob seine Antwort an Eden sechs Wochen lang hinaus. Offensichtlich ahnte er nichts von dem Schaden, den Goebbels' Propaganda anrichtete. Roosevelt, obwohl betrübt über die Kritik an Morgenthau, unternahm keine weiteren Schritte zur Verwirklichung des Plans, aber er tat auch nichts, um der negativen Propaganda in Deutschland Einhalt zu gebieten.

Als Churchill schließlich antwortete, zeigte er sich - wegen des Hasses, den Deutschland geweckt habe - sehr überrascht von der Stärke der Emotionen über eine Politik, die »Deutschland wieder auf die Beine bringen soll«; es sei »ein Fehler, wenn man auf kleinen Papierfetzen festhalten wollte, wie die unermeßlichen Gefühle einer empörten und bebenden Welt aussehen würden, sei es sofort nach dem Ende der Kämpfe, sei es, wenn die unvermeidliche Kühle der Leidenschaft folgt ... Deshalb ist es klug, wenn man seine Entscheidung so lange wie möglich hinausschiebt.«[10]

Am 30. November schrieb Lord Keynes aus Amerika, daß Roosevelt noch unschlüssig sei, was den Morgenthau-Plan betraf; dies bestätigte Richard Law, der Staatssekretär im Foreign Office, am 23. Dezember. Nirgends in den Archiven ist eine Spur von Sorge zu entdecken, die Churchill sich über die propagandistischen Auswirkungen des Morgenthau-Plans gemacht hätte. Das Foreign Office und Eden verzichteten darauf, ihre Opposition herauszustreichen. Anläßlich eines Berichts des Unterausschusses für Wirtschafts- und Industriepolitik über den Morgenthau-Plan vermerkte Eden, daß »wir wenig gewinnen würden und in der britischen Besatzungszone mit sehr ernsten Arbeitslosigkeitsproblemen zu kämpfen hätten«; er fügte hinzu, daß »wir keine Schritte zu dem Vorschlag des Präsidenten zu unternehmen brauchen«, wenn die USA nicht auf die Frage zurückkämen.[11]

Im britischen Beamtenapparat entstand der falsche Eindruck, daß der Morgenthau-Plan zu den Akten gelegt sei. Am 23. November hieß es in einer Notiz des Foreign Office, daß der Plan in den Vereinigten Staaten von hohen Stellen heftig kritisiert worden sei, und in einem Memorandum des Heeresministeriums stand am selben Tag, der Morgenthau-Plan sei »wahrscheinlich gestorben«. Dies mag für britische Beamte zugetroffen haben, aber als Trumpfkarte der nationalsozialistischen Propaganda war der Plan alles andere als tot.[12]

Im Herbst 1944 wurde man im Obersten Hauptquartier der Alliierten Expeditionsstreitkräfte (SHAEF) immer unruhiger über die hohe Moral der deutschen Streitkräfte. Eisenhower setzte sich wieder für einen milden Frieden ein und verlangte Bedingungen, die die Deutschen zur Einstellung des Kampfes veranlassen würden. Am 21. November stellte er in einem langen Telegramm nach London und Washington fest, daß der deutsche Widerstand sehr zäh sei und er kein Ende des Krieges, sondern nur bittere Kämpfe voraussehe, solange die Formel »bedingungslose Kapitulation« nicht modifiziert werde. Er fuhr fort: »Wenn wir an bedingungsloser Kapitulation festhalten müssen, sollte alles in unseren Kräften Stehende getan werden, um die deutsche Moral durch Propaganda und subversive Mittel zu zermürben.« Er forderte London auf, sich diesen Fragen zu widmen, die »nicht von SHAEF gelöst werden können«.[13]

Diese Botschaft sorgte für Bestürzung, was Roosevelt und Churchill veranlaßte, zahlreiche Telegramme auszutauschen. Sie entschieden, daß es nun zu spät sei, die Formel zurückzuziehen, da jede Änderung in diesem Stadium als Zeichen von Schwäche betrachtet werden würde. Die einzige Konsequenz war, daß man Bruce Lockhart in London zum Vorsitzenden eines den Generalstabschefs unterstellten Ausschusses ernannte, der das Problem untersuchen sollte, aber er kam zu keinem Ergebnis.

Am 25. November telegraphierte der Premierminister an Eisenhower: »Es wäre ein Fehler, die Deutschen merken zu lassen, daß wir Wert auf eine Schwächung ihres verzweifelten Widerstandes legen.« Dies zeigt zumindest, daß Churchill sich der hohen Moral von Hitlers Streitkräften bewußt war, aber es ist seltsam, daß er jeden Versuch unterband, den nationalsozialistischen Einfluß auf das deutsche Volk zu mildern. Roosevelt schloß sich später der Meinung des Premierministers an, und SHAEF erhielt nie die Erlaubnis, Goebbels' propagandistische Bemühungen zu unterlaufen.

Zu diesem Zeitpunkt begriffen Churchill, Roosevelt und Eden nicht, wie erfolgreich die Nazis die Verbindung zwischen Morgenthau-Plan und bedingungsloser Kapitulation für sich nutzen konnten. Eisenhowers Botschaft, die auf Lageberichten über die deutsche Moral beruhte, und das reichhaltige Beweismaterial über die Wirkung der deutschen Propaganda hätten keinen Zweifel daran lassen dürfen, daß die bedingungslose Kapitulation und der Morgenthau-Plan verworfen werden mußten, damit man den Krieg früher beenden konnte. Einen Tag, nachdem Roosevelt Eisenhowers Telegramm erhalten hatte, ließ er Churchill wissen, daß die Vereinigten Generalstabschefs in Washington eine Erklärung wünschten, die die deutsche Moral beeinträchtigen solle. Churchill erwiderte, er habe sämtliche Kabinettsmitglieder konsultiert, aber

> wir alle bezweifeln sehr, daß eine solche Erklärung abgegeben werden sollte. Die Deutschen haben Angst vor russischer, nicht vor anglo-amerikanischer Besatzung. Uncle Joe [Stalin] will zwei Millionen junge Nazis für ausgedehnte Reparaturarbeiten, und man kann kaum behaupten, er sei im Unrecht. Wir können keine Zusagen machen, ohne uns mit Uncle Joe zu besprechen. Wenn ich ein deutscher Soldat wäre, würde ich eine solche Erklärung für ein Schwächebekenntnis halten.

Roosevelt war anderer Ansicht und wollte eine Erklärung veröffentlichen, in der es heißen sollte: »Wir trachten nicht danach, das deutsche Volk zu vernichten oder auszurotten . . . Vielmehr trachten wir danach, die Naziherrschaft zu beseitigen und das deutsche Volk wieder in die Zivilisation der übrigen Welt einzugliedern.«[14] Churchill war nicht zu überzeugen. Folglich hatte man Ende 1944 immer noch keinen Entschluß über die Agrarisierung oder Zerstückelung Deutschlands gefaßt. Goebbels' Propaganda ging unvermindert weiter, und die Alliierten setzten ihr nichts entgegen. Unterdessen kämpften die Überreste der deutschen Wehrmacht so tapfer wie eh und je gegen die russischen und angloamerikanischen Streitkräfte; zu Weihnachten 1944 hätte Hitlers Ardennenoffensive fast zur Wiedereroberung von Brüssel, Antwerpen und dem größten Teil Belgiens geführt.

Im Foreign Office wuchs die Sorge über das Fehlen einer resoluten Politik für Nachkriegsdeutschland. Diese Sorge hatte weniger mit Goebbels' Propaganda zu tun als mit der Notwendigkeit, Roosevelt und Stalin bei der bevorstehenden Konferenz von Jalta, die am 4. Februar 1945 beginnen sollte, ein einheitliches Konzept vorzulegen. Am. 2. Februar 1945 notierte Eden deshalb für den Premierminister:

> Dringend nötig, daß Politik der alliierten Hauptmächte zur Zukunft Deutschlands koordiniert wird. 1943 gegründete Europäische Beratende Kommission hat sich über das Protokoll der Kapitulationsbedingungen für den Kontrollapparat der Besatzungszonen geeinigt ... Zerstückelung eines der noch offenen Probleme.[15]

Eden hätte auch die Agrarisierung als eine der offenen Fragen nennen können, aber in diesem Stadium des Krieges war es besonders schwierig, Churchill auf ungelöste Probleme hin anzusprechen.

Churchills Antwort an Eden - am 8. Februar, also bereits während der Jalta-Konferenz verfaßt - war wenig hilfreich:

> Frage? Moral?
> 1. Das allein Einigende der Sieger ist ihr gemeinsamer Haß.
> 2. Damit die Sicherheit Großbritanniens garantiert ist, muß es die Verantwortung für die Sicherheit einer Reihe schwacher Staaten übernehmen.
> 3. Wir sollten uns etwas Besseres einfallen lassen.[16]

Obwohl Churchill schon im Februar 1944 eine Karte erbeten hatte, die die geplanten Besatzungszonen zeigen sollte, kam es erst ein Jahr später, bei der Jalta-Konferenz, zu einem Beschluß über die Teilung Deutschlands. Die britische und die amerikanische Regierung waren also im Jahre 1944 Stalin gegenüber nicht verpflichtet, Gespräche mit der deutschen Opposition über die Nachkriegsgrenzen zu unterlassen. Aber in Whitehall herrschte Verwirrung. Halifax fragte am 7. September aus Washington beim Foreign Office an: »Was ist unsere Politik zur Teilung Deutschlands? Meinen wir mit Teilung, daß nicht Ostpreußen und Lothringen, sondern das Hinterland abgeschnitten wird?« Das Foreign

Office erwiderte: »Teilung Deutschlands soll in Kürze von Ministern besprochen werden, und wir können keine Meinung äußern.«

Am 9. Februar 1945 telegraphierte Attlee nach einer Sitzung des Kriegskabinetts an den Premierminister in Jalta, man habe weder über eine Zerstückelung noch über die genauen Einzelheiten des Verfahrens gesprochen: »Wir möchten unbedingt über die Folgen im Bilde sein, bevor eine bindende Verpflichtung eingegangen wird.« Churchill antwortete, man sei sich in Jalta über die Zerstükkelung einig geworden, aber »wenn keine praktische Lösung gefunden werden kann, werden wir unsere Entscheidungsfreiheit zurückgewinnen«.

Zu jenem Zeitpunkt versuchte Cherwell, den Premierminister für den Morgenthau-Plan und die härtestmögliche Behandlung Deutschlands nach dem Krieg einzunehmen. In Jalta betonte Cherwell, daß der deutsche Lebensstandard gesenkt werden müsse: »Bitte, widersetzen Sie sich Hilfsleistungen für den Neuaufbau der deutschen Industrie ... es ist ein Trugschluß, daß die Zerstörung der deutschen Industrie Europa und die Welt in Armut stürzen würde. Eden und seine Beamten wollen das deutsche Militärpotential bei möglichst geringen Erschütterungen für die deutsche Industrie begrenzen.« Der Morgenthau-Plan konnte also durchaus nicht als »gestorben« gelten, wenn der Premierminister in einem so kritischen Moment von Cherwell derartige Informationen erhielt.

Cherwell fuhr fort: »Der Unterausschuß für Wirtschafts- und Industriepolitik legt für Jalta Memoranden vor, die unter anderem vorsehen, die deutsche Stahlproduktion von jährlich 26 auf 12 Millionen Tonnen zu senken, alle Exporte von Werkzeugmaschinen zu untersagen, die Herstellung von Zivilflugzeugen, synthetischem Ammoniak, Gasturbinen-Schiffen und Kugellagern für zehn Jahre zu verbieten. Dies ist weniger nützlich für uns als der Morgenthau-Plan.« Cherwell betonte Churchill gegenüber immer wieder, daß eine Verringerung der deutschen Industrie Reparationen vorzuziehen sei. Vor allem lag ihm an der Zerstörung der deutschen Industrie im Ruhrgebiet.[17]

In Jalta wurde der Morgenthau-Plan weder gebilligt noch zurückgezogen, doch die drei Alliierten beschlossen, Deutschland unter Beseitigung Preußens zu zerstückeln und enorme Reparationssummen zu erheben. Dies wurde geheimgehalten, so daß das deutsche Volk in den letzten Kriegsmonaten nur über die bedingungslose Kapitulation und den Morgenthau-Plan unterrichtet war. Da Hitlers Streitkräfte glaubten, nach der Niederlage einer grausigen Zukunft entgegenzusehen, kämpften sie bis zum letzten Atemzug, was den Krieg verlängerte.

DER WIDERSTAND GEGEN HITLER

1938–1944

Bis 1938 gab es keine wirklich organisierte Verschwörung gegen Hitler, obwohl die Nazis nach dem Ermächtigungsgesetz von 1933 einen Polizeistaat geschaffen hatten, in dem sowohl politische Gegner wie gesetzestreue Juden in Konzentrationslager verschleppt und in vielen Fällen ohne Verhandlung hingerichtet wurden.

Im Laufe des Jahres 1938, als Hitlers kriegerische Absichten nicht mehr zu verkennen waren, schmiedete der Heeresgeneralstab Pläne zum Sturz der Nazis, um eine Kriegskatastrophe zu verhindern. General Ludwig Beck, Generalstabschef des Heeres bis 1938, war ein leidenschaftlicher Gegner der Nazis, ebenso wie die Generale Kurt von Hammerstein (Oberbefehlshaber von 1930 bis 1934), Franz Halder (Generalstabschef), Erwin von Witzleben (kommandierender General des Berliner Wehrkreises), Eduard Wagner (Generalquartiermeister), Georg Thomas (Chef des Wehrwirtschafts- und Rüstungsamtes), Hans Oster (Stellvertreter des Abwehrchefs Admiral Canaris), Canaris selbst, Friedrich Olbricht (Stabschef des Ersatzheeres) und Graf Erich von Brockdorff-Ahlefeld (Kommandeur der in Potsdam stationierten 23. Infanterie-Division). Fabian von Schlabrendorff, ein Anwalt und Oberleutnant beim Stab der Heeresgruppe Mitte, sowie sein Freund Generalmajor Henning von Tresckow gaben sich schon in Vorkriegstagen alle Mühe, Hitler zu stürzen; im Jahre 1944 schlossen sich auch die Generalfeldmarschälle Erwin Rommel und Hans Günther von Kluge der Verschwörung an.

Von ihnen überlebten nur Halder, Schlabrendorff und Thomas den Krieg. Alle anderen – abgesehen von Hammerstein, der eines natürlichen Todes starb – wurden hingerichtet oder begingen

Selbstmord. Halder, den Hitler im Jahre 1941 entließ, wurde nach dem 20. Juli 1944 wegen seiner Kontakte zu Beck und Goerdeler in ein Konzentrationslager gebracht. General Ernst Udet, ein berühmter Pilot des Ersten Weltkrieges, verübte 1941 Selbstmord, als die Gestapo seine Gegnerschaft zu Hitler aufdeckte.

Bekannte deutsche Politiker aus den Tagen der Weimarer Republik unterhielten von 1938 an enge Beziehungen zu diesen einflußreichen Generalen. Karl Goerdeler war von Anfang an die Führungsfigur. Auch Johannes Popitz, ehemaliger preußischer Finanzminister, und Otto Geßler, früherer Reichswehrminister, waren aktiv.

Andere Prominente unter den Verschwörern waren Graf Fritz Dietlof von der Schulenburg, stellvertretender Oberpräsident von Ober- und Niederschlesien; Albrecht Haushofer, Geographieprofessor an der Universität Berlin; der Diplomat Ulrich von Hassell, ein Schwiegersohn von Admiral Tirpitz; die führenden Sozialisten Wilhelm Leuschner und Julius Leber sowie zahlreiche frühere Abgeordnete der Zentrumspartei. Hinzu kamen hervorragende Vertreter der Geschäftswelt und der freien Berufe, unter ihnen Hans Gisevius, ein bekannter Berliner Anwalt, der den Krieg wie durch ein Wunder überlebte. Hans von Dohnanyi, ein weiterer Jurist, arbeitete in der Abteilung Canaris und wurde ebenfalls von den Nazis hingerichtet.

Hjalmar Schacht, Präsident der Reichsbank, engagierte sich in Grenzen für den Widerstand, obwohl er sich nach außen hin an den nationalsozialistischen Kurs hielt, und Franz von Papen, der frühere Kanzler und zu Kriegszeiten Botschafter in der Türkei, beteiligte sich im Jahre 1943 an der Verschwörung. Als Kanzler hatte er 1932 vergeblich versucht, die Balance zwischen den Nationalsozialisten und den anderen Parteien im Reichstag zu halten.

Viele dieser angesehenen Deutschen arbeiteten von 1938 bis zum Bombenanschlag am 20. Juli 1944 gegen Hitler. Doch während des Krieges wollten das Foreign Office, Eden und Churchill allen gegenteiligen Beweisen zum Trotz nicht eingestehen, daß eine organisierte Verschwörung existierte.

Aus den Memoiren der wenigen Überlebenden, den Protokollen der Nürnberger Prozesse und den deutschen Dokumenten über die Prozesse gegen die Verschwörer läßt sich die Geschichte des Widerstands rekonstruieren. General Erwin Lahousen, ein Verschwörer und enger Mitarbeiter von Canaris, machte in Nürnberg wertvolle Aussagen. Wichtige Bücher von Überlebenden wie Gisevius, Ritter und Schlabrendorff wurden veröffentlicht, bevor die Archive des Foreign Office zugänglich waren. In diesem Kapitel wird versucht, die Erinnerungen der Überlebenden mit dem Material des Foreign Office in Einklang zu bringen.

Der erste Umsturzversuch fand im September 1938 statt, als deutsche Generale Hitler beseitigen wollten, um den drohenden Krieg abzuwenden. Zu den Führern der Verschwörung gehörten Halder, Witzleben, Beck und Wolf Heinrich Graf von Helldorf, Polizeipräsident von Berlin. Wenn die Verschwörung erfolgreich gewesen wäre, hätte die Herrschaft Hitlers am 14. oder 15. September geendet.

Als Generalstabschef des Heeres veranlaßte Halder die Verlegung einer Panzerdivision nach Berlin und unterstellte sie zeitweilig dem Befehl Witzlebens, was als Routineangelegenheit kein Mißfallen erregte. Witzleben verfügte zudem über eigene Garnisonstruppen, während Helldorf zuversichtlich war, was das Verhalten der Polizei betraf. Man plante, Hitler nicht zu töten, sondern ihn nur festzunehmen, denn Halder sprach sich gegen politischen Mord aus. Nach der Verhaftung wollten die Generale dem deutschen Volk die Tatsachen unterbreiten und erklären: »Dies ist der Mann, der uns in einen Krieg führen will, was die Nation nach unser aller Meinung in eine Katastrophe stürzen würde.«

Laut Halder wäre die öffentliche Meinung in Deutschland sehr günstig für einen solchen Schritt gewesen, da der Gedanke an einen Krieg die Bürger entsetzte und Hitler erst nach dem Münchener Abkommen als politisches und diplomatisches Genie betrachtet wurde. Wenn Hitler am 12. September aus Nürnberg direkt nach Berlin gereist wäre, hätten die Generale ihn in der Nacht des 12. oder am Morgen des 13. September festgenommen. Statt dessen fuhr er nach Berchtesgaden, wo er ihrem Zugriff entzogen war. Dann traf die Nachricht ein, daß Chamberlain unterwegs zu Hitler sei.

Halder erklärte seinem amerikanischen Vernehmer am 1. Juli 1945: »Dieses außergewöhnliche Zusammentreffen der bevorstehenden Ausführung unserer Aktion mit Chamberlains Plan mag überaus theatralisch klingen, aber es ist die Wahrheit. Wenn Chamberlain seinen Besuch - oder, besser gesagt, die Ankündigung seines Besuches - nur um einen Tag hinausgeschoben hätte, wäre Hitler gestürzt und der spätere Krieg verhindert worden. Aber es war Gottes Wille, und Gottes Wege sind unergründlich.« Außerdem behauptete Halder, Hitler habe Chamberlain über die Stärke des deutschen Heeres und der deutschen Luftwaffe getäuscht.

Die Reaktion des Foreign Office auf Halders Verhör ist beschämend. Christopher Steel, der spätere britische Botschafter in Bonn und damalige politische Berater im britischen Militärhauptquartier in Berlin, schrieb nach London, die ersten drei Seiten von Halders Bericht »kommen mir sehr gefährlich vor ... Halder behauptet nämlich, daß Deutschland zur Zeit der Münchener Krise gar nicht in der Lage gewesen sei, die Tschechoslowakei anzugreifen, und Hitler habe durch seinen Bluff einen enormen und völlig unverdienten Triumph errungen«.

Die Protokolle des Foreign Office lassen große Unruhe über Halders Enthüllungen erkennen. Die Aussagen des Generals trafen auf einen heiklen Punkt, denn nach dem Münchener Abkommen hatte Kirkpatrick, der damalige Erste Sekretär in Berlin, geschrieben: »Hitler teilte uns in Godesberg mit, er könne mehr als neunzig Divisionen mobilisieren, und es gab keinen Grund, dies für unwahr zu halten.« Michael Vyvyan meinte, es sei am besten, wenn die Briten »darauf abzielten, Halder im Laufe einer eigenen Vernehmung durch uns zu diskreditieren«. Der besser informierte Con O'Neill, der zur Zeit des Münchener Abkommens in der Berliner Botschaft gearbeitet hatte, merkte an: »Ich glaube wirklich nicht, daß wir uns über die erste Behauptung hinsichtlich der Münchener Krise beklagen können ... Ich schlage vor, nichts zu tun und nur abzuwarten.«

Halder erklärte auch, Halifax habe Goerdeler, Hassell, Beck und Witzleben - nach heimlichen Friedensvorschlägen von Nazigegnern durch Vermittlung der Schweiz und des Vatikans - versprochen, Großbritannien werde damit einverstanden sein, daß eine nichtnationalsozialistische deutsche Regierung Österreich, das Sudetenland, Danzig und den Korridor behalten könne. Dies traf zu (siehe 6. Kapitel).

Halders Aussage wurde von den alliierten Anklägern in Nürnberg nicht als Beweismaterial vorgelegt, ebensowenig wie das Memorandum Walter Bargatzkys (siehe 12. Kapitel), in dem nachgewiesen wurde, daß die deutsche Militärverwaltung in Paris sich am 20. Juli 1944 gegen die Nazis gestellt hatte. Als der Labour-Abgeordnete Michael Foot eine Anfrage an den neuen britischen Premierminister Attlee richtete, wurde dieser vom Foreign Office informiert: »Die vollständige Aussage Halders ist ein böswilliges Dokument.«

Nach den Nürnberger Prozessen gegen die Hauptkriegsverbrecher zogen die Briten sich von weiteren Strafverfolgungen zurück, doch die USA setzten die Verfahren mit amerikanischen Richtern fort. Im Jahre 1947 wurde Ernst von Weizsäcker vor einem amerikanischen Gericht angeklagt, und er bat das Foreign Office, ihm zu seiner Verteidigung Statements über seine Aktivitäten gegen Hitler in den Jahren 1938 und 1939 zu liefern. Britischen Diplomaten wurde empfohlen zu schweigen, und Vansittart und Cadogan, die genau über Weizsäckers Vorschläge an Großbritannien unterrichtet waren, weigerten sich zu helfen. Nur Lord Halifax gab eine hilfreiche eidesstattliche Erklärung ab, und Weizsäcker wurde von drei Richtern mit einer Mehrheit von zwei zu eins verurteilt. Es ist unmöglich, das Verhalten Cadogans und Vansittarts zu rechtfertigen.[1]

Während des Krieges versuchte das Foreign Office - und manche britische Historiker versuchten es seither -, jene Deutschen zu verunglimpfen, die so viele Jahre lang im Untergrund tätig waren. Man stellte sie als zu »nationalistisch« hin, weil sie Österreich, Danzig, den Korridor und das Sudetenland behalten wollten. Vielleicht zog man sie deshalb in den Schmutz, weil eine

Entschuldigung für das britische Versäumnis, ihnen Hilfe zu leisten, gefunden werden mußte.

Angesichts des Polizeistaates, in dem sie lebten, und der Popularität der Nazis und Hitlers nach seinen Siegen von 1939 und 1940 ist bemerkenswert, daß die Widerständler fähig waren, die Verschwörung während des Krieges am Leben zu erhalten und sogar Fortschritte zu erzielen. Sie konnten weder Telefon noch Post benutzen, da beide von der Gestapo überwacht wurden. Die Gestapo durchsuchte willkürlich Passagiere von Bussen, Zügen und Straßenbahnen, Verdächtige wurden gefoltert, und überall gab es bezahlte Spitzel. Die Kommunikationsverbote machten es unmöglich, eine Flüsterkampagne gegen die Nazis einzuleiten. Der Londoner Rundfunk bot den einzigen verläßlichen Weg, anderen Verschwörern Nachrichten zukommen zu lassen, aber die BBC verweigerte ihre Hilfe.

Nach dem Waffenstillstand in Frankreich im Jahre 1940 hatte die Opposition einen zeitweiligen Tiefpunkt erreicht, doch Hitlers Entscheidung, Rußland anzugreifen, brachte ihr neuen Zulauf. Beim Generalstab der Heeresgruppe Mitte (die gegen die Sowjetunion eingesetzt werden sollte) war man tief besorgt über Hitlers Befehl, den Rußlandfeldzug in totaler Mißachtung aller Kriegsregeln zu führen.

Am 16. Juni 1941 besprachen Beck, Oster, Goerdeler, Popitz und Hassell, wie man die Abneigung gegen diesen Befehl nutzen könne, um die deutschen Generale von der Notwendigkeit eines Staatsstreichs zu überzeugen. Tresckow und Schlabrendorff bauten eine starke Verschwörergruppe bei der Heeresgruppe Mitte auf, und als Hitler im Jahre 1943 eine weitere leichtfertige Offensive gegen Moskau anordnete, beschlossen sie zu handeln. Inzwischen war Fedor von Bock durch Kluge als Befehlshaber der Heeresgruppe Mitte abgelöst worden. Kluge war den Argumenten der Verschwörer gegenüber aufgeschlossen und wurde sogar von Goerdeler, der von Canaris gefälschte Papiere erhalten hatte, an der russischen Front besucht. Der Generalfeldmarschall spielte mit der Idee, Hitler festzunehmen, wenn dieser an die Front kam, und eine Machtübernahme durch das Heer zu inszenieren.

Hitler kam am 13. März 1943. Generalstabsoffizier Henning von Tresckow ließ auf dem Rückflug eine Zeitbombe in Hitlers Maschine verstecken. Kluge im Osten und Olbricht in Berlin standen zur Machtübernahme bereit. Unerklärlicherweise versagte der Zünder, doch Tresckow konnte den Anschlag vertuschen, indem er die Bombe wieder an sich brachte.[2]

Zwei der jüngeren Verschwörer, die in der Widerstandsbewegung eine herausragende Rolle spielten, waren Helmuth James von Moltke und Adam von Trott, deren frühe Kontakte zur britischen Regierung bereits geschildert wurden. Moltke, ein Jurist beim Oberkommando der Wehrmacht, nahm mit Beck und Goerdeler in Berlin Verbindung auf. Sie versammelten auf Moltkes Gut in Kreisau eine Gruppe von Geistlichen, Wissenschaftlern, Geschäftsleuten, Ökonomen, Gewerkschaftern, Diplomaten und Verwaltungsbeamten, um über den Sturz Hitlers und die Nachkriegspolitik zu diskutieren. Trott war ein aktives Mitglied dieser Gruppe, die ein liberales und demokratisches Deutschland plante und als Kreisauer Kreis bekannt wurde.

Bis zu Hitlers Kriegserklärung an die Vereinigten Staaten am 8. Dezember 1941 war Moltke ständig in Kontakt mit der amerikanischen Botschaft in Berlin. Seine oppositionellen Ansichten waren den amerikanischen Diplomaten gut bekannt, und er war mit dem dort arbeitenden George Kennan, dem späteren US-Botschafter in Moskau, befreundet. Ein weiterer enger Freund jener Tage war Alexander Kirk, bis Dezember 1941 Gesandter in Berlin und, als Moltke im Juli 1943 nach Istanbul reiste, um den Amerikanern Friedensvorschläge zu machen, Botschafter in Kairo. Moltke hoffte, von Istanbul nach Kairo fliegen zu können, um sich mit Kirk zu treffen. Seine Hoffnung erfüllte sich nicht.[3]

Canaris hatte diese erste Reise nach Istanbul unter dem Vorwand ermöglicht, die Türken zur Rückgabe beschlagnahmter deutscher Schiffe zu bewegen. Moltke schickte eine Nachricht an Kirk, der ein Treffen ablehnte, jedoch vorschlug, Moltke möge im Dezember wiederkommen. Papen, der deutsche Botschafter in Ankara, führte ein Gespräch mit Moltke, aber es kam zu keiner Annäherung.

Im Dezember 1943 kehrte Moltke in die Türkei zurück und schrieb einen Brief an Kirk; er bot wiederum seinen Besuch in Kairo an, um wertvolle Informationen zu überbringen. Aber der amerikanische Botschafter in der Türkei weigerte sich, das Schreiben an Kirk weiterzuleiten. Im Januar 1943 war die Forderung der bedingunglosen Kapitulation zur offiziellen Politik der Alliierten geworden, weshalb Kirk, ungeachtet der persönlichen Freundschaft zwischen den beiden, nicht mit Moltke sprechen durfte.

Trotzdem schickte Moltke ein Memorandum an Kirk, in dem er behauptete, eine mächtige und einflußreiche Oppositionsgruppe werde den Alliierten bei militärischen Unternehmungen gegen die Nazis helfen; auch viele Angehörige des Offizierskorps der Wehrmacht und der höheren Beamtenschaft seien bereit, sich gegen Hitler zu erheben. Wenn mit dieser Gruppe ein förmliches Abkommen über die Zukunft Deutschlands unterzeichnet werde, würde »eine ausreichende Zahl intakter Einheiten der Wehrmacht gegen die Nazis kämpfen«; gleichzeitig werde eine Oppositionsregierung mit den Alliierten zusammenarbeiten. Das Hauptquartier dieser »demokratischen Gegenregierung« solle zunächst in Süddeutschland oder Österreich liegen, und es sei ratsam, diese Gebiete nicht blindlings zu bombardieren. Die Widerständler waren auch darauf bedacht, eine sowjetische Besatzung im Osten Deutschlands zu verhindern. Moltke enthüllte in dem Memorandum, daß Trott einer der Verschwörer war.

Das Dokument erreichte schließlich Roosevelt, der Felix Frankfurter, ein Mitglied des Obersten Bundesgerichts, um eine Stellungnahme bat. Sobald er Trotts Namen las, erklärte dieser, daß es sich um einen von unaufrichtigen Personen ausgelegten Köder handele. Im Jahre 1937 hatte Frankfurter zunächst an Trott Gefallen gefunden, doch nach ihrer Begegnung im Jahre 1940 änderte sich seine Meinung radikal. Wahrscheinlich wurde er bis zu einem gewissen Grade von Maurice Bowra, einem Dozenten in Oxford, beeinflußt. Frankfurter hatte 1938 ein Jahr in Oxford verbracht und enge Freundschaft mit Bowra geschlossen, der Trott damals für einen Nazi hielt. So blieben Moltkes Bemühungen fruchtlos.

Unterdessen versuchte Trott, an die britische Regierung heranzutreten, aber er traf nicht nur auf Churchills Erlaß des absoluten Schweigens, sondern auch auf eine Wand von Vorurteilen. Die Aufzeichnungen der Deutschlandabteilung des Foreign Office zeigen, daß man den Widerständlern mit Mißtrauen begegnete; auch Trotts Aufrichtigkeit wurde in Zweifel gezogen, obwohl Lord Lothian und Cripps für ihn garantierten. Dabei gab es in den Akten des Foreign Office eindeutige Beweise für Trotts unablässige Opposition gegen die Nazis und für die Existenz der Verschwörung. Dies wurde von Bischof Bell bestätigt, als er im Jahre 1942 Stockholm besuchte.

Das erste Dokument in den Akten des Foreign Office, das Trott gewidmet ist, stammte vom August 1938, als Lothian an Halifax schrieb und ihm die Lektüre von Trotts Memorandum über den Fernen Osten empfahl: »Es wurde von einem deutschen Rhodes-Stipendiaten verfaßt, der im Dritten Reich zu ersticken drohte und in den Fernen Osten ging ... Es entwickelt die These, daß die Zusammenarbeit von England und Deutschland dem Fernen Osten einen gerechten Frieden bringen und daß diese Kooperation den Weg zu besseren Beziehungen in Europa ebnen könnte.« Halifax las das Papier, und man fertigte im Foreign Office einen seitenlangen Kommentar dazu an. Der Plan, mit dem deutschen Botschafter darüber zu sprechen, scheiterte infolge der Sudetenkrise im September 1938. Hier lag ein unwiderlegbarer schriftlicher Beweis dafür vor, daß Trott das volle Vertrauen sowohl von Lothian wie von Cripps genoß.[4]

Cripps war ein enger Freund von Trott und leistete ihm im Jahre 1937 finanzielle Hilfe für seine Fernostreise. Lord Lothian war Sekretär des Rhodes House, wo er mit Trott Bekanntschaft schloß. Der Rhodes Trust gewährte Trott ein Stipendium für den Fernen Osten.

Als Trott Anfang 1939 nach Berlin zurückkam, knüpfte er die Beziehung zu Schacht wieder an und suchte General von Falkenhausen auf, zu dem er in China Verbindung hergestellt hatte. Sie erzählten ihm von dem Umsturzversuch des Jahres 1938, und von diesem Zeitpunkt an wurde er zu einem leidenschaftlichen Mitarbeiter der Verschwörer.

Von Berlin aus ging Trott im Juni 1939 nach England; dort führte er auf Lord Astors Initiative ein Gespräch mit Chamberlain in der Downing Street. Chamberlain bemerkte, Trott sei »genau der Typ, den man sich als Vermittler wünschen würde, weil er beide Standpunkte sah«. Doch zu Kriegszeiten waren alle Annäherungen Trotts zum Scheitern verurteilt, weil das Foreign Office unter Eden ihn mit tiefer Abneigung betrachtete, seine wahre Loyalität nicht anerkennen wollte und argwöhnte, er habe es bloß auf eine Friedensregelung abgesehen, die Deutschland mehr als die in Versailles festgelegten Grenzen zugestehen würde.

Im Juni 1939 verfaßte Trott, nun im deutschen Auswärtigen Amt tätig, ein Memorandum für Ribbentrop, in dem er seine Englandreise und sein Gespräch mit Chamberlain beschrieb. Leider gibt es keine Unterlagen über seinen Besuch in der Downing Street. Das Memorandum selbst war tendenziös und ließ Trott als einen inbrünstigen Nazi erscheinen; er bediente sich dieser Verpackung in nationalsozialistische Redensarten, um vernünftige Argumente an Hitler heranzubringen.

Ende Juli 1939 suchte Trott Falkenhausen auf, der aus dem Ruhestand zurückgekehrt war und als Kommandierender General im Dresdener Wehrkreis diente. Trott wurde von Albrecht von Kessel begleitet, dem Privatsekretär Weizsäckers, des Staatssekretärs im Auswärtigen Amt. Sie schlugen Falkenhausen vor, Hitler zur Inspektion der Befestigungen einzuladen und ihn dann zu ermorden.[5] Trott kam auch mit den Brüdern Kordt zusammen; sie gehörten der Gruppe von Verschwörern im Auswärtigen Amt an, die Verbindung zu London hatte herstellen wollen.

Als Angehöriger des Auswärtigen Amtes konnte Trott in den Jahren 1940 bis 1942 fünfmal in die Schweiz reisen. Dort nahm er Kontakt zu W. A. Visser't Hooft auf, einem alten Bekannten, der in Genf als Generalsekretär des Weltkirchenrates fungierte, sowie zu Elizabeth Wiskemann von der britischen Gesandtschaft in Bern. Er unterrichtete sie über die deutsche Opposition und deren Aktivitäten und Pläne.

Von Visser't Hooft erfuhr Trott, daß der Bischof von Chichester, George Bell, im Mai 1942 nach Stockholm reisen würde. Trott sorgte dafür, daß Hans Schönfeld, ein evangelischer Pfarrer und Leiter der Forschungsabteilung beim Weltkirchenrat in Genf, nach Schweden reiste und sich mit dem Bischof traf. Außerdem arrangierte er, daß Pastor Dietrich Bonhoeffer als Kurier für das Auswärtige Amt nach Stockholm reiste. Bonhoeffer hatte Bell seit neun Jahren gut gekannt und war als kompromißloser Gegner der Nazis eine der Hauptstützen der kirchlichen Opposition gegen Hitler.[6]

Bell reiste auf Ersuchen des britischen Informationsministeriums nach Stockholm, um Kontakte zwischen britischen und schwedischen Kirchenvertretern zu erneuern. Er galt als Pazifist und hatte die willkürlichen Bombardierungen der Alliierten, sehr zu Edens und Churchills Ärger, öffentlich kritisiert. Er schrieb einen höflichen Brief an Eden und bat um eine kurze Unterredung, wenn er am 8. Mai Geoffrey Warner im Foreign Office aufsuchen würde.

Eden war unangenehm berührt. Er kritzelte auf den Brief des Bischofs: »Dies scheint eine seltsame Wahl. Ich dachte, er sei Pazifist.« Edens Privatsekretär meldete ihm: »Ich habe mit Mr. Makins über die früheren anglo-deutschen Aktivitäten des Bischofs gesprochen, aber er glaubt nicht, daß der Bischof in Schweden irgendeinen Schaden anrichten könnte. Der Bischof hat nun darum gebeten, morgen oder am Freitag mit Ihnen reden zu können. Dies könnte Ihnen eine Gelegenheit bieten, ihm den Kurs zu umreißen, den er den Schweden gegenüber einhalten sollte, etc.« Eden weigerte sich, Bell zu empfangen, aber er unterband die Reise nicht. Offensichtlich war Bell für Eden von Anfang an Persona non grata.[7]

In Stockholm informierte Schönfeld den Bischof über die Existenz einer starken Widerstandsbewegung gegen Hitler, die bereits vor dem Krieg bestanden habe. Aber der Verlauf des Krieges biete ihr nun eine Chance, auf die sie lange habe warten müssen. Laut Schönfeld setzte sich die Opposition zusammen aus: 1. Mitgliedern oder früheren Mitgliedern der Staatsverwaltung; 2. einer großen Zahl früherer Gewerkschafter, die in den wichtigen Industriezweigen ein Netz von Vertrauenspersonen aufgebaut hätten; 3. hohen Offizieren der Wehrmacht und der Polizei; 4. Führern der protestantischen und katholischen Kirche, die wie die protestantischen Bischöfe Wurm aus Württemberg und Preysing aus Berlin »beispielhafte« Proteste gegen die nationalsozialistische Tyrannei erhoben hätten.

Diese Opposition beabsichtigte, Hitler, Himmler, Göring, Goebbels und die Führer von Gestapo, SS und SA zu beseitigen und mit Hilfe der oben erwähnten Gruppen eine Regierung zu bilden. Ihr Programm – Schönfeld legte eine schriftliche Fassung vor – sollte vor allem einschließen: 1. eine erhebliche Dezentralisierung der deutschen Regierung; 2. eine freie polnische und tschechische Nation sowie Reparationen für Schäden, die Deutschland anderen Ländern zugefügt hatte; 3. ein am Christentum ausgerichtetes nationales und gesellschaftliches Leben; 4. Aufhebung der Nürnberger Gesetze und Rückgabe des jüdischen Eigentums.

Später kam Bonhoeffer hinzu, der die Hoffnung äußerte, daß man die Wehrmacht und die Nation gegen die Nazis mobilisieren könne. Beide, Schönfeld und Bonhoeffer, betonten, daß sie ein äußerst gefährliches Projekt in Angriff nahmen; deshalb sei es »überaus wichtig zu wissen, welche Haltung die Alliierten zu einem Deutschland ohne Hitler einnehmen würden«.

Bell bat Bonhoeffer, ihm die Namen der Hauptverschwörer zu nennen. Bonhoeffer antwortete, es seien Beck, Hammerstein, Goerdeler, Leuschner und Kaiser; Beck und Goerdeler hätten die gemeinsame Führung, während Schacht, Prinz Louis Ferdinand, der Sohn des Kaisers, sowie führende protestantische und katholische Bischöfe ebenfalls eine Rolle spielten. Es gebe eine Organisation, die den Widerstand in jedem Ministerium und in allen Großstädten repräsentiere, und unter den Heeresgeneralen seien Kluge und Witzleben zu nennen. Schließlich faßte Bonhoeffer die Diskussion zusammen und forderte Bell auf, aus London Antworten auf folgende Fragen einzuholen: 1. Würden die alliierten Regierungen nach dem Sturz des Hitlerregimes bereit sein, mit einer friedlichen deutschen Regierung über eine Friedensregelung zu verhandeln, unter anderem über den Rückzug aller deutschen Streitkräfte aus den besetzten Ländern und über Schadenersatzleistungen, und würden die Alliierten dies einem autorisierten Vertreter der Opposition vertraulich zusagen? 2. Oder könnten die Alliierten eine eindeutige öffentliche Erklärung desselben Inhalts abgeben?[8]

Bonhoeffer teilte Bell mit, daß Trott ein »idealer« Vermittler wäre. Der Bischof besprach dies alles mit dem Gesandten Mallet, der dem Foreign Office meldete, es sei »mehr als eine der üblichen Friedenssondierungen«. Bell wünschte, daß Ahrenstorm vom Weltkirchenrat in Genf oder Visser't Hooft nach Stockholm reisten, um ebenfalls als Unterhändler tätig zu werden. Er einigte sich mit Mallet über einen Code, damit er den Vermittler wissen lassen könne, ob die Reise einiger Vertreter des deutschen Widerstandes nach Stockholm sinnvoll sei.[9]

Sobald der Bischof nach London zurückgekehrt war, suchte er Geoffrey Warner im Foreign Office auf, schilderte ihm den Kern der Gespräche und bat um eine Unterredung mit dem Außenminister. Die Vermerke in den entsprechenden Akten sind aufschlußreich. Patrick Hancock etwa merkte an, der Außenminister solle Bell die Haltung der Regierung zu Friedensfühlern, das heißt ihre Politik des »absoluten Schweigens«, verdeutlichen.

Warner schrieb: »Die Behauptungen scheinen sehr übertrieben.« Strang war der Meinung, daß Eden den Bischof empfangen solle, und Cadogan vermerkte: »Es wäre interessant zu erfahren, was eine Gruppe dieser Art *tun* kann. Wir werden mit keiner Regierung in Deutschland verhandeln, die ihre Seele nicht gründlich geläutert hat, und wir müssen davon überzeugt werden, und zwar zuerst. Totale Niederlage und Abrüstung ist wahrscheinlich die einzig mögliche Antwort.«[10]

Die Botschaft des Bischofs fiel auf unfruchtbaren Boden. Das Foreign Office wußte bereits aus anderen Quellen um die Existenz der Verschwörung, aber es weigerte sich energisch, sie ernst zu nehmen oder zu erwägen, wie es den Widerständlern bei ihren Plänen helfen könne. Eden empfing den Bischof Ende Juni 1942, hörte ihm höflich zu, las Schönfelds Memorandum und bestätigte, daß einige der von Bonhoeffer genannten Namen dem Foreign Office bekannt seien. Da er weitere Friedensangebote aus anderen

Ländern erhalten habe, müsse er überaus vorsichtig sein und dürfe nicht einmal den Anschein erwecken, sich unabhängig von den Russen und Amerikanern auf Verhandlungen einzulassen. Er schrieb am 17. Juli an Bell, daß keine Maßnahmen getroffen werden könnten. Folglich wurden diese Angebote untadeliger Personen mit »absolutem Schweigen« bedacht.

Ende Mai 1942 kam Visser't Hooft mit einem Ende April von Trott in Genf verfaßten Memorandum über die Ansichten und Ziele der Opposition nach London. Es war an Cripps adressiert, Durchschläge gingen an Sir Alfred Zimmer* und Arnold Toynbee.** Cripps zeigte Churchill seine Durchschrift, und dieser notierte: »Sehr ermutigend.«[11]

Toynbee gab seine Kopie an Professor Tom Marshall weiter, den Chef der für das Foreign Office arbeitenden Deutschland-Forschungsabteilung am Balliol College, Oxford. Visser't Hooft teilte Toynbee mit, daß wenigstens ein Mitglied der Gruppe im deutschen Auswärtigen Amt tätig sei. Von diesem (Trott) habe er erfahren, daß die Gruppe »den einzig wirksamen Weg, sich der Nazis zu entledigen, darin sehe, sie in großer Zahl - von Hitler ganz weit abwärts - zu töten; er und seine Freunde hätten zweimal (zuerst im Dezember 1940) kurz davor gestanden, diese Ermordungen zur Einleitung eines Staatsstreichs durchzuführen«.[12]

Visser't Hooft bejahte, als Toynbee ihn fragte, ob er der Meinung sei, daß »politischer Mord wirklich ein Teil des Programms von Christen in Deutschland war«. In Trotts Memorandum hieß es: »Wir glauben an die Notwendigkeit, einen freien polnischen und tschechischen Staat innerhalb ihrer geographischen Grenzen wiederherzustellen.« Dies bedeutete, daß Deutschland nach einem Friedensschluß das Sudetenland, Danzig und den Korridor behalten würde - was natürlich in Whitehall wenig Begeisterung erweckte.

* Sir Alfred Zimmer war Professor für Internationale Beziehungen an der Universität Oxford und hatte sich in der Arbeit des Völkerbundes hervorgetan.

** Der Philosoph Arnold Toynbee, Direktor des Royal Institute of International Affairs, war Mitglied der britischen Delegation bei der Versailler Konferenz gewesen.

Trott fuhr fort: »Wir hoffen aufrichtig, daß unsere unzureichenden Bemühungen bei der praktischen Aufgabe, uns einer gemeinsamen Zukunft jenseits der uns nun alle konfrontierenden Katastrophe zu stellen, von freimütiger Zusammenarbeit begleitet sein werden.« Die Machtübernahme in Deutschland stoße auf folgende Hindernisse:

> a) Die dringende Notwendigkeit einer nationalen Verteidigung gegen die Sowjetunion und gegen anarchische Entwicklungen an der Ostfront sowie auf dem Balkan.
> b) Die bestehende Kontrolle des gesamten nationalen Lebens durch die Polizei (Gestapo) und die zu erwartenden Schwierigkeiten beim Umgang mit nationalsozialistischen Überresten und anarchischen Ausbrüchen nach dem Sturz der Nationalsozialisten.
> c) Die völlige Ungewißheit über die britische und amerikanische Einstellung zu einem Regierungswechsel in Deutschland.
> d) Der Ausbruch unterschiedlosen Hasses, mit dem im Falle einer plötzlichen Lockerung der Kontrolle in den besetzten Teilen Deutschlands zu rechnen ist.
> Die beiden letzten Probleme können nicht einmal in diesem Stadium ohne internationale Zusammenarbeit bewältigt werden. Aus offensichtlichen Gründen können keine Einzelheiten genannt werden, was Namen, Daten und Programme angeht.

Marshall bat den späteren Labour-Minister Richard Crossman, der Trott bei dessen Studium am New College als Philosophie-Tutor betreut hatte, um ein Gutachten über Trott. Crossman schrieb am 27. Mai 1943:

> Ich kannte Adam von Trott während seiner gesamten Zeit in Oxford, einer schwierigen Übergangsperiode vom demokratischen zum nationalsozialistischen Deutschland. . . . Adam hielt mich immer für etwas zu materiell in meiner politischen Betrachtungsweise, und ich hielt ihn immer für so hegelianisch, daß er fast jeder Aktion, wie zweifelhaft sie auch sein mochte,

> eine dialektische Rechtfertigung geben konnte. Kurz gesagt, ich traute ihm nicht allzusehr, und er traute mir nicht.
> Entweder 1936 oder 1937 machten meine Frau und ich während einer Deutschlandreise in Kassel Station, wo Adam als Anwalt ausgebildet werden sollte ... Er war sehr unglücklich und mit sich uneins, und meine Meinung erhärtete sich noch mehr als zuvor, daß Adams hochgesinnter Idealismus sich im Falle eines ernsten politischen Konflikts winden würde, um die wirklich unangenehme Entscheidung, für eine Revolution in Deutschland zu arbeiten, zu vermeiden.
> Das private Papier, das Visser't Hooft mitbrachte ..., ist ein fast vollkommenes Beispiel für Adams Einstellung, das heißt politisch naiv und sich seiner intellektuellen und politischen Unredlichkeit nicht bewußt. Andererseits repräsentiert es wahrscheinlich sehr genau einen Teil des diplomatischen Dienstes, der Wehrmacht und der Kirche innerhalb Deutschlands ...
> Ich meine daher, daß die von Adam vertretene Gruppe wirklich existiert, von einiger Bedeutung für unsere politische Kriegführung ist und von *uns auf eine Weise, die der Regierung Seiner Majestät nützt, irregeführt werden könnte* [Hervorhebung durch den Autor]. Adam von Trott ist sich seiner Naivität in politischen Angelegenheiten nicht vollauf bewußt, kann eine wirklich umfassende Kenntnis Englands für sich in Anspruch nehmen und mag daher in der Lage sein, nüchternere Männer, als er selbst es ist, zur Teilung seiner Illusionen zu überreden.

Dies war ein liebloses Gutachten, und es schadete den Verschwörern, daß ein einflußreicher Freund Trotts schreiben konnte, dieser werde wahrscheinlich nicht für eine »Revolution in Deutschland« arbeiten. Auch der Gedanke, daß Trott zu Propagandazwecken »von uns irregeführt« werden könne, weist darauf hin, daß Crossman, der damals für die deutschen Rundfunksendungen der BBC arbeitete, Trott als einem aktiven Verschwörer wenig Ernsthaftigkeit zutraute. Das Foreign Office akzeptierte Crossmans Mitteilung arglos, ohne Cripps und die sonstigen einflußreichen Freunde von Trott in England zu befragen.

Cripps erkundigte sich bei Eden, was man im Foreign Office von dem Memorandum hielt. Geoffrey Harrison schrieb am 6. Juni 1942:

> Der wichtigste neue Punkt besteht darin, daß die Gruppe von angeblichen Hitlergegnern bereit ist, Hitler bei einem Staatsstreich zu töten ... Wir können Sir S. Cripps mitteilen, daß die Schrift sehr wahrscheinlich die Ansichten gewisser Elemente in Beamtenschaft, Wehrmacht und Kirche Deutschlands wiedergibt. (Ich habe leichte Zweifel, was Arbeiterkreise angeht.) Andererseits glaube ich nicht, daß die Zeit dafür reif ist, uns direkt einzuschalten oder diese Gruppe zu ermutigen. Wir müßten aktive Zeichen ihrer Existenz erhalten, bevor wir sie als wirklich bedeutsam einstufen können. Visser't Hooft ist über jeden Verdacht erhaben.

Eine Woche später, am 12. Juni 1942, äußerte Harrison sich boshaft über das Dokument, weil es »gefährlich« sei – allerdings nicht für Trott und die Verschwörer, sondern für die Moral der Alliierten:

> Ich möchte auf die Tatsache aufmerksam machen, daß es wirklich sehr gefährlich ist, derartige Dokumente in diesem Land umlaufen zu lassen. Die Zahl der Kopien scheint unbegrenzt zu sein, und es kann nur zu Peinlichkeiten führen, wenn einflußreiche Personen auf diese Weise veranlaßt werden, sich in unsere Politik und unsere politische Kriegführung Deutschland gegenüber einzumischen. Zudem hat Herr Visser't Hooft sich in diesem Land in verschiedenen Kreisen freizügig bewegt, und er wird seinen Kontaktpersonen in der Schweiz, unzweifelhaft mit den besten Absichten, die Atmosphäre beschreiben, die er hier vorfand ... Daher ist zu überlegen, ob wir Besuchern dieser Art, die sich schließlich nicht kontrollieren lassen, in Zukunft die Einreise in dieses Land verwehren sollten.

Makins kommentierte ebenfalls am 12. Juni 1942:

> Ich habe dieses Papier zurückgehalten, um zunächst weitere Einzelheiten über Adam von Trotts Besuch in diesem Land im Juli 1939 ausfindig machen zu lassen, in dessen Verlauf er zwei Gespräche mit Lord Halifax führte. Aber darüber sind nun keine Aufzeichnungen mehr zu entdecken.
> Wie Mr. Harrison meine ich, daß es bestimmt eine Reihe von Personen in Deutschland gibt, die dieses Memorandum unterstützen würden, aber wir haben wirklich keinen Beweis dafür, daß sie eine organisierte Gruppe bilden. Außerdem ist recht wahrscheinlich, daß sie von anderen, realistischeren Individuen, zum Beispiel im deutschen Generalstab, zur Zeit - oder in Zukunft - als Tarnung für Friedensfühler benutzt werden.
> Deshalb bin ich überzeugt, daß es ein Fehler wäre, diese Sondierungen zum gegenwärtigen Zeitpunkt zu beantworten. Auch die willkürliche Verteilung dieses Memorandums und die beiläufigen Unterredungen von Herrn Visser't Hooft können für alle Betroffenen ziemlich irreführend sein. Zum Glück bezog Herr van Kleffens genau den richtigen Standpunkt ...

Makins' und Harrisons Behauptung, es gebe keinen Beweis dafür, daß die Verfasser des Memorandums »eine organisierte Gruppe« bildeten, widersprach allen Informationen, die Bischof Bell nach seinem Besuch in Stockholm mitgebracht hatte. Van Kleffens, Außenminister der niederländischen Exilregierung in London, wird deshalb erwähnt, weil er am 15. Mai nach einem Gespräch mit Visser't Hooft an Eden geschrieben und diesem mitgeteilt hatte, er weigere sich, irgend etwas mit der Gruppe zu tun zu haben, da sie »sehr unrealistisch in ihrer Einstellung« sei. Eden bekundete seine »uneingeschränkte Zustimmung«.

H. J. van Rojen schrieb nach dem Krieg, daß er und andere Mitglieder des niederländischen Widerstandes 1942 mit Trott zusammengekommen seien, der damals versuchte, seitens der deutschen Opposition Beziehungen anzuknüpfen. Er war von Trotts Redlichkeit überzeugt und erfuhr, daß in Deutschland eine »Koalition« von Hitler-Gegnern aus allen sozialen und politischen Lagern bestehe. Van Rojen und seine Freunde blieben in Verbindung mit Trott und Moltke, bis die Deutschen verhaftet wurden. Trott bat seine niederländischen Partner nur darum, ihre Exilregierung in London über die Kontakte zu unterrichten und ihr zu erklären, daß »seine Verschwörergruppe Hitler unbedingt stürzen wolle«.[13] In London ordnete sich van Kleffens jedoch der im Foreign Office vorherrschenden Meinung unter, daß Trott nicht zu trauen sei, und er ignorierte das aus erster Hand gewonnene Material der niederländischen Untergrundbewegung.

Das Foreign Office zeigte Trott gegenüber unverhohlene Feindseligkeit. Nur Professor Marshall begriff, was auf dem Spiel stand, und notierte: »Die religiöse Opposition ist in Deutschland gewachsen ... Die Einzelheiten sind zwar unklar, aber das Dokument liefert starke Hinweise darauf, daß kirchliche Gruppen bereit sind, auf irgendeine Weise bei der Auslösung der Revolution mitzuarbeiten ... Diese Leute schmieden, wie behauptet wird, aktiv Pläne, den Hitlerismus durch politischen Mord zu beseitigen.«

Eden besprach sich mit Cadogan und teilte Cripps daraufhin mit, er müsse dessen Rat, was die Bedeutung und Glaubwürdigkeit von Trotts Vorschlag betreffe, zurückweisen, wobei er die Tatsache außer acht ließ, daß Cripps eng mit Trott befreundet war. Er wiederholte die Ansichten seiner Beamten, akzeptierte den Briefentwurf eines Untergebenen ohne jede Änderung und schenkte diesem Problem offensichtlich nicht die Aufmerksamkeit, die es verdiente. In dem vertraulichen Schreiben vom 18. Juni 1942 hieß es:

> Sie haben vor ein paar Tagen mit mir über ein Memorandum gesprochen, dessen Verfasser Freiherr Adam von Trott sein soll und das Herr Visser't Hooft kürzlich in dieses Land mitbrachte. Sie fragten mich, was wir über Trott wüßten und was unsere Einstellung Herrn Visser't Hooft und dem Dokument gegenüber sei.
>
> Visser't Hooft ist, wie Sie wissen, sowohl europäischer Sekre-

tär des CVJM als auch einer der Sekretäre des Weltkirchenrats in Genf. Unserer Überzeugung nach ist er ein Mann, der über jeden Vorwurf oder Verdacht erhaben ist.

Das Memorandum ist ein interessantes Dokument, und wir halten es für recht wahrscheinlich, daß es in Deutschland eine Reihe von Personen gibt, die sich seinen Aussagen anschließen würden ... Wir messen diesen Personen bisher wenig Bedeutung zu und beabsichtigen nicht, auf Vorschläge ihrerseits zu reagieren. Unsere Meinung ist, daß sie weder uns noch Deutschland viel Nutzen bringen können, bevor sie Farbe bekennen und ein sichtbares Zeichen ihrer Absicht geben, beim Sturz des nationalsozialistischen Regimes zu helfen.

... Adam von Trott ist übrigens nicht untypisch für eine Reihe junger Deutscher im Auswärtigen Amt, die, obwohl zutiefst antinationalsozialistisch nach Erziehung und Einstellung, sich nie haben überwinden können, den Preis für ihre Überzeugung zu zahlen und aus dem Dienst des Naziregimes auszuscheiden ...

Cripps nahm diese Belehrung übel auf und verfaßte am 20. Juni eine bissige Antwort:

Vielen Dank für Ihren Brief vom 18. Juni. Ich kenne diese beiden Männer gut, und ich glaube, daß ich von Trott wahrscheinlich viel besser kenne als Ihr Gewährsmann [gemeint ist Richard Crossman], da er früher manchmal für längere Zeit in unserem Haus weilte. Wer ihn als politisch unredlich bezeichnet, versteht weder ihn noch das, was er vertritt.

Übrigens habe ich im Juli 1939, als uns beiden klar war, daß der Krieg noch vor dem Herbst ausbrechen würde, einen langen Abend mit ihm verbracht und mich gründlich über seine Einstellung dem Naziregime gegenüber unterrichtet. Ich bin auch sehr vielen seiner Freunde aus unterschiedlichen Gesellschaftsschichten begegnet, und er hat seit der Machtübernahme des Hitlerregimes, unter sehr hohem Risiko für ihn persönlich, eine enge Verbindung zur Arbeiterbewegung aufrechterhalten.

> Er war überzeugt, daß er als Deutscher, trotz der ihm persönlich drohenden Gefahren, die Pflicht habe, nach Deutschland zurückzukehren und während des Krieges dort zu bleiben, obwohl er das Naziregime heftig ablehnt und sich stets geweigert hat, Parteimitglied zu werden.
> Jedes so oberflächliche Urteil wie das in Ihrem Brief erwähnte [das Crossman-Gutachten] muß zu einem schweren Mißverständnis führen, was die Einstellung Trotts und seiner Freunde betrifft. Es geht nicht darum, daß er sich hätte überwinden und den Preis für seine Überzeugung hätte zahlen sollen ... Er zahlte, was das Risiko angeht, einen viel höheren Preis, denn obwohl er es ablehnte, sich dem Naziregime anzuschließen, kehrte er nach Deutschland zurück, um für das zu kämpfen, was er für richtig hielt.

Eden konnte Kritik an seiner Gestaltung der Außenpolitik nicht ertragen. Verärgert kritzelte er auf Cripps' Brief: »Zur Kenntnis genommen. Weiter an Ministerium.« Dies bedeutete, daß die Sache für das Foreign Office erledigt war.

Wie wenig Aufmerksamkeit das Foreign Office Cripps' Bürgschaft für die Aufrichtigkeit Trotts vom Juni 1942 schenkte, geht aus einer Botschaft an die Special Operations Executive (SOE) vom 27. Dezember 1942 hervor. Dort heißt es, Trott sei »eine überaus verdächtige Gestalt«; allerdings wurde Moltke viel besser eingeschätzt. Das Schreiben bezog sich auf eine Anfrage der SOE, mit welchen Mitgliedern der deutschen Opposition ihre Agenten risikolos umgehen könnten.[14]

Nach Bischof Bells Besuch in Stockholm und Visser't Hoofts Reise nach London erstellte das Foreign Office am 1. Juli 1942 einen Kurzbericht für die Angehörigen des Kriegskabinetts:

> Es gibt guten Grund zu der Annahme, daß viele dieser Sondierungen, vielleicht die meisten, vom deutschen Geheimdienst veranlaßt wurden, der die Strategie und Taktik von Friedensangeboten zu seinem Spezialgebiet gemacht zu haben scheint. Der Zweck liegt auf der Hand: Man will versuchen, Zwietracht

zwischen den Alliierten zu säen und das Tempo ihrer Kriegsbemühungen zu verringern ...

In Absatz 3 des Memorandums vom 14. April 1941 wurde die angebliche Bereitschaft eines Teils der deutschen Wehrmacht hervorgehoben, einen Kompromißfrieden mit der Beseitigung Hitlers und seiner Ablösung durch eine gemäßigtere Regierung zu erkaufen. Zwar haben die »oppositionellen Generale« während des hier betrachteten Zeitabschnitts, vornehmlich zur Jahreswende 1941/42, weiterhin eine Rolle gespielt, aber der Ehrenplatz wird nun von einer angeblich hitlerfeindlichen, christlich gesonnenen Gruppe eingenommen, die »anständige Elemente« aus diplomatischen, militärischen, industriellen, gewerkschafts- und kirchlichen Kreisen umfassen soll.

Es ist weiterhin die Politik der Regierung Seiner Majestät, auf solche Angebote, woher sie auch kommen mögen, entweder mit absolutem Schweigen oder, im Falle neutraler Regierungen, durch kategorische Erklärungen von Mitgliedern der Regierung Seiner Majestät zu reagieren, daß sie vor der Zerschlagung des Naziregimes nicht zu Friedensgesprächen bereit seien. Ein ermutigender Ton für Oppositionelle in Deutschland wurde von Mr. Eden in seiner Rede am 8. Mai 1942 in Edinburgh angeschlagen, als er sagte:

»Je länger das deutsche Volk das Regime, das es in die Vernichtung führt, unterstützt und toleriert, desto schwerer wird seine eigene direkte Verantwortung für den Schaden, den es der Welt zufügt. Wenn irgendwelche Teile des deutschen Volkes also eine Rückkehr zu einem deutschen Staat wünschen, der auf Achtung vor dem Gesetz und vor den Rechten des Individuums beruht, dann müssen sie begreifen, daß niemand ihnen glauben wird, bevor sie aktive Schritte unternommen haben, sich ihres gegenwärtigen Regimes zu entledigen.«[15]

Im Kriegskabinett fand keine Diskussion über das Memorandum oder über einen beigefügten Bericht statt, in dem in kurzen Zügen Sondierungen durch Diplomaten in neutralen Ländern beschrieben wurden. Dabei hielten die Deutschen damals 2500 Quadratkilometer russischen Territoriums besetzt. Ägypten war in Gefahr, und die Amerikaner waren im Fernen Osten durch die japanischen Erfolge gebunden. Müssen Russen und Amerikaner nicht ernsthaft versucht gewesen sein, sich mit den Gegnern der Nationalsozialisten auf einen Frieden zu einigen, wie er Trott vorschwebte, ungeachtet dessen, daß Churchill und Eden die Idee kurzerhand verwarfen?

Im Juni 1942 gelang es Moltke, mit Hilfe der SOE einen Brief aus Stockholm an seinen engen Freund Lionel Curtis zu schicken, einen bedeutenden Publizisten auf dem Felde der internationalen Politik. In dem Schreiben belegte er die Existenz einer aktiven Opposition: »Können Sie sich vorstellen, was es bedeutet, wenn man nicht telefonieren kann; die Post nicht benutzen kann; nicht einmal mit den Menschen sprechen kann, mit denen man völlig einig ist, weil die Verhörmethoden der Geheimpolizei zunächst den Willen brechen, den Verstand aber bei voller Klarheit belassen ...?«

Ebenfalls mit Hilfe der SOE schrieb Moltke an seinen Freund Michael Balfour, der als Historiker im Stab für Politische Kriegführung des Foreign Office arbeitete. Moltke bat Balfour, sich mit ihm im September oder Oktober in Stockholm zu treffen. Doch der Premierminister persönlich verbot Balfour die Reise; vielleicht verwechselte er Helmuth James von Moltke mit seinem Cousin Adolf, dem damaligen deutschen Botschafter in Madrid, der Friedenssondierungen der Nationalsozialisten weitergeleitet hatte.[16]

Während Moltke sich im März 1943 in Schweden aufhielt, schrieb er einen weiteren langen Brief an Curtis und hinterließ ihn bei Dr. Johansson vom Nordischen Ökumenischen Institut in Sigtuna. Kurz darauf erhielt Johansson Besuch von Tracy Strong, dem amerikanischen Sekretär des CVJM. Johansson hielt es für zu gefährlich, ihm den Brief mitzugeben, bat Strong aber, sich den Text einzuprägen und, wenn er auf der Heimreise in England Station machte, so viel wie möglich für Bischof Bell niederzuschreiben. Bell sollte den Text dann Curtis übergeben. Der ursprüngliche Brief blieb als vertrauliches Dokument in Sigtuna, bis er 1970 veröffentlicht wurde. Die Version, die Strong in England niederschrieb, ist verlorengegangen, so daß wir nicht sicher sein können, wieviel von dem Original die vorgesehenen Empfänger erreichte.

Am 14. September 1943 schrieb Bischof Bell an Bruce Lockhart, den Chef des Stabs für Politische Kriegführung, legte Moltkes Brief bei und machte auf dessen Bitte aufmerksam, daß eine ganz und gar vertrauenswürdige Person in der Gesandtschaft in Stockholm untergebracht werden solle, um Verbindungen zum deutschen Widerstand herzustellen. Diese Person solle nicht dem Geheimdienst angehören, da die Gefahr eines Verrats bei geheimdienstlicher Arbeit groß sei. (Professor Balfour wies den Autor darauf hin, daß unklar bleibt, ob der Bischof den gesamten Brief Moltkes an Lockhart weitergab.)

Bruce Lockhart zeigte Balfour den Brief nicht, obwohl dieser in derselben Abteilung arbeitete und Moltke ihn als Kontaktmann vorgeschlagen hatte; auch der Chef der Deutschlandabteilung des Stabs bekam den Brief nicht zu Gesicht. Was Curtis mit seiner Kopie tat, ist nicht zu klären. Im September 1943 war John Wheeler-Bennett, der nichts mit der deutschen Opposition zu tun haben wollte, Stellvertreter von Bruce Lockhart geworden, und dies erklärt wahrscheinlich das Versäumnis des Stabs, auf die Mitteilung eines Widerständlers zu reagieren, der über jeden Verdacht erhaben war. Moltkes Sondierung scheiterte wie zuvor die Bemühungen Bischof Bells, Visser't Hoofts und Trotts.

Moltke nahm nach Schweden einige Flugblätter mit, die von der »Weißen Rose« hergestellt worden waren, einer revolutionären Bewegung an der Universität München. Zwei Studenten, die Geschwister Hans und Sophie Scholl, hatten seit Monaten antinationalsozialistische Flugblätter mit der Post verschickt und die Menschen aufgerufen, sich gegen Hitler zu erheben. Im Januar 1943 wurden sie von der Gestapo verhaftet, brutal gefoltert und hingerichtet. Moltke gab die Papiere an einen sympathisierenden schwedischen Redakteur und an Vertreter des norwegischen Widerstandes weiter. Durch diese Kanäle hörte die Außenwelt zum erstenmal von der Weißen Rose. Das Foreign Office war nicht an der Organisation interessiert, aber Cripps sandte am 29. September 1943 eine Note an Churchill: »Dies ist ein Hinweis auf innere Entwicklungen in Deutschland, die wir bei unserer politischen Kriegführung berücksichtigen sollten.«

Cripps hoffte offenbar, daß Churchill mit Eden reden und daß das Foreign Office an die antinationalsozialistische Opposition herantreten würde. Churchills Antwort war wenig hilfreich. Er notierte nur unverbindlich: »Höchst interessant, und ich bin nicht überrascht, daß Hitlers Bande mörderisch darauf reagierte.« Damit war die Sache für das Foreign Office erledigt, aber Balfour und Carleton Greene versicherten dem Autor, daß die Episode der Weißen Rose in den Propagandasendungen nach Deutschland vollauf genutzt worden sei.[17]

In seinem Brief an Curtis schrieb Moltke, es gebe in Deutschland Menschen, die, sowohl von der Goebbelsschen als auch von der britischen Propaganda unterstützt, behaupteten, daß das deutsche Volk nach einer Niederlage von seinen Feinden zerfleischt werden würde, deshalb müsse es zu Hitler stehen. Er berichtete auch, daß sich etwa 250000 Deutsche in Konzentrationslagern befänden und zahllose Juden ermordet würden. »In Anbetracht dieser Umstände« bat Moltke darum, »eine feste Verbindung zwischen der deutschen Opposition und Großbritannien herzustellen«:

> Wie läßt sich dies nun technisch bewerkstelligen? Wir brauchten einen Mann in Stockholm, der Mitteleuropa kennt und dessen besondere Aufgabe es wäre, unter der allgemeinen Oberaufsicht des Botschafters mit den verschiedenen Untergrundbewegungen in Europa, vor allem aber in Deutschland, Verbindung zu halten; er müßte sich auf der Basis politischer Diskussion und Zusammenarbeit mit ihnen ins Benehmen setzen. Wir würden ihn hier mit Adressen versehen, über die er mit Gruppen der Opposition in den verschiedenen von Hitler besetzten Ländern Kontakt aufnehmen könnte. Am besten wäre ein Mann, den ich kenne oder von dem ich etwas weiß, denn die Zeit ist kostbar; es dauert doch immer eine Weile, bis

man mit einem Fremden vertraut wird, und ein wirklich persönlicher Kontakt ist notwendig ...
Der Mann müßte in der Lage sein, unter Umständen einem von uns kurzfristig eine Reise nach England und zurück zu ermöglichen, so daß, falls erforderlich, gemeinsame Pläne besprochen werden könnten ... Unter keinen Umständen darf mein Name irgendwo schriftlich erwähnt werden. Was mich betrifft, so würde ich natürlich vorziehen, Michael [Balfour] hier in Stockholm zu haben, sei es als Hauptverantwortlichen oder als dessen Berater ...[18]

Das Foreign Office stellte sich diesem vernünftigen Vorschlag gegenüber taub.

Ende Juni 1942 reiste Trott wieder nach Genf, um von Visser't Hooft zu erfahren, wie man in London auf seine Botschaft an Cripps reagiert hatte. Hooft mußte ihm erklären, daß die britische Regierung sein Angebot ausgeschlagen hatte und daß es keine Alternative zu der vollständigen militärischen Niederlage Deutschlands gebe. Der einzige Hoffnungsschimmer sei, daß Cripps in einem Gespräch mit Hooft betont habe, er wünsche »weitere Verbindungen«. Diese Antwort war ein deprimierender Schlag für die Verschwörer, aber Trott setzte seine Bemühungen fort, das Interesse der Alliierten an der Widerstandsbewegung zu wecken. Nach dem Krieg schrieb Visser't Hooft: »Die Antwort, die ich mit nach Genf nehmen mußte, lautete, daß die britische Regierung nicht willens sei, den deutschen Widerstand in irgendeiner Weise zu ermutigen, und nicht einmal bereit, in einen Dialog einzutreten. Ich werde niemals jenen Sommerabend in meinem Garten vergessen, als ich nach Worten suchte, um Adam, der der Verzweiflung nahe war, aufzumuntern.«[19]

Im Januar 1943 nahm Trott Kontakt zu Allen Dulles auf, der als Chef des amerikanischen Office of Strategic Services (OSS) nach Bern entsandt worden war und die spezielle Aufgabe hatte, sich um die Nazigegner zu kümmern. Trott bat Dulles, Washington mitzuteilen, wie enttäuscht die Verschwörer über die ablehnende Haltung der Briten seien, und unterrichtete ihn ausführlich über den Umsturzplan. Er verfaßte ein Memorandum für Dulles, in dem er unterstrich, daß die Zurückweisung seiner Vorschläge durch das Foreign Office »kleinbürgerliche Vorurteile« erkennen lasse; infolgedessen seien die Verschwörer versucht, die Russen um Hilfe beim Sturz Hitlers und bei der Durchsetzung von Friedensbedingungen zu bitten, die die »Erhaltung der deutschen Nation« sichern würden. Dies wurde Washington gemeldet und von dort an London weitergegeben, aber es erregte wenig Aufmerksamkeit zu einem Zeitpunkt, da Roosevelt und Churchill besorgt über die Gefahr waren, daß Hitler und Stalin einen neuen Handel abschließen könnten.[20]

Im Juli 1943 reiste Trott in die Türkei und traf sich in Istanbul mit Botschafter von Papen und mit seinem alten Bekannten Paul Leverkuehn, einem Nazigegner und dortigen Abwehrvertreter.[21] Beide Begegnungen verliefen ergebnislos.

Trotts nächster Versuch, zu einer Übereinkunft mit den Alliierten zu gelangen, führte ihn am 27. Oktober 1943 nach Stockholm. Dort traf er zwei Attachés der britischen Gesandtschaft, Roger Hinks und James Knapp-Fisher. Trott erkundigte sich, ob die britische und die amerikanische Regierung nach einem deutschen Umsturz die Formel der bedingungslosen Kapitulation aufgeben und die Bombardierung Deutschlands sofort einstellen würden. Es ist schwer einzusehen, was die Alliierten durch ein solches Versprechen hätten verlieren können, aber den britischen Vertretern war ausdrücklich verboten worden, solche Zusagen zu machen, wiewohl sie ihre Sympathie für Trott und die Opposition erklärten. Der britische Gesandte in Schweden meldete Trotts direkte Anfrage hinsichtlich der bedingungslosen Kapitulation nicht einmal nach London weiter, denn er wußte nur allzugut aus Weisungen des Foreign Office, daß die Antwort ein uneingeschränktes Nein zu sein hatte.[22]

Mallet meldete nach London, Trott habe darauf hingewiesen, daß die Kommunisten in Deutschland gut organisiert seien und die einzige ernsthafte Opposition darstellten; daß russische Siege leichter zu ertragen seien als die wahllosen Morde durch westliche Luftangriffe; und daß die politischen Folgen für den Westen nicht günstig sein würden, wenn die Russen alle Schlachten gewonnen und die Briten und Amerikaner alle Städte zerstört hätten.

Trott hatte sich nicht die besten Argumente ausgesucht. Da die Briten sich für Bombenangriffe engagiert hatten, war solche Kritik in der Downing Street unerwünscht. Das interne Foreign-Office-Memorandum über den Besuch Trotts in Stockholm wurde nicht an Cadogan oder Eden weitergegeben. Harrison notierte: »Man achte auf das Geschick, mit dem er das alte kommunistische Schreckgespenst beschreibt und überhaupt Tatsachen und Propaganda vermischt.« Dies kennzeichnete die Vorurteile, die in der Deutschlandabteilung des Foreign Office Trott gegenüber gehegt wurden; sein erneuter Versuch, Gespräche mit der britischen Regierung zu führen, scheiterte völlig.[23]

Dabei hatte das Foreign Office in seinen Akten erhebliche Beweise für Trotts Aufrichtigkeit. Lothian wie Cripps hatten seine ehrlichen Absichten nachdrücklich bestätigt, und Wheeler-Bennett hatte am 29. April 1943 aus Washington geschrieben: »Trott ist ein Gegner der Nazis, aber ein überzeugter deutscher Nationalist. Meiner Meinung nach ist er kein subtiler feindlicher Agent, wie einige Diplomaten glauben ... Auf der Virginia-Beach-Konferenz des Institute of Pacific Relations bezeichnete Trott sich in privaten Unterredungen als Nazigegner, beharrte jedoch darauf, daß Deutschland die von Polen eroberten Gebiete behalten müsse.« Wheeler- Bennett fügte hinzu, daß man Trott im US-Außenministerium für einen Agenten der Nazis hielt.[24]

Da Wheeler-Bennett in England vor dem Krieg enge Bekanntschaft mit Trott geschlossen und sich im November 1940 in Amerika ausführlich mit Lothian über ihn unterhalten hatte, hätte er sich noch stärker für ihn einsetzen sollen. Noch im März 1940 hatte er überschwenglich an Trott geschrieben, als dieser aus den Vereinigten Staaten nach Deutschland abreiste: »Zuerst lassen Sie mich Ihnen, in jedem Sinne, das größtmögliche Glück zu dem Ziel wünschen, das uns gemeinsam ist. Möge es früher erreicht werden, als wir hoffen ... Dann würde ich Ihnen gern sagen, wie sehr ich Ihren Mut und Ihre Entschlossenheit unter sehr kritischen Umständen bewundere. Ich hoffe, daß unter ähnlichen

Bedingungen ich ein Gleiches wie Sie leisten könnte, bin aber ziemlich sicher, daß ich es nicht könnte.« Zwei Jahre später, als Wheeler-Bennett die Einstellung des Foreign Office zur deutschen Opposition hätte beeinflussen können, schien seine Bewunderung nachgelassen zu haben. Die Kennzeichnung Trotts als eines deutschen Nationalisten bedeutete für ihn, was das Foreign Office betraf, den Todeskuß.

Wheeler-Bennett, der 1943 aus Washington nach London zurückkehrte, war ein enger Freund und Vertrauter Edens. Typisch für seine Haltung war ein Papier über »andere Deutsche«, das die Washingtoner Botschaft dem Foreign Office im Jahre 1943 sandte. Darin schrieb er: »Bei Beendigung des Krieges werden weder ›gute‹ noch ›schlechte‹ Deutsche für uns Sympathie empfinden. Jedes freundschaftliche Gefühl wird unnatürlich und deshalb verdächtig sein. ... Wir sollten uns nicht in die Position bringen, mit irgendwelchen Deutschen, ob gut oder schlecht, zu verhandeln ... Dies entspricht dem Prinzip der bedingungslosen Kapitulation.«

Sein Kommentar bezog sich auf zwei kurz zuvor veröffentlichte Artikel in dem Sammelband *The Next Germany,* die Nazigegner in den Vereinigten Staaten über ein Deutschland nach Hitler verfaßt hatten. Er setzte hinzu, es gebe in den USA eine Sammelstelle für deutsche Emigranten, die einen milden Frieden wünschten. Wheeler-Bennett hatte mit Brettauer und Rauschning gesprochen, die argumentierten, daß die Formel der bedingungslosen Kapitulation einen Staatsstreich unmöglich gemacht habe und daß Deutschland ohne einen milden Frieden nur kommunistisch werden könne. Rauschning habe erklärt, daß Österreich und Ostpreußen nach dem Krieg weiterhin zu Deutschland gehören sollten.*

* Hermann Rauschning, 1933 Präsident des Danziger Senats, hatte sich von Hitler abgewandt und war 1936 emigriert. Brettauer, ein wohlhabender Jude, war in den frühen Tagen des Nationalsozialismus mit seinem Vermögen aus Deutschland entkommen, und sein großes Haus an der Pazifikküste diente als Treffpunkt für antinationalsozialistische Emigranten.

Professor Marshall hatte Wheeler-Bennett durchschaut und kommentierte die Akte des Foreign Office:

> Dieses gehässige kleine Schriftstück ist seines bemerkenswerten Autors wohl kaum würdig. Er schießt auf das falsche Ziel. Entscheidend ist nicht, ob die deutschen Emigranten ehrliche Idealisten oder intrigierende Nationalisten sind, sondern ob das deutsche Volk durch Güte bekehrt werden kann (oder ob ein großer Teil gar keiner Bekehrung bedarf), wie einige der Emigranten zu glauben scheinen. Mr. Wheeler-Bennett ist den Verfassern von *The Next Germany* gegenüber äußerst unfair ... Sie (ich kenne drei der vier recht gut) sind keine Nationalisten und schon gar nicht pangermanisch eingestellt. Sie sind international gesonnene Sozialisten. Ihre Schwäche ist, daß sie in ihrem Denken den Nationalismus kaum berücksichtigen und die Intensität der Gefühle vergessen, die Deutschland als schuldige Nation empfinden muß. Mr. Wheeler-Bennett scheint zu glauben, daß sie die unterschwelligen Prinzipien des deutschen Denkens enthüllen. Die Schwierigkeit besteht darin, daß sie es nicht tun. Wenn sie es täten, gäbe es kein deutsches Problem.[25]

Trott hielt sich vom 18. bis zum 20. Dezember 1943 in Genf auf. Hier traf er sich mit Robert Elliott von der Christlichen Studentenbewegung, der dem Foreign Office in London berichtete, Trott habe erklärt, daß »ein Staatsstreich des Heeres eine neue provisorische Regierung schaffen würde, die jede jüdische Diskriminierung einstellen, nicht aber alle von den Deutschen besetzten Gebiete in der Tschechoslowakei und Polen aufgeben würde«.[26] Dieser Hinweis vergrößerte, wenn dies möglich war, noch die Abneigung der Foreign-Office-Vertreter gegen Trott. Er betonte Elliott gegenüber, daß die Alliierten eine neue deutsche Regierung nicht auf die Grenzen des Versailler Vertrages festlegen dürften und »daß Deutschland eine dominierende Stellung in Westeuropa haben müsse«.

In der Akte des Foreign Office hieß es, man wisse, daß Halder Trotts Gruppe angehöre (dies traf nicht zu) und daß Halders und Weizsäckers Pläne mit denen Hitlers und Ribbentrops zusammenfielen, so daß »offene und heimliche Vorstöße zu Friedensvorschlägen zeitweilig miteinander verschmolzen sind«. Das Foreign Office hätte der Wahrheit nicht ferner sein können.[27]

Trott schickte Dulles ebenfalls Informationen, doch sie bestätigten nur das, was Dulles bereits von Goerdeler und Gisevius über die Verschwörung erfahren hatte. Dulles sandte eine weitere genaue Beschreibung der Verschwörung nach Washington, wo keine Reaktion erfolgte - allerdings reichte man das Papier ergebnislos an London weiter.[28]

Anfang 1944 häuften sich die Hinweise darauf, daß der deutsche Widerstand einen wirklich ernsthaften Plan in Gang gesetzt hatte. Mitte Januar erhielt Lord Selborne, der Minister für Wirtschaftskriegführung, über die Schweiz die »dringende Mitteilung«, daß der deutsche Generalstab beabsichtige, Hitler zu ermorden, die bedingungslose Kapitulation zu akzeptieren und die Niederlande zu räumen. Die Mitteilung kam von Dr. Gerbrandy, dem niederländischen Ministerpräsidenten, und der Abgesandte war ein ungenannter deutscher Generalstabsoberst. Selborne unterrichtete Churchill, doch Eden wollte nichts davon hören und schrieb am 28. Januar 1944 an den niederländischen Ministerpräsidenten: »Solche Schritte gingen stets vom deutschen Geheimdienst aus und wurden deshalb ignoriert.« Churchill empfing eine Kopie von Edens Memorandum und pflichtete ihm bei. Heute wissen wir, daß es sich um eine echte Warnung von höchster Wichtigkeit handelte.[29]

Mallet meldete in der zweiten Januarwoche aus Stockholm, daß deutsche Geistliche für die Zeit nach dem Sturz Hitlers eine neue Verfassung planten. Dazu merkte Roberts an: »Die Kirchen werden die einzige geachtete Institution sein, die dem deutschen Staat unmittelbar nach dem Krieg noch bleibt. Dies würde vermutlich zu Schwierigkeiten mit den Russen führen.« Das Foreign Office unternahm nichts und gab sich keine Mühe, diese Nachricht mit den Informationen zu verknüpfen, die Bischof Bell im Jahre 1942 über die deutschen Kirchen mitgebracht hatte.[30]

Im April schrieb Knatchbull-Hugessen aus Ankara, sein belgischer Botschafterkollege habe von Friedensbemühungen der deutschen Militärs erfahren; sie hätten sich nach den Friedensbedingungen erkundigt, und er, Knatchbull-Hugessen, habe den sowjetischen Botschafter in Ankara unterrichtet. Roberts notierte, Hugessen habe die Sache »ungeschickt« abgewickelt, denn es sei Aufgabe des Foreign Office zu entscheiden, was an die Sowjets weitergegeben werden könne; die Sondierung sei »ohne Wert«.[31]

Jede Bemühung scheiterte an dem Mißtrauen Trott gegenüber, das Roberts, Harrison, Harvey und Kirkpatrick hegten. Der Diplomat Brian MacDermot ließ den Autor wissen, daß er für Trotts Wahrhaftigkeit hätte bürgen können, aber er habe den Deutschen nur für einen Schwätzer gehalten und ihn nicht als einen tüchtigen Praktiker eingeschätzt. Gordon Etherington-Smith, ein weiterer Angehöriger des Foreign Office, sagte, er habe Trott in Berlin, in den wenigen Monaten vor Kriegsbeginn, gut gekannt und sich für dessen Ehrlichkeit verbürgen können. Allerdings habe er keinen schlüssigen Beweis dafür gehabt, daß er ein Gegner der Nazis war. Dies mag damit zusammenhängen, daß Trott vorsichtig sein mußte: Während seiner Reise nach England im Jahre 1939 als Mitglied des deutschen Auswärtigen Amtes mußte er, außer in Gesellschaft seiner engsten Freunde, die Pose eines inbrünstigen Nazis einnehmen, da sonst vielleicht Informationen zur Gestapo durchgesickert wären und er in der Falle gesessen hätte. Diese Haltung täuschte Bowra, der in seiner Autobiographie schrieb: »Ich kam zu dem Schluß, daß von Trott doppeltes Spiel trieb. Meine Ablehnung seiner Person tut mir immer noch zutiefst leid.«[32]

David Astor, Trotts ältester englischer Freund, teilte dem Autor seine Überzeugung mit, daß das Foreign Office in Anbetracht der Bedeutsamkeit von Trotts Informationen polizeiliche Nachforschungen hätte anstellen lassen müssen, um seine Aufrichtigkeit zu prüfen. Astor schrieb an den Autor:

> Wenn der militärische Nachrichtendienst oder die Polizei sich so wenig Mühe gegeben hätten, ihre Eindrücke von einer verdächtigen Person zu überprüfen, wie es das Foreign Office

> hinsichtlich Adams tat, wäre ein Skandal ausgelöst worden. Der Argwohn des Foreign Office betraf hauptsächlich seine ein oder zwei Besuche in London im Jahre 1939. Damals war er in ständiger Verbindung mit Stafford Cripps und mir und zwischenzeitlich mit Wilfred Israel [Dozent am All Souls College in Oxford]. Keiner von uns wurde je gefragt, worüber Adam Gespräche führte und wie wir seine Tätigkeit einschätzten. Dabei waren wir alle drei einigermaßen ehrliche Männer, die dem Foreign Office bessere Informationen als die hätten geben können, über die es selbst verfügte.

Hugh Carleton Greene, der im Jahre 1939 von Hitler ausgewiesene Korrespondent des *Daily Telegraph,* hatte Trott in Berlin gut gekannt. Er berichtete dem Autor:

> Trott war im Gespräch erstaunlich indiskret - so indiskret, daß ich den Verdacht hatte (zu Unrecht, wie ich weiß), er sei ein Agent provocateur, der seine Gesprächspartner verleiten solle, ihre antinationalsozialistischen Ansichten zu enthüllen. Die Meinung des Foreign Office, er sei vielleicht trotz seiner erstklassigen Empfehlungen durch Cripps und Lothian etc. nicht zuverlässig, war nicht ganz ungerechtfertigt. Man muß bedenken, daß die Menschen ihre Einstellung auf sehr überraschende Weise ändern.[33]

Christopher Sykes schrieb in seiner 1969 veröffentlichten Trott-Biographie, das Foreign Office habe zwar ein Dossier über Trott gehabt, doch es sei eine Ansammlung voreingenommener Kommentare und falscher, manchmal geradezu lächerlicher Schlüsse gewesen. Dies war eine reine Mutmaßung von Sykes, da die offiziellen Archive noch geschlossen waren und niemand damit rechnete, daß sie vor dem Jahre 2000 geöffnet werden würden. Nun bestätigen die Papiere des Foreign Office jedoch, daß Sykes' Spekulation von 1969 durchaus zutraf.

Im August 1942 war die Gruppe um Beck, Goerdeler, Trott und Moltke schwer gefährdet worden, als die Gestapo eine kommunistische Verschwörung im Reichsluftfahrtministerium aufdeckte. Die Verschwörer, bekannt unter dem Namen Rote Kapelle, hatten eine lockere Verbindung zu der Beck-Goerdeler-Gruppe. Göring, der Chef des Luftfahrtministeriums, war außer sich; es kam zu fast tausend Hinrichtungen, und man leitete eine regelrechte Hexenjagd ein, um andere antinationalsozialistische Gruppen zu finden. Der Kreisauer Kreis sowie Beck und Goerdeler waren bedroht, doch Canaris schaffte es, die Gestapo zeitweilig in Schach zu halten.

Viele von Trotts Freunden wurden verhaftet, nachdem im August 1943 in Berlin bei einer Teegesellschaft Informationen über den Kreisauer Kreis gesammelt worden waren. Die Gastgeberin war Hanna Solf, eine antinationalsozialistische Botschafterwitwe. Ein Gestapo-Agent schlich sich als Nazigegner ein und verschaffte sich belastendes Material gegen die anderen Gäste. Daraufhin wurden Frau Solf, Moltke, Elisabeth von Thadden, die Direktorin einer berühmten Mädchenschule, Otto Kiep, ein früherer deutschen Konsul in New York, sowie zwei ehemalige Diplomaten, Otto Kunze und Albrecht Graf von Bernstorff, im Januar 1944 festgenommen - ein tödlicher Schlag für den Widerstand. Fast alle Gäste der Teegesellschaft wurden hingerichtet; die Solfs überlebten auf wunderbare Weise, da ihr Gerichtstermin mehrfach verschoben wurde.[34]

Trott selbst geriet in Verdacht wegen seiner Verbindung zu Erich Vermehren, der vor dem Krieg als Rhodes-Stipendiat vorgeschlagen worden war, und dessen Frau Elisabeth, einer entfernten Cousine Papens. Vermehren war seit Ende 1942 Paul Leverkuehns Abwehrbüro in Istanbul zugeordnet gewesen. Trott trug dazu bei, daß Elisabeth Vermehren ein Ausreisevisum erhielt und sich ihrem Mann im Dezember 1943 anschließen konnte. Kurz darauf lief das Ehepaar zu den Briten über. Gleichzeitig setzten sich zwei andere Abwehragenten aus der Türkei nach Kairo ab. Genauso besorgniserregend für Trott waren unüberlegte BBC-Sendungen, in denen während seines letzten Besuches in Stockholm die Rede von »einem Rhodes-Stipendiaten mit Friedensvorschlägen« gewesen war.

Als Roger Hinks* aus Stockholm mitteilte, man wolle die Gespräche mit Trott fortführen, beschloß dieser, sein Leben aufs Spiel zu setzen und die Reise anzutreten. Das Foreign Office wollte jedoch nur Informationen über die innenpolitischen Verhältnisse in Deutschland und hatte keineswegs die Absicht, die Verhandlungen mit der deutschen Opposition aufzunehmen, die Trott sich so leidenschaftlich wünschte. Diese Hoffnung war das einzige Motiv für seine gefährliche Reise nach Stockholm.

Ewan Butler, ein Secret-Service-Agent, verzeichnete, daß zahlreiche Angehörige der Gesandtschaft von Trotts bevorstehender Ankunft hörten und ihre Vorgesetzten in London um Erlaubnis zu Gesprächen mit ihm baten. Denham, der Marineattaché, bestätigt dies in seinen Memoiren.[35] Die Anträge wurden schroff abgewiesen, da man sich an die Politik der »bedingungslosen Kapitulation« zu halten habe und jeder Kontakt zu Nazigegnern, die sich Hitlers entledigen wollten, verboten sei. Nach dem Krieg kommentierte Butler: »Die Alliierten verpaßten eine großartige Gelegenheit.« Tennant, der den ganzen Krieg hindurch als Pressesprecher an der britischen Gesandtschaft in Stockholm arbeitete, teilte dem Autor mit, seiner Meinung nach sei das Foreign Office »gemein« mit Trott und Goerdeler umgegangen.

Mitte März 1944 führte Trott in Stockholm zwei lange Gespräche mit einer gewissen Frau Almström, einer zuverlässigen probritischen Schwedin, in deren Wohnung. Diese Unterredungen fanden auf Ersuchen der britischen Gesandtschaft statt, die Frau Almström auch bat, ein Memorandum über Trotts Ansichten herzustellen. Mallet leitete das Dokument nach London weiter. Die Hauptpunkte waren:

> Die amerikanische Bombardierung von Industriezielen bei Tageslicht werde vom deutschen Volk als »Notwendigkeit« begriffen, aber die britischen Nachtangriffe mit dem Ziel, deutsche Städte völlig zu vernichten, fügten der britischen Sache großen

* Ein bekannter Kunsthistoriker, damals als Zweiter Sekretär an der britischen Gesandtschaft in Stockholm.

Schaden zu; der durchschnittliche Deutsche sage: »Die Briten sind genauso schlimm wie die Nazis. Von den Engländern ist genausowenig zu erhoffen wie von den Russen.« Die Bombardierungen stärkten Hitlers Sache, weil jede Hilfe für die Ausgebombten in den Händen der Partei liege, deren Mitglieder als »zivilisierte Menschen« erschienen, die »Akte der Nächstenliebe verrichteten«. Trott fürchtete, das deutsche Volk werde sich Rußland zuwenden. Weiter meinte er, die alliierten Waffenstillstandsbedingungen sollten dem deutschen Volk Tag und Nacht über den Rundfunk eingepaukt werden, damit Goebbels sie den Deutschen nicht vorenthalten könne.

Wenn ein vertrauenswürdiges Mitglied einer alliierten Regierung ihnen die Friedensbedingungen mitteile, werde er die Namen der Generale enthüllen, die zu dem Versuch, Hitler vom Thron zu stoßen, bereit seien; es sei von entscheidender Bedeutung, daß diese Bedingungen, selbst wenn sie Deutschland auf einen kleineren Staat als den von Versailles reduzierten, den Deutschen nicht das Gefühl geben dürften, sie sollten zu »Heloten« gemacht werden. Er akzeptierte die Notwendigkeit einer totalen Besetzung des Landes und riet zu einer gemeinsamen anglo-russisch-amerikanischen Besatzung. [Die russischen Vormärsche hatten Trotts Gebietsansprüche seit seinem Genfer Gespräch mit Elliott im Dezember erheblich bescheidener werden lassen.]

Wenn die Generale die Bedingungen erführen, würden sie, falls erforderlich, die Zweite Front zu einem »Spaziergang« für die Alliierten machen; er habe mit den Generalen »genau darüber« gesprochen.

Die Opposition sei gut organisiert, aber mangels Unterstützung von außen müsse sie sich verborgen halten. Trott könne jederzeit nach Stockholm kommen, um einen Kontakt zwischen Opposition und Alliierten herzustellen, da er von einem Stockholmer Arzt wegen eines Leberschadens behandelt werde.

Er sagte, das Militär müsse zumindest in den frühen Stadien einbezogen werden, wenn nicht ganz Europa in ein Chaos verfallen solle, von dem es sich vielleicht nie wieder erholen werde, denn das Militär sei die einzige oppositionelle Gruppe, die für einen erfolgreichen Staatsstreich stark genug sei. Er halte nichts von der völligen Auslöschung der militärischen Tradition in Deutschland, da dies zu tiefem Groll und einer möglicherweise viel schlimmeren Wiedergeburt dieser Tradition führen könne; ohnehin sei sie nicht zu vernichten.[36]

Das Foreign Office erwog nicht einmal die Möglichkeit, durch Trott mit der Opposition zu verhandeln, um den Krieg vor dem D-Day zu beenden. Eisenhowers Generalstab wurde nicht unterrichtet, aber diesmal erkannte man die Wichtigkeit von Trotts Informationen aus Stockholm. Allerdings stellte Harrison wiederum Trotts Verläßlichkeit in Frage, und das Hauptinteresse richtete sich darauf, ob die Forderung der bedingungslosen Kapitulation wirklich die beste Taktik sei.

Die Kommentare zu dem Almström-Memorandum bestätigen von neuem, welche Einstellung das Foreign Office der deutschen Opposition gegenüber hatte:

> Obwohl v. Trott, wenn er es ist, ein sehr gutes Sprachrohr für eine bekannte Art deutscher Propaganda zu sein scheint, bietet dieser Bericht durchweg eine gute Lektüre. Er appelliert an unsere humanitären Empfindungen, unterstreicht die Gefahren des Bolschewismus und behauptet, daß es zu unserem Nachteil sein würde, die militärische Tradition in Deutschland zu zerstören. Aber seine Bitte um eine klare Aussage, was unsere Friedensbedingungen betrifft, ist interessant in Verbindung mit den kürzlich diskutierten Vor- und Nachteilen einer »Erklärung an das deutsche Volk«, die letztlich vom Kriegskabinett abgelehnt wurde. REAY 1/4
>
> Dies ist genau das Zeug, das wir aus dieser Quelle erwarten. D. ALLEN 1/4
>
> Es ist lesenswert – vorausgesetzt, man vergißt nicht, daß die Quelle Tücken hat. Die Geschichte, weshalb er so oft nach

> Schweden reisen darf, beeindruckt mich nicht. Ich behalte mir immer noch eine Entscheidung darüber vor, ob er ein bewußter oder unbewußter Agent des deutschen Geheimdienstes ist. Aber die Art seiner Aussagen ist zweifellos gefährlich für uns.
>
> G. W. HARRISON 1/4

Fast unmittelbar darauf reiste Trott beharrlich und mutig nach Genf. Hier traf er sich mit Elizabeth Wiskemann von der britischen Gesandtschaft in Bern, die schrieb, er sei »ein gebrochener Mann, so beunruhigt über die Kommunisten«. Trott kam mit Dulles zusammen, der kurz zuvor mit Goerdeler gesprochen hatte. Dulles meldete die wesentlichen Punkte dieser Unterredungen nach Washington. In einem Bericht vom 16. Mai teilte er mit, er sei »überzeugt von der Aufrichtigkeit der Emissäre«, und erkundigte sich danach, wie die alliierte Politik hinsichtlich der Widerstandsbewegung aussehe und welche Hilfsangebote man machen könne. In einer Note an den britischen Botschafter erwähnte das amerikanische Außenministerium unglücklicherweise nicht, daß Dulles von der Aufrichtigkeit der Abgesandten »überzeugt« sei, sondern unterstrich nur, er sei unmißverständlich beschieden worden, daß die US-Politik solche Sondierungen nicht zulasse. Hier ist die Note, die die britische Botschaft in Washington am 24. Mai 1944 an das Foreign Office weiterleitete:

> Zwei Abgesandte einer deutschen Gruppe, die den Sturz des Naziregimes anstrebt, sind an uns herangetreten. Diese Abgesandten behaupten, eine Gruppe mit folgenden Angehörigen zu repräsentieren: Leuschner, den Sozialistenführer und früheren Innenminister von Hessen; Oster, einen General und früheren engen Mitarbeiter von Canaris, der 1943 von der Gestapo festgenommen, nach seiner Entlassung überwacht und kürzlich von Keitel aller offiziellen Aufgaben enthoben wurde; Goerdeler, den früheren Oberbürgermeister von Leipzig, und General Beck. Andere deutsche Generale, die später als Mitglieder dieser Oppositionsgruppe erwähnt wurden, sind Halder, Zeitzler, Heusinger (Chef der Operationsabteilung im Oberkommando

des Heeres), Olbrecht (Chef der Heeresverwaltung), Falkenhausen und Rundstedt. ...
Die Abgesandten sprachen mit einem amerikanischen Vertreter in der Schweiz und drückten im Namen der Gruppe ihre Bereitschaft aus, einen Versuch zum Sturz Hitlers und der Nazis zu machen. Sie behaupteten, daß die Gruppe hinreichenden Einfluß auf das deutsche Heer ausüben würde, um bestimmte Kommandierende Generale im Westen zur Einstellung des Widerstandes gegen alliierte Landungen zu veranlassen, sobald die Nazis entfernt seien. Die Bedingung, unter der die Gruppe willens ist, aktiv zu werden, besteht darin, daß sie nach dem Sturz des Naziregimes direkt mit dem Vereinigten Königreich und den Vereinigten Staaten allein verhandeln darf. Als Präzedenzfall für den Ausschluß der Sowjets zitierten sie das kürzliche Beispiel Finnlands, das, wie sie behaupteten, allein mit Moskau verhandelt habe.

Cadogan erwiderte am 8. Juli im Auftrag des Foreign Office: »Bitte, danken Sie dem State Dempartment für diese Mitteilung und sagen Sie: ›Wir sind völlig mit Ihnen einig, daß dieses Angebot mit höchstem Mißtrauen zu betrachten ist.‹« Harrison hatte notiert: »Dies sieht sehr unecht aus.« Die Namen Goerdeler, Leuschner, Oster und Beck hätten diesen Angehörigen des Foreign Office deutlich machen müssen, daß etwas Bedeutsames im Schwange war, aber dieses letzte Angebot aus Bern stieß auf eine Mauer des Argwohns.[38]

Im Mai hatte Gisevius in der Schweiz mit Dulles gesprochen und ihm erklärt, daß die Verschwörer nur vor dem Westen kapitulieren wollten; die antinationalsozialistischen Generale sollten Deutschland durch amerikanische und britische Truppen besetzen lassen, während die Russen an der Ostfront zurückgehalten würden. Ihre Vorschläge besagten unter anderem, die Alliierten sollten drei Luftlandedivisionen im Berliner Gebiet absetzen, wo die örtlichen deutschen Befehlshaber mit ihnen kooperieren würden; auch bei Hamburg und an der französischen Küste solle man umfassende Landungen durchführen. Gleichzeitig würden antinationalsozialistische Truppen Hitler und die höchsten Nazis auf dem Obersalzberg isolieren. Dieser Vorschlag wurde nicht nach London weitergeleitet, aber so wilde und unrealistische Pläne waren ohnehin eisig aufgenommen worden.[39]

Im Juni erhielt Dulles durch Gisevius eine vertrauliche Botschaft, in der das Attentat auf Hitler angekündigt wurde. Am 12. Juli meldete er nach Washington: »Dramatische Ereignisse könnten bevorstehen.« Am 18. Juli teilte er mit, es sei denkbar, daß die Widerständler Hitler stürzen und eine achtbare Regierung gründen würden. Die Gruppe wolle, daß ein so geringer Teil Deutschlands wie möglich in russische Hände falle; deshalb würde sie nach dem geglückten Staatsstreich einen geordneten Rückzug aus dem Westen und die Verlegung der besten Divisionen nach Osten anordnen. Dulles' Nachricht wurde sofort von der US-Regierung an die britische und die sowjetische Botschaft weitergegeben, wiederum ohne irgendeine Reaktion hervorzurufen.

Am 26. Juni kehrte Trott nach Stockholm zurück, um den Alliierten weitere Einzelheiten über die Pläne mitzuteilen. Der US-Gesandte in Stockholm, Herschel Johnson, meldete nach Washington, Trott (»eine verläßliche Person«), habe ihm mitgeteilt, daß die Russen ein »Zentralkomitee« mit Fallschirmen in Deutschland abgesetzt hätten, das aber keinen Kontakt zu Trotts Widerstandsgruppe habe. Diese bestehe aus bürgerlichen Mitgliedern, besonders Katholiken und früheren Sozialdemokraten, sowie einigen ehemaligen Kommunisten und Offizieren, und sie mache nun ihre eigenen Pläne für einen Staatsstreich gegen die Nazis. Trott habe die Alliierten gewarnt, daß sie in Deutschland eine revolutionäre Situation vorfinden würden.[40] Laut Trott war die kommunistische Widerstandsgruppe von der Gestapo unterwandert worden. Leber habe mit der Gruppe Gespräche geführt und sei sofort verhaftet worden - ein schwerer Schlag für den Widerstand.

Trott war im Juni nach Stockholm gereist, weil ihm über Frau Almström die Nachricht zugegangen war, daß man in der britischen Gesandtschaft mit ihm sprechen wolle. Er glaubte, die britische Regierung habe sich endlich dazu durchgerungen, mit dem Widerstand zu verhandeln. Dies war aber keineswegs der Fall. Kein Diplomat durfte mit Trott sprechen, sondern ein britischer Secret-Service-Agent, David MacEwan, befragte ihn am 21. Juni unter vier Augen in der Wohnung von Frau Almström. MacEwan hatte bei Kriegsbeginn in der Berliner Botschaft gearbeitet und war ein Deutschlandkenner. Er war der Sohn von Air Vice-Marshal MacEwan und mit dem deutschen Tennisstar Gottfried von Cramm befreundet.

Die Briten hatten Trott also zynisch aufgefordert, unter Lebensgefahr nach Stockholm zu kommen, obwohl sie nichts anderes von ihm wollten als Informationen über die innerdeutschen Verhältnisse, die sie von jedem Reisenden aus Deutschland hätten erhalten können. Die britische Gesandtschaft hatte nicht die Absicht, die Möglichkeit, daß der deutsche Widerstand den Krieg früher beenden könne, auch nur zu untersuchen. Der letzte Engländer, mit dem Trott vor seiner Verhaftung und Hinrichtung sprach, war MacEwan, der nichts über die deutsche Opposition wußte oder wissen wollte.

Trott überreichte MacEwan ein Memorandum für die britische Regierung. Es zeigt, daß Trott sich mit dem Unwillen der Briten zur Zusammenarbeit und den verderblichen Folgen der »bedingungslosen Kapitulation« abgefunden hatte. Er schrieb, wegen dieser Formel könne er nicht riskieren, die Führer des Widerstandes zu nehmen, aber sie seien bereit, zu handeln und die nationalsozialistische Regierung zu beseitigen. Offenbar wußte er nicht, daß Goerdeler im Mai Dulles bereits Namen genannt hatte.

Die Aussetzung der Atlantik-Charta in bezug auf Deutschland werde, wie Trott schrieb, von vielen, die am Sturz Hitlers interessiert seien, so interpretiert, als solle Deutschland »eine ungesetzliche Tyrannei gegen eine andere« eintauschen. Die Folgen würden ihrer Meinung nach sein:

> ... eine Zerstückelung der Landesfläche, bewirkt durch unkontrollierte Leidenschaften in den von Hitler mißhandelten Nachbarstaaten; willkürlicher Sklavenhandel mit deutschen Arbeitern und Soldaten; Verweigerung des Rechtes, die Naziver-

brecher zu verurteilen ... Irgendeine Zusage zur territorialen Unversehrtheit, irgendein Abkommen über die geordnete Demobilisierung durch das deutsche Oberkommando in Zusammenarbeit mit alliierten Kontrollkommissionen und über die Bestrafung von Naziverbrechern durch deutsche Gerichte würden die schlimmsten Hindernisse ausräumen, die nun das Vertrauen und den Kontakt zwischen dieser Oppositionsgrupppe und den restlichen Alliierten blockieren.

Trott erklärte, der Widerstand müsse sich, »um effektive Kontrolle über Deutschland zu gewinnen«, auf altgediente Generale und den unverdorbenen Teil der Polizei in den größeren Städten sowie auf gewisse militante Gruppen von Sozialdemokraten, Reichsbanner und Gewerkschaftsbewegungen verlassen. Am beeindruckendsten war sein Argument, daß die Widerständler, wenn sie die Formel der bedingungslosen Kapitulation nun akzeptierten, später nicht fähig sein würden, der Massenparole, daß sie »unseren Streitkräften einen Dolchstoß in den Rücken versetzt hätten«, entgegenzuwirken - »einer Parole, die sogar noch lauter und rascher zu vernehmen sein wird als nach 1918«.

Er bestätigte, daß die Umsturzpläne weit fortgeschritten und eine Gruppe repräsentativer politischer Führer gebildet worden sei, die eng mit den beteiligten Generalen zusammenarbeiten sollten; einige der politischen Führer seien in England bekannt und hätten in neutralen Ländern Kontakte angeknüpft. Er endete mit einem Appell, verläßliche Agenten nach Stockholm zu schikken. Trott verließ Stockholm ohne jede Illusion darüber, daß die Alliierten auf bedingungsloser Kapitulation bestehen würden, selbst wenn die Verschwörer die Nazis stürzten. Das war das Ende seiner Reisen und seiner Bemühungen, eine Übereinkunft mit den Alliierten zu erreichen.

Als die Nachricht von Trotts Prozeß und Hinrichtung die britische Gesandtschaft in Stockholm erreichte, teilte man in einem knappen Memorandum mit, daß der »Kontakt mit ihm im Juli eingestellt« worden sei, weil er keine Informationen für »nachrichtendienstliche Zwecke« habe liefern wollen und weil sein einziges Interesse darin bestanden habe, bei den alliierten Mächten »gewisse Zusicherungen hinsichtlich der deutschen Zukunft zu erwirken«. Man wisse, daß er sich mit Willy Brandt, dem amerikanischen Journalisten John Scott und dem schwedischen Ökonomen-Ehepaar Myrdal getroffen habe.

In Stockholm führte Trott zwei lange Gespräche mit Willy Brandt. Er überzeugte ihn, daß die Verschwörer Hitler stürzen würden, und fragte, ob er sich der neuen Regierung zur Verfügung stellen wolle. Brandt war einverstanden und sagte, die Annahme der »bedingungslosen Kapitulation« sei kein zu hoher Preis für die Beendigung des Krieges und damit für die Rettung Hunderttausender von Menschenleben. Er versprach, »mehrere hohe Persönlichkeiten im westlichen Lager« um Hilfe für die Verschwörer zu bitten. Tatsächlich sprach Brandt mit Mitgliedern der britischen Gesandtschaft in Stockholm und gab Trotts Erklärungen weiter. Trott selbst hatte beabsichtigt, mit Frau Kollontai, der sowjetischen Botschafterin in Stockholm, eine Unterredung zu führen, entdeckte jedoch im letzten Moment, daß die Gestapo die russische Botschaft unterwandert hatte.[41]

Die Foreign-Office-Akte über Trotts Besuch vom Juni 1944 in Stockholm ist bis zum Jahre 2000 geschlossen, da MacEwan ein Secret-Service-Agent war. Aber das Foreign Office war so freundlich, den Autor wissen zu lassen, daß London mit dem Beschluß, den Kontakt abzubrechen, auf Trotts Memorandum reagiert habe. Ein Hauptgesichtspunkt war die Notwendigkeit, jede Aktion zu vermeiden, die die Einheit der Alliierten mit der Sowjetunion hätte gefährden können.[42]

Man kann sich denken, was für Aktenvermerke über diesen mutigen letzten Vorstoß gemacht wurden und wie Cadogan und Eden ihn blockierten. Trotts Memorandum und Dulles' Meldung vom Mai aus Bern enthielten eine vollständige und präzise Beschreibung des Umsturzplans und bestätigten sowohl die breite Basis der Verschwörung als auch die Informationen, die das Foreign Office 1942 von Bischof Bell und Visser't Hooft bekommen hatte. Das Memorandum hätte sofort dem Kriegskabinett vorgelegt werden müssen, aber das Foreign Office hielt es zurück.

Im Juni 1944 fand im Foreign Office ein Treffen der »interessierten Abteilungen« statt, »um zu erörtern, ob wir uns irgendeinen unmittelbaren Vorteil dadurch verschaffen könnten, daß wir Kontakt mit Dissidentengruppen in Deutschland oder deutschen Feldkommandeuren aufnehmen«. Überraschenderweise wurde nicht erwähnt, welche Gefahr solche Kontakte für die anglo-sowjetischen Beziehungen darstellten.

Man sprach über folgende Fragen: 1) Sind die uns erreichenden Berichte über »Dissidentengruppen« in Deutschland echt oder vom deutschen Geheimdienst in die Welt gesetzt? 2) Gibt es, wenn solche Gruppen existieren, irgendeine Organisation oder Koordination zwischen ihnen? 3) Wäre es durch den Kontakt mit einer bestimmten Gruppe oder einem bestimmten Individuum möglich, die militärischen Operationen in Westeuropa zu unterstützen? Die Fragen waren unmißverständlich. Im Rückblick wissen wir, daß man alle drei Fragen mit einem uneingeschränkten »Ja« hätte beantworten und sofort Maßnahmen hätte ergreifen müssen, um den Krieg mit Hilfe dieser deutschen Patrioten rascher zu beenden.

Harrison schrieb den Bericht über das Treffen, der, wie er sagte, die übereinstimmende Meinung der Teilnehmer zum Ausdruck brachte:

> In den frühen Tagen des Krieges hatten die meisten Angebote ihren Ursprung anscheinend bei oppositionellen Elementen des deutschen Heeres, die behaupteten, unbedingt einen Kompromißfrieden durch die Beseitigung Hitlers und durch die Machtübernahme einer gemäßigteren Regierung erkaufen zu wollen. [Dies sind die Generale, die Cadogan in seinem Tagebuch über die ersten Kriegsjahre häufig erwähnt.]
>
> Die Hauptrolle ist von nun einer angeblich hitlerfeindlichen, christlich ausgerichteten Gruppe übernommen worden, die aufsässige Elemente aus diplomatischen, militärischen, industriellen, kirchlichen und Gewerkschaftskreisen umfassen soll.
>
> Beide obengenannten Gruppen sollen eine Einigung mit dem Westen anstreben, »um Deutschland vor dem Bolschewismus

zu bewahren«. Es gibt auch Berichte über Elemente in Wehrmacht und Partei, die eine Regelung mit dem Osten wünschen.

Dies war eine angemessene Beschreibung der Angebote, aber Harrison machte sich nun daran, die These, daß eine organisierte Opposition bestehe, zu widerlegen. Der Bericht vom 8. Juni 1944 hätte nicht unzutreffender sein können:

> Die Abwägung des Materials legt den Schluß nahe, daß in Deutschland keine organisierte Oppositionsgruppe existiert. Und selbst wenn tatsächlich eine oder zwei kleine Gruppen existieren, scheint klar, daß sie ohne umfassende Unterstützung aus dem Volk - für die es nicht das geringste Anzeichen gibt - nicht in der Lage wäre, uns im gegenwärtigen Stadium irgendeinen Dienst zu erweisen. Alles deutet darauf hin, daß diese Personen weniger an aktiven Schritten zur Beseitigung der Nazis interessiert sind als daran, in die Fußstapfen der Nazis zu treten, wenn diese beseitigt sind. Daher scheint offensichtlich zu sein, daß nur aus einer einzigen Richtung wirksame Schritte zu erwarten sind: von der deutschen Wehrmacht ...
> Es ist höchst unwahrscheinlich, daß irgendwelche Verlautbarungen unsererseits General von Rundstedt im geringsten interessieren würden, bevor ihm deutlich geworden ist, daß unsere militärischen Operationen erfolgreich sind und daß wir in Frankreich Fuß gefaßt haben. Zu diesem Zeitpunkt aber würde sich unser eigenes Interesse an allem, was General von Rundstedt tun könnte, proportional verringert haben. Darüber hinaus dürfte General von Rundstedt vielleicht selbst in einem solchen Stadium an keinem Köder interessiert sein, der weniger verheißen würde als 1) Modifizierung (oder jedenfalls Erläuterung) des Begriffs »bedingungslose Kapitulation« und 2) eine Verpflichtung, daß wir helfen werden, »Deutschland vor dem Bolschewismus zu bewahren«. Ein solcher Preis könnte für uns natürlich überhaupt nicht in Betracht gezogen werden.
> Der einzig mögliche Schluß scheint zu sein, daß wir, von Erwägungen hoher Politik ganz abgesehen, unsererseits keine

Initiative gegenüber »abweichenden« deutschen Gruppen oder Individuen, militärisch oder zivil, ergreifen können, die die geringste Aussicht auf praktische Unterstützung für unsere gegenwärtigen militärischen Operationen im Westen böte ...[43]

Roberts legte Eden den Bericht vor und merkte an: »Die Antwort stand wahrscheinlich von vornherein fest, aber vielleicht war es trotzdem nützlich, die Möglichkeit untersucht zu haben.« Harvey schrieb: »Ich stimme mit den Schlußfolgerungen überein. Ich habe kaum einen Zweifel, daß die Generale die ersten Friedensfühler in die Wege leiten und daß diese antirussisch sein werden, weshalb wir Schwierigkeiten mit den Vereinigten Staaten haben könnten.«

Cadogan notierte am 11. Juni, als der Erfolg von Montgomerys Normandielandung noch nicht sicher war: »Ein sehr nützliches Papier. Das Ergebnis stand, wie Mr. Roberts sagt, von vornherein fest. Wenn dieses ›Dissidententum‹ irgendeine Bedeutung hat, was ich zur Zeit bezweifle, dann besteht sie allein in dem Ziel, Europa vor dem Bolschewismus zu bewahren, das heißt Deutschland gegen Rußland zu helfen, was undenkbar ist.«

Eden zeichnete die Akte zehn Tage später lediglich ab. Es ist seltsam, daß der Außenminister kein Interesse an einer Frage hatte, deren Lösung vielleicht zu einem früheren Kriegsende und der Rettung ungezählter Leben hätte führen können.

Harrisons Schlußfolgerungen wurden durch die Aussagen Erich Vermehrens erheblich entkräftet, der im März 1944 übergelaufen und über Algier nach England geflohen war. Dr. C. K. Allen, der Direktor von Rhodes House, verbürgte sich der Deutschlandabteilung des Foreign Office gegenüber für Vermehren. Dieser sei stets antinationalsozialistisch eingestellt gewesen und hätte im Oktober 1939 als Rhodes-Stipendiat nach Oxford kommen sollen. Vermehrens Aussagen hätten ernst genommen werden müssen, aber dies war nicht der Fall. Kirkpatrick, der Vermehren verhört hatte, schrieb an Harvey von der Abteilung für Politische Aufklärung: »Sie werden nicht überrascht über meine Ansicht sein, daß aus dieser deutschen Opposition nichts herauszuholen ist.«

Vermehren hatte Deutschland so früh verlassen, daß er nichts von dem bevorstehenden Bombenanschlag gewußt haben konnte, aber er bestätigte die früheren Informationen aus Stockholm und Bern. Da Kirkpatrick ihn für »völlig aufrichtig« hielt, ist schwer zu begreifen, weshalb Vermehrens Aussage ignoriert wurde. Hier ist Kirkpatricks Darstellung:

Die Organisation des Widerstandes

Praktisch alle Informationen, die V [Vermehren] besitzt, stammen von Trott, der nun in der Fernostabteilung des Auswärtigen Amtes beschäftigt ist. Trott betreibt Propagandaarbeit, was ihm Gelegenheit zu Reisen gibt.

Mit Trott verbunden und ein aktives Mitglied ist Freiherr Marschall von Bieberstein, Chef der Personalabteilung des Auswärtigen Amtes. Er ist mit einer Katholikin verheiratet. Es gibt viele andere Mitglieder im Ausw. Amt, die V nicht nennen konnte. Er kennt weder die Brüder Kordt (wahrscheinliche Mitglieder), noch weiß er etwas über hochgestellte Männer wie Bülow-Schwante. Er meinte, Bernstorff habe Verbindung zu der Gruppe, werde aber so sorgfältig beobachtet, daß er nur gelegentlich Informationen geben könne.

Von Trott benannte Heeresgenerale, die Kontakt zu der Bewegung haben, sind Falkenhausen, Blaskowitz, Geyr, Rundstedt und Oster, der Stellvertreter von Canaris. Oster ist aktiv; V glaubte, auch Canaris sei unzufrieden, aber er war sich in diesem Punkte nicht sicher.

In katholischen Kreisen erwähnte er den Bankier Abs. Die katholische Geistlichkeit sympathisiert, wird aber zu stark überwacht, um aktiv zu sein. Die aktivsten sind wahrscheinlich die Bischöfe von Berlin und Fulda.

Die Geheimdienstopposition ist ultralinks und nicht in Verbindung mit V's Freunden, die kein Vertrauen zu ihr haben.

Die Ziele der Organisation

Die Opposition ist bereit, für ihren Erfolg zu arbeiten. Sie plant, Kontakt zu uns herzustellen und zur Beschleunigung von Hitlers Untergang beizutragen, damit sie eine relativ milde Behandlung für Deutschland beanspruchen kann. Sie möchte, daß die westlichen Alliierten, besonders England, Deutschland vor den schlimmsten russischen Auswüchsen schützen. Vor allem fürchtet sich die gesamte deutsche Nation vor Zwangsarbeit in Rußland. Sie hätte nichts gegen Zwangsarbeit für NSDAP-Mitglieder, hat aber Angst vor einer wahllosen Dienstverpflichtung.

Da sie sich derzeit kaum nützlich machen kann, würde die Opposition das Schicksal Deutschlands dadurch mildern wollen, daß sie nach dem Zusammenbruch die Regierungsverantwortung übernimmt. Geeignet wäre der Markgraf von Sachsen, der älteste überlebende Sohn des verstorbenen Königs.

Bei einem »ungerechten Frieden« müssen wir mit der Feindseligkeit dieser Leute rechnen. Sie würden zwar »vernünftig« sein, denn sie haben begriffen, daß Deutschland den Preis der Niederlage, sogar mit Gebietsverlusten, zu bezahlen hat, aber sie würden sich nicht mit einem unterdrückerischen Vergeltungsfrieden abfinden.

Der Terror

Die Menschen hier haben keine Vorstellung von der Wirksamkeit und Grausamkeit des Gestapoterrors. Obwohl die Gestapo durch Bombardierungen oder die Beschäftigung von Nichtspezialisten behindert wird, gleicht sie dies durch die erhöhte Brutalität ihrer Strafmaßnahmen aus. In den Städten ist es so gefährlich, der BBC zuzuhören, daß das Risiko nicht zu rechtfertigen ist. V räumte ein, daß der Terror die Opposition in gewissem Maße einengen müsse, die Mitglieder aber nicht davon abhalte, Mitteilungen auszutauschen.

V's Empfehlung

V riet uns dringend, sofort mit der Opposition Verbindung aufzunehmen. Auf die Frage, an wen genau wir uns wenden sollten - an die Generale oder wen sonst -, antwortete er, *nicht* an die Generale. Er konnte nur Trott vorschlagen.

Mein Eindruck von dem Gespräch

Ich halte V für völlig aufrichtig. Im Laufe eines zweistündigen Gesprächs war ich nicht in der Lage, eine Unwahrheit oder eine Ausflucht zu entdecken. Ich kenne die meisten Personen, die er erwähnte, und seine Schilderungen treffen zu. Wenn es um Angelegenheiten oder Personen außerhalb seines Wissensbereichs ging, gab er seine Unkenntnis sofort zu.

Aber wenn wir seine Darstellung akzeptieren, scheint es zuzutreffen, daß die Opposition kaum etwas unternehmen könnte, um den Krieg abzukürzen. Sie ist nicht einflußreich genug, der Terror ist zu wirkungsvoll, und außerdem würde sie nur dann handeln, wenn wir ihr Zusagen machten, die uns später in große Verlegenheit setzen würden. Falls wir ihnen einen Blick in unsere Absichten gestatten, könnten sie dadurch im schlimmsten Fall auf die Seite der Nazis getrieben werden![44]

Vermehren kommentierte, als der Autor ihm das Memorandum zeigte:

> Möglicherweise war Kirkpatrick nach dem Gespräch mit uns zu der Überzeugung gelangt, daß die Opposition, durch die erforderlichen minimalen »Zusicherungen der Alliierten« zum Handeln angespornt, durchaus fähig gewesen wäre, Hitler zu stürzen und einen »ehrenvollen« Frieden zu verlangen. Da dies nicht mit Kirkpatricks persönlichen Ideen über die Behandlung eines besiegten Deutschland im Einklang stand, gab er sich alle Mühe, die Bedeutung der Opposition herunterzuspielen, ebenso wie ihre Chancen, »etwas zur Verkürzung des Krieges zu tun«. Denn sonst hätte das Foreign Office vielleicht ernsthaft erwogen, seine Haltung zu revidieren und echte Verhandlungen aufzunehmen.

Vermehren gehörte nicht dem Kern der Verschwörung an. Er wußte in groben Zügen, was vorging, hatte aber keine spezifische Rolle. Nach dem Krieg erfuhr er, daß er in einer neuen Regierung von Goerdeler und Beck ein möglicher Kandidat für einen Staatssekretärsposten gewesen wäre. Er gehörte der Abwehr an und war nach Istanbul entsandt worden, um Leverkuehn bei der Geheimdienstarbeit zu unterstützen. Dort bemühte er sich um eine Ausreiseerlaubnis für seine Frau, doch ihre Eltern waren bei der Gestapo in Verdacht geraten, weil sie die Kopie einer päpstlichen Enzyklika vervielfältigt hatten. Sie wurden verhaftet, und man verweigerte Vermehrens Frau einen Paß. Dieser bat Trott um Hilfe, worauf ein Paß für sie ausgestellt wurde.

Vermehren berichtete dem Autor, er habe Trott sehr gut gekannt und sich häufig mit ihm in Berlin getroffen. Trott hatte Vermehrens Rhodes-Stipendium in Oxford nachdrücklich gefördert und ihm geraten, ans Balliol College zu gehen. Nachdem Frau Vermehren am Weihnachtsabend 1943 in Istanbul eingetroffen war, konnte das Ehepaar den schon vorher gefaßten Entschluß verwirklichen, zu den Alliierten überzugehen. Sie nahmen Kontakt mit dem britischen Secret Service auf, der sie dann zum Schein entführte und nach Kairo schleuste. Zuerst glaubte die Gestapo, die Vermehrens seien tatsächlich von den Briten entführt worden, doch dann plauderte ein bestochener türkischer Amtsträger den wahren Sachverhalt aus. Die Gestapo verbreitete die Fiktion, daß Vermehren mit einem größeren Geldbetrag aus der Abwehrkasse durchgebrannt sei.

Schon bei seinen ersten Kontakten mit dem Secret Service in Istanbul hatte Vermehren erklärt, er könne es nicht mit seinem Gewissen vereinbaren, den Alliierten direkte Hilfe beim Gewinnen des Krieges zu leisten. Es gehe ihm darum zu verhindern, daß nach dem militärischen Sieg der Friede verspielt werde. Er machte zur Bedingung, daß man ihn und seine Frau nur für die Planung der Nachkriegsordnung einsetze. Die örtlichen Stellen des Secret Service waren bereit, dies zu akzeptieren, benötigten aber die Zustimmung der Londoner Zentrale. Diese wurde erteilt, nachdem Vermehren zum Beweis für seine Glaubwürdigkeit einige Unterlagen aus der Abwehrstelle Istanbul überbracht hatte.

Nach dem D-Day war die britische Propaganda, die an die

deutsche Bevölkerung und ihre Streitkräfte ausgestrahlt wurde, dem deutschen Widerstand gegenüber feindselig. Der Stab für Politische Kriegführung des Foreign Office (Political Warfare Executive – PWE) erhielt einen starken Sender in Sussex, der sich Radio Calais oder Soldatensender Calais nannte. Außerdem wurde von der britischen und amerikanischen Luftwaffe hinter den deutschen Linien eine Tageszeitung abgeworfen: die von Sefton Delmer herausgegebenen *Nachrichten für die Truppe.*

Der Mangel an Phantasie und Voraussicht von Eden und Informationsminister Brendan Bracken hatte zur Folge, daß der Inhalt eher geeignet war, den deutschen Widerstandswillen zu stärken als zu schwächen. Der beharrliche Rat Wheeler-Bennetts, der das Ohr Edens und Brackens besaß, lautete, daß es keine »guten Deutschen« gebe und daß der Widerstand gegen Hitler zu verachten sei. Das Foreign Office, Eden und Bracken akzeptierten seine Empfehlungen und nahmen sie in den Weisungen auf, die an die PWE ergingen.

Wheeler-Bennetts Memorandum vom 6. Juli an das Foreign Office begann mit den Worten: »Dieses Papier geht von der Voraussetzung aus, daß es das Ziel der Vereinten Nationen ist, den deutschen Militarismus endgültig zu zerstören, und zwar durch Methoden, die die nochmalige Behauptung unmöglich machen, daß das deutsche Heer nicht im Feld besiegt worden sei.«

Er sagte voraus, daß es zu einer Spaltung zwischen der Wehrmacht und den Nazis kommen könne, wenn das Oberkommando dem Führer mitteilen müsse, daß der Krieg verloren und die Armeen »nur noch zu rückwärtigen Gefechten« imstande seien. »Zu diesem Zeitpunkt könnten die Naziführer, da sie nichts mehr zu verlieren haben, vielleicht einen nationalen Selbstmord anordnen und die Schlacht auf Deutschland übergreifen lassen. Sie mögen bereit sein, die Erde nicht nur der besetzten Gebiete, sondern des Reiches selbst zu verbrennen und alles in einem gigantischen Opferfeuer vernichten zu lassen.«

Wheeler-Bennett meinte, das Oberkommando des deutschen Heeres werde sich »einem solchen Ansinnen« widersetzen, weil es beabsichtige, »zu überleben und den Kampf später fortzusetzen; deshalb muß es dafür sorgen, daß seine Leistung vor den künftigen Generationen von Deutschen, die es vielleicht zum Wehrdienst ausbilden will, bestehen kann. Es wird also stark geneigt sein, das Deutsche Reich vor dem Schrecken einer wirklichen Invasion zu bewahren«. Die Aufgabe der PWE bestehe darin, Zwietracht zu säen, ohne »die Wehrmacht in dem Glauben zu bestärken, sie könne nach dem Sturz Hitlers mit irgendeiner Milderung der bedingungslosen Kapitulation rechnen«.

Das Memorandum enthält folgenden aufschlußreichen und beunruhigenden Absatz: »Um jeden Preis muß vermieden werden, daß die Alliierten bei Abschluß der Feindseligkeiten deutschen Wehrmachtsführern gegenüber irgendwie verpflichtet oder gebunden sind oder daß die Entschlossenheit der Alliierten, die militärische Tradition Deutschlands auszulöschen, in irgendeiner Weise beeinträchtigt ist.«

Wheeler-Bennetts Priorität bestand nicht in dem humanitären Ziel, das Gemetzel so bald wie möglich mit Hilfe der deutschen Nazigegner zu stoppen, sondern darin, den Krieg bis zum bitteren Ende fortzusetzen, damit der Geist des deutschen Militarismus ausgelöscht wurde. Das Foreign Office stimmte ihm zu und wies die PWE an, entsprechend zu verfahren. Harrison vermerkte am 11. Juli (nach einer Kritik an Hugh Carleton Greene, der in einer Rundfunksendung vom 9. Juli die Kluft zwischen den Generalen der »alten Schule« und den »nazifizierten« Generalen betont hatte): »Ich bezweifle, daß die ›Generale‹ noch in der Lage sind, das Naziregime zu stürzen ... Falls es ihnen gelingt, habe ich viel weniger Angst vor ›Bindungen oder Verpflichtungen‹ der Wehrmacht gegenüber, welche die PWE in unserem Namen eingehen könnte, als vor dem sehr starken Druck von verschiedenen Seiten – amerikanisch, russisch und sogar britisch –, mit dem deutschen Oberkommando zu verhandeln, um a) den Krieg so schnell wie möglich zu beenden und b) zu verhindern, daß in Deutschland das Chaos ausbricht.« Roberts notierte, daß Wheeler-Bennett zuzustimmen sei. Auch Harvey meldete sein Einverständnis an – acht Tage bevor Stauffenbergs Bombe explodierte.[45]

Harrison faßt die in Whitehall 1944 vorherrschende Haltung

zusammen, wenn er sich besorgt zeigt gegenüber dem Drängen jener, die den Krieg durch Verhandlungen mit den Deutschen so rasch wie möglich beenden wollen. Seine Notiz und Wheeler-Bennetts Memorandum zeichnen ein präzises Bild der Einstellung im Kriegskabinett und im Regierungsapparat. Für sie war die rasche Beendigung des Krieges weniger wichtig als die Zermalmung Deutschlands.

Am 6. Juli 1944 hielt Attlee im Unterhaus eine Rede, in der die Widerständler endlich ermutigt wurden. Allerdings müßten sie durch aktive Schritte beweisen, daß sie bemüht seien, sich des gegenwärtigen Regimes zu entledigen - sonst werde niemand an ihre Aufrichtigkeit glauben. Dies widersprach Churchills Statement vom 24. Mai, als er im Unterhaus weiterhin auf »bedingungsloser Kapitulation« bestand, weil alles andere den Deutschen - wie nach dem Ersten Weltkrieg - Grund zu späteren Protesten geben könne. Attlees gegenteilige Aussage war von Cripps angeregt worden, der als einziges Kabinettsmitglied um das Potential der Widerstandsbewegung wußte.

Die Verschwörer, die über die negative Haltung der Alliierten bei Trotts beiden Besuchen in Stockholm und das Ausbleiben jeder Antwort von Dulles tief enttäuscht gewesen waren, schöpften nach Attlees Rede wieder Hoffnung, zumal sich Anfang Juli Rommel und Kluge, der Oberbefehlshaber West, auf dramatische Weise der Verschwörung angeschlossen und versprochen hatten, sofort nach Hitlers Sturz im Westen zu kapitulieren.

Claus Schenk Graf von Stauffenberg, der über großen Mut und hohe Intelligenz verfügte, war nun der führende Verschwörer in Berlin. Hitlers Starrsinn angesichts der militärischen Katastrophe in Nordafrika hatte Stauffenberg zu seinem Todfeind werden lassen. Am 1. Juli 1944 wurde er Stabschef des Befehlshabers des Ersatzheeres in Berlin und nahm in Hitlers Hauptquartier an Lagebesprechungen teil. Da er das einzige Mitglied des inneren Zirkels war, das Zugang zum Hauptquartier hatte, beschloß er, Hitler persönlich umzubringen. Mit Hilfe von General Stieff, dem Chef der Organisationsabteilung im Generalstab des Heeres, stellte er Zeitbomben aus britischen Materialien her.

Am 16. Juli fand in Berlin ein letztes Treffen der Verschwörung statt, an dem Stauffenberg, Beck, Goerdeler, Witzleben und Trott teilnahmen. Otto John, der Syndikus der Lufthansa, hatte eine letzte verzweifelte Reise nach Madrid gemacht, um die Kooperation der Alliierten für den Staatsstreich zu gewinnen. Er sprach mit dem amerikanischen Militärattaché, der bereit war, jede Botschaft an Eisenhower weiterzuleiten, John jedoch warnte, daß die Kämpfe nur durch bedingungslose Kapitulation an allen Fronten beendet werden könnten. Bei ihrem letzten Treffen akzeptierten die Verschwörer diese eindeutige Warnung. Trott, durch Attlees Unterhausrede sowie die Teilnahme Rommels und Kluges an der Verschwörung wieder optimistisch geworden, trug die Ansicht vor, daß der Feind einen vollständigen Wechsel des Regimes als notwendige Vorbedingung für einen Wandel seiner Einstellung betrachten werde. Nach Hitlers Sturz sollte Trott einer Delegation angehören, die mit den Westmächten Verhandlungen aufnehmen würde, während Schulenburg als früherer Botschafter in Moskau nach Osten reisen sollte.

Bei diesem schicksalhaften Treffen vom 16. Juli stimmten die Verschwörer Stauffenbergs Vorschlag zu, während der nächsten Besprechung ein oder zwei Zeitbomben in Hitlers Lageraum zu verstecken und dann eine neue Regierung auszurufen.

Otto John berichtete dem Autor, Stauffenberg sei in den letzten Stunden vor dem 20. Juli ungeduldig über Goerdelers und Trotts Bemühungen geworden, durch britische und amerikanische Diplomaten in neutralen Ländern mit den Alliierten Verbindung aufzunehmen. Er habe ihre politischen Memoranden für wertlos gehalten und sei dagegen gewesen, daß sich irgendein Politiker oder Diplomat zwischen ihn und Eisenhower einschaltete. So sei Stauffenberg auch nicht deprimiert über die negativen Ergebnisse von Goerdelers Verhandlungen in Bern und Trotts Verhandlungen in Stockholm gewesen. John teilte dem Autor mit:

> Ich sollte sein persönlicher Vermittler zu Eisenhower sein. Stauffenberg wollte nach der Machtübernahme Gespräche von Soldat zu Soldat mit Eisenhower.

Ich trat an die US-Botschaft in Madrid heran und erhielt ein persönliches, amtliches Versprechen, daß jede Nachricht, die Stauffenberg nach erfolgreichem Umsturz an Eisenhower senden würde, sofort auf dessen Schreibtisch gelegt werden würde. Dagegen hatte man mir in der britischen Botschaft in Madrid im Januar 1944 kategorisch erklärt, daß man die Kontakte mit mir, die ich im Namen der deutschen Widerstandsbewegung wahrnahm, nicht fortführen dürfe.

Am 13. Juli hörte ich durch die britische Botschaft in Madrid, daß die Briten keinen Versuche machen würden, Berlin vor den Russen zu erreichen. Diese Nachricht kam von Kim Philby. Ich flog am 19. Juli nach Berlin zurück und sprach mit Trott, doch erst am 20. mit Stauffenberg, nachdem der Bombenanschlag im Führerhauptquartier fehlgeschlagen war.

Ein paar Tage vor dem 20. Juli wurden Anstalten getroffen, alle Beteiligten sofort über den bevorstehenden Staatsstreich zu unterrichten; entsprechende Botschaften gingen auch an Dulles in Bern.

Zu diesem Zeitpunkt standen Trott und Stauffenberg einander sehr nahe. Sie trafen sich häufig, und nach dem 20. Juli wurde Trott dadurch belastet, daß Stauffenbergs Chauffeur aussagte, wie oft sein Chef Trott besucht habe. Aber es gibt Hinweise darauf, daß Stauffenberg und Goerdeler Meinungsverschiedenheiten hatten, was einige Aspekte der Verschwörung betraf.

In Depeschen aus Bern vom 13. und 15. Juli empfahl Dulles dringend, daß Washington eine ähnliche Erklärung wie Attlee abgeben solle, denn seine Gewährsleute hätten ihn wissen lassen, daß ein Attentatsversuch bevorstehe; man habe eine Schattenregierung mit einer Reihe angesehener und bekannter Personen – Dulles nannte einige Namen – gebildet. Goerdeler bat die Bankiers Marcus und Jacob Wallenberg in Stockholm, ihre Kontakte einzusetzen und der britischen Regierung mitzuteilen, daß der Staatsstreich unverzüglich ausgeführt werden solle. Laut Tennant, der in einer guten Position war, sich ein Urteil zu bilden, hatten die Wallenbergs keine Verbindung mit London. Goerdeler glaubte fälschlich, sie hätten jederzeit direkten Kontakt zu Churchill. Vielleicht hatte Marcus Wallenberg, der nicht vertrauenswürdig war, Goerdeler getäuscht.[46]

Am 18. Juli kamen im Unterhaus, in einer Debatte des Versorgungsausschusses, unerwartet Recht und Unrecht der bedingungslosen Kapitulation und die erschreckenden Folgen der Teheran-Konferenz für das deutsche Volk zur Sprache, ebenso wie die Goebbels-Propaganda zu diesem Thema. Eden beschloß, eine Antwort zu improvisieren, und klagte gereizt, er könne nach nur ein paar Minuten Vorwarnung den Begriff »bedingungslose Kapitulation« nicht neu definieren.

Er verlas einen Teil der kompromißlosen Erklärung des Premierministers vom 22. Februar 1944 und ließ Attlees großzügigere Erklärung vom 6. Juli außer acht. Die Regierung werde sich Deutschland gegenüber nicht in eine ähnliche Position bringen lassen, wie sie sie infolge von Wilsons Vierzehn Punkten nach dem Ersten Weltkrieg innegehabt habe. Er behauptete, ohne irgendeinen Beweis vorlegen zu können, daß die Regierungspropaganda Deutschland gegenüber »nicht erfolglos gewesen ist«. Dies belegt, daß Eden die kurz zuvor erstatteten maßgeblichen Berichte über die Stärke der Verschwörung und den baldigen Staatsstreich nicht gelesen hatte. (Diese Berichte hatten das Foreign Office aus der britischen Gesandtschaft in Stockholm und, über Washington, von Dulles in Bern erreicht). Auch dürfte er den Text von Vermehrens Verhör nicht geprüft haben, denn nichts wäre geeigneter gewesen, die Verschwörer von ihrem Plan abzubringen, als diese Rede vom 18. Juli. Allerdings ist es möglich, daß vollständige Berichte über die Parlamentsdebatte, über Stockholm und Bern weitergeleitet, Berlin nicht vor dem 20. Juli erreichten. Wie auch immer, während die Verschwörer sich darauf vorbereiteten, ihre Bombe explodieren zu lassen und die Macht zu übernehmen, standen sowohl in London als auch in Washington weiterhin absolutes Schweigen und bedingungslose Kapitulation auf der Tagesordnung.

DER WEG ZUR KAPITULATION
1944–1945

Ende Juni 1944 verstärkten die Alliierten ihren Nachschub und ihre Streitkräfte in der Normandie in solchem Maße, daß die Niederlage der Wehrmacht für jeden intelligenten deutschen General nur eine Frage der Zeit sein konnte. Montgomery wurde durch die hohe Moral der meisten deutschen Infanterieeinheiten und die Überlegenheit ihrer Panzer, Kanonen und Granatwerfer daran gehindert, in das für Panzer günstige Gelände südlich von Caen durchzubrechen, aber die Deutschen besaßen nicht genug Panzertruppen, um sowohl den Briten im östlichen als auch den Amerikanern im westlichen Invasionsgebiet standzuhalten.

Der Oberbefehlshaber West, Feldmarschall Gerd von Rundstedt, und Rommel, Befehlshaber der Heeresgruppe B in der Normandie, wiesen Hitler in einer Besprechung am 29. Juni in Rastenburg darauf hin, daß die Lage in der Normandie hoffnungslos war.[1] Der erboste Hitler befahl den beiden Feldmarschällen, die Front zu halten, und schickte sie fort, ohne sie auch nur zum Essen eingeladen zu haben. Am nächsten Tag erkundigte Keitel sich telefonisch: »Was sollen wir tun?«, und der frustrierte Rundstedt antwortete: »Frieden schließen, Sie Narr.« Dies wurde Hitler hinterbracht, der Rundstedt sofort entließ und Kluge zu dessen Nachfolger ernannte. Kluge war ein Gegner der Nazis und stand seit 1938 mit den Verschwörern in Kontakt, aber er war ein wankelmütiger Mensch.

Nachdem Kluge zusammen mit Rommel die Fronten besichtigt hatte, meinte auch er, daß die deutschen Aussichten hoffnungslos seien; die Kommandeure müßten Hitler davon überzeugen oder den Kampf auf eigene Faust beenden.

Die Verschwörer hatten beschlossen, daß eines der einflußreichsten Mitglieder ihres Kreises, General Karl-Heinrich von Stülpnagel, der Militärbefehlshaber von Paris, die französische Hauptstadt sofort nach Hitlers Tod im Namen der neuen Regierung in Besitz nehmen und alle führenden Angehörigen der Gestapo verhaften lassen sollte. Wahrscheinlich waren nur etwa zwanzig Offiziere in Stülpnagels Hauptquartier aktiv an der Verschwörung beteiligt, aber es gab viele Sympathisanten, und die Offiziere der Wehrmacht standen auf Kriegsfuß mit der Gestapo, der SS und dem SD in Paris. Eberhard Finck und Hans Speidel, zwei hohe Offiziere in Rommels Generalstab, gehörten ebenfalls der Verschwörung an. Sie sprachen vorsichtig mit Rommel über die Situation und merkten, daß er »aufgeschlossen« war. Deshalb besuchten Stülpnagel und sein Offizier zur besonderen Verwendung, Oberstleutnant Cäsar von Hofacker (ein Cousin Stauffenbergs), Rommel am 9. Juli in seinem Hauptquartier in La Roche-Guyon. Sie unterhielten sich mehrere Stunden lang miteinander und behaupteten später, in Erinnerungen über ihre gemeinsamen früheren Zeiten in der Wehrmacht geschwelgt zu haben. In Wirklichkeit warben die beiden Besucher Rommel als Verschwörer an; sie zeigten ihm die eindrucksvolle Liste potentieller Minister, die der Regierung Becks und Goerdelers angehören würden, unter ihnen bekannte frühere Mitglieder der SPD, des Zentrums und der christlichen Gewerkschaften. (Alle bis auf drei wurden nach dem 20. Juli umgebracht.) Rommel erklärte Hofacker, daß die militärische Lage aussichtslos sei und er Montgomery am Tage des Staatsstreichs um einen Waffenstillstand bitten wolle. Der Generalfeldmarschall war gegen die Ermordung Hitlers und trat dafür ein, ihn in einem Prozeß abzuurteilen.

Schließlich gab Rommel sein Einverständnis, nach dem Staatsstreich vorübergehend entweder Staatsoberhaupt oder Oberbefehlshaber der Wehrmacht zu werden. Rommel und Stülpnagel erteilten Walter Bargatzky, einem Juristen aus Stülpnagels Stab in Paris, detaillierte Anweisungen, eine Kapitulationsurkunde aufzusetzen, die Rommel an Montgomery senden könnte. Laut Bargatzky war Rommel nun so versessen darauf, die Kämpfe zu beenden, daß er sich kaum zügeln ließ. Bargatzky setzte ein Dokument auf, das Rommels Vorstellungen entsprach; es bestand aus einer einfachen Bitte an Montgomery um »anfängliche Geheimhaltung« und um »ehrenvolle Behandlung« der deutschen Streitkräfte nach der Kapitulation. Bargatzky empfahl, »das Schreiben durch einen deutschen Sanitätsoffizier in die feindlichen Linien zu bringen«.

Bargatzky hatte auch den Auftrag, Anklageschriften gegen die Leiter von Gestapo, SS und SD in Paris zu verfassen, so daß einige von ihnen nach Unterzeichnung der Papiere durch Rommel sofort hingerichtet werden konnten. Die Anklagepunkte waren: Deportation französischer Juden und anderer in Vernichtungslager, Sprengung von Synagogen, polizeiliche Einziehung der Vermögen von »Reichsfeinden«, »Ankündigung von Repressalien mit Sippenhaftung« sowie Massenmord als Vergeltung für Widerstandaktivitäten.

Die Exekution sollte im Anschluß an ein besonderes Gerichtsverfahren stattfinden, für das der große Kasinosaal des Hotels Majestic vorgesehen war; danach sollte die »sofortige Füsilierung auf dem Mont Valerien« durchgeführt werden. Für die Bekanntgabe über Rundfunk und Presse schlug Bargatzky die Formulierung vor: »Im Zuge der Bereinigung der staatsrechtlichen Verhältnisse in Deutschland wurden heute erschossen: . . .«

Nach dem Krieg wurde Bargatzky Präsident des Deutschen Roten Kreuzes. Im Jahre 1984 teilte er dem Autor mit, daß sein Entwurf des Kapitulationsschreibens sowie die von ihm geplanten Anklageschriften und Presseerklärungen im Namen Stülpnagels von Hofacker gebilligt worden seien, doch da sich alles unter strikter Geheimhaltung abgewickelt habe, wisse er nicht, ob auch Kluge und Rommel mit dem Wortlaut einverstanden waren.[2]

Am Tage nach Stülpnagels Besuch bei Rommel begann Montgomerys 2. Armee die Offensive »Epsom« gegen die Deutschen im Raum um Caen. Die Verluste auf beiden Seiten waren hoch, und Rommel erhielt den endgültigen Beweis dafür, daß seine Mittel für den Kampf gegen Amerikaner und Briten nicht ausreichten. Am 15. Juli schrieb er einen dreiseitigen Bericht, in dem er Hitler meldete, daß sich die Lage in der Normandie einer Krise nähere; es fehle an Verstärkungen: Verluste von 97000 Mann und 225 Panzern seien durch nur 6000 neue Soldaten und siebzehn Panzer nicht auszugleichen. Seine neuen Divisionen seien unausgebildet, die Alliierten hätten die unumschränkte Luftherrschaft und verfügten über eine gewaltige Überlegenheit an Zahl und Ausrüstung. Rommel weiter:

> Die Truppe kämpft allerorts heldenmütig, jedoch der ungleiche Kampf neigt dem Ende entgegen ... Unter diesen Umständen muß damit gerechnet werden, daß es dem Feind in absehbarer Zeit gelingt, die dünne eigene Front ... zu durchbrechen und in die Weite des französischen Raumes zu stoßen ... Es ist meines Erachtens nötig, die politischen Folgerungen aus dieser Lage zu ziehen. Ich fühle mich verpflichtet als Oberbefehlshaber der Heeresgruppe, dies klar auszusprechen.[3]

Rommel wollte Hitler eine letzte Chance geben, mit den Alliierten Frieden zu schließen. Falls der Bericht ignoriert wurde, beabsichtigte er, die Kämpfe im Westen aus eigenem Antrieb zu beenden. Er zeigte Kluge den Brief. Zweifellos war dieser ein williger Partner, was Rommels und Stülpnagels Kapitulationsplan anging. Doch obwohl er Rommels Folgerung bekräftigte (»Leider hat der Feldmarschall recht«), leitete er den Brief aus unbekannten Gründen erst nach mehreren Tagen an Hitler weiter.

Rommel hatte bereits eine Funkverbindung zu den Amerikanern hergestellt. Infolge von Verhandlungen, die dieser Kontakt ermöglicht hatte, waren am 2. Juli acht deutsche Krankenschwestern während einer Feuerpause aus Cherbourg durch die Linien bei Sept Vents zurückgeschickt worden. Am 9. Juli hatten die Amerikaner zwei deutsche Krankenschwestern und sieben Sekretärinnen zurückgeschickt und deutsche Unterhändler in ihrem vorgeschobenen Hauptquartier verpflegt. Die Deutschen übergaben ihrerseits mehrere schwerverwundete Amerikaner. Am 16. und 17. Juli fuhr Rommel seine Frontlinien ab, wobei er ausgewählte Befehlshaber über seine Demarche an Hitler und über die Wahrscheinlichkeit eines Waffenstillstandes unterrichtete.

Am 17. Juli bekräftigte Rommel gegenüber Stülpnagel, daß er bereit sei, nach der Beseitigung Hitlers »offen und bedingungslos« zu handeln, unabhängig davon, ob Kluge sich anschloß. Auf der Rückfahrt griffen britische Spitfires Rommels Wagen an und trafen seinen Chauffeur tödlich. Das Auto überschlug sich und landete in einem Straßengraben; Rommel wurde hinausgeschleudert und erlitt einen Schädelbasisbruch. Die Diagnose lautete, er werde überleben, aber mehrere Monate lang außer Gefecht gesetzt sein.

Die Hoffnungen der Verschwörer ruhten im Westen nun auf dem rückgratlosen Kluge, der den direkten Befehl über Rommels Heeresgruppe übernahm. Laut Bargatzky kam Kluge am 19. Juli nach Paris und hielt im Hotel Majestic eine Besprechung mit Speidel und Stülpnagel ab. Kluge erfuhr, daß das Attentat für den folgenden Tag geplant war, und machte sich Rommels Verpflichtungen zu eigen.

Stauffenberg unternahm seinen Attentatsversuch am 20. Juli bei der wöchentlichen Führerbesprechung in Rastenburg. Er flog zusammen mit seinem Adjutanten aus Berlin ab und nahm die Zeitbombe in seiner Aktentasche mit. Im Führerhauptquartier stellte er den Zünder ein, ließ die Aktentasche unter dem Tisch zurück und ging hinaus. Während er zum Flugplatz fuhr, hörte er die Explosion. Hitler wurde nur leicht verletzt.

In Berlin warteten die Verschwörer gespannt auf Stauffenbergs Rückkehr. Um 15.30 Uhr erreichte er das Oberkommando des Heeres in der Bendlerstraße, wo er von Beck und anderen an der Verschwörung beteiligten Generalstabsoffizieren empfangen wurde. Sie sandten bereits vorbereitete Befehle aus, um das Regierungsviertel in Berlin vom Heer besetzen zu lassen. Außerdem planten sie, Goebbels zu verhaften und im Rundfunk eine Erklärung durchzugeben, sobald der Sender und das Propagandaministerium besetzt waren. Unglücklicherweise wurden die Soldaten von dem Hitler ergebenen Major Remer befehligt. Als dieser das Propagandaministerium besetzte, bewog Goebbels ihn, ein Telefongespräch mit Hitler zu führen, um zu beweisen, daß der Führer am Leben war. Sobald Remer Hitlers Stimme gehört hatte, weigerte er sich, die Befehle der Verschwörer im OKH auszuführen, und der Umsturzplan in Berlin war gescheitert. Der Versuch, alle Telefonzentralen im Führerhauptquartier zu sprengen, mißlang, und Keitel machte alle Befehle rückgängig, die Stauffenberg aus dem OKH schickte. Witzleben, der nach Berlin gekommen war, um die Leitung zu übernehmen, bemerkte: »Ihr habt die Sache verpatzt«, und kehrte nach Hause zurück. Beck und Stauffenberg wurden sofort auf Befehl von General Fromm (der selbst an Gesprächen über die Verschwörung teilgenommen hatte) erschossen. Als General wurde Beck aufgefordert, sich selbst das Leben zu nehmen, aber der Versuch mißglückte.

In Paris waren Stülpnagel und seine Mitverschwörer um 15.30 Uhr von Stauffenberg telefonisch benachrichtigt worden, daß das Attentat gelungen sei. Dann hörten sie im Rundfunk, Hitler sei am Leben. Um 18.30 Uhr rief Stauffenberg schließlich bei Stülpnagel an und sagte knapp: »Alles ist verloren.«

Stülpnagel beschloß, einen letzten Versuch zu machen und den Staatsstreich von Westen her einzuleiten. Wie geplant befahl er die Festnahme der führenden Gestapo-, SS- und SD-Angehörigen in Paris. Mehr als tausend wurden ohne Gegenwehr festgenommen, entwaffnet und inhaftiert. Zusammen mit Hofacker trat Stülpnagel die einstündige Fahrt zu Kluges Hauptquartier an, um ihn zur Übergabe der Westfront zu überreden.

Kluge wußte, daß der Anschlag am 20. Juli stattfinden würde, und hatte sich bis 18 Uhr bewußt von seinem Hauptquartier ferngehalten. Auf seinem Schreibtisch fand er die Botschaft, Hitler sei tot, sowie eine spätere Rundfunkmeldung, daß der Führer am Leben sei. Als er Keitel in Rastenburg anrief und hörte, daß die Rundfunkmeldung zutraf, verließen ihn die Nerven. Er erklärte Stülpnagel, daß er seine Kooperation nur für den Fall von Hitlers Tod zugesichert habe, und diese entscheidende Bedingung sei nicht erfüllt. Er drohte Hofacker und Stülpnagel mit Verhaftung, was seinen Stabschef, den aktiven Verschwörer General Hans Speidel, entsetzte. Man aß in eisigem Schweigen, dann setzte Stülpnagel die Auseinandersetzung fort: Er weigerte sich, das in Paris inhaftierte Gestapo- und SS-Personal freizulassen.[4]

Stülpnagel und Hofacker trafen um Mitternacht wieder im Pariser Hotel Majestic ein. Dort wurden sie bereits von Otto Abetz erwartet, Hitlers Botschafter in Frankreich. Bargatzky und andere Mitarbeiter Stülpnagels schlugen vor, die führenden Mitglieder der Gestapo sofort hinrichten zu lassen und dann Kluges Versprechen, sich der Verschwörung anzuschließen, bekanntzumachen. Sie hofften, ihn durch diese Erpressung auf ihre Seite zwingen zu können. Stülpnagel lehnte ab und ließ die Gefangenen widerwillig frei. Der Umsturzversuch in Paris war beendet. Nach Mitternacht stießen die Verschwörer und die Gestapo-Chefs im Majestic mit Wein an. Stülpnagel behauptete, die Verhaftungen seien ausschließlich auf einen Befehl zurückzuführen, den er vom OKH in Berlin erhalten habe. Aber die Katze war aus dem Sack.[5]

Am nächsten Tag wurde Stülpnagel zurück nach Berlin beordert. Er wußte, was dies bedeutete; unterwegs versuchte er vergeblich, sich zu erschießen. Hitler ließ ihn wie fast alle Anführer der Verschwörung, darunter Trott, Moltke, Leber, Witzleben und Goerdeler, nach der Farce einer Verhandlung vor Freislers Volksgerichtshof mit entsetzlicher Roheit hinrichten. Schlabrendorff, John, Gisevius, Schacht, Bargatzky und ein paar andere entkamen und konnten die dramatischen Vorgänge dieses Tages überliefern.

John war als Syndikus der Lufthansa in der Lage, am 23. Juli nach Madrid zu fliegen. Dort versuchte die Gestapo, ihn zu entführen, aber die Briten brachten ihn nach London, wo er die alliierten Kriegsbemühungen unterstützte. Er schilderte dem Autor, wie er am 22. Juli den ganzen Tag im Garten seines Nachbarn gesessen und für den Fall, daß die Gestapo ihn verhaften wollte, seine eigene Haustür beobachtet hatte. Er sprach am selben Tag mit Trott und bat ihn, am 23. Juli ebenfalls nach Madrid zu fliegen. Trott lehnte ab, weil er immer noch optimistisch war, daß die Gestapo seine Beteiligung nicht aufdecken würde, und weil er Vergeltungsmaßnahmen gegen seine Familie fürchtete. Laut John wären diese Maßnahmen auch bei einer Flucht nicht schlimmer gewesen. Trott habe einen gültigen Passierschein der Gestapo besessen, der ihm gestattet hätte, sich am 23. Juli mit derselben Lufthansamaschine wie John in Sicherheit zu bringen.

Briten und Amerikaner wurden von dem Umsturzversuch völlig überrascht - trotz der zahlreichen Hinweise, die sie aus verläßlichen Quellen in Schweden und der Schweiz erhalten hatten. Ihren Tagebüchern zufolge war Sir Alan Brooke, der britische Generalstabschef, ebenso verblüfft wie Cadogan. Am 21. Juli weilte der Premierminister in Montgomerys Hauptquartier in der Normandie. Laut Brigadegeneral Sir Edgar Williams war Churchill ratlos, als Montgomery ihn über den Revolutionsversuch in Deutschland unterrichtete. Churchill bat Montgomery und Williams, seine Depeschentasche durchzusehen, und die beiden fanden einen Wust ungeordneter Geheimdienstberichte. Aus den Papieren ersah Williams, daß Witzleben an der Verschwörung beteiligt war; dies untermauerte die Information eines hochgestellten nationalsozialistischen Deserteurs, daß Witzleben der wahrscheinliche Anführer eines Staatsstreichs gegen Hitler sei. Williams teilte dem Autor mit: »Mir wurde plötzlich klar, daß Winston aus London gekommen war, ohne all dieses Zeug in seiner Depeschentasche gelesen zu haben, und daß er angesichts des möglichen jähen Kriegsendes ›nackt‹ war. Mich erstaunte, daß er am 21. Juli so schlecht über die Geschehnisse in Deutschland unterrichtet sein konnte.«[6]

War eine Kapitulation auf dem Schlachtfeld möglich? Im Oktober 1918 hatte Karl I., der letzte österreichische Kaiser, an der Isonzofront vor den Italienern kapituliert, indem er bei Tagesanbruch aus den österreichischen Schützengräben einen Hauptmann und zwei Gemeine ausschickte, die eine weiße Flagge und seine Kapitulationsbotschaft trugen. Die Kämpfe waren noch vor dem Mittag beendet. Dies hätte wiederholt werden können.

Eisenhower war von Roosevelt und Churchill ermächtigt worden, eine Kapitulation anzunehmen und das deutsche Heer ungeschoren zu lassen. Ursprünglich hatten die Russen gewünscht, daß alle Angehörigen der deutschen Streitkräfte im Falle einer Kapitulation zu Kriegsgefangenen gemacht werden sollten. Die Amerikaner waren jedoch der Meinung, daß der Oberbefehlshaber entscheiden müsse, welche Streitkräfte in Kriegsgefangenschaft zu schicken seien. Churchill unterstützte die Amerikaner, und die Russen gaben nach langem Gezänk nach.[7] Eisenhower und Montgomery hätten Kluge also ohne Konsultation der Russen gestatten können, Waffen und schweres Gerät in der Normandie zurückzulassen und mit seinen Männern nach Deutschland abzuziehen.

Rommel hatte beabsichtigt, Montgomery (Eisenhower war immer noch in Portsmouth) einen sofortigen Waffenstillstand und die Räumung aller besetzten Gebiete im Westen sowie den Rückzug aller deutschen Streitkräfte hinter den Westwall anzubieten, während die Regierung von Beck und Goerdeler mit den drei Alliierten über eine Friedensregelung verhandelte.

Kluge muß ähnliche Vorstellungen gehabt haben, denn sonst wäre es zu einem Streit zwischen ihm und Rommel gekommen. Tatsächlich bezeugte General Blumentritt, einer seiner Stabsoffiziere, daß Kluge nach der Falschmeldung über Hitlers Tod gesagt habe: »Wenn der Führer tot ist, sollten wir sofort mit den Leuten auf der anderen Seite in Verbindung treten.«[8] Wenn Kluge ein Waffenstillstandsangebot gemacht hätte, würden die Alliierten sich schwerlich geweigert haben, das Blutvergießen zu beenden. Südlich von Caen wütete eine wilde Panzerschlacht, und das Ergebnis war ungewiß. Die einzige Gewißheit war, daß beide Seiten schwere Verluste erleiden würden.

Churchill und Roosevelt fürchteten stets, daß ihr Bündnis mit Stalin auseinanderbrechen und Hitler hinter ihrem Rücken mit Rußland Frieden schließen könne. Wenn Kluge an der Westfront kapituliert hätte, wären Großbritannien und die USA in einer Position überwältigender Stärke gegenüber Stalin gewesen, der sich immer noch mit den kampfstarken deutschen Heeren im Osten abmühte. Über Nacht wäre die Gefahr einer Einigung zwischen Hitler und Stalin geschwunden.

Die Reaktion des Foreign Office, des Premiers und des Außenministers auf den Umsturzversuch war seltsam. Für sie gab es keine »guten« Deutschen, und das Scheitern des Staatsstreiches kam ihnen beinahe wie ein glücklicher Zufall vor. Sie drückten kein Bedauern darüber aus, daß sie den Attentätern nicht geholfen hatten, den Krieg zu einem raschen Ende zu bringen. Allerdings besann sich Churchill, nicht jedoch Eden, nach dem Krieg eines Besseren.

Wheeler-Bennett, der Eden nahestand und Zugang zu Churchill hatte, beeinflußte als Stellvertretender Chef des Stabs für Politische Kriegführung (PWE) die Einstellung gegenüber Deutschland. Ebenso wie die Deutschlandabteilung im Foreign Office setzte er die Verschwörer ständig herab. Hier ist das erstaunliche Memorandum Wheeler-Bennetts vom 25. Juli, das Eden und Churchill geschickt wurde:

> 1. Innerhalb der engen Grenzen unserer präzisen Informationen ist es möglich, die sich aus den jüngsten Ereignissen in Deutschland ergebende Lage einzuschätzen und gewisse künftige Entwicklungen aus ihr abzuleiten.
> 2. Nun läßt sich mit einiger Bestimmtheit sagen, daß die Umstände für uns heute besser sind, als wenn die Verschwörung vom 20. Juli gelungen und Hitler ermordet worden wäre. In diesem Fall hätten die Generale der »alten Wehrmacht« die Macht übernommen und - wie aus der kürzlichen Erklärung des Vatikans über die Vermittlungsbereitschaft des Papstes zu schließen ist - durch Freiherr von Weizsäcker ein schon formuliertes Friedensangebot unterbreitet, in dem Deutschland seine Niederlage eingestanden und um andere Vereinbarungen als die der bedingungslosen Kapitulation nachgesucht hätte.
> 3. Das Scheitern des Attentats hat uns, sowohl hier wie in den Vereinigten Staaten, die Verlegenheiten erspart, die aus einer solchen Aktion hätten entstehen können. Außerdem werden durch die gegenwärtige Säuberung wahrscheinlich zahlreiche Individuen von der Bühne entfernt, die uns nicht nur bei einem Erfolg der Verschwörung, sondern auch nach der Niederlage Nazideutschlands vielleicht Schwierigkeiten bereitet hätten.
> 4. Wenn es stimmt, daß eine Reihe der bekannteren Generale sowie Zivilisten wie Schacht, Neurath und Schulenburg beseitigt worden sind, dann haben Gestapo und SS uns einen nennenswerten Dienst durch die Entfernung einiger Personen

geleistet, die sich nach dem Krieg unzweifelhaft als »gute« Deutsche ausgegeben, in Wirklichkeit aber einen dritten Weltkrieg vorbereitet hätten. Deshalb ist es zu unserem Vorteil, wenn man die Säuberung fortsetzt, da die Ermordung von Deutschen durch Deutsche uns künftige Verlegenheiten vielfacher Art ersparen wird.

Wheeler-Bennett hielt es offenbar für besser, den Krieg fortzuführen, als Deutschland von der Demütigung der »bedingungslosen Kapitulation« zu verschonen. Seine Äußerung, daß es »zu unserem Vorteil« sei, »wenn man die Säuberung fortsetzt«, ist nicht nur unhaltbar, sondern auch inhuman; die Behauptung, daß Schacht, Neurath und Schulenburg Deutschland auf einen dritten Weltkrieg hätten vorbereiten wollen, ist eine unglaubliche Verzerrung der Wahrheit. Leider hatten die Worte »Ermordung von Deutschen durch Deutsche« eine starke emotionale Wirkung auf Churchill, und er benutzte sie im Unterhaus, um auch die letzten Hoffnungen der Verschwörer zunichte zu machen.

Im Foreign Office wurde Wheeler-Bennetts Memorandum zunächst von Roberts gebilligt, dessen ursprünglicher Vermerk lautete: »Alles scheint vernünftig und verlangt keinen besonderen Kommentar.« Doch eine Woche später wurde er von einer eloquenten Notiz Marshalls ins Wanken gebracht:

> Ich bin nicht zufrieden mit den ersten Absätzen [von Wheeler-Bennetts Papier]. Sie scheinen auf der Annahme zu basieren, daß den Alliierten keine entschiedene und konsequente Politik Deutschland gegenüber zuzutrauen ist und daß sie der Versuchung erliegen könnten, das Angebot eines Verhandlungsfriedens von einer nichtnazistischen deutschen Regierung anzunehmen. Aber das Scheitern des Attentats hat die Möglichkeit eines solchen Angebots keineswegs ausgeräumt, und wir sollten uns über unsere Haltung für diesen Fall im klaren sein. Meiner Meinung nach würde jede neue deutsche Regierung, die einen Verhandlungsfrieden anböte, durch unsere Ablehnung sehr bald zu bedingungsloser Kapitulation getrieben wer-

den, da die innere Umwälzung den Widerstandswillen Deutschlands schwächen würde. Dies wäre wahrscheinlich geschehen, wenn die Verschwörung Erfolg gehabt hätte - oder die neue Regierung wäre von einer anderen ersetzt worden, die kapituliert hätte. Ich bin nicht der Meinung, daß das Scheitern des Attentats zu unserem Vorteil ist, schon gar nicht, wenn es, unter anderem, zur Ermordung von Kriegsgefangenen führt.

Falls alle innerdeutschen Versuche zum Sturz Hitlers mißlingen, werden wir keine deutsche Regierung vorfinden, wenn das Ende eintritt. In Deutschland wird ein Zustand der Anarchie herrschen. Folglich läßt sich durchaus argumentieren, daß ein Umsturz zu unserem Vorteil wäre, vorausgesetzt, wir gestatten ihm nicht, unsere Entschlußkraft zu schwächen.[9]

Nach der Lektüre von Marshalls Notiz änderte Roberts seine Meinung und schrieb: »Ich stimme mit Mr. Marshall überein.«

Harvey schrieb am 30. Juli in sein Tagebuch: »Ich bin überzeugt, es war in unserem Interesse, daß dieser Staatsstreich gescheitert ist. Wenn Hitler gestorben wäre, hätte man uns durch eine Woge von Emotionen zum Friedensschluß mit den Generalen gedrängt - aber die Fäulnis muß sich noch weiter fortsetzen. Unsere Feinde sind sowohl die Nazis als auch die Generale. Wir sollten mit keinem von beiden Frieden schließen.« Er hatte offensichtlich Wheeler-Bennetts Papier gelesen und sich dessen Argumentation angeschlossen.

Am Abend des 20. Juli wurde Carleton Greene, der Leiter der deutschsprachigen Sendungen der BBC, beauftragt, eine Nachricht über den Anschlag auf Hitler zu verfassen, die an das deutsche Volk und das übrige Europa ausgestrahlt werden sollte. Bei dieser wichtigen Gelegenheit erhielt er zu seiner großen Befriedigung keine Anweisungen von Kirkpatrick oder Bruce Lockhart, seinen Vorgesetzten im PWE. Da er annahm - zu Recht, wie sich herausstellte -, daß einige Militärs, die der Verschwörung angehörten, noch hier und da in Deutschland und im besetzten Europa Widerstand leisteten, begann er seine Meldung mit den Worten: »In Deutschland ist der Bürgerkrieg ausgebrochen.« Ein paar

Stunden später hörte er, daß seine Sendung dem Foreign Office nicht gefallen hatte, denn es wünschte, daß die BBC eine viel feindseligere Haltung den Verschwörern gegenüber bezog.*

Am 21. Juli gab die PWE ihre Propagandaanweisung für »die Revolte der Generale« heraus. Sie schloß sich Wheeler-Bennetts Memorandum an und betonte, daß die Alliierten auch »guten Deutschen« keine Unterstützung leisten würden und daß ein Verhandlungsfrieden ausgeschlossen sei, wodurch jedem deutschen General, der im Westen an einen Waffenstillstand denken mochte, die kalte Schulter gezeigt wurde. Absatz 3 war durchaus vernünftig: »Stellen Sie die Revolte als eine praktische Demonstration dessen dar, daß die Generale von der Niederlage überzeugt sind und daß Hitler und die Parteiführer den Krieg rücksichtslos hinausziehen, um ihre eigene Haut zu retten.« Absatz 6 zeigte jedoch, daß die britische Regierung bereit war, den Krieg weiterzuführen, bis die deutschen Heere auf dem Schlachtfeld völlig besiegt waren:

> Verzichten Sie darauf, die Widerständler als »gute Deutsche« zu loben, sowie auf jede Andeutung, daß die Alliierten ihnen helfen könnten; sprechen Sie niemals von der Möglichkeit eines Verhandlungsfriedens, und weichen Sie zu keinem Zeitpunkt von der letzten Erklärung des Premierministers ab. Unsere Linie ist immer noch »bedingungslose Kapitulation« durch die zuständigen Repräsentanten Deutschlands und der Wehrmacht. Die einzige Frage für das deutsche Volk ist, ob dies früher oder später geschieht.

Das Foreign Office ignorierte das ihm vorliegende Material über die breite Basis der Verschwörung und ihre Unterstützung durch viele Beamte, Geistliche, Juristen und frühere Politiker. Die Be-

* Als Greene Anfang August 1944 im Auftrag des deutschsprachigen Dienstes der BBC in Paris eintraf, begegnete er einer französischen Gräfin, die Hofackers Maîtresse gewesen war. Sie erzählte ihm, daß Rommel an der Verschwörung des 20. Juli teilgenommen hatte, verpflichtete ihn aber zur Geheimhaltung, solange Rommel lebte. Sobald die Deutschen den Tod Rommels meldeten, veranlaßte Greene die Mitteilung der BBC an das deutsche Volk, daß Rommel bereit gewesen sei, den Führer zu verraten.[10]

zeichnung »Revolte der Generale« war also irreführend. Dennoch erklärte Bracken gegenüber Delmer sogar, er sei sicher, daß es sich bei dem Bombenanschlag um eine Erfindung Hitlers handele. Eden seinerseits verlangte, man solle »die Idee eines Propagandatricks« vermeiden und Gerüchte eines Bürgerkriegs außer acht lassen, bis weitere Beweise vorlagen. Die PWE kam zu dem Schluß, es gebe »gegenwärtig keine politische Opposition in Deutschland, die fähig wäre, eine Revolution zu stützen, geschweige denn einzuleiten«. Die Russen dagegen forderten die Wehrmacht und die deutsche Zivilbevölkerung zu einer Revolte auf.[10]

Wheeler-Bennett erörterte vor der Debatte, die am 2. August im Unterhaus stattfand, mit Eden den Bombenanschlag. Auch schrieb Eden in dieser Sache eine Notiz an den Premierminister, die sich unter den Eden-Papieren im Public Record Office befindet, doch vom Lordkanzler für weitere dreißig Jahre zur Verschlußsache erklärt wurde. Das Kriegskabinett bezog im Unterhaus einen feindseligen Standpunkt den Verschwörern gegenüber und lehnte jede Möglichkeit eines milden Friedens für eine neue deutsche Regierung ab. Aus Churchills Worten geht hervor, daß er Wheeler-Bennetts Darstellung akzeptierte.

Churchill hielt eine lange Rede, in der er den Umsturzversuch nur am Rande erwähnte: »Die höchsten Persönlichkeiten im Deutschen Reich ermorden einander oder machen den Versuch dazu, während die rächenden Heere der Alliierten ihren dem Untergang geweihten und immer enger werdenden Machtbereich umzingeln.« Nach ihm sprach Greenwood, der nicht mehr dem Kriegskabinett angehörte, aber noch sehr einflußreich war. Er machte brutal alle Hoffnungen derjenigen zunichte, die Hitler innerhalb Deutschlands Widerstand leisteten:

> Wir dürfen nie vergessen, daß es hauptsächlich die Militärkaste war, die Hitler in seine jetzige Position brachte ... Es wäre ein verhängnisvoller Fehler, wenn ... wir den Militaristen Deutschlands bessere Bedingungen gewährten als den verrufenen Nazis. Ich glaube, das Unterhaus ist sich darüber mehr oder weniger einig, und wenn mein Freund sagt: »Keine Ver-

handlung«, dann stimme ich ihm zu. Ich kann mir keine andere Behandlung für Deutschland vorstellen, gleichgültig, ob die Bedingungen Hitlers Nazipartei oder den deutschen Militärführern präsentiert werden. Das halte ich für wichtig.

Nur der einflußreiche Labour-Abgeordnete Richard Stokes und der Ex-Minister für Flugzeugproduktion, George Strauss, wichen vom Regierungskurs ab. Strauss sagte:

> Da wir nun wissen, daß es ein starkes Element in der deutschen Wehrmacht gibt, das die Fortsetzung des Krieges für töricht und selbstmörderisch hält, sollten wir unsere gesamte Politik ändern. Wie kann man erwarten, daß eine solche Bewegung um sich greift und eine breite Basis bekommt, wenn die Deutschen nichts anderes als den wiederholten Ruf nach »bedingungsloser Kapitulation« und tägliche Rundfunkerklärungen von Dr. Goebbels hören, in denen er behauptet, daß wir Deutschland nach der Eroberung zerstückeln und seinen Männern und Frauen schreckliche Dinge antun würden?

Zwischenruf Stokes': »Der Premierminister erklärt das gleiche.«

Strauss wurde ausgepfiffen, als er auf Goebbels' Propagandabehauptung einging, daß neun Millionen Deutsche nach dem Sieg der Alliierten aus Oberschlesien, Ostpreußen und dem Sudetenland vertrieben werden würden. Er schloß mit der Aufforderung, daß die Alliierten sofort ihre Bedingungen bekanntgeben sollten, damit »sich der nächste Spalt in Deutschland zu einer Kluft entwickelt, die das Heer und die Nation entzweireißt«. Strauss schrieb dem Autor, er sei stolz darauf, diese Rede gehalten zu haben, aber die Stimmung im Unterhaus habe den Gedanken an einen Separatfrieden mit der deutschen Opposition nicht zugelassen.[11]

Stokel setzte sich für den Widerruf der Beschlüsse von Teheran und eine Rückkehr zur Atlantik-Charta ein. Man solle dem deutschen Volk versichern, daß es nach dem Krieg die von ihm gewünschte Regierung erhalten werde. Die Deutschen würden nachgeben, »wenn sie erführen ..., daß sie nicht nur nicht erschossen werden sollen, sondern sich sogar Hoffnungen machen dürfen«. Wie Strauss wurde Stokes lautstark von Abgeordneten der Labour- wie der Konservativen Partei verhöhnt.

Edens Rede liefert einen weiteren Beweis dafür, daß er die Flut von Informationen, die dem Foreign Office über die geplante antinationalsozialistische, friedensbereite Regierung Goerdelers und Becks zugingen, entweder ignorierte oder für unglaubwürdig hielt. Man dürfe Deutschland nicht gestatten, sich nach dem Krieg seine eigene Regierung zu wählen:

> Ich kann mir nicht vorstellen, daß die nationalsozialistisch geprägte deutsche Kriegsmentalität, die nun leider tief im Bewußtsein der Deutschen verankert ist, freiwillig einen Frieden akzeptieren wird, der keine künftige Naziherrschaft über Europa zuläßt. Das ist ein grundsätzliches Problem, dem wir uns stellen müssen.

Diese Worte enthüllen, so ungeschickt die Formulierung auch war, Edens Einstellung zu einem milden Frieden mit den Nazigegnern, falls sie die Macht ergreifen würden. Im Unterschied zu Churchill beschäftigte Eden sich in seinen Memoiren weder mit den Verhandlungsversuchen der deutschen Widerständler noch mit der bedingungslosen Kapitulation. Vermutlich tat er die deutsche Opposition geringschätzig ab, weil er, wie Wheeler-Bennett, im Jahre 1944 glaubte, es gebe keine »guten« Deutschen – ebensowenig wie es für ihn im Jahre 1943 »gute« Italiener gegeben hatte.

Während des Krieges zeigte Churchill keine Sympathie für die deutsche Widerstandsbewegung. Allerdings zollte er den deutschen Patrioten, die nach dem Scheitern des Bombenanschlags in den Tod gegangen waren, im Jahre 1946 großzügigen Tribut:

> In Deutschland gab es eine Opposition, die allmählich durch ihre eigenen Opfer und eine entnervende Außenpolitik geschwächt wurde, doch ihre Leistung gehört, wo immer auf der Welt, zu den edelsten und größten der Geschichte. Diese Män-

> ner kämpften ohne jede Hilfe aus dem In- oder Ausland, getrieben allein von der Unruhe ihres Gewissens. Solange sie lebten, waren sie unsichtbar und unerkennbar, weil sie sich tarnen mußten. Erst seit ihrem Tod ist ihr Widerstand sichtbar geworden. Ihr Tod kann nicht alles rechtfertigen, was in Deutschland geschah, aber ihre Taten und Opfer bilden die Grundlage für einen Neuaufbau. Wir sehen erwartungsvoll einer Zeit entgegen, in der man diesen heroischen Abschnitt der deutschen Geschichte angemessen einschätzen wird.[12]

Als Schlabrendorff im Jahre 1949 noch einmal mit Churchill sprach, erklärte dieser, er sei während des Krieges »von seinen Mitarbeitern über die erhebliche Stärke und Größe des Widerstandes gegen Hitler« falsch ins Bild gesetzt worden.[13]

Die Ansicht Edens und seiner Berater im Foreign Office, daß Deutschland zermalmt werden müsse, wurde nicht von allen hohen Amtsträgern in Whitehall geteilt. Generalstabschef Sir Alan Brooke sprach sich für ein starkes Nachkriegsdeutschland aus. Wenn seine Meinung den Verschwörern übermittelt worden wäre, hätten sie keine Schwierigkeit gehabt, genug deutsche Generale für sich zu gewinnen, um Hitler stürzen und den Krieg im Sommer 1944 beenden zu können. Hier ist ein Auszug aus Brookes Tagebuch, geschrieben eine Woche nach dem Bombenanschlag:

> Zurück ins Kriegsministerium für eine Stunde mit dem Minister [Grigg] über die Nachkriegspolitk in Europa. Soll Deutschland zerstückelt oder nach und nach in einen Verbündeten umgewandelt werden, um der russischen Drohung heute in zwanzig Jahren zu begegnen? Ich legte das zweite nahe. Deutschland ist nicht länger die Vormacht Europas - Rußland ist es. Leider ist Rußland nicht völlig europäisch. Es besitzt jedoch riesige Hilfsquellen und wird in zehn Jahren unausbleiblich zur Hauptdrohung geworden sein. Erhaltet deshalb Deutschland, baut es allmählich auf und bringt es in einen europäischen Verband. Unglücklicherweise muß das alles unter dem Mantel einer Heiligen Allianz zwischen England, Rußland und Ame-

rika geschehen. Keine leichte Politik, und eine Politik, die einen Über-Außenminister verlangt.[14]

Schon damals erwogen die Generalstabschefs Pläne zur Unterstützung Deutschlands, um in der Nachkriegszeit ein Gegengewicht für die militärische Stärke der Russen zu schaffen. Brookes Hinweis darauf, daß man einen »Über-Außenminister« benötige, läßt vermuten, daß er die Ansichten Edens über die Zukunft Deutschlands nicht teilte.

Unzweifelhaft kam es in Whitehall zu schweren Fehleinschätzungen. Zum Beispiel erkundigte der Autor sich bei Roberts, weshalb man, wie die Unterlagen der Deutschlandabteilung des Foreign Office zeigen, Trott nicht traute und ihn bis hin zum 20. Juli 1944 für einen potentiellen Nazispion hielt, obwohl Lothian, Cripps und andere namhafte Persönlichkeiten sich für ihn verbürgt hatten. Roberts erwiderte, man sei mißtrauisch gewesen, weil Trott so mühelos in neutrale Länder habe reisen können: »Wir hielten die Gestapo für viel tüchtiger, als sie war, und glaubten, daß kein wirklicher Verschwörer diese Bewegungsfreiheit haben könne. Wir täuschten uns, was die Gestapo betraf.«[15]

Als der Autor Harrison fragte, ob er im Rückblick manche seiner Ansichten bereue, zeigte sich dieser unnachgiebig:

> Ich hielt die bedingungslose Kapitualtion immer für eine vollendete Katastrophe, besonders vom Standpunkt der Politischen Kriegführung. Im Rückblick weiß ich, daß ich dem armen Adam Trott mehr Mitgefühl hätte entgegenbringen müssen, aber wir meinten, wenn wir schon in London von ihren Plänen erführen, dann müsse die Gestapo ohnehin alles wissen.
>
> Alle diese deutschen Friedensangebote waren für uns völlig uninteressant, denn wir hatten, von allem anderen abgesehen, kein Vertrauen, daß sie sich realisieren ließen; wir schätzten sie als so unpraktisch ein, daß sie den Kriegsanstrengungen keinen Nutzen bringen würden. Unsere Anweisungen im Foreign Office lauteten: »Keine Verhandlung« und »Bedingunglose Kapitulation«, deshalb waren wir einfach nicht interessiert.

Ich kannte Bischof Bell gut und begegnete ihm häufig. Mein Landhaus in Sussex lag in seiner Diözese. Ich mochte ihn. Er hatte Charme und Charisma, war jedoch schrecklich naiv und verstand überhaupt nichts von Deutschland. Auf Eden wirkte er wie ein rotes Tuch, und wir nahmen ihn nicht ernst.
Am 20. Juli fand eine Verschwörung der Generale statt, denn es war Stauffenberg, der den Anschlag unternahm. Erst nach dem Krieg erfuhren wir, welch breite Basis die Verschwörung hatte und wie viele Politker ihr angehörten. Ich betrachtete die Abgesandten, die aus neutralen Ländern Friedensbotschaften schickten, als Agenten des deutschen Generalstabs und glaubte sogar, daß Keitel und Jodl sich Hitlers entledigen, eine Kehrtwendung machen und versuchen könnten, mit uns Frieden zu schließen.
Zur Zeit der Debatte im Unterhaus am 2. August 1944 war die Nation stark prorussisch eingestellt. Weder das Unterhaus noch das Land hätten einen Frieden mit Deutschland geduldet, an dem Rußland nicht beteiligt gewesen wäre. Wir alle waren darauf vorbereitet worden, einer Nachkriegswelt entgegenzusehen, in der Rußland dem Westen gegenüber freundschaftlich sein würde und alles auf einen Dreierfrieden ausgerichtet wäre. Nachdem man das britische Volk ermutigt hatte, die Russen zu lieben, konnten sie nicht einfach über Bord gestoßen werden, und das Kriegskabinett hatte den Eindruck, daß das Land einen Verhandlungsfrieden mit der deutschen Opposition nicht unterstützen würde.

William Cavendish-Bentinck, der damals ein höheres Amt als Harrison bekleidete, teilte dem Autor mit:

Selbst wenn Rommel im Juli 1944 die Kapitulation angeboten hätte, wäre der Krieg wohl nicht jäh zu Ende gewesen, denn Roosevelt und Churchill hätten auf einer gleichzeitigen Kapitulation vor den Russen bestanden, wozu Rommel nicht bereit gewesen wäre.
Es war eine Menge wert, die Moral der deutschen Wehrmacht

zu brechen; schließlich waren die Verluste in den letzten Kriegsmonaten nicht mit denen zu vergleichen, die meine Generation im Ersten Weltkrieg erlitt. Denken Sie auch daran, daß wir Hitler in die Arme Rußlands hätten treiben können. Roosevelt und Churchill hatten schreckliche Angst, von Stalin hintergangen zu werden.

Ich war im Jahre 1920 an der britischen Botschaft in Warschau, als die Polen den Korridor von Deutschland übernahmen. Damals fügten die Deutschen sich, aber sie sagten mir, daß sie eines Tages von neuem kämpfen würden. Die Situation erinnere sie an Napoleons kurzfristige Neuordnung nach Austerlitz, und »die Moral der Wehrmacht« sei in Deutschland ungebrochen. Damit haben wir im Jahre 1945 Schluß gemacht.

Der Morgenthau-Plan war Unsinn. Wir alle wußten, daß er nie in die Praxis umgesetzt werden würde, aber es lohnte sich nicht, mit den Amerikanern darüber zu streiten. Ich glaube, die Deutschen setzten den Kampf deshalb fort, weil sie sich vor den Russen genauso sehr fürchteten wie vor Morgenthau. Allerdings durchschauten wir die Macht von Goebbels' Propaganda nicht. In jenem Stadium des Krieges war es nicht leicht, mit den Amerikanern umzugehen.[16]

Nach dem 20. Juli wurden die Reihen der Verschwörer in Berlin und Paris durch pauschale Festnahmen und Exekutionen gelichtet. Mussolini intervenierte durch Anfuso, seinen Botschafter in Berlin, auf Bitten Frau von Hassells bei Hitler, um das Leben Hassells, mit dem er in Rom befreundet gewesen war, zu retten. Hitler lehnte rundweg ab. Keine weiteren Friedensvorschläge gingen von der deutschen Widerstandsbewegung aus, während man ihre Führung zusammentrieb und den bereits Verhafteten durch Folter immer neue Namen abpreßte. Immerhin waren Weizsäcker und Kessel entkommen und nun innerhalb des Vatikans - Rom war von den Alliierten besetzt - in Sicherheit; sie boten an, die Vermittlung zu Rundstedt herzustellen.[17] Kluge wußte, daß seine Stunde geschlagen hatte, denn es war fast unvermeidlich, daß ihn einer der verhafteten Verschwörer unter der Gestapofolter verraten würde. Am letzten Augusttag des Jahres 1944 durchbrachen die alliierten Streitkräfte, wie Rommel vorhergesagt hatte, den dünnen Ring der deutschen Verteidigungsstellungen in der Normandie und drängten nach Süden. Die Bretagne und Paris waren ihnen ausgeliefert. Kluge wußte, daß die deutschen Heere in der Normandie verloren waren, aber Hitler bestand auf einer Gegenoffensive bei Mortain, die Kluges letzten Panzerdivisionen starke Verluste zufügte.

Es gibt Beweise dafür, daß Kluge trotz der gescheiterten Verschwörung und der Weigerung der Alliierten, einer antinationalsozialistischen Regierung irgendwelche Zugeständnisse zu machen, Versuche zur Kapitulation unternahm. Wenn die Alliierten ihm einen Ölzweig gereicht hätten, wäre seine Entschlossenheit vielleicht gestärkt worden, und andere Generale hätten ihn möglicherweise angespornt, die sinnlose Fortsetzung des Krieges einzustellen.

Am 15. August, als Kluges Truppen in äußerster Not waren, verschwand er und war den ganzen Tag hindurch nicht von seinem Stab zu erreichen. Hitler sagte, es sei der schlimmste Tag seines Lebens, als er hörte, daß Kluge nicht aufzufinden sei. Im Führerhauptquartier wurde ein Funkspruch der Alliierten abgefangen, in dem nach Kluges Aufenthaltsort gefragt wurde. Kluges Funkwagen war nach 9.30 Uhr verstummt, und Hitler glaubte, der Feldmarschall verhandele über die Übergabe der Westfront. Nach dem Krieg bestätigte Blumentritt im Verhör, daß Keitel ihm von dem abgefangenen Funkspruch der Alliierten erzählt habe, und General Guderian soll, laut General Milchs Tagebuch, gesagt haben: »Kluge versuchte in Frankreich, Kontakt mit dem Feind aufzunehmen.«

Kluges Schwiegersohn, Dr. Udo Esch, ein deutscher Wehrmachtsarzt, der Kluge später Zyankali gab, damit er Selbstmord begehen konnte, berichtete seinen alliierten Vernehmern am 27. Juli 1945, der Feldmarschall habe mit ihm über die Möglichkeit einer Kapitulation an der gesamten Westfront gesprochen: »Er fuhr an die Frontlinien, war aber nicht in der Lage, sich mit den alliierten Befehlshabern in Verbindung zu setzen.«

Auf amerikanischer Seite erklärte Oberstleutnant George Pfann, Sekretär von General Pattons 3. Armee, der General sei Mitte August einen ganzen Tag lang aus seinem Hauptquartier verschwunden. Bei seiner Rückkehr habe Patton erklärt, er habe versucht, Kontakt zu einem deutschen Abgesandten aufzunehmen, der jedoch nicht am verabredeten Ort erschienen sei.[18]

Brigadegeneral Williams berichtete dem Autor, er könne sich an den Tag erinnern, als Kluge vermißt gemeldet wurde. Obwohl Williams nicht an Friedensfühlern »beteiligt« war, warnte er seinen »Chef« Montgomery, man müsse darauf gefaßt sein, jederzeit etwas von Kluge zu hören; Montgomery solle »aufpassen«, falls deutsche Generale zu ihnen überliefen. Laut Williams verhielt Montgomery sich »albern« und allzu aufgeregt, wenn er es mit gefangenen deutschen Generalen zu tun hatte. Als General von Thoma in Nordafrika gefangengenommen worden war, hatte Montgomery ihn zum Dinner eingeladen; deshalb hatte man ihn im Unterhaus kritisiert und ihm verboten, sich »wieder auf solche Sachen« einzulassen. Laut Williams kam die Information wahrscheinlich von deutschen Funksprüchen, die die Briten abgefangen hatten, und er konnte sich nicht erinnern, von den Amerikanern etwas darüber gehört zu haben.[19]

Am 15. August um 19.30 Uhr wurde Kluge immer noch vermißt, doch er tauchte am späten Abend auf und sagte, sein Funkwagen sei von feindlichen Flugzeugen beschädigt worden, weshalb er einen Stabsoffizier allein zu dem geplanten Treffen mit anderen deutschen Generalen geschickt habe. Hitler entließ Kluge sofort und befahl ihm, sich von der Front fernzuhalten, bis sein Nachfolger, Feldmarschall Model, eintraf. Hitler wollte sichergehen, daß keine weiteren Versuche zur Kontaktaufnahme mit den Alliierten gemacht wurden, bevor der ihm ergebene Model auf seinem Posten war. Auf der Rückfahrt nach Deutschland verübte Kluge am 19. August Selbstmord. Sein letzter Brief an Hitler enthielt die Worte: »... mein Führer, entschließen Sie sich, den Krieg zu beenden. Das deutsche Volk hat so namenlos gelitten, daß es Zeit ist, dem Greuel ein Ende zu machen.«[20]

Während die alliierten Heere über Frankreich hinweg vorrückten und Belgien befreiten, so daß sie Anfang September die deutschen und niederländischen Grenzen erreichten, konnte Hitler die Deutschen weiterhin um sich scharen, da die Alternativen so entsetzlich schienen. Die Ergebnisse der Teheran-Konferenz wurden von Goebbels so interpretiert, als solle Deutschland seiner östlichen Provinzen und seines halben Staatsgebietes beraubt und als sollten mehrere Millionen Menschen deportiert werden. Seine Propaganda verkündete im Herbst 1944, daß die Alliierten beabsichtigten, »uns mit Stumpf und Stiel als Nation auszurotten«. Deutsche Zeitungen warnten, daß die Feinde »dreißig oder vierzig Millionen Menschen auslöschen« wollten. Die Publizität, die der Morgenthau-Plan erhielt, und das Beharren auf bedingungsloser Kapitulation, verbunden mit willkürlichen Bombardierungen, lösten einen neuen Enthusiasmus für die NSDAP aus, der im Lichte des militärischen Zusammenbruchs in Frankreich fast unglaublich war. Unter Albert Speer und Otto Saur stieg die Rüstungsproduktion steil an, und noch im August 1944 wurde ein neuer Gipfel erreicht. Der harte Kurs, der in der Unterhausdebatte am 2. August eingeschlagen wurde, half Hitler, bis zum bitteren Ende Widerstand zu leisten.

Am 27. Juli 1944 schrieb Bischof Bell an Eden und schlug ihm vor, in Stockholm eine ständige Verbindung zur deutschen Widerstandsbewegung herzustellen. Der Bischof meinte, daß die Kirchenführer in Deutschland nun Gespräche mit Großbritannien aufnehmen wollten und daß der Anschlag vom 20. Juli mit dem geplanten Aufstand zu tun hatte, »von dem ich vor zwei Jahren auf so vertrauliche Art erfuhr«. Harvey notierte mit Cadogans Einverständnis: »Wir sollten dies mit Sicherheit abwimmeln. Der deutschen protestantischen Kirche ist nicht zu trauen«; Eden kritzelte mit roter Tinte über den oberen Rand des Briefes: »Ich sehe keinen Grund, diesen stürmischen Priester zu ermutigen. Vielleicht können Sie mir raten, wie ich antworten soll.« Man teilte Bischof Bell mit, daß sein Vorschlag beim Foreign Office keinen Zuspruch finde.[21]

Ein ähnlicher Versuch des Erzbischofs von Canterbury wurde ebenfalls vereitelt. Der Erzbischof schrieb am 15. September, daß man W. A. Visser't Hooft, der immer noch Generalsekretär des Weltkirchenrates war, ermöglichen solle, zu Gesprächen nach London zu kommen. Auch der Ministerpräsident der niederländischen Exilregierung in London habe darum gebeten.

Harrisons Antwort hat sich in einem Vermerk erhalten:

> Herr Visser't Hooft ist europäischer Sekretär des CVJM sowie Generalsekretär des Weltkirchenrates in Genf. Allen Berichten zufolge ist er charakterlich über jeden Argwohn oder Vorwurf erhaben. Nichtsdestoweniger bleibt die Tatsache bestehen, daß er in der Vergangenheit in Verbindung mit deutschen Oppositionsgruppen gewesen ist, insbesondere mit dem zivilen Flügel der Opposition, der nach dem Umsturzversuch vom 20. Juli wahrscheinlich beseitigt worden ist. Als er im Jahre 1942 in dieses Land kam, brachte er ein Memorandum von einer Gruppe Deutscher mit, zu denen auch der vor rund einer Woche ermordete Adam von Trott gehörte.
>
> Ich habe das unbehagliche Gefühl, daß Herr Visser't Hooft, wenn wir ihn ins Land lassen, hier Verbindung zu Kreisen aufnimmt, die einem milden Frieden für Deutschland zuneigen. Er könnte nicht nur dem Erzbischof von Canterbury, sondern vielleicht auch Männern wie dem Bischof von Chichester unbequeme Informationen liefern, zum Beispiel Geschichten von anhaltenden Oppositionsbewegungen in Deutschland, besonders in Kirchenkreisen. Deshalb hoffe ich, daß es möglich ist, administrative oder technische Schwierigkeiten zu finden, die Herrn Visser't Hooft an der Einreise in dieses Land hindern, bis Deutschland zusammengebrochen ist.[22]

Roberts und Harvey bekundeten ihr Einverständnis mit dieser empörenden Notiz. Mit normaler Vorstellungskraft läßt sich nicht ergründen, welcher Schaden den Kriegsbemühungen zugefügt worden wäre, wenn Visser't Hooft mit Bischof Bell – oder sogar mit Strauss oder Stokes, den gegen bedingungslose Kapitulation eintretenden Abgeordneten – gesprochen hätte. Das Foreign Office hielt sich sklavisch an Edens Ablehnung eines »milden

Friedens«, und Harvey teilte dem Erzbischof entschieden mit, daß der Besuch nicht arrangiert werden könne. Als der Autor sich bei Harrison erkundigte, weshalb er geschrieben habe, daß es »unbequem« sein könne, wenn Bischof Bell von der anhaltenden Opposition erführe, erwiderte der ehemalige Diplomat: »Ich würde heute genau den gleichen Vermerk machen. Wir wollten die Sache nicht dadurch gefährden, daß wir diejenigen, die einen milden Frieden wollten, ermutigten. Es wäre schlecht für die Moral gewesen. Wir wollten die Deutschen vernichtend schlagen, damit die Ereignisse der dreißiger Jahre sich nicht wiederholen konnten.«

Der Autor schickte Kopien der Foreign-Office-Vermerke und des Schreibens des Erzbischofs an Visser't Hooft. Dieser antwortete: »Den Satz, in dem ich beschuldigt werde, ich würde vielleicht Material nach England bringen, das vor allem im Besitz des Bischofs von Canterbury ›unbequem‹ sein könnte, muß ich als ›Heuchelei‹ bezeichnen. Es ist wirklich ganz wunderbar, daß ich während eines Krieges, der angeblich für die Freiheit und gegen diktatorische Kontrolle des Staates ausgefochten wurde, von Großbritannien ferngehalten werden sollte, weil ich dem Oberhaupt der Anglikanischen Kirche die Wahrheit hätte sagen können.«

Die Tagebücher von Cadogan und Brooke, den engsten Beratern Churchills und Edens während des Krieges, lassen vermuten, daß sich weder der Premier noch der Außenminister, ungeachtet des in London und Washington angehäuften Materials, im Jahre 1944 die Zeit nahmen, die Verschwörung zum Sturz Hitlers und zur Beendigung des Krieges angemessen zu beurteilen. Eden war hocherfreut gewesen, als Churchill ihn im November 1942 zum Führer des Unterhauses ernannte, weil er meinte, dadurch größere Autorität und Erfahrung außerhalb des Foreign Office zu erhalten. Doch von diesem Zeitpunkt an war er nicht mehr in der Lage, auswärtigen Angelegenheiten hinreichende Aufmerksamkeit zu widmen. Cadogan beschreibt in seinem Tagebuch, wie schwierig die Arbeit mit ihm war, etwa unter dem Datum des 6. Oktober 1944: »Völlige Verwirrung. Er kann dieses doppelte Amt nicht mehr ausfüllen. FO kann so nicht arbeiten, was er einsieht ...«

Harvey, ein enger Freund und Bewunderer Edens, notierte in seinem Tagebuch, daß der Außenminister an »beklagenswerter Wirklichkeitsflucht« litt. Cadogan und er zeichneten das klare Bild eines überarbeiteten Mannes, der sich durch die Koppelung der beiden Ämter zu wenig Zeit für überlegte Entschlüsse nahm.

Eden wie Churchill standen im Frühjahr 1944 unter starker Anspannung, als sie entschieden, vor dem D-Day keine Erklärung an die Deutschen herauszugeben und die sich häufenden Hinweise auf einen bevorstehenden Staatsstreich der Nazigegner zu ignorieren. Brooke schrieb im März 1944 über Churchill: »Er verliert rapide an Boden. Er scheint völlig unfähig, sich auch nur ein paar Minuten hintereinander zu konzentrieren.« Am 19. April verzeichnete Cadogan: »Ich fürchte, PM ist einem Zusammenbruch nahe. Er führt dauernd weitschweifige Reden, und wir hatten bis 7.40 Uhr nichts erreicht. N. Chamberlain hätte die Sache innerhalb von sechs Minuten gelöst ... Er verschwendete ungefähr hundertfünfzig Arbeitsstunden ... Ich mache mir wirklich Sorgen um den PM. Er ist *nicht* der Mann, der er vor zwölf Monaten war, und ich weiß wirklich nicht, wie er weitermachen kann.«[23]

Churchill verfocht zwar einen harten Kurs gegenüber den Kräften, die versuchten, Hitler in Deutschland zu stürzen, zeigte sich aber weit aufgeschlossener für die Vorschläge des Erzherzogs Otto von Habsburg, der mit Hilfe seiner Anhänger und Freunde einen Umsturz in Österreich und Ungarn organisieren wollte. Otto war der Sohn des letzten österreichischen Kaisers Karl und der Thronerbe der beiden Monarchien Österreich und Ungarn. Als Hitlers Streitkräfte Frankreich überrannten, floh er mit seiner Mutter, Kaiserin Zita, nach Lissabon und dann nach Quebec. Er organisierte rechte Exilösterreicher zu einer antinationalsozialistischen Gruppe, die gegen den Anschluß und für die Wiederherstellung der Habsburger Monarchie in Ungarn und Österreich eintrat. Ähnliche Gruppen von Exilanten wurden in London und Lissabon unter seinen Brüdern gebildet.

Der Erzherzog hatte dem amerikanischen Außenministerium eine Reihe von Papieren vorgelegt, in denen er auf sowjetische Pläne für ein kommunistisches Österreich einging und seine eigenen Absichten erläuterte, dort eine antinationalsozialistische Revolte einzuleiten sowie die Regierung Horthy in Ungarn zu stürzen und durch eine alliiertenfreundliche Regierung zu ersetzen. Churchill wurde auf diese Vorschläge aufmerksam gemacht, als er im August 1943 nach Quebec kam, um eine Konferenz mit Roosevelt abzuhalten. Die Ideen interessierten ihn und er führte am 31. August in Quebec ein Gespräch mit Otto.

Churchill sagte, er persönlich billige Ottos Ansichten über die künftige Struktur Mitteleuropas, aber er werde von »jenen in seinem Kabinett« behindert, »die bereit seien, vor Rußland zu kapitulieren«. Otto erläuterte, daß, auf ein Signal der Alliierten hin, die Nazisympathisanten in der ungarischen Regierung verhaftet würden und der Reichsverweser Horthy zurücktreten werde. Das Parlament werde dann die Einstellung des Krieges gegen Großbritannien und die USA erklären, und Ungarn werde strikte Neutralität bewahren. Es werde deutschen Truppentransportzügen nicht gestatten, sein Territorium zu überqueren, und seine Flugplätze nicht mehr dem Feind zur Verfügung stellen. Sollten die Deutschen dies mit Waffengewalt zu verhindern suchen, würden die ungarischen Truppen ihnen Widerstand leisten. Auf diese Weise werde Ungarn zu den Alliierten übergehen.

Otto betonte, daß alles ganz verfassungsmäßig verlaufen werde. Dies bekräftigte er in einem Schreiben vom 2. September an Churchill: »Die ungarische Regierung ist nicht mehr willens, an der Seite Deutschlands zu kämpfen. Horthy ist bereit zurückzutreten. Ich habe Kontakte zu den höchsten Amtsträgern.« Die Österreicher hätten über Lissabon zu ihm Verbindung, und es gebe »eine revolutionäre Untergrundbewegung, die den Alliierten helfen wird, sobald sie sich der österreichischen Grenze nähern«. Er sprach zudem die Frage an, ob Südtirol, das durch den Versailler Vertrag an Italien abgetreten worden war, Österreich zurückgegeben werden könne. Einen solchen Vorschlag konnte er nur deshalb machen, weil sich der Waffenstillstand mit Italien abzeichnete und er sich Churchills Wohlwollen sicher war.

Erstaunlicherweise - schließlich lehnten die Briten jede Verhandlung mit der geplanten deutschen Regierung unter Beck und

Goerdeler ab – war Churchill geradezu begeistert von einer Zusammenarbeit mit Otto, obwohl er gewußt haben muß, daß die Unterstützung der Habsburger in Österreich und Ungarn dürftig war und daß jeder derartige Schritt Stalin empören würde. Churchills Verhalten zeigt, daß er im Grunde einen Separatfrieden zwischen Stalin und Hitler wohl doch nicht befürchtete. Seine Weigerung, die Existenz der deutschen Opposition anzuerkennen, war offenbar eher auf Unwissenheit als auf die Besorgnis zurückzuführen, daß die Russen verärgert werden könnten.

Otto teilte dem Premierminister mit, daß potentielle österreichische Aufständische unverzüglich einen Kurier zu Gesprächen nach Lissabon schicken würden und daß er seinen Bruder, Erzherzog Karl Ludwig, aus Amerika dorthin entsenden wolle. Das Foreign Office weigere sich jedoch, Karl Ludwig ein Visum für die Reise nach Großbritannien auszustellen, und die Portugiesen wollten ihn ohne dieses britische Visum nicht nach Lissabon lassen. Cadogan war gegen das Visum für Karl Ludwig, weil im Foreign Office die Meinung vorherrschte, daß es ein Fehler sei, die Habsburger mit der Befreiung Europas in Zusammenhang zu bringen. Churchill reagierte mit Mißfallen; er war unzufrieden mit Cadogan und beschrieb ihn als »einen gefrorenen Kabeljau«.[24] Am 7. September schickte er aus Quebec folgende Botschaft an Eden:

> ...
>
> 2. Ich halte die Ausstellung des Visums für eine Trivialität. Sie verpflichtet uns zu nichts. Niemand weiß, wie sich die Dinge in Mitteleuropa entwickeln werden. Es wäre zwar albern, wenn wir versuchten, ihnen irgendeinen König oder Kaiser aufzuzwingen. Aber es wäre meiner Meinung nach genauso unklug – und auch unangemessen in einem monarchischen Staat wie dem unseren –, wenn wir uns bemühten, eine solche Möglichkeit völlig auszuschalten.
>
> 3. Einer der größten Fehler, die nach dem letzten Krieg begangen wurden, war die Zerstörung Österreich-Ungarns durch ungeschickte Hände. Angesichts des Ruins, in den jene desillu-

sionierten Völker gestürzt worden sind, kann es durchaus sein, daß sie sich eine Rettung durch ein symbolisches Oberhaupt erhoffen. ... Bitte, versuchen Sie, ein wenig Vertrauen zu meinem Einblick in die europäische Situation zu haben, den ich in so vielen Jahren gewonnen habe.

4. Wilson und Lloyd George meinten, durch die Austreibung der Monarchie nicht nur ihre groben Vorurteile zu befriedigen, sondern auch den Frieden zu sichern. Doch wenn die Hohenzollern in Deutschland von den Wittelsbachern ersetzt worden wären, hätte es keinen Hitler und keine Krieg gegeben. Kommen Sie mir in dieser kleinen Sache entgegen und lassen Sie den armen Teufel sein Visum haben.

Neben Churchills Bemerkung, er möge »ein wenig Vertrauen zu meinem Einblick in die europäische Situation« haben, schrieb Eden: »Er könnte ein wenig Vertrauen zu meinem haben.«

Der Foreign-Office-Beamte W. D. Allen notierte zu Churchills Telegramm: »Es wäre ein Fehler, diese legitimistischen Kontakte gegenwärtig zu erleichtern ... Wenn die Alliierten verdächtigt würden, die Habsburger Pläne zu unterstützen, hätten wir mehr Nachteile als Vorteile.« Harrison vermerkte: »Die Anhängerschaft der Habsburger in Österreich und Ungarn ist gering. In Diskussionen um die Thronfolge und in Rußland ist der Name der Habsburger anrüchig.« Roberts meinte: »Unsere anderen Kontakte in Ungarn und Österreich dürften viel nützlicher sein«, und Strang schrieb[25]: »Die ruritanischen Brüder nehmen sich viel zu ernst.« Aber das Foreign Office hielt es nicht für lohnenswert, sich den Wünschen des Premierministers zu widersetzen, obwohl es durch den Secret Service und die Special Operations Executive (SOE) Beziehungen zu ungarischen und österreichischen Oppositionellen anderer politischer Couleur unterhielt.

Eden erwiderte auf Churchills Telegramm:

1. ... Es besteht ein Risiko, daß dies unsere ungarischen Verhandlungen komplizieren und andere unwillkommene, wenn auch nebensächliche Folgen haben könnte, obwohl die Habs-

burger in Österreich und Ungarn kaum Unterstützung genießen. Aber wenn Sie dem jungen Mann nur so weit helfen wollen, daß er sein Visum bekommt, sehe ich kein großes Problem . . .
2. Es ist Aufgabe des Innenministers, die Ausstellung des Visums zu genehmigen, aber ich kann die Verantwortung dafür tragen, es ihm zu empfehlen.

So erhielt Karl Ludwig sein Visum und hatte - gegen Edens und Cadogans Wünsche - Gelegenheit, alles in seinen Kräften Stehende zu tun, um die Sache der Habsburger in Österreich und Ungarn zu fördern. Erzherzog Otto schrieb in einem Brief an den Autor, es habe Churchill wirklich »Spaß gemacht«, das Foreign Office in der Frage des Visums auszuschalten.[26]

Otto sprach in New York mit Wheeler-Bennett, und dieser meldete dem Foreign Office am 1. Oktober 1943, daß der Erzherzog antirussischer sei denn je. Er habe erklärt, »die Engländer seien der bolschewistischen Gefahr gegenüber genauso blind, wie sie es angesichts der nazistischen Bedrohung gewesen seien. Stalin wünsche, ganz Europa und den größten Teil Asiens zu beherrschen, und es sei nicht ausgeschlossen, daß er dies mit Hilfe Deutschlands erreichen werde, dessen Volk und Wehrmacht er eifrig umwerbe. Anscheinend sehe nur Mr. Churchill die Gefahr, wie er ja auch die Verlogenheit von Hitlers Versprechungen durchschaut habe . . . Zum Schluß bemerkte Otto, der polnische Ministerpräsident Mikolajczyk sei ein solcher Gauner, daß sogar Dr. Beneš sich vor ihm in acht nehmen müsse.«[27] Wheeler-Bennett verhielt sich böswillig, als er diese persönliche Bemerkungen in seinem Bericht wiederholte, denn er wußte, daß sie Otto bei Eden in ein schlechtes Licht setzen würden.

Im September 1943 waren die Ungarn bereit, sich gegen die Deutschen zu wenden und mit den Alliierten Frieden zu schließen. Die Schwierigkeit war, daß sie von den Amerikanern und Briten besetzt werden wollten, nicht von den Russen, die bereits ihre Grenzen bedrohten. Admiral Miklos Horthy hatte auf Kosten der europäischen Nachbarn Ungarns von Hitler neue Territorien erhalten und der Invasion Rußlands im Jahre 1941 in Erwartung weiterer Gunstbeweise zugestimmt. Der ungarische Ministerpräsident Pál Teleki hatte am 3. April 1941 lieber Selbstmord begangen, als dem Drängen Hitlers zu einem ungarischen Angriff auf Jugoslawien nachzugeben. Ihm folgte László Bárdossy, der im Juni 1941 dem Überfall der Ungarn auf Rußland zustimmte. Nachdem die deutsche Offensive gescheitert war und die ungarischen Streitkräfte schreckliche Verluste erlitten hatten, wurde Bárdossy im März 1942 von Miklós Kállay abgelöst, einem leidenschaftlichen Gegner der Nazis, der insgeheim zugunsten Großbritanniens und der USA agierte. Jede Kooperation Kállays mit den Deutschen war nur eine List, um Zeit zu gewinnen und eine deutsche Besetzung hinauszuzögern, während er mit dem Westen verhandelte.

Zwar hing Kállay einem irregeleiteten Glauben an Mussolini an*, aber er versuchte mit allen Mitteln, sein Land dem Zugriff Hitlers zu entziehen, wobei er sich zugleich um britische und amerikanische Unterstützung bemühte, um nach dem Krieg eine kommunistische Machtübernahme zu verhindern. Durch Oberst Paul Charles Howie, einen südafrikanischen Piloten, der in ungarischer Kriegsgefangenschaft war, nahm Kállay bald heimlichen Funkkontakt mit den Alliierten im Mittelmeer auf (vierzehn Tage lang befand sich das Funkgerät in Horthys Palast in Budapest, bis die Gestapo Howies Anwesenheit nicht mehr duldete). Die Rede war von recht abenteuerlichen Plänen, Ungarn durch britische und amerikanische Luftlandetruppen besetzen zu lassen, wonach das ungarische Heer, Seite an Seite mit Amerikanern und Briten, die Deutschen angreifen würde. Auch in Stockholm und Lissabon fanden Verhandlungen statt.[28]

* Mussolini machte Kállay weis, daß die Alliierten im Rahmen einer Friedensregelung mit der Schaffung einer Balkanföderation – bestehend aus Ungarn, Rumänien und Bulgarien – einverstanden sein würden. Dies gefiel Kálly, da die Föderation einen Puffer zwischen Rußland und Westeuropa darstellen würde, aber es war zu keinem Zeitpunkt eine realistische Erwartung (obwohl Churchill der Türkei in einer Rundfunksendung vom 13. März 1943 den vagen Vorschlag eines neuen Balkanbundes machte, der die Türkei, Ungarn und Rumänien einschließen solle).[29]

Im Sommer 1942 autorisierten die Briten Palóczy-Horváth, einen britischen Spion ungarischer Abstammung, in Ankara mit Kállays Abgesandten zu verhandeln. Horváth war Kommunist, und Kállay wußte, daß er die Russen über alles unterrichten würde. Deshalb war Kállay hocherfreut, als ihm im August 1943 von der britischen Botschaft in Ankara mitgeteilt wurde, man werde direkt mit László Veress, einem jungen ungarischen Diplomaten, über ein Geheimabkommen zur bedingungslosen Kapitulation verhandeln, das erst wirksam werden solle, sobald die alliierten Truppen die ungarische Grenze erreicht hätten.

Veress' Botschaft wurde Churchill und Roosevelt während der ersten Konferenz von Quebec (11. bis 24. August 1943) übergeben. Sie veranlaßte Churchill wahrscheinlich, das erwähnte Gespräch mit Otto von Habsburg zu führen. Otto sprach während der Konferenz auch mit Roosevelt; die Unterredung war vom ungarischen Standpunkt aus zufriedenstellend, und Otto erstattete Kállay rasch durch den ungarischen Vertreter in Washington, Tibor Eckhardt, Bericht.

Am 9. September traf Sir Hughe Knatchbull-Hugessen, der britische Botschafter in der Türkei, auf seiner Yacht im Marmara-Meer mit Veress zusammen. Man unterzeichnete eine Vereinbarung, daß Ungarn die bedingungslose Kapitulation erklären werde, sobald die Alliierten an die Landesgrenzen vorgedrungen seien. Ungarn werde seine militärische und wirtschaftliche Zusammenarbeit mit Deutschland reduzieren und alliierten Flugzeugen, die seinen Luftraum durchquerten, Hilfe leisten; man werde ein britisches SOE-Team in Ungarn abspringen lassen und regelmäßigen Funkkontakt zwischen den Alliierten und der ungarischen Regierung herstellen. Ein paar Tage später kehrte Veress mit einem Geheimcode und einem britischen Funkgerät nach Budapest zurück, so daß die Verbindung aufrechterhalten werden konnte.[30]

Die Unterlagen über das Abkommen von Istanbul werden im Public Record Office unter Verschluß gehalten, aber es gibt ein Telegramm von Sir Archibald Clark Kerr, dem britischen Botschafter in Moskau, der dem Foreign Office am 7. September

1943 meldete, Molotow habe keinen Einwand gegen das geplante Abkommen mit Ungarn erhoben. Die Bedingungen wurden am 7. September 1943 in einer Notiz von Sir Geoffrey Harrison, die die Richtigkeit von Kállays Memoirendarstellung bestätigt, präzise umrissen.[31]

Major Threlfall, ein Ungarnexperte des Heeresministeriums, begann sofort, den Fallschirmabsprung von SOE-Mitgliedern in Ungarn zu organisieren, aber soweit kam es nicht, was laut Foreign Office auf ungarische Unnachgiebigkeit zurückzuführen war. Churchill drängte im Gegensatz zu Eden auf volle Kooperation mit Kállay. Die Russen forderten, Ungarn solle seine bedingungslose Kapitulation sofort bekanntgeben, und wandten sich auf der Moskauer Konferenz heftig gegen die Entsendung des SOE-Teams.

Der Premierminister und die Generalstabschefs »beharrten« darauf, daß Kállay Hitler weiterhin über die ungarischen Absichten täuschen solle, bis es »eine vernünftige Aussicht auf alliierten Schutz Ungarns gegen Deutschlands Vergeltungsmaßnahmen« gab; alles andere sei nicht »im besten Interesse der alliierten Strategie, da es nur zu einer deutschen Besetzung Ungarns und der Gründung einer ungarischen Quislingsregierung führen werde«. Doch Eden, der anderer Meinung war, notierte: »Die Russen fordern weiterhin, daß Ungarn bedingungslos kapitulieren muß ... Nicht wir, sondern sie kämpfen gegen die Ungarn, und deshalb sind sie zu der Annahme berechtigt, daß sie die entscheidende Stimme bei der Festlegung der alliierten Politik Ungarn gegenüber haben sollten.«

In einem Foreign-Office-Memorandum vom 17. Dezember 1943 faßte Harrison den Konflikt zwischen Eden und Churchill zusammen und bat um eine Entscheidung darüber, ob das Foreign Office Kállay ultimativ auffordern solle, unverzüglich einer bedingungslosen Kapitulation und voller militärischer Zusammenarbeit mit den Alliierten zuzustimmen – die Alternative sei die Bombardierung Budapests und anderer Städte –, oder ob Ungarn zwei weitere Monate Zeit haben solle, die Alliierten zu überzeugen, daß es die Kollaboration mit Deutschland eingestellt und »nützliche

Sabotageakte vorgenommen habe«. Dann »sollten wir die Situation von neuem untersuchen und feststellen, ob es uns hinreichende Hilfe bieten kann, um unseren Verzicht auf die intensive Bombardierung Budapests zu rechtfertigen. Eine solche Antwort würde der ungarischen Regierung einen wirklichen Anreiz bieten, etwas zu unternehmen, damit sie nach dem Krieg eine günstigere Behandlung als Deutschland verdient hat«. Aus Harrisons Notiz geht hervor, daß Flugzeuge der Royal Air Force Budapest bombardieren sollten, sobald die damaligen Angriffe auf Sofia beendet waren. Harrison vermerkte auch, daß die Verhandlungen über die Entsendung des SOE-Teams einen »toten Punkt« erreicht hätten.

Roberts war dafür, Kállay ein Ultimatum zu stellen; Cadogan legte sich wie gewöhnlich nicht fest, doch Eden schrieb am 19. Dezember:

> Ich sehe nicht ein, weshalb wir überhaupt noch mit den Ungarn reden sollten. Meiner Meinung nach könnten wir »sie in ihrem eigenen Saft schmoren lassen«. Die Bombardierung Budapests wird sie vielleicht wieder zum Leben erwecken. Ich wußte nicht, daß wir jetzt Kontakt zur ungarischen Regierung haben. Aber wenn irgend etwas gesagt werden soll, dann wohl im Rahmen eines Ultimatums, nachdem wir zuerst die Russen und Amerikaner unterrichtet haben.[32]

Dies war ein gefühlloser Text, der die Ignoranz des Außenministers über Kállays Einstellung zu den Alliierten verriet. Eden schien nichts von den großen Schwierigkeiten zu wissen, die es Kállay bereitete, einen Umsturz der Nazis in Budapest abzuwehren, der auf eine deutsche Besetzung hinauslaufen und alle vielversprechenden Pläne Kállays für die ungarische Zusammenarbeit mit den Alliierten vereiteln würde. Zudem zeigte Eden taktisches Ungeschick, denn die Ungarn behandelten die alliierten Kriegsgefangenen sehr gut, und ihre Luftwaffe und Flugabwehr ließen alliierte Bomber im ungarischen Luftraum ungeschoren.

In einem Brief von Threlfall an Roberts wurde Kállays Wunsch nach Kooperation am 31. Dezember untermauert. Threlfall hatte gerade von Veress gehört, daß die deutsche Infiltration zunehme, da Deutschland der ungarischen Regierung nicht traue und die Situation vielleicht »auf dramatische Weise« klären werde. Weiter heißt es in dem Brief: »Er fügt hinzu, daß er sehr dringlich auf die Ankunft unseres Teams wartet. Ich informiere ihn vorläufig nicht über die Aussicht einer Verzögerung, die sich aus Ihrer nochmaligen Prüfung ergibt. Das kann warten, bis wir mit größerer Sicherheit wissen, was geschehen soll. Ich hoffe sehr, daß die Haltung positiv sein wird, da unsere geduldigen Verhandlungen nun die gewünschten Umstände hervorgebracht zu haben scheinen, und wir sind zuversichtlich, das Team im Januar aussenden zu können.«

Am 26. Dezember 1943 hatten die Ungarn sich mit der SOE-Mission einverstanden erklärt, die laut Roberts »der ursprüngliche Anlaß für alle unsere jüngsten Kontakte zu den Ungarn war und deren Ablehnung uns veranlaßt hätte, den Ungarn mitzuteilen, daß sie es offensichtlich nicht ernst meinten«. Er fuhr fort: »Wir brauchen keinen Einwand dagegen zu erheben, daß die SOE ihre Sabotagemission einleitet, aber sie sollte daran erinnert werden, daß sie sich auf keinen Fall in politische Angelegenheiten hineinziehen lassen darf.« Roberts meldete auch, daß Washington laut Information des britischen Secret Service erwog, Verbindung zur ungarischen Regierung aufzunehmen; der amerikanische Gesandte in Stockholm habe sich von Ullien Reviczsky beschwatzen lassen, der im September 1943 als ungarischer Gesandter nach Stockholm gegangen und von Kállay beauftragt worden war, über den Rückzug Ungarns aus dem Bündnis mit Deutschland zu verhandeln.[33]

Eden war beunruhigt über den Gedanken, daß ein SOE-Team in Ungarn abspringen könnte. Er kritzelte an den Rand von Roberts' Empfehlung, die Mission stattfinden zu lassen: »Steht dies nicht im Widerspruch zu dem, was ich den Russen in Moskau erklärt habe?« Seine abschließende Notiz vom 28. Dezember lautete: »Ich halte überhaupt nichts von dieser SOE-Mission. Die Russen sprachen sich in Moskau sehr heftig gegen jeden Versuch unsererseits aus, Kontakt zur ungarischen Regierung herzustellen. Ich sehe wenig Vorteile in dieser Mission und würde es vorziehen, sie abzublasen.«[34]

In den ersten Monaten des Jahres 1944 überwog im Foreign Office eine ablehnende Haltung gegenüber Kállay (ein Gefühl, das Churchill nicht teilte). Am 16. Februar berichtete Roberts, daß die ungarische Regierung »infolge der langsamen Entwicklung in Italien kalte Füße bekommen hat und nun daran interessiert ist, Zeit zu gewinnen«; außerdem seien »die Russen sehr empfindlich, was ungarische Angelegenheiten betrifft«, so daß es vielleicht »besser ist, wenn das SOE-Team nicht ausgeschickt wird«. Roberts schloß, daß die ungarische Regierung »nun wieder recht abwartend ist und es auch bleiben wird, bis militärische Entwicklungen eindeutig zu unseren Gunsten ausschlagen«; um wieder maximalen Druck auf die ungarische Regierung auszuüben, sollten die Briten deshalb Budapest bombardieren.[35]

Am 18. Februar schrieb Dennis Allen, die sowjetische Regierung argwöhne, daß die Briten »unangemessen zartfühlend« Ungarn gegenüber seien, und die ungarische Regierung vermittle den Eindruck, »die besondere Gunst« der westlichen Alliierten zu genießen. Laut Allen überwogen die Argumente für eine Bombardierung der ungarischen Hauptstadt: »Auf dieser Grundlage haben die Generalstabschefs entschieden, daß Budapest das nächste Ziel in Südwesteuropa sein soll.« Oliver Harvey notierte, es sei schade, daß man Budapest noch nicht bombardiert habe: »Je früher die ungarische Regierung von ihrer selbstgefälligen Ansicht geheilt wird, daß wir eine Schwäche für sie hätten und sie es sich bequem machen könne, desto besser. Wir können und würden sie nicht vor den Russen schützen.«

Cadogan war realistischer; er schrieb: »Eine Bombardierung Budapests wird *ohne* politische Wirkung bleiben. Wenn das Ministerium doch nur begreifen könnte, daß kein Satellit militärisch kapitulieren wird, bevor wir ihm einen weit besseren Schutz garantieren, als Italien ihn hat. Deshalb ist die Bombardierung Budapests einfach eine Frage der Abwägung von Zielen. Wenn Budapest mehr einbringt als zum Beispiel die Wiener Neustadt oder Leipzig, dann sollten wir es mit Vorrang bombardieren. Der Schaden für das feindliche Kriegspotential ist der einzige Gesichtspunkt. Es gibt keinen politischen Gesichtspunkt.«

Eden paraphierte sein Einverständnis mit diesen Ansichten, und es schien, als würden die Briten das Abkommen von Istanbul mißachten. Doch am 3. März erfuhr das Foreign Office, Veress sei nach Istanbul zurückgekehrt und habe vorgeschlagen, daß die ungarischen Divisionen nördlich des Peipus-Sees zu den Russen überlaufen oder kapitulieren sollten; außerdem solle Ungarn Titos Partisanen in Jugoslawien mit allem Nötigen versorgen. Brigadegeneral Maclean, Churchills Verbindungsoffizier zu Tito, legte Wert auf ein Treffen zwischen Tito und den Ungarn, und diese Nachricht von Veress verdeutlichte dem Foreign Office, daß Ungarn »wünschte«, sein Kapitulationsangebot zu verwirklichen. Wenn der Kontakt zu den Ungarn so umfassende Ergebnisse zeitigen konnte, würde der Nutzen des SOE-Teams in Budapest »enorm erhöht« werden. Veress' Botschaft bewog Eden, der Entsendung des SOE-Teams und der geplanten Kontaktaufnahme mit Tito zuzustimmen. Er bevollmächtigte den britischen Botschafter in Moskau, die Russen in Kenntnis zu setzen, daß die Ungarn bereit seien, ihnen einige Divisionen zu übergeben.[36]

Mit Churchills Billigung sprangen drei SOE-Mitglieder unter Major Boughey am 15. März mit dem Fallschirm ab und schlossen sich Oberst Howie in Budapest an. Leider erreichten sie wenig und wurden alle im September von der Gestapo gefaßt. Kállay hatte dem Unternehmen zugestimmt, weil er erwartete, daß die SOE-Angehörigen als Berater und Gewährsleute fungieren und »eine kleine, geheime diplomatische Mission« bilden würden. Dies mag auch Churchill vorgeschwebt haben, als er mit Otto von Habsburg sprach, aber Kállay merkte bald, daß die SOE-Männer den Befehl erhalten hatten, nur als Geheimagenten für Sabotage- und Aufklärungszwecke tätig zu sein.[37]

Die Verhandlungen Kállays mit den Alliierten endeten abrupt am 19. März 1944, als Hitler deutsche Truppen in Budapest einrükken ließ (zuvor, am 18. März, hatte er Horthy zu Gesprächen nach Deutschland beordert). Kállay entging der Verhaftung nur dadurch, daß er in der türkischen Botschaft Asyl suchte, und Horthy wurde gezwungen, einen »Quisling«, Döme Sztójay, zum Ministerpräsidenten zu ernennen. Am 25. August 1944, nachdem Rumänien die Seiten gewechselt hatte, machte Horthy einen letzten verzweifelten Versuch, das gleiche zu tun und die ungarische Unabhängigkeit zu bewahren, indem er Sztójay entließ und an seiner Stelle General Géza Lakatos, einen Nazigegner, ernannte. Lakatos hatte den Auftrag, bei den Alliierten um Frieden nachzusuchen; sein Kabinett setzte sich aus Generalen und rechten Politikern zusammen, die loyal zum Reichsverweser standen und den Kommunismus schroff ablehnten.

Im Anschluß an die zweite Konferenz von Quebec (11. bis 16. September 1944) lud Churchill Erzherzog Otto am 17. September zum Essen ein. Otto erbot sich, an die Schweizer Grenze zu reisen und mit ungarischen Delegierten zusammenzutreffen. Er wollte Horthy und dessen Regierung auffordern, über eine Kapitulation zu verhandeln, und bat Churchill, Ungarn danach zu einem mitkriegführenden Staat zu erklären und es mit Waffen und Munition zu versorgen.

Zwei Tage vorher hatte Otto mit Roosevelt gesprochen und die Unterredung als sehr ermutigend für »meine Mutter und mich selbst« bezeichnet. Er hatte Roosevelt ebenfalls mitgeteilt, daß er sofort an die französisch-schweizerische Grenze (die nun unter amerikanischer Militärkontrolle war) reisen wolle, um mit den Ungarn Kontakt aufzunehmen. Seine Begründung lautete: »Da ich die ungarische Regierung kenne, glaube ich aufrichtig an eine mehr als fünfzigprozentige Chance, daß sie meinen Rat akzeptieren wird, wenn ich ihn direkt übermitteln kann.«

Otto zeigte Roosevelt auch den Text einer Botschaft, die er gerade über Lissabon, den Vatikan und Bern nach Budapest schickte:

> Angesichts der gefährlichen Entwicklung der ungarischen Lage und der bevorstehenden sowjetischen Invasion nationalen Territoriums halte ich es für meine Pflicht, einen höchst dringlichen Appell an die Regierung zu richten, damit sie handelt, bevor es zu spät ist. Ich bin überzeugt, daß Ungarn der kommunistischen Herrschaft immer noch entgehen kann, wenn die

> ungarische Regierung nun sofort Kontakt zu den Amerikanern und Briten aufnimmt und deren Angebot einer bedingungslosen Kapitulation akzeptiert. Nur so können Leben, Ehre und Integrität der ungarischen Nation und des ungarischen Volkes gerettet werden. Unser Land kann heute bessere Bedingungen erlangen, als wenn es den Kampf an der Seite der Deutschen fortsetzte. Ich bin auch überzeugt, daß die ungarische Regierung die kommunistische Herrschaft über Ungarn herbeiführen wird, wenn sie weiterhin an der Seite der Deutschen kämpft. Dies alles erkläre ich in vollem Wissen um die Situation. Als ungarischer Patriot, dem ausschließlich an den Interessen der Nation gelegen ist, fordere ich Admiral Horthy und die Regierung auf, den Amerikanern und Briten ohne Verzug Kapitulationsverhandlungen zu deren Bedingungen anzubieten. Dies ist fast mit Sicherheit die letzte Chance Ungarns, dem Kommunismus zu entgehen. Es ist die Pflicht der Regierung, unsere Nation vor dieser schrecklichen Gefahr zu retten.[38]

Dieser Appell Ottos brachte Churchill und Roosevelt in eine peinliche Lage. Churchill vermochte sich zwar mit einer Restauration der Habsburger Monarchie anzufreunden, aber er konnte keine offenen Maßnahmen ergreifen, um Otto zu helfen. Eden und das Foreign Office waren entsetzt über die antisowjetische Haltung des Erzherzogs. Am Ende hatte Horthy keine andere Wahl, als vor den Russen in Moskau zu kapitulieren, wobei Briten und Amerikaner als untergeordnete Partner an den Verhandlungen teilnahmen. Dies hatte katastrophale Auswirkungen auf die ungarische Bereitschaft, gegen die Deutschen zu kämpfen.

Die ungarischen Versuche, aus dem Krieg auszuscheiden, nahmen am 22. September eine dramatische Wendung, als General H. Náday, begleitet von Oberst Howie, mit einer ungarischen Heinkel eine Bruchlandung in Termoli vollführte. Er war als »Vertreter des Reichsverwesers und der ungarischen Regierung von General Lakatos« unterwegs zu Feldmarschall Alexanders Hauptquartier im italienischen Caserta. Náday hatte keine Beglaubigungsschreiben außer einem Brief an den Papst, weil man aus

Sicherheitsgründen entschieden hatte, daß schriftliche Bevollmächtigungen gefährlich seien.

Am nächsten Tag sprach Náday im Königspalast in Caserta mit General Wilson (dem Alliierten Oberbefehlshaber), Air Marshal Slesser und US-Vertretern; Roger Makins vom Foreign Office und Oberst Howie waren ebenfalls anwesend. Howie sagte, er sei am 21. September mit Náday bei Horthy gewesen, und man könne, wenn nötig, Beglaubigungsschreiben vorlegen. Náday erklärte, die »einzige Sorge« der Ungarn bestehe darin, eine russische Besetzung abzumildern. Wenn die Alliierten einige Luftlandetruppen bereitstellen könnten, werde der ungarische Widerstand eine konkretere Form annehmen. (Dies war ein vernünftiger Vorschlag, der vom Alliierten Oberkommando nicht verworfen wurde. Unglücklicherweise waren die verfügbaren britischen und amerikanischen Luftlandedivisionen erst eine Woche zuvor erfolglos im niederländischen Arnheim eingesetzt worden. Die polnische Luftlandebrigade, ideal für Operationen mit der ungarischen Armee, war ebenfalls mit unheilvollen Folgen am Rhein ins Feld geschickt worden. Die Landkarte Europas hätte nach dem Krieg anders aussehen können, wenn britische und amerikanische oder polnische Luftlandetruppen im September 1944 nicht an den Rhein, sondern nach Ungarn geschickt worden wären.)

Náday teilte General Wilson mit, daß er einen Waffenstillstand anstrebe, und zwar »bedingungslos und ohne Verhandlungen«. Oberst Howie erläuterte, die ungarische Regierung »sehe ein«, daß die Besetzung »für die Dauer der Waffenstillstandsperiode« von russischen Truppen vorgenommen werden würde: »Ein paar Tage zuvor habe die ungarische Regierung fast beschlossen, sich aus dem Krieg zurückzuziehen und gegen die Deutschen vorzugehen, aber dazu sei es nicht gekommen. Sie werde Sofortmaßnahmen ergreifen, wenn sie Zusicherungen erhalten könne, daß es zu einer gemeinsamen Besetzung durch alliierte Streitkräfte kommen und das Land nicht völlig den Russen ausgeliefert werde. Wenn sie keine alliierte Teilnahme an einer Besetzung und vielleicht bloß eine alliierte Delegation in Budapest erwarten könne, werde sie lieber weiterkämpfen.«

Dies wurde sofort dem Foreign Office in London gemeldet; der letzte britische Militärattaché in Budapest (bis Juni 1941) beschrieb Náday in einem Vermerk als »eines der fähigsten Mitglieder des ungarischen Generalstabs, sehr alliiertenfreundlich und aus ganzem Herzen probritisch«. Roberts kommentierte, Náday sei ein geeigneter Mann für Verhandlungen, und Eden schrieb: »Gut«. Das Außenministerium in Washington war bereit, unverzüglich Waffenstillstandsverhandlungen mit Náday aufzunehmen, entschied jedoch, Howies Beharren auf einer anglo-amerikanischen Teilnahme an der Besetzung Ungarns zu ignorieren und sie nicht an die Russen weiterzuleiten.

Diese vielversprechende Gelegenheit wurde am 2. Oktober zunichte gemacht, als die Sowjetregierung jedes Gespräch mit Náday ablehnte, weil er »keine Beglaubigungsschreiben« hatte. Allen notierte zu Recht: »Man wird zu dem Schluß gezwungen, daß sie nichts mit einem Vertreter Horthys zu tun haben wollen, es sei denn, sie könnten ihn auf ihre Seite ziehen.« Roberts wollte keinen festen Standpunkt gegen die zögernden Sowjets einnehmen und schrieb: »Diese Antwort ist zwar enttäuschend, aber keineswegs überraschend, denn die Sowjets können den Ungarn keinen territorialen Ausgleich anbieten und sind vielmehr verpflichtet, alle Feinde Ungarns zu begünstigen. Sie sind nicht in der Lage, einen antideutschen Staatsstreich durch die Ungarn genauso zu begrüßen wie einen entsprechenden rumänischen Schritt. Der einzige attraktive Kurs, den die Sowjetpropaganda einschlagen kann, wenn die Invasion Ungarns offiziell beginnt, besteht darin, die unterdrückten Bauern und Arbeiter zum Kampf gegen das Horthy-Regime aufzurufen.« Immerhin fügte er hinzu, daß die Briten diesem sowjetischen Ersuchen zwar nachgeben müßten, sich jedoch erkundigen sollten, »welche spezifischen Beglaubigungsschreiben sie eigentlich verlangen«. Roberts ließ außer acht, daß Náday mühelos von Horthy Beglaubigungsschreiben hätte erhalten können, die ihn als offiziellen Bevollmächtigten auswiesen.[39]

Die russische Weigerung, Náday als Horthys autorisierten Vertreter anzuerkennen, war eine List, die bewirken sollte, daß die

Waffenstillstandsverhandlungen in Moskau durchgeführt wurden. Gleichzeitig bewies die schwächliche Haltung des Foreign Office, wie unterwürfig Eden sich Stalin gegenüber verhielt. Es war eine schlechte Politik, denn wenn die ungarischen Streitkräfte mit vollem Einsatz gegen die Deutschen kämpfen sollten, benötigten sie eine Garantie für eine gewisse militärische Präsenz der Alliierten.

Die russische Beharrlichkeit hatte zur Folge, daß Horthy außer einer Bestätigung von Nádays Eintreffen nichts von dem General hörte. Auf Forderung der Russen wurde eine ungarische Delegation unter General S. Faraghó durch die Linien der Roten Armee geschleust und am 5. Oktober nach Moskau befördert. Die drei Mitglieder der Delegation, darunter Géza Teleki, der Sohn des früheren Ministerpräsidenten, wurden von den russischen Generalen Antonow und Kusnezow vernommen, die ihnen erklärten, die Probleme seien rein militärischer Art und es gehe ausschließlich darum, einen Weg zu finden, wie Ungarn zur Niederlage der deutschen Streitkräfte beitragen könne. Die sowjetischen Truppen würden im Falle einer Übereinkunft die Feindseligkeiten sofort einstellen, und britische und amerikanische Bomber würden ihre Angriffe auf ungarische Städte beenden. Faraghó wandte ein, er habe keine militärische, sondern eine diplomatische Mission durchzuführen, doch man bedeutete ihm, daß man ihn nicht anerkennen werde, wenn er keine schriftliche Bevollmächtigung von Horthy erhalten könne. Den Ungarn blieb nichts anderes übrig, als untätig in einer Moskauer Vorstadtvilla abzuwarten.

Der NKWD-General Makarow, der die Partisanen in der Slowakei anführte, hatte die Ungarn ausdrücklich eingeladen, diese diplomatische Delegation nach Moskau zu entsenden. In zwei Briefen an Horthy hatte er die geplanten Waffenstillstandsbedingungen umrissen, darunter die Garantie, daß die ungarischen Grenzen unverändert bleiben würden. Da Makarow behauptete, diese Briefe auf persönliche Anweisung Stalins geschrieben zu haben, veranlaßten sie Horthy, die Faraghó-Mission einzuleiten. Zu seiner Empörung erfuhr Faraghó nach dem 5. Oktober von den russischen Generalen, daß Stalin sich nicht an dieses Versprechen halten und Ungarn nur die im Versailler Vertrag festgelegten Grenzen gewähren wolle; Makarow habe seine Anweisungen überschritten. Dies konnte Faraghó nicht glauben, denn Makarow bekleidete offensichtlich ein hohes Amt und hatte die Reise der Delegation nach Moskau problemlos ermöglicht. Er dürfte autorisiert worden sein, Horthy falsche Versprechungen zu machen.[40]

Unterdessen waren Eden und Churchill zur Moskauer Konferenz eingetroffen, und Faraghó wurde am späten Abend des 10. Oktober von Molotow empfangen (obwohl noch keine schriftlichen Bevollmächtigungen von Horthy überbracht worden waren). Molotow sagte, Großbritannien und die USA hätten ihre Zustimmung dazu gegeben, daß alle Waffenstillstandsverhandlungen in Moskau geführt werden müßten, und die drei Alliierten hätten sich formell über die Bedingungen geeinigt. Am nächsten Tag wurde ein Waffenstillstandsabkommen unterzeichnet, das die sowjetische Behauptung, man könne nicht mit Náday verhandeln, ad absurdum führte. Ungarn erklärte sich bereit, alle von seinen Truppen besetzten tschechischen, jugoslawischen und rumänischen Gebiete zu räumen und innerhalb von zehn Tagen alle seine Zivilbehörden hinter »seine Grenzen vom 31. Dezember 1937« zurückzuziehen. Nach der Räumung würden die drei alliierten Regierungen eine Delegation unter einem russischen Vorsitzenden entsenden. Ungarn habe alle Beziehungen zu Deutschland abzubrechen und ihm unverzüglich den Krieg zu erklären. Die Sowjetregierung sei bereit, Ungarn Militärhilfe zu leisten.[41]

Horthy hatte keine andere Wahl, als den ungarischen Streitkräften zu befehlen, nach der Verkündung des Waffenstillstandes sofort die Seite zu wechseln. Unglücklicherweise wurde sein Sohn Miklós in Budapest von einem SS-Sonderkommando unter Otto Skorzeny entführt. In Panik gab der Admiral schon am 15. Oktober den Waffenstillstand bekannt, obwohl er sich mit den Alliierten auf den 19. Oktober geeinigt hatte. Horthy informierte die Russen nicht einmal von der Änderung des Termins, und der gesamte Plan scheiterte.

Horthy hatte General Bakay mit der Verteidigung Budapests gegen die Deutschen betraut. Dieser hatte loyale Truppen aus

Szombathely in die Hauptstadt verlegt, was den Deutschen nicht behagte. In Budapest gingen Kapitulationsgerüchte um, und pronationalsozialistische Ungarn zettelten am 5. Oktober Unruhen an. Bakay sorgte mit seinen Truppen und der Polizei für Ordnung, doch am späten Abend wurde er von der Gestapo im Hotel Ritz verhaftet. Zwei Tage später fand man seine Leiche.

Hitler wußte nun um Horthys Kapitulationsabsichten und befahl einen Staatsstreich und die Einnahme Budapests. General Erich von dem Bach, begleitet von Major Skorzeny, wurde nach Budapest entsandt, um das Kommando von dem SS-General Winkelmann zu übernehmen. Gleichzeitig kam Rahn, der deutsche Botschafter bei Mussolini in Salò, nach Budapest, um die Bemühungen des Gesandten Edmund Veesenmayer zu unterstützen und Ungarn mit diplomatischen Mitteln auf deutscher Seite zu halten. Am Mittag des 15. Oktober sprachen Horthy, Lakatos und Außenminister Gusztáv Hennyey mit Veesenmayer. Der Reichsverweser sagte, er wolle proklamieren, daß Ungarn »den Kampf aufgibt«. Der schockierte Veesenmayer erwiderte, daß Rahn am selben Morgen mit einer Sonderdelegation eingetroffen sei, um die Spannungen zwischen Deutschland und Ungarn zu beheben, und er bat Horthy, die Proklamation hinauszuschieben, bis er eine Unterredung mit Rahn geführt habe. Horthy war bereit, Rahn zu empfangen, befahl jedoch, den Waffenstillstand sofort zu verkünden. Der Budapester Rundfunk brachte Horthys Proklamation um 13.10 Uhr.

Veesenmayer und Rahn kehrten zum Palast des Reichsverwesers zurück, als die Nachricht gerade gesendet wurde. Horthy forderte sie auf, dafür zu sorgen, daß die deutschen Truppen kampflos an die österreichische Grenze zurückgezogen würden. Rahn versprach, diesen Vorschlag an Hitler weiterzuleiten, und die Unterredung war überraschend versöhnlich. Rahn hoffte, von dem Bach zur Verschiebung des Militärputsches und zur Vermeidung von Blutvergießen überreden zu können.

Ohne General Bakay zögerten die übrigen ungarischen Militärbefehlshaber in Budapest, ihre Befehle auszuführen und die Deutschen anzugreifen. Statt dessen suchten sie am Nachmittag die deutsche Gesandtschaft auf, um Gespräche mit Rahn, Veesenmayer, von dem Bach und Winkelmann zu führen. Man versuchte, eine friedliche Lösung zu finden, als Hitler und Ribbentrop erfuhren, was vorging. Rahn wurde telefonisch beschieden, daß er und Veesenmayer »mit verbrecherischer Torheit« handelten und daß von dem Bachs Plan zur militärischen Besetzung Budapests auf der Stelle auszuführen sei. Deutsche Panzer und SS-Truppen traten sofort in Aktion und fanden kaum Widerstand bei den Ungarn. Horthy und seine Familie sowie die Regierung Lakatos wurden festgenommen und nach Deutschland geflogen. Die Deutschen und pronazistische Ungarn (Pfeilkreuzler-Partei) besetzten Budapest, wo sofort Greueltaten gegen die Juden verübt wurden.

Die Erste Ungarische Armee versuchte, zu den Russen überzulaufen, aber zu viele ihrer Offiziere waren stark antisowjetisch eingestellt. Das entstehende Chaos wurde durch gefälschte Befehle aus Budapest, daß der Waffenstillstand null und nichtig sei, noch verschlimmert. Die Deutschen nahmen General L. Veress, den Befehlshaber der Zweiten Ungarischen Armee, in Klausenberg fest, was dem britischen Secret Service zufolge entscheidend dazu beitrug, die »völlige Kapitulation vor den Russen zu vereiteln«.[42]

Die ungarische Armee war eine professionelle Truppe mit einer Mehrzahl von Berufsoffizieren. Wenn die anglo-amerikanischen Luftlandedivisionen, um die Horthy gebeten hatte, in Budapest gewesen wären, hätte die ungarische Armee mit allem Einsatz gegen die deutsche Wehrmacht gekämpft. Diese konservativen Offiziere hielten nicht das geringste von einer Kapitulation vor den Russen und einer sowjetischen Besetzung ihres Landes. Die britische und die amerikanische Regierung verschenkten eine einmalige Gelegenheit, als sie sich der sowjetischen Forderung beugten, nicht mit Náday in Italien über einen Waffenstillstand zu verhandeln. Die Russen rückten nach Ungarn vor, und im Dezember wurde eine kommunistische Marionettenregierung in Debrecen gegründet - genau das, was Churchill und Erzherzog Otto in Quebec hatten verhindern wollen. Und die Deutschen räumten Budapest erst am 13. Februar 1945.

Kehren wir noch einmal zu den Bemühungen Otto von Habsburgs zurück. Obwohl Churchill und Roosevelt sich in Quebec ihm gegenüber so entgegenkommend zeigten, behandelte das Foreign Office, veranlaßt von Eden, die Habsburger wie Geächtete. Allen notierte auf dem Protokoll des Gesprächs zwischen Churchill und Otto, daß er hoffe, die Amerikaner würden Otto nicht an die Schweizer Grenze befördern, und Eden fügte hinzu: »In der Tat. Hoffentlich spielen die Franzosen nicht mit.« Harrison vermerkte: »Ottos Einmischung kann nur Schaden anrichten. Sein Einsatz als Vermittler kommt nicht in Frage. Der Ton der Botschaften, die er dem Präsidenten vorlegte, mit ihrem Beharren auf einer Kapitulation vor den angelsächsischen Mächten, ist beklagenswert.« Eden schrieb am 30. September: »Ganz meine Meinung. Ich persönlich will nichts mit Otto zu tun haben. Vielleicht ist ein kurzes Memorandum dieses Tenors an den PM erforderlich.« Das Memorandum lautete:

> Ich bin sicher, daß das Einschreiten des Erzherzogs nur Schaden anrichten kann. Die Unterstützung, die er in Österreich und Ungarn genießt, ist viel zu gering, als daß sie die unzweifelhaften Nachteile ausgleichen könnte, mit denen wir in Sowjetrußland, der Tschechoslowakei und Jugoslawien rechnen müßten, ganz zu schweigen von den öffentlichen Reaktionen in diesem Lande, wenn wir versuchten, ihn einzusetzen (um einen Aufstand in Österreich zu fördern). Ich hoffe, daß die Amerikaner besonnen handeln werden.[43]

Ende September beschloß Otto, nach Lissabon zu reisen, um die Verhandlungen mit seinen Kontaktpersonen in Ungarn und Österreich voranzutreiben. Da seine Route über die Bermuda-Inseln führte, beantragte er ein Visum bei der britischen Botschaft in Washington. Harrison notierte: »Wir müssen den Erzherzog unbedingt daran hindern, nach Europa zu kommen . . . Dazu ist eine nachdrückliche Botschaft an Mr. Hull erforderlich, damit er keine Ausreiseerlaubnis aus den USA erteilt. Da der PM ein persönliches Interesse an dem Erzherzog hat, sollte der Minister die

Sache vielleicht zuerst mit ihm klären.« Roberts war derselben Meinung, korrigierte sich jedoch später: »In Anbetracht der Haltung des Präsidenten und des Premierministers zu dieser Frage machen wir besser gute Miene zum bösen Spiel.« Schließlich wurden die britischen Einwände zurückgezogen.[44]

Am 24. Oktober führte Erzherzog Karl Ludwig in Lissabon ein langes Gespräch mit dem britischen Botschafter Campbell. Er berichtete, daß Erzherzog Otto sehr erfreut über seine Unterredungen mit Churchill und Roosevelt in Quebec gewesen sei. Campbell erklärte voller Stolz, daß er Karl Ludwig keinerlei Informationen gegeben und nur zugehört habe. In einem Brief an Roberts schrieb er: »Ich ließ den Erzherzog reden und spielte den Dorftrottel.«

Am 8. November 1944 traf Otto in Lissabon ein, und das Foreign Office fürchtete, er könne versuchen, nach London zu reisen. Eden notierte, daß »ich meinen Kampf ausfechten muß«, falls der Erzherzog den Premierminister um eine Einreiseerlaubnis bitten sollte. Harrison setzte hinzu: »Es ist wichtig, daß das Ministerium nicht vom PM übergangen wird.«[45]

Eden schenkte Churchills Wunsch nicht die geringste Beachtung, daß die Habsburger dabei mitwirken sollten, den Widerstand gegen die Nazis in Ungarn und Österreich zu stärken. Seltsam ist, daß die Verhandlungen mit Ungarn in der offiziellen »Geschichte der kritischen Außenpolitik im Zweiten Weltkrieg« ignoriert werden und daß weder Eden noch Churchill sie in ihren Memoiren erwähnen.

Wieviel Churchill daran lag, sich der Habsburger und der monarchistischen Sympathisanten zu bedienen, um die Kontrolle der Nazis über Österreich und Ungarn zu brechen, ist aus einem Memorandum zu ersehen, das er dem Foreign Office am 8. April 1945 schickte. Otto hatte Churchill am 1. März in einem Brief um die Unterstützung von Monarchisten in Österreich gebeten, die während des Rückzugs der Deutschen Aufstände organisierten. Eden, das Foreign Office und das Heeresministerium zeigten kein Interesse. Dies rief eine scharfe Antwort Churchills hervor:

Es wäre nie zu diesem Krieg gekommen, wenn wir nicht unter amerikanischem und modernistischem Druck die Habsburger aus Österreich und Ungarn und die Hohenzollern aus Deutschland vertrieben hätten. Durch die Schaffung dieser Vakuen gaben wir dem Hitlerschen Ungeheuer die Möglichkeit, aus seiner Kloake auf den leeren Thron zu kriechen. Diese Ansichten sind gewiß sehr altmodisch. Wenn es keine Möglichkeit gibt, Otto und seinen Brüdern zu helfen, verstehe ich nicht, weshalb wir sie auffordern sollten, uns ihre Geheimnisse zu enthüllen.

Eden erwiderte am 13. April:

1. ... Das, was Sie über die Konsequenzen der übereilten Auflösung des Habsburger Reiches am Ende des letzten Krieges sagen, hat natürlich viel Überzeugungskraft. Aber es wäre meiner Ansicht nach sowohl unpraktisch als auch gefährlich, besonders unter den gegenwärtigen Umständen, wenn wir nun versuchten, die Uhr zurückzustellen und den Habsburgern wesentliche Militärhilfe zu leisten.
2. ... gibt es einen weiteren Grund, weshalb es wohl unklug wäre, die Habsburger zu ermutigen. Zu einem Zeitpunkt, da wir speziellen Wert darauf legen, daß die Russen in Österreich keine Maßnahmen ergreifen, die die Situation dort beeinflussen könnten, bevor der vollständige alliierte Apparat aufgebaut ist, müssen wir ganz besonders darauf achten, alles zu vermeiden, was russischen Argwohn wecken könnte.
3. Unter den Umständen sehe ich keine Alternative zur Einstellung der Korrespondenz mit dem Erzherzog. Deshalb bin ich durchaus der Meinung, daß wir ihm keine weiteren Mitteilungen schicken sollten, in denen wir uns nach Einzelheiten seiner Organisation erkundigen.
4. Wenn Sie einverstanden sind, werde ich selbst ein Schreiben an Duff Cooper* senden, in dem ich erkläre, weshalb wir

* Duff Cooper war damals Botschafter in Paris, wo Otto von Habsburg mittlerweile wohnte. Die französische Regierung half ihm, seine Geheimkontakte zu monarchistischen Verschwörern in Österreich aufrechtzuerhalten.

nicht mehr in der Lage sind, auf die Vorschläge des Erzherzogs einzugehen ...[46]

Churchill gab sich geschlagen, nachdem er diesen Brief erhalten hatte. Er wußte, daß seine Kollegen im Kriegskabinett die Russen nicht gegen sich aufbringen wollten und sich deshalb hinter Eden stellen würden. Der Premier notierte für seine Privatsekretäre Colville und Millard die Anweisung: »Nichts unternehmen«, und damit endeten seine Bemühungen, die Habsburger in die europäische Nachkriegsregelung einzubeziehen. Wie Eden es wünschte, wurde die Korrespondenz mit Otto abgebrochen.

In den Archiven existiert keine Kopie des Briefes, in dem Otto am 1. März 1945 um Hilfe für die monarchistische Erhebung in Österreich bat. Otto informierte den Autor, daß er aus Sicherheitsgründen keine Kopie der Briefe, die er 1945 aus Paris schrieb, aufbewahrt hatte. Er sei unmittelbar nach dem Zusammenbruch Frankreichs in der Lage gewesen, Verbindung mit der monarchistischen Opposition in Österreich aufzunehmen; dafür habe er vor allem General de Gaulle zu danken, »der ein sehr starkes Interesse an der Unabhängigkeit Österreichs hatte«. Otto erläuterte, daß er in den Kriegsjahren in engem Kontakt mit der Résistance und der gaullistischen Bewegung gestanden habe. Sobald de Gaulle die Kontrolle über den französischen Staatsapparat übernommen habe, sei er ihm gegenüber sehr hilfreich gewesen. Infolgedessen habe er Kontakte zu seinen Anhängern in der österreichischen Widerstandsbewegung herstellen und »gewisse Personen ins Land einschleusen und andere herausholen« können. Der französische Rundfunk habe in seinem Namen verschlüsselte Botschaften gesendet: »Dies war besonders wichtig in der Befreiungsphase von Vorarlberg und Tirol.«

Otto betonte in einem Brief an den Autor, daß Churchill während des Krieges der einzige in der britischen Regierung gewesen sei, der ihn unterstützte: »Eden war dauernd feindselig, was er sogar in der Öffentlichkeit zeigte. Es war sehr auffällig, wie anders Eden sich benahm, wenn ich ihm in Gegenwart des Premierministers begegnete, und wie unerträglich er wurde, sobald der Premierminister fort war. Die Unterlagen, die Sie in Ihrem Buch veröffentlichen, bestätigen meinen damaligen persönlichen Eindruck.«

Colville* versicherte dem Autor, daß Churchill es mit seiner Unterstützung Ottos überaus ernst gemeint habe, und er fuhr fort:

> Ich kann zweifelsfrei das Rätsel lösen, weshalb Churchill bereit war, mit den Habsburgern, nicht aber mit den deutschen Verschwörern zu verhandeln. Er glaubte nicht, daß die letzteren eine erhebliche Anhängerschaft in Deutschland hatten. Außerdem meinte Churchill zu einer Zeit, als die Zerstückelung Deutschlands immer noch alliierte Politik war, daß unter den Habsburgern ein Donaustaat unter Einschluß Österreichs, Ungarns, Bayerns und vielleicht Württembergs und Badens geschaffen werden könne. Er sah stets eine der Ursachen des Zweiten Weltkriegs darin, daß die Auflösung Österreich-Ungarns im Donautal ein Vakuum hinterlassen hatte.**

Überraschenderweise trafen im Herbst 1944 Friedensvorschläge von Himmler ein. Als »Reichsführer SS« kontrollierte er auch die Gestapo und den Sicherheitsdienst und war 1943 zum Kronprinzen Hitlers aufgestiegen, da Görings Einfluß durch das Scheitern der Luftwaffe nachgelassen hatte. Doch schon 1942 spielte Himmler mit dem Gedanken, Hitler zu stürzen und Frieden mit den Alliierten zu schließen. Im Mai 1942 und wiederum im Januar 1943 versuchte er, in Madrid Verhandlungen mit den Briten zu eröffnen. Der britische Botschafter Sir Samuel Hoare berichtete, Prinz Max von Hohenlohe habe gesagt, Himmler und er seien

* Sir John Colville verzeichnet in seinem Tagebuch, Churchill habe ihn im April 1945 angewiesen, seinen Ansichten über die Habsburger »weite Verbreitung innerhalb des Foreign Office« – das er des »Republikanismus« bezichtigte – zuteil werden zu lassen.

** Churchill erwähnte Erzherzog Otto in seinen Memoiren nicht. Als er jedoch kurz nach dem Krieg erfuhr, daß die Alliierten erwogen, Otto in Brüssel festzunehmen oder zurückzuhalten, schickte er dem britischen Botschafter ein Telegramm mit einem nachdrücklichen Veto.

Feinde Hitlers und wollten Frieden. Dies wurde im Foreign Office kühl aufgenommen. Im Januar 1943 schrieb Allen: »Wenn irgend etwas Wahres an der Geschichte ist, daß Hohenlohe von Himmler unterstützt wird, ist es ein zusätzlicher Grund, nichts mit ihm zu tun zu haben.« Harrison kommentierte: »Himmler ist wahrscheinlich der am stärksten gehaßte Mann in Europa, und er hat keine breite Anhängerschaft in Deutschland. Ich kann mir einfach nicht vorstellen, daß er ein Rivale Hitlers sein oder daß er versuchen könnte, mit uns Friedensverhandlungen zu führen. Himmler hat eigene Agenten im Ausland, die ihm direkt Meldung erstatten, und Hohenlohe könnte sein Agent in Spanien sein. Aber dies ist ... nur ein zusätzlicher Grund, sich von ihm fernzuhalten.«[47]

Himmler war ein beschränkter Mann, der nicht ahnte, wie sehr man ihn außerhalb Deutschlands verabscheute. Einer der führenden Verschwörer, Carl Langbehn, war mit Himmler bekannt, da ihre Kinder dieselbe Schule besuchten. Seit Mai 1943 hatte er mit Hilfe von SS-Obergruppenführer Karl Wolff, Himmlers Stabschef, über die Möglichkeit eines Staatsstreiches verhandelt, durch den Himmler die Nachfolge Hitlers antreten würde. Am 26. August 1943 führten Langbehn und Johannes Popitz, ein anderer einflußreicher Verschwörer und früherer Finanzminister, mit Himmler persönlich eine Unterredung.

Langbehn war ein leidenschaftlicher Gegner der Nazis. Christabel Bielenberg, seine Nachbarin in Berlin, teilte dem Autor mit, Langbehn sei eine hochmoralische Persönlichkeit gewesen und habe nicht beabsichtigt, Himmler die Kontrolle über Deutschland übernehmen zu lassen. Er habe bei Himmler nur um die Bevollmächtigung nachgesucht, in die Schweiz zu reisen, damit er dort im Namen der Verschwörer eine Verbindung zu den Alliierten herstellen konnte; wenn dies realisiert worden wäre, hätte er sich sofort von Himmler abgewandt.

Himmler erteilte Langbehn die Vollmacht, in der Schweiz mit Dulles zu sprechen und bei den Alliierten vorzufühlen, ob sie einen möglichen Wechsel des Regimes und die Ablösung Hitlers durch Himmler akzeptieren würden. In Wirklichkeit wollte Langbehn Hitler durch eine von Beck und Goerdeler geleitete Regierung ersetzen und sich Himmlers entledigen. Beck und Goerdeler wollten nichts mit Himmler zu tun haben, waren aber mit allem einverstanden, was Verwirrung in den Reihen der Nazis stiften konnte.

Wie vorgesehen, stellte Langbehn Kontakt zu Dulles in Bern her, aber unglücklicherweise wurde Dulles' Meldung nach Washington, daß »Himmlers Anwalt die Hoffnungslosigkeit der militärischen und politischen Situation Deutschlands bestätige« und eingetroffen sei, um Friedensangebote zu machen, von den Nazis abgefangen und an Hitler weitergegeben. Langbehn wurde bei seiner Rückkehr nach Deutschland sofort festgenommen, aber Himmler schaffte es, den Führer von seiner Loyalität zu überzeugen. Hitler ahnte nichts von dem, was Dulles Himmlers »Flirt mit dem Hochverrat« nannte.[48]

Auf Hitlers Befehl stellten Gestapo-Agenten hartnäckige Anfragen an die US-Gesandtschaft in Bern, »um eine Meinungsäußerung über Langbehn hervorzurufen«. Dulles unterrichtete Washington, Langbehn sei Himmlers privater Rechtsanwalt und die Nazis hätten entdeckt, daß er mit amerikanischen Repräsentanten in Verbindung stehe; deshalb habe die Gestapo seine Inhaftierung im Gefängnis Moabit angeordnet. Dulles setzte hinzu, daß Langbehn im Verdacht stehe, Himmler hintergangen zu haben. Die Gestapo und die SS stritten sich anscheinend über ihn, und Hitlers persönliche Gefolgschaft halte ihn für illoyal.[49]

Die Information wurde an die britische Botschaft in Washington weitergeleitet, die dem Foreign Office in London meldete: »Die Nachricht sagt uns nichts, aber sie könnte auf Ihrer Seite von Interesse sein.« Es war ein wichtiger Hinweis auf eine Kluft zwischen Hitler und Himmler.[50]

Im Herbst 1944 schickte Himmler Emissäre zu Dulles nach Bern, die vorschlugen, daß die Deutschen die Kämpfe im Westen einstellen und sich mit den Alliierten zu einer Einheitsfront gegen die Russen zusammenschließen sollten. (Dies war genau die gleiche Botschaft, wie sie Heß im Mai 1941 bei seiner Landung in Großbritannien überbracht hatte – mit dem Unterschied, daß Heß behauptete, sie komme von Hitler.) Dulles meldete den Vorschlag nach Washington weiter, doch er wurde nicht aufgegriffen. Durch dieselben Kanäle ließen SS-Obergruppenführer Karl Wolff* und General Friedrich Dollmann Dulles im Februar wissen, daß Kesselring bereit sei, ohne Rücksicht auf Hitler an der italienischen Front zu kapitulieren, um den Kämpfen ein Ende zu setzen. Diese Vorschläge wurden von den Alliierten ernst genommen. Leider wurde Kesselring jedoch von Hitler zum Oberbefehlshaber Süd ernannt und durch General Heinrich von Vietinghoff abgelöst, der eine Kapitulation ohne Hitlers Genehmigung ablehnte.

Himmler blieb beharrlich. Er schlug dem inhaftierten Goerdeler im Herbst 1944 vor, dieser solle mit Wallenberg in Stockholm und dem Zionistenführer Chaim Weizmann Fühlung nehmen, um Churchill Himmlers Friedensangebot unterbreiten zu lassen und den Krieg »zu einem raschen und erträglichen Abschluß« zu bringen. Goerdeler war damit einverstanden, sofern er freigelassen werde und nach Stockholm reisen dürfe. Dies wollte Himmler nicht zugestehen, aber er hielt Popitz und Goerdeler (sowie Langbehn) so lange am Leben, bis Hitlers Persönlicher Stab argwöhnte, daß er mit ihrer Hilfe über eine Machtübernahme und den Friedensschluß verhandele. Schließlich erteilte Hitler am 2. Februar 1945 den direkten Befehl zu ihrer Hinrichtung.

Während Himmler sich um Goerdeler bemühte, sicherte er sich gleichzeitig die Dienste des allgegenwärtigen Dahlerus. Dieser suchte im Dezember 1944 die britische Gesandtschaft in Stockholm auf und behauptete, Himmler sei nun im Grunde der Diktator Deutschlands, da Hitler durch die Verletzungen, die er am 20. Juli erlitten habe, nicht fähig sei, sich länger als zehn Minuten zu konzentrieren. Laut Dahlerus hatte Himmler die Unterstützung »aller führenden nichtnazistischen Militärs« gewonnen, »indem er ihnen versprach, alle nationalsozialistischen Pläne und Ideale zu beseitigen«.

Mallet telegraphierte am 15. Dezember 1944 nach London, was er von Dahlerus erfahren hatte:

* Es war Wolff, dem es gelang, die Vernichtung italienischer Juden sowie die von Hitler befohlene Politik der »verbrannten Erde« in Italien zu verhindern.

Himmler hoffe, eine deutsche Streitmacht von fünf Millionen Mann aufzustellen. Er sei sicher, damit die russische Front halten zu können, und hoffe, auch die Westfront so lange zu halten, bis er den britischen und amerikanischen Truppen genug Verluste zugefügt habe, um die Westmächte zu einem vernünftigeren Abkommen mit Deutschland zu zwingen.
Ein Zeichen für Himmlers neue Politik bestehe darin, daß in den letzten vier Wochen die Familien all jener, die an dem Attentat auf Hitler teilnahmen, sogar die Familie Stauffenbergs, freigelassen worden seien ... Es sei nicht allgemein bekannt, daß die Säuberung nach dem 20. Juli auch die Verhaftung und Erschießung aller Deutschen einschloß, die versucht haben, eine Übereinkunft mit Rußland zu erzielen. Himmler sei ein unerbittlicher Gegner Rußlands und wolle unbedingt alle beseitigen, die in dieser Frage einen gegensätzlichen Standpunkt einnehmen würden.
Dahlerus sagte dann, er überlege, nach Deutschland zu reisen, wo er seiner Ansicht nach ... ein Gespräch mit Himmler arrangieren könne; er werde diese Gelegenheit nutzen, um herauszufinden, ob Himmler ernsthaft glaube, daß es zweckmäßig sei, den Kampf fortzusetzen, und wenn nicht, mit welchen Maßnahmen er den Frieden anstreben wolle. Bevor Dahlerus jedoch die Reise nach Deutschland ins Auge fassen könne, bitte er um eine Zusicherung, daß das Foreign Office seinen Worten Glauben schenken werde, wenn er uns über das Ergebnis seines Besuches unterrichte. Er wisse, daß ... Schritte unternommen worden seien, ihn auf die Schwarze Liste zu setzen, und deshalb sei das Foreign Office vielleicht nicht geneigt, ihm auch nur ein Wort zu glauben; in diesem Fall habe es keinen Sinn, den Plan auszuführen.*
Der Botschaftsrat erwiderte, fairerweise müsse Dahlerus, be-

* Obwohl Dahlerus 1939, in den hektischen Tagen der allerletzten Appeasementbemühungen, soviel Vertrauen entgegengebracht worden war, hatten die Alliierten seine Firmen auf eine Schwarze Liste schwedischer Unternehmen gesetzt, mit denen sie keinen Handel treiben wollten. Dies wurde im Januar 1945 rückgängig gemacht.

vor er sich entscheide, nach Berlin zu reisen, klargemacht werden, daß die Regierung Seiner Majestät ungeachtet aller Vorschläge Himmlers auf keinen Fall bereit sein werde, mit ihm zu verhandeln. Deshalb sei jedes Interesse, das die Regierung Seiner Majestät am Ergebnis von Dahlerus' Initiative haben könne, rein nachrichtendienstlichen Charakters. Dahlerus erwiderte, dies leuchte ihm ein, aber er halte es für möglich, daß Himmler mit dem ganzen Rest der Nazibande zurücktreten und es anderen Elementen überlassen werde, sich um Frieden zu bemühen.

Churchill behandelte diesen Vorschlag mit der Verachtung, die ihm gebührte. Der Premier wies Eden mit aller Entschiedenheit an, sich nicht auf das Angebot einzulassen.

Am 22. Oktober 1944 hatte Cadogan notiert: »Mich entsetzt der Gedanke, den Amerikanern mitzuteilen, daß wir versucht haben, ihm [Dahlerus] einen Maulkorb anzulegen. Das wird einen viel schlimmeren Eindruck machen als jede Verzerrung durch feindliche Propaganda. Wir dürfen den Amerikanern keinen Grund zu der Annahme geben, daß unsere Verbindungen mit ihm im Jahre 1939 etwas Zweifelhaftes an sich gehabt hätten.«

Roberts erwiderte, es habe im Umgang mit Dahlerus nichts gegeben, dessen man sich zu schämen brauche: »... aber es ist peinlich, daß er eine stark antipolnische Haltung vertrat. Seine Darstellung würde die deutsche Propagandaversion stützen, daß die Kriegsursache nicht deutsche Aggression, sondern polnische Unversöhnlichkeit gewesen sei. Sollten wir seine Firmen weiterhin auf die Schwarze Liste setzen?«

Roberts schrieb zu Recht, daß Dahlerus einen »antipolnischen« Standpunkt vertrat, aber was ist über Chamberlain, Halifax, Cadogan und Henderson zu sagen, die 1939 mit Dahlerus zu tun hatten? Alle vier waren ebenfalls »antipolnisch«. Cadogan fürchtete mit gutem Grund, daß die Amerikaner die damaligen britischen Beziehungen zu Dahlerus für »zweifelhaft« halten könnten. Großbritannien hatte ihn als Vermittler benutzt, um Polen an Hitler zu verkaufen, und dies wäre auch gelungen, wenn die polnische »Unversöhnlichkeit« nicht gewesen wäre. Im Jahre 1944 schämte Cadogan sich des Vorfalls und wollte Dahlerus »einen Maulkorb anlegen«, da es sich um einen heimlichen Bruch der feierlichen britischen Vertragsverpflichtungen Polen gegenüber gehandelt hatte. Am 23. Dezember telegraphierte Eden an Mallet:

> Ich bedauere, daß mit Dahlerus überhaupt ein Gespräch über seine Reise nach Deutschland geführt wurde. Es ist zu erwarten, daß der deutsche militärische Gegenangriff im Westen [Ardennenoffensive] von dem bewußten Versuch begleitet wird, Argwohn und Zwietracht unter den Alliierten zu säen, so daß mit einem von ihnen ein Kompromißfrieden geschlossen werden kann ... Ich muß Sie deshalb bitten, dafür zu sorgen, daß in Zukunft keiner Ihrer Mitarbeiter derartige Gespräche mit Dahlerus oder sonst jemandem führt. Um sicherzugehen, daß kein Mißverständnis aufkommen kann, ... werde ich die Regierung der Vereinigten Staaten und der Sowjets über diesen Vorfall unterrichten. Wir müssen damit rechnen, daß etliche Friedensfühler ausgestreckt werden, und äußerste Wachsamkeit ist erforderlich, um sicherzustellen, daß keiner der Bewerber ermutigt wird.[51]

Als Castellano im August 1943 nach Lissabon kam, erhielt er ein Funkgerät, damit er Kontakt mit Eisenhowers Hauptquartier halten und über eine Kapitulation verhandeln konnte. Cadogan vermerkte drei Tage nach dem Bombenanschlag vom 20. Juli in seinem Tagebuch, daß er die Übergabe eines Funkgerätes an General Reinhardt, den deutschen Befehlshaber in den Niederlanden, autorisiert habe, aber »ich erwarte nicht, daß etwas daraus wird«.[52] Auch Wolff wurde im Jahre 1945 eine Funkverbindung ermöglicht, als er versuchte, über die Kapitulation an der italienischen Front zu verhandeln. Dagegen erhielten Trotts oder Goerdelers Emissäre zu keinem Zeitpunkt ein Funkgerät oder ein sonstiges Kommunikationsmittel. Deshalb wußten die Angehörigen der deutschen Opposition nie, ob sie im Falle einer Regierungsbildung von den Alliierten Friedensbedingungen erhalten würden, die ihr Überleben sichern und die deutsche öffentliche Meinung auf ihre Seite ziehen konnten.

Der folgende Brief, den Ludwig von Hammerstein, der Sohn des Generals Kurt von Hammerstein, dem Autor schrieb, macht die Haltung der hitlerfeindlichen Generale anschaulich, die die Macht hatten, Hitler zu stürzen:

> Ich habe mich mit meinem Vater im März 1943, er starb am 24. April 1943, über das damals geplante Vorgehen gegen Hitler unterhalten. Mein Vater hielt eine Aktion gegen Hitler grundsätzlich für richtig, aber er fürchtete eine neue ›Dolchstoßlegende‹ wie nach dem Ersten Weltkrieg, da weder die Soldaten noch die Masse der deutschen Bevölkerung den verbrecherischen Charakter Hitlers und die militärisch aussichtslose Lage richtig erkannt hätten. Auch warnte er, die Schwierigkeiten einer Aktion gegen Hitler zu unterschätzen, wozu manche Leute neigten. Wir sollten auf keinen Fall leichtfertig handeln. Ein Mißglücken würde sofort zur Beseitigung aller Gegner der Nazis führen und damit weitere Aktionen unmöglich machen.[53]

Die jüngere Generation deutscher Historiker neigt in letzter Zeit dazu, die Widerstandsbewegung als »nationalistisch und konservativ« abzutun. Dies ist ungerechtfertigt. Die Verschwörer waren antikommunistisch und antinationalsozialistisch und durch ein breites Spektrum politischer Meinungen, darunter sozialistische und gewerkschaftliche Standpunkte, gekennzeichnet; außerdem lehnten sie den Antisemitismus heftig ab. Die Gestapo hatte vollständige Verzeichnisse gewerkschaftlicher und kommunistischer Verschwörer entdeckt – mit dem Ergebnis, daß nur sehr wenige von ihnen in Freiheit waren und eine Kooperation mit ihnen sich als unpraktisch erwies. Während die Überlebenden der italienischen politischen Parteien bei ihrem Widerstand gegen Mussolini nichts mit den Generalen zu tun haben wollten, waren die deutschen Verschwörer realistischer und sahen ein, daß kein Staatsstreich ohne Mitwirkung der Wehrmacht Erfolg haben konnte. Natürlich hofften die deutschen Verschwörer zunächst auf eine Revision der in Versailles festgelegten Grenzen. Dies war zwischen den beiden Weltkriegen der Wunsch jedes Deutschen, und bevor die alliierten Truppen die deutschen Grenzen überschritten hatten, war diese Forderung fast unerläßlich, wenn eine neue antinationalsozialistische Regierung von der Bevölkerung unterstützt werden wollte.

Deutsche Quellen der Nachkriegszeit liefern unwiderlegbare Beweise für die Stärke und Entschlossenheit der Opposition. Die britische Regierung beging einen schweren Fehler, als sie nicht zwischen »guten« und »schlechten« Deutschen differenzierte und den Verschwörern die Hilfe verweigerte, die sie benötigten, um weitere vernünftige Bürger für ihre Sache zu gewinnen. Deutsche Patrioten setzten jedesmal ihr Leben aufs Spiel, wenn sie in neutralen Ländern mit den Alliierten Kontakt aufnahmen, aber auch dann wurde ihnen keine helfende Hand gereicht. Trotzdem wäre es den Widerständlern um Beck, Goerdeler, Trott und Stauffenberg fast gelungen, den Krieg durch ihren Umsturzversuch vom 20. Juli 1944 zu beenden. Wenn die Alliierten ihnen beigestanden hätten, wären sie höchstwahrscheinlich in der Lage gewesen, genug Anhänger zu gewinnen und sich durchzusetzen. Die Archive zeigen, daß die Haltung der britischen Regierung ihnen gegenüber ungerechtfertigt war. Es gibt keine Entschuldigung für den offiziellen Standpunkt, daß es besser sei, die Kämpfe fortzusetzen, als vor einem vollständigen militärischen Sieg mit der deutschen Opposition Friedensverhandlungen zu führen. Nichts war dringender, als das Blutvergießen so rasch wie möglich zu beenden.

Fairerweise muß erwähnt werden, daß man durch jede Übereinkunft mit den deutschen Verschwörern das Risiko lief, Stalin zu erzürnen, was das Ende der Allianz hätte bedeuten können, aber es ist eine unumstößliche Tatsache, daß Großbritannien und die USA nicht mehr von Stalins gutem Willen abhängig gewesen wären, wenn Rommel oder Kluge im Sommer 1944 im Westen kapituliert hätten.

Wheeler-Bennetts Rolle ist besonders beklagenswert. Er überzeugte Churchill und Eden, daß die Alliierten durch einen Sturz

Hitlers nichts zu gewinnen hätten, da Großbritannien »überhaupt keinem Deutschen trauen« könne. Es war tragisch, daß ausgerechnet er in dieser Zeit als engster Berater des Außenministers fungierte. Eden verleitete das Foreign Office, die deutsche Widerstandsbewegung verächtlich abzutun; seine Untergebenen gehorchten ihm allzu bereitwillig, während der überbeschäftigte Churchill der Frage kaum einen Gedanken widmete. Es gibt kaum einen Zweifel daran, daß Europa deshalb die Tragödie zehn vermeidbarer Kriegsmonate mit gewaltigen zusätzlichen Verlusten unter Soldaten und Zivilbevölkerung durchmachte. Dies ist eine schreckliche Verantwortung.

ANMERKUNGEN

Initialen und Ziffern beziehen sich auf Dokumente im *Public Record Office (PRO),* Kew, mit den folgenden Ausnahmen:

1. *DBFP* bezeichnet die gedruckten *Dokumente zur Britischen Außenpolitik* 1919 bis 1939, veröffentlicht von Her Majesty's Stationery Office.
2. *ADAP* bezieht sich auf die *Akten zur Deutschen Auswärtigen Politik* 1918 bis 1945 aus dem Archiv des Auswärtigen Amtes.
3. *FRUS* bezeichnet die gedruckten Dokumente des US-Außenministeriums, bekannt als *Foreign Relations United States* und veröffentlicht von der US-Regierung in Washington. Alljährlich erscheinen mehrere Bände.

Hinweise im Text auf Neville Chamberlains Tagebücher und Briefe stammen aus den *Chamberlain Archives,* Universität Birmingham. Sie werden nicht einzeln aufgeführt, es sei denn, daß ein Brief Chamberlains in einer PRO-Akte enthalten ist.

Italienische Sammlung bezeichnet italienische Staatspapiere, deren Fotokopien in der Bibliothek des St. Antony's College, Oxford, verwahrt werden.

Die vollständigen Cadogan-Tagebücher befinden sich im Churchill College, Cambridge. Sie enthalten wenig, was nicht auch in *The Diaries of Sir Alexander Cadogan 1938–1945,* hg. von David Dilks, zu finden ist. Ich zitiere sie als *Cadogan Diaries.*

Der Abessinienkonflikt

1 Hollis, *Italy in Africa,* S. 120.
2 *DBFP,* Reihe 2, Bd. XII, S. 179 und 362.
3 *HMSO CMD 4827:* »Statement Relating to Defence«, März 1935.
4 *DBFP,* Reihe 2, Bd. XII, S. 669.
5 *ibid.,* S. 654/55.
6 Eden, *Angesichts der Diktatoren,* S. 178.
7 *DBFP,* Reihe 2, Bd. XII, S. 687.
8 Cab. 63/50; *DBFP,* Reihe 2, Bd. XII, S. 820-834.
9 *DBFP,* Reihe 2, Bd. XIV, S. 78 und 125.
10 *ibid.,* S. 110–111.
11 Thompson, *Front Line Diplomat,* S. 95.
12 *ibid.,* S. 96–97. Die Protokolle dieser Gespräche mit Guarnaschelli und Vitetti in Stresa sind in FO 401/35; Thompsons Memorandum ist abgedruckt in *DBFP,* Reihe 2, Bd. XIV, S. 220–228.
13 *DBFP,* Reihe 2, Bd. XIV, S. 229.
14 Thompson, *op. cit.,* S. 96.
15 Dell, *The Geneva Racket 1920–39,* S. 111.
16 Roskill, *Hankey, Man of Secrets,* Bd. 3, S. 191.
17 *DBFP,* Reihe 2, Bd. XIV, S. 281.
18 *ibid.,* S. 308-309.
19 *ibid.,* S. 309.
20 *DBFP,* Reihe 2, Bd. XIV, S. 311-312.
21 *ibid.,* S. 743–777.
22 Interview, März 1983.
23 Mario Toscano in Sarkissian (Hrsg.), *Studies in Diplomatic History,* S. 126–152.
24 Templewood, *Nine Troubled Years,* S. 156.
25 Eden, *op. cit.,* S. 224.
26 *DBFP,* zum Maffey-Bericht: Reihe 2, Bd. XIV, Anhang, S. 743.
27 Cab. 23/82.
28 Cab. 21/411; FO 371/19123.
29 FO 401/35.
30 *ibid.* (Bericht des Fünferausschusses).
31 Cab. 23/82; 48/38; FO 371/19155; FO 371/19159.
32 FO 371/29222.
33 *ibid.*
34 FO 401/35; Cab. 16/136.
35 FO 371/19157.
36 FO 371/19164; FO 371/19186.
37 FO 371/19160.

38 *ibid.*
39 *DBFP,* Reihe 2, Bd. XV, S. 264–268.
40 FO 371/19165; FO 371/19164.
41 FO 371/19165; Cab. 16/136.
42 FO 371/19163.
43 FO 371/19164.
44 Parker in *English Historical Review,* Bd. 89, 1974.
45 FO 371/19168; Cab. 24/257.
46 Cab. 23/82.
47 *CMD* 5044, *HMSO.*
48 Waley, *British Public Opinion and the Abyssinian Civil War 1935–6,* S. 64.
49 *DBFP,* Reihe 2, Bd. XV, S. 498.
50 *ibid.;* Mack Smith, *Mussolini,* S. 306; *DBFP,* Reihe 2, Bd. XIV, S. 462 ff.
51 Cab. 23/90; FO 410/13. Cab. 23/82.
52 Guariglia, *Ricordi 1922–1946,* S. 297.

Vereinigung der Diktatoren

1 Cab. 23/8.
2 *DBFP,* Reihe 2, Bd. XV, S. 769–791.
3 *ibid.,* S. 65; Cab. 23/83.
4 *DBFP,* Reihe 2, Bd. XV, S. 39–41.
5 FO 371/19887.
6 Cab. 24/261.
7 Cab. 24/261.
8 Prem 1/194.
9 FO 371/19887; Prem 1/194.
10 Jones, *Diary with Letters 1931–1950,* S. 180–83.
11 FO 371/20166; FO 371/20472; Cab. 23/84; FO 371/20181.
12 Cab. 27/622.
13 FO 371/20181; Cab. 23/84; Eden, *op. cit.,* S. 449 f.
14 Jones, *op. cit.,* S. 239 ff.
15 Griffiths, *Fellow Travellers of the Right,* S. 204–210.
16 *ibid.,* S. 247.
17 Chamberlain Archives.
18 Cab. 27/622–625 (Kabinettsausschuß für Auswärtiges).
19 Prem 1/261; *FRUS* 1937, Bd. 1, S. 131.
20 *DBFP,* Reihe 2, Bd. XVII, S. 513.
21 Harvey, *Diplomatic Diaries,* S. 65.

22 Maßgebliche Darstellung von Edens Rücktritt u.a. in FO 954/13; Cab. 23/93; Prem 1/276; zum Gentlemen's Agreement siehe Seton-Watson, *Fascist Challenge and Policy of Appeasement,* S. 267.
23 *DBFP,* Reihe 2, Bd. XVII, S. 548.
24 Prem, 1/276.
25 *ibid.*
26 Harvey, *op. cit.,* S. 91.
27 Cadogan Diaries, S. 47, 48, 70.
28 FO 954/13.
29 Prem 1/276.
30 Eden, *op. cit.,* S. 667f.
31 Prem 1/276.
32 Cab. 32/130.
33 Carlton, *Anthony Eden: A Biography,* S. 129; Harvey, *op. cit.,* S. 96.
34 Chamberlain Archives.

Der Anschluß Österreichs

1 Gespräch mit dem Autor.
2 Grandi, *25 luglio – 40 anni dopo,* S. 171f.
3 Telford Taylor, *Munich: The Price of Peace,* S. 333.
4 Cab. 27/623; Cadogan Diaries, S. 63.
5 Cab. 27/623; *DBFP,* Reihe 3, Bd. I, S. 56.
6 Cab. 27/623.
7 Cadogan Diaries, S. 105ff.
8 *DBFP,* Reihe 3, Bd. I, S. 86ff.
9 *ibid.,* S. 630–633.
10 *New York Times,* 15. Mai 1938.
11 *ADAP,* Serie D, Bd. II, S. 278; *DBFP,* Reihe 3, Bd. I, S. 355.
12 FO 800/309.
13 *ADAP,* Serie D, Bd. II, S. 282f.
14 *DBFP,* Reihe 3, Bd. I, S. 65.
15 *ADAP,* Serie D, Bd. II, S. 255.
16 *ibid.,* S. 283.
17 *ibid.*
18 Wheeler-Bennett, *Die Nemesis der Macht,* S. 434ff.
19 *DBFP,* Reihe 3, Bd. II, S. 683, 689.
20 *ibid.,* S. 686.
21 Gisevius, *Bis zum bitteren Ende,* S. 221; Hoffmann, *Widerstand, Staatsstreich, Attentat,* S. 122.

22 *Der Prozeß gegen die Hauptkriegsverbrecher vor dem Internationalen Militärgerichtshof,* Bd. XXVIII, S. 378f.
23 Cadogan Diaries, S. 94f.
24 Astor, in *Balliol Record,* 1982.
25 Prem 1/266A; Cab. 17/646; Cab. 23/95.
26 FO 371/21741 und Prem 1/266A behandeln Chamberlains Besuche in Berchtesgaden, Bad Godesberg und München. Taylor, *op. cit.,* beschäftigt sich anhand der britischen Archive ausführlich mit diesen Ereignissen: S. 1–69, 732–899.
27 *DBFP,* Reihe 3, Bd. II, S. 287ff.
28 Dell, *op. cit.,* S. 276.
29 FO 800/311.
30 Dell, *op. cit.,* S. 281.
31 *DBFP,* Reihe 3, Bd. II, S. 354.
32 *ibid.,* S. 497.

Berchtesgaden, Bad Godesberg und München

1 Cab. 23/95.
2 *DBFP,* Reihe 3, Bd. II, S. 338–351.
3 Inskip Diary.
4 FO 371/27141; Cab. 27/624.
5 *DBFP,* Reihe 3, Bd. II, S. 463–473.
6 FO 371/27141-5.
7 Cadogan Diaries, S. 105f.
8 *DBFP,* Reihe 3, Bd. II, S. 509.
9 *ibid.,* S. 510.
10 Harvey, *Diplomatic Diaries,* S. 195.
11 *ibid.*
12 Cab. 23/95; Prem 1/226; Cab. 53/41.
13 *DBFP,* Reihe 3, Bd. II, S. 550.
14 Cab. 27/246; Prem 1/226; Cab. 53/41.
15 Cab. 23/95; Prem 1/226; Cab. 53/41.
16 *DBFP,* Reihe 3, Bd. II, S. 587f.
17 Cab. 27/646.
18 Taylor, *op. cit.,* S. 34f.
19 *ibid.,* S. 241.
20 *Der Prozeß gegen die Hauptkriegsverbrecher,* Bd. X, S. 572.
21 Meehan, *The Foreign Office and the Opposition;* FO 371/46970.

22 Taylor, *op. cit.*, S. 147f.
23 *ibid.*, S. 567.
24 *ibid.*, S. 575, 609f.
25 Cadogan Diaries, S. 256f.
26 *DBFP*, Reihe 2, Bd. I, S. 419–424.
27 Cab. 53/47.

Nach München

1 Madge und Harrison, *Britain by Mass Oberservation*, S. 40.
2 Cab. 27/624.
3 Fuchser, *Neville Chamberlain and Appeasement*, S. 176.
4 Cab. 27/624.
5 Cab. 27/93. Zu Geheimberichten aus Deutschland: Cab. 27/624; Toscano, *Origini diplomatiche del Patto d'Accaio*, S. 139–146.
6 Cab. 27/624.
7 FO 371/21665.
8 Brief an Autor von Mallet.
9 *ADAP*, Serie D, Bd. IV, S. 90.
10 Cab. 27/624; *DBFP*, Reihe 3, Bd. IV, S. 243.
11 Chamberlain Archives.
12 Cadogan Diaries, S. 60f.
13 Cab. 23/98; Cab. 22/99.
14 Cadogan Diaries, S. 164f.; Colvin, *Vansittart in Office*, S. 304–310.
15 *ADAP*, Serie D, Bd. VI, S. 187.
16 *DBFP*, Reihe 3, Bd. V, S. 400.
17 *ibid.*, S. 469ff., S. 701f.
18 Gisevius, *op. cit.*, S. 232.
19 Colvin, *op. cit.*, S. 303–311.
20 Marshall-Cornwall, *Wars and Rumours of Wars*, S. 125; Astor, *op. cit.*; *DBFP*, Reihe 3, Bd. VI, S. 295–298.
21 Sykes, *Adam von Trott*, S. 212; Astor, *op. cit.*
22 Schlabrendorff, *The Secret War Against Hitler*, S. 92; Hoffmann, *op. cit.*, S. 85.
23 Schlabrendorff, *op. cit.*, S. 97f.
24 Hoffmann, *op. cit.*, S. 144f.
25 *DBFP*, Reihe 3, BD. VII, S. 237–242.
26 Gisevius, *op. cit.*, S. 278ff.
27 Dahlerus, *Der letzte Versuch*, S. 74.
28 Dirksen, *Moskau – Tokio – London*, S. 254.

29 *ibid.*, S. 257f.
30 Prem 1/331; *DBFP,* Reihe 3, Bd. VII, S. 246–250.
31 Roberts-Interview mit dem Autor, Juli 1984; Tennant-Interview mit dem Autor, März 1985.
32 Dahlerus, *op. cit.*, S. 69ff.
33 *DBFP,* Reihe 3, Bd. VIII, S. 388.
34 Dahlerus, *op. cit.*, S. 114f.; FO 371/39178.
35 Dahlerus, *op. cit.*, S. 110; FO 371/39178; *DBFP,* Reihe 3, Bd. VII, S. 434–467.
36 Hassell, *Vom andern Deutschland,* S. 82.
37 *DBFP,* Reihe 3, Bd. VII, S. 450.
38 *ibid.*, S. 454.
39 Auszug aus Halders Tagebuch in Shirer, *Aufstieg und Fall des Dritten Reiches,* S. 543.
40 Dahlerus, *op. cit.*, S. 142–148.

Der Sitzkrieg

1 Prem 1/331; *DBFP,* Reihe 3, Bd. VII, S. 516.
2 *DBFP,* Serie E, Bd. VII.
3 Cab. 66/1.
4 *ibid.*
5 *Der Prozeß gegen die Hauptkriegsverbrecher vor dem Internationalen Militärgerichtshof in Nürnberg,* Bd. X, S. 583.
6 Cab. 66/1.
7 FO 371/23077; FO 371/23131; FO 371/23099; Cab. 66/1 enthalten die britische Reaktion auf den deutschen Einmarsch in Polen; FO 371/23131 (Polen nach der Niederlage).
8 FO 371/23097; FO 371/23131.
9 Prem 1/443.
10 FO 800/328.
11 *ibid.*
12 Charles Cruickshank in *War Monthly,* Nr. 75, April 1980.
13 *ibid.*
14 FO 371/22986.
15 *ibid.*
16 *ibid.*
17 Interview, 1984.
18 FO 371/26542.
19 FO 800/328; FO 800/322; FO 371/26542.

20 Chamberlains Brief über einen Verhandlungsfrieden: Prem 1/443; Halifax' entsprechende Korrespondenz: FO 800/328.
21 Cab. 65/13.
22 FO 800/326.
23 Cab. 65/11; Ritter, *op. cit.,* S. 259; Hoffmann, *op. cit.,* S. 214.
24 FO 800/326.
25 FO 371/24363.
26 FRUS 1940, Bd. I, S. 233.
27 Sitzungen des Kriegskabinetts zur Zeit von Dünkirchen: Cab. 65/13.
28 Cadogan Diaries, S. 289.
29 Dalton, *The Fateful Years,* S. 336.
30 FO 800/322 enthält eine vollständige Schilderung der Butler-Halifax-Episode. Sie wird auch von Carlgreen in *Sverigis Ultrikspolitik 1939 bis 1945* behandelt. Ich bin Michael Bloch sehr dankbar, der mir durch seinen Cousin Jaske Gelbart zu einer englischen Übersetzung verhalf.
31 FO 800/322.

Mussolinis Krieg

1 FO 371/29938.
2 FO 371/29927.
3 FO 371/29938.
4 *ibid.*
5 *ibid.*
6 FO 371/29960.
7 FO 371/29924.
8 *ibid.*
9 FO 371/29924.
10 FO 371/29936.
11 FO 371/29927.
12 FO 371/29936.
13 FO 371/29963.
14 FO 371/29946; die Denunziation Caviglias wird durch die Italienische Sammlung in St. Antony's College, Oxford, belegt; zu den Berner Briefen über italienische Oppositionelle siehe Santoni in *Storia Illustrata,* März 1981, und Bandini in *Storia Illustrata,* Oktober 1981. Santoni – ebenso wie Varsori – stellte an der Universität Reading eine gründliche Untersuchung der Public-Record-Office-Akten an, die sich auf die italienische Opposition des Jahres 1941 beziehen.

15 FO 371/29940; Denham, *Inside the Nazi Ring,* S. 132–149.
16 *ibid.*
17 *ibid.*
18 Interviews mit Denham und Tennant, 1985. S. W. Roskill stellte zusammen mit Denham im PRO Nachforschungen über Barrow-Greens Nachkriegsmission an.
19 *Storia Illustrata,* August 1981; Santoni, *op. cit.;* FO 898/14; zu Gui in Stockholm: FO 371/32218.
20 Bandini, *op. cit.;* zu BBC: FO 898/161; Bandinis Telefonat und Schreiben an Autor, Mai 1985.
21 FO 371/29928.
22 FO 371/29922.
23 FO 371/32240.
24 Toscano, *Dal 25 luglio all' 8 settembre,* S. 7ff.
25 Varsori, »Italy, Britain and a Separate Peace 1940–1943«, in *Journal of Italian History,* Bd. 1, Nr. 3, 1978.
26 Churchill, *Der Zweite Weltkrieg,* Bd. IV, »Schicksalswende«.
27 Prem 3/242/9; FO 371/37262; McCaffery, *No Pipes or Drums.*
28 Mockler, *op. cit.,* S. 308.
29 Prem 3/249/9.
30 Cab. 65/37.
31 FO 371/37260.
32 Toscano, *op. cit.,* S. 21.
33 *ibid.*
34 Bonomi, *Diario di un anno,* S. 1–29.
35 De Luna, *Storia del Partito d'Azione,* S. 43.
36 FO 371/37260.
37 De Luna, *op. cit.,* S. 43; McCaffery, *op. cit.*
38 De Luna, *op. cit.,* S. 52ff.; McCaffery, *op. cit.*
39 *ibid.*
40 FO 371/33218.
41 Cab. 65/39.
42 FO 371/33224.
43 FO 371/37260.
44 FO 371/37264; FO 371/37263; Toscano, *op. cit.,* S. 171–181.
45 FO 371/37289.
46 FO 371/37265.

Italien nach dem Waffenstillstand

1 FO 371/3726; *Corriere della Sera,* 10. Oktober 1984.
2 Roatta, *Otto milioni di baionette,* S. 300-314.
3 FO 371/32623.
4 FO 371/37333.
5 FO 371/37289.
6 FO 371/36283; FO 371/37289; FO 371/37282; FO 371/37799.
7 Harvey, *The War Diaries.*
8 FO 371/37264.
9 FO 371/37266; FO 371/37260.
10 FO 371/37333; McCaffery, *op. cit.*
11 Prem 3/249/5.
12 Maßgebliche und detaillierte Berichte der Planung für Giant 2 sind in Castellano, *La guerra continua,* S. 85–139; Garland und Smythe, *Sicily and the Surrender of Italy,* S. 487-505.
13 Castellano, *op. cit.;* Garland und Smyth, *op. cit.*
14 Bedell Smith' Brief vom 3. Dezember 1943 in Castellano, *Roma kaputt,* Anhang, S. 188; ebenso wie Westphal-Unterlagen (S. 109 bis 115).
15 Maßgebliche Darstellungen dieser Ereignisse sind zu finden in Garland und Smyth, *op. cit.;* Castellano, *La guerra continua;* Monelli, *Rome 1943;* Zangrandi, *1943: 25 luglio–8 settembre;* Zanussi, *Guerra e catastrofe;* Trinofera, *Valzer di marescialli: 8 settembre '43;* Cadorna, *La riscossa.*
16 Cadorna, *op. cit.,* S. 70.
17 FO 371/37294.
18 *ibid.;* FO 371/37357.
19 FO 371/43814 enthält die Reaktion von Whitehall auf den Kongreß in Bari; FO 371/37244 enthält Churchills Kommentare über den König von Italien.
20 FO 371/43837; FO 371/43814.

Bedingungslose Kapitulation

1 Flandin, *Politique française 1919–1940,* S. 411.
2 Irving, *Hitler's War,* S. 135.
3 *ADAP,* Serie D, Bd. X, S. 186.
4 Prem 4/100/8.

5 Woodward, *British Foreign Policy in the Second World War,* Bd. II, S. 191.
6 Prem 4/100/8.
7 Woodward, *op. cit.,* Bd. II, S. 191.
8 Prem 4/100/8.
9 *ibid.*
10 *ibid.*
11 Interview mit Autor, Juli 1984.
12 Prem 3/476/9.
13 Woodward, *op. cit.,* Bd. II, S. 436; *FRUS:* Konferenzen in Washington 1941/42 und Casablanca 1943, Bd. I, S. 726–731.
14 Brief an Autor.
15 Interview mit Autor.
16 FO 371/34450.
17 Interview mit Autor.
18 *FRUS:* Konferenzen in Kairo und Teheran 1943, Bd. I, S. 513–781.
19 Prem 3/187/2.
20 Dulles, *Verschwörung in Deutschland,* S. 166.
21 Interview mit Autor.
22 FO 371/39024; Prem 3/197/2.
23 *ibid.*
24 *ibid.*
25 *ibid.*
26 FO 371/39024.
27 Cab. 65/41.
28 FO 371/39024.
29 Prem 3/197/2.
30 *ibid.*
31 Cab. 65/46; Fußnote zu Stalin: *FRUS:* Europa 1944, Bd. I, S. 519.
32 Prem 3/197/2; FO 954/10.

Der Morgenthau-Plan

1 Prem 3/197/2; FO 954/10.
2 Woodward, *op. cit.,* Bd. V, S. 222.
3 Churchill, *Der Zweite Weltkrieg,* »Triumph und Tragödie«, Bd. VI; Woodward, *op. cit.,* Bd. V, S. 222ff.
4 Woodward, *op. cit.,* Bd. V, S. 227; Prem 3/195/2.
5 Interview und Brief an Autor.
6 FO 371/38548.

7 FO 371/38560.
8 FO 371/39083.
9 Prem 3/197/3.
10 Prem 3/195/2.
11 Prem 3/195/2.
12 *ibid.*
13 Prem 3/197/3.
14 *ibid.; FRUS:* Europa 1944, Bd. I, S. 566.
15 Prem 3/3.
16 *ibid.;* 3/192/2; 3/196/6.
17 Prem 3/195/2; Prem 3/197/3.

Der Widerstand gegen Hitler

1 Meehan, *op. cit.;* FO 371/46970; *DBFP,* Reihe III, Bd. 2, S. 683–691.
2 Schlabrendorff, *op. cit.,* S. 74f.
3 Balfour/Frisby/von Moltke, *Helmuth James von Moltke,* S. 262ff.
4 FO 371/22109.
5 Sykes, *op. cit.,* S. 217; Malone, *Adam von Trott.*
6 Jasper, *George Bell, Bishop of Chichester,* S. 107, 242f., 279–288.
7 FO 371/33055.
8 Balfour/Frisby/von Moltke, *op. cit.,* S. 189ff.; Ritter, *op. cit.,* S. 329; Bell in *Contemporary Review,* 1945.
9 FO 371/30912.
10 *ibid.*
11 Visser't Hooft, *Encounter,* September 1969; Rothfels, *op. cit.,* S. 171.
12 FO 371/30912.
13 Van Roijen, *Encounter,* September 1969.
14 FO 898/412.
15 Prem 4/100/8.
16 Balfour/Frisby/von Moltke, *op. cit.,* S. 214; Gespräch mit Balfour, 1985.
17 Prem 3/193/6.
18 Balfour/Frisby/von Moltke, *op. cit.,* S. 217ff.
19 Visser't Hooft, *op. cit.*
20 Dulles, *op. cit.,* S. 165.
21 Sykes, *op. cit.,* S. 337.
22 FO 371/34462.
23 FO 371/34449.

24 Malone, *op. cit.;* Sykes, *op. cit.,* S. 257.
25 FO 371/39137.
26 FO 371/34449.
27 FO 371/39220.
28 Dulles, *op. cit.,* S. 168f.; *FRUS:* 1944, Bd. 1, S. 496ff.
29 FO 371/39065.
30 FO 371/39080.
31 *ibid.*
32 Bowra, *Memories 1898–1939,* S. 306.
33 Interviews mit O'Neill und Carleton Greene.
34 Hoffman, *op. cit.,* S. 50f.
35 Butler, *Amateur Agent,* S. 131f.; Denham, *op. cit.,* S. 160.
36 FO 371/39059.
37 *ibid.*
38 *ibid.*
39 FO 371/39087; FRUS: 1944, Bd. 1, S. 510ff.
40 *FRUS:* 1944, Bd. 1, S. 523ff.
41 FO 371/39087.
42 Das Memorandum befindet sich im Ökumenischen Institut in Schweden; zu Stockholm: FO 188/460; FO 371/39087.
43 FO 371/39132.
44 FO 371/39087.
45 FO 371/39077.
46 Gisevius, *op. cit.;* Schlabrendorff, *op. cit.;* Interview mit Otto John, März 1985.

Der Weg zur Kapitulation

1 Irving, *op. cit.,* S. 649ff.
2 Bargatzky-Memorandum in der Hoover Library, Stanford University; Bargatzkys Artikel in *Frankfurter Allgemeine Zeitung,* 14. Juli und 2. November 1984.
3 Speidel, *Invasion 1944,* S. 134; Irving, *Rommel,* S. 292.
4 Gisevius, *op. cit.,* S. 412f.; Speidel, *op. cit.*
5 Bargatzky-Memorandum, *op. cit.;* Schramm, *Aufstand der Generale,* S. 204; Gespräch mit Otto John.
6 Brief an den Autor, Oktober 1984.
7 FO 371/39024.
8 Hugh Cole in *Time,* 25. Juni 1945.

9 FO 371/39062.
10 Brief von Carleton Greene an den Autor; FO 371/30912; FO 371/39077.
11 Brief von Strauss an den Autor, Dezember 1984.
12 *Pechel, Deutscher Widerstand* (1947). Pechel zufolge soll Churchill diese Worte 1945 oder 1946 im Unterhaus abgegeben haben. Sie wurden anschließend verschiedentlich zitiert. Die Quelle war jedoch trotz intensiver Recherchen nicht nachweisbar. In einem Brief vom 19. November 1949 an Walter Hammer, Hamburg, beantwortete Churchill dessen Anfrage jedoch wie folgt: »... Seit dem Erhalt Ihres Briefes habe ich meine Reden nach jener Passage durchsuchen lassen: bisher jedoch konnte kein Beleg für eine solche Äußerung gefunden werden. Aber ich könnte die von Ihnen zitierten Worte durchaus gebraucht haben, da sie meine Empfindungen gegenüber den deutschen Belangen wiedergeben.« Man kann also sagen, daß Churchill diese Äußerung, wenn schon nicht getätigt, so doch zumindest »adoptiert« hat.
13 *ibid.*
14 Bryant, *Sieg im Westen,* S. 244.
15 Interview, 1985.
16 Interviews, Oktober 1984.
17 Interview, November 1984; Mussolini und Hassell: Italienische Sammlung, St. Antony's College, Oxford.
18 Irving, *op. cit.,* S. 696.
19 Gespräch mit Williams.
20 Wheeler-Bennett, *op. cit.,* S. 694.
21 FO 371/39087.
22 FO 371/39088.
23 Gespräche mit verschiedenen Überlebenden.
24 FO 954/1; FO 371/39254.
25 In Anspielung auf »Ruritanien«, einem Phantasieland in einem Roman von Anthony Hope.
26 FO 800/1; Prem 4/33/5; Brief Erzherzog Ottos an den Autor.
27 FO 371/34453.
28 Kállay, *Hungarian Premier,* S. 343; Macartney, *October Fifteenth,* Bd. II, S. 160, 170, 183 und 209.
29 Deakin, *Brutale Freundschaft;* Serra in Piacenti, Nr. 2/1987, S. 71.
30 Macartney, *op. cit.,* S. 285.
31 FO 371/34495.
32 FO 371/39251.
33 *ibid.*
34 FO 371/39251.
35 FO 371/39252.
36 *ibid.*

37 FO 371/39254.
38 *ibid.*
39 *ibid.*
40 Macartney, *op. cit.,* S. 349; FO 371/39254.
41 FO 371/39255.
42 FO 371/39256; Macartney, *op. cit.,* S. 418.
43 FO 371/39256.
44 FO 371/39254.
45 FO 371/39256.
46 FO 954/1.
47 FO 371/34447.
48 Dulles, *op. cit.,* S. 201ff.
49 FO 371/39086.
50 *ibid.*
51 FO 371/35178; Prem 3/197/1.
52 Cadogan Diaries.
53 Brief Ludwigs von Hammerstein an den Autor.

AUSWAHLBIBLIOGRAPHIE

Akten zur Deutschen Auswärtigen Politik 1918–1945. Serie D, Bd. II, IV, VI. Göttingen, 1950–1979.
Aloisi, Pompeo. *Mia attività a servizio della pace.* Rom, 1946.
Avon, The Earl of [d. i. Anthony Eden]. *Memoirs: The Reckoning.* London, 1965.

Balfour, Michael. »Unconditional Surrender«. *International Affairs.* London, Oktober 1970.
Balfour, Michael. *Propaganda in War, 1939–45: Organisations, Policies, and Publics in Britain and Germany.* London, 1979.
Balfour, Michael / Frisby, Julian / Moltke, Freya von. *Helmuth James von Moltke (1907–1945).* Berlin 1984.
Bandini, Franco, in *Storia Illustrata.* Mailand, 1981.
Bell, [Bischof] George. »The Background of the Hitler Plot«, in *Contemporary Review.* London, 1945.
Bielenberg, Christabel. *Als ich Deutsche war, 1934–1945.* München, 1970.
Birkenhead, The Earl of. *Halifax. The Life of Lord Halifax.* London, 1965.
Boehm, Eric H. *We Survived.* Connecticut, 1949.
Bonomi, Ivanoe. *Diario di un anno: 2 giugno '43 – 10 giugno '44.* Rom, 1947.
Bowra, C. M. *Memories, 1898–1939.* London, 1966.
Bryant, Arthur. *Sieg im Westen.* Düsseldorf, 1960.
Bullock, Alan. *Hitler.* Eine Studie über Tyrannei. Düsseldorf, 1969.
Butler, Euan. *Amateur Agent.* London, 1963.

Cadorna, R. *La Ricossa: dal 25 luglio alla liberazione.* Mailand, 1948.
Carboni, Giacomo. *L'armistizio e la difesa di Roma.* Rom, 1946.
Carlgreen, William. *Sverigis Ultrikspolitik 1939–45.* Oslo, 1983.
Carlton, David. *Anthony Eden: A Biography.* London, 1981.
Castellano, Giuseppe. *Come firmai l'armistizio di Cassibile.* Mailand, 1945.
Castellano, Giuseppe. *La guerra continua.* Mailand, 1963.
Castellano, Giuseppe. *Roma kaputt.* Rom, 1967.
Cavallero, Ugo. *Diario 1940–43.* Mailand, 1984.
Caviglia, Enrico. *Diario (aprile 1925–marzo 1945).* Rom, 1952.

Cecil, Viscount. *A Great Experiment: An Autobiography.* London, 1941.
Churchill, Winston. *Der Zweite Weltkrieg.* Memoiren (6 Bände). Bern, 1954.
Colville, John. *The Fringes of Power: Downing Street Diaries 1939–1945.* London, 1985.
Colvin, Ian. *The Chamberlain Cabinet.* London, 1971.
Cowling, Maurice. *The Impact of Hitler: British Politics and British Policy, 1933–40.* London, 1975.

Dahlerus, Birger. *Der letzte Versuch.* München, 1981.
Dalton, Hugh. *The Fateful Years: Memoirs 1931–1945.* London, 1957.
Deakin, F. W. *Die brutale Freundschaft. Mussolini und der Untergang des italienischen Faschismus.* Köln, Berlin, 1964.
Dell, Robert. *The Geneva Racket. 1920–1939.* London, 1940.
de Luna, Giovanni. *Storia del Partito d'Azione.* Mailand, 1982.
Denham, Henry. *Inside the Nazi Ring.* London, 1984.
Deutsch, Harold C. *Verschwörung gegen den Krieg. Der Widerstand in den Jahren 1939–1940.* München, 1969.
Dilks, David (Hrsg.). *The Diaries of Sir Alexander Cadogan 1938–1945.* London, 1971.
Dirksen, Herbert von. *Moskau–Tokio–London.* Stuttgart, 1949.
Documenti Diplomatici Italiani. Rom, 1954 *et seq.*
Documents on British Foreign Policy 1919–1939. London, 1949 *et seq.*
Documents on Polish-Soviet Relations. 2 Bde., London, 1961, 1970.
Documents on Foreign Relations of the United States. Washington, 1938–45.
Documents on the Conferences at Cairo and Teheran. Washington, 1961.
Documents on the Conferences at Malta and Yalta. Washington, 1955.
Duff, Sheila. *The Parting of Ways.* London, 1982.
Dulles, Allen. *Verschwörung in Deutschland.* Kassel, 1948.
Dulles, Allen. *Unternehmen »Sunrise«.* Düsseldorf, 1967.

Eden, Anthony. *Angesichts der Diktatoren.* Memoiren 1923–1938. Köln, 1964.
Encounter. Bde. 31, 32, 33: David Astor, John Wheeler-Bennett, W. A. Visser't Hooft, Harold Deutsch, Christopher Sykes, J. Van Roijen, Peter Calvacoressi, Harold Kurtz. London, 1969.

Feiling, Keith. *The Life of Neville Chamberlain.* London, 1946.
Flandin, Pierre-Etienne. *Politique française 1919–1940.* Paris, 1948.
Flannery, Harry, W. *Assignment Berlin.* London, 1942.
Fuchser, L. W. *Neville Chamberlain and Appeasement.* New York, 1982.

Gamelin, General Maurice Gustav. *Servir,* Bde. 2, 3. Paris, 1946.
Garland, Albert M. und Smyth, Howard MacGaw (Hrsg.). *Sicily and the Surrender of Italy.* Washington, 1965.
Gates, Eleanor M. *End of the Affair: The Collapse of the Anglo-French Alliance, 1939–40.* London, 1981.
Gilbert, Martin. *The Roots of Appeasement.* London, 1966.
Gilbert, Martin. *Winston S. Churchill.* Bd. VI: Finest Hour, 1939–1941. London, 1983.
Gilbert, Martin und Gott, Richard. *Der gescheiterte Frieden. Europa 1933 bis 1939.* Stuttgart, 1964.
Gisevius, Hans-Bernd. *Bis zum bitteren Ende.* München, 1982.
Grandi, Dino, mit De Felice, Renzo. *25 luglio–40 anni dopo.* Bologna, 1983.
Griffiths, Richard. *Fellow Travellers of the Right.* Oxford, 1983.
Guariglia, Raffaele. *Ricordi: 1922–1944.* Neapel, 1950.

Halder, Franz. *Hitler als Feldherr.* München, 1949.
Halder, Franz. *Kriegstagebuch 1939–1942.* Stuttgart, 1962–64.
Harvey, John (Hrsg.). *The Diplomatic Diaries of Oliver Harvey 1937–1940.* London, 1970.
Harvey, John (Hrsg.). *The War Diaries of Oliver Harvey.* London, 1978.
Hassell, Ulrich von, *Vom andern Deutschland.* Aus den nachgelassenen Tagebüchern 1938–1944. Frankfurt/M., 1964.
Hoffmann, Peter. *Widerstand, Staatsstreich, Attentat.* München, 1970.
Hollis, Christopher. *Italy in Africa.* London, 1941.

Irving, David. *Hitler's War.* London, 1977.
Irving, David. *Hitlers Krieg.* 2 Bde., München, 1983 und 1985.
Irving, David. *Rommel.* Eine Biographie. Hamburg, 1978.

Jasper, Ronald C. D. *George Bell, Bishop of Chichester.* Oxford, 1967.
John, Otto. *Falsch und zu spät. Der 20. Juli 1944.* München, 1984.
Jones, Thomas. *A Diary with Letters, 1931–1950.* London, 1954.

Kállay, Miklós. *Hungarian Premier.* New York, 1954.

Lipski, Jozef. *Diplomat in Berlin: 1933–1939.* New York, 1968.
Lockhart, R. H. Bruce. *Comes the Reckoning.* London, 1947.

Macartney, C. A. *October Fifteenth.* A History of Modern Hungary. 2 Bde. Edinburgh, 1957.
Mack Smith, Denis. *Mussolini.* Eine Biographie. München/Wien, 1983.
Macmillan, Harold. *Erinnerungen.* Berlin, 1972.

Madge, C. und Harrisson, T. *Britain, By Mass Observation.* London, 1939.
Malone, Henry. *Adam von Trott zu Solz.* Berlin, 1986.
Manvell, Roger und Fraenkel, Heinrich. *Der 20. Juli.* Frankfurt/M. – Berlin, 1964.
Marshall-Cornwall, James. *Wars and Rumours of Wars.* London, 1984.
Middlemas, Keith. *Diplomacy of Illusion: The British Government and Germany, 1937–1939.* London, 1972.
Middlemas, Keith und Barnes, John. *Baldwin: A Biography.* London, 1969.
Minney, R. J. *The Private Papers of Hore-Belisha.* London, 1960.
Mockler, Anthony. *Haile Selassie's War.* Oxford, 1984.
Monelli, Paolo. *Roma 1943.* Rom, 1946.
Montanelli, Indro und Cervi, Mario. *L'Italia dell'Asse.* Mailand, 1981.
Muggeridge, Malcolm (Hrsg.). *Ciano's Diary 1937–1938.* London, 1952.
Muggeridge, Malcolm (Hrsg.). *Ciano's Diary 1939–1943.* London, 1947.
Muggeridge, Malcolm (Hrsg.). *Ciano's Diplomatic Papers.* London, 1948.
Murphy, Robert. *Diplomat unter Kriegern.* Berlin, 1965.

Namier, L. B. *Europe in Decay: A Study in Disintegration 1936–1940.* London, 1950.
Namier, L. B. *In The Nazi Era.* London, 1952.
Namier, L. B. *Diplomatisches Vorspiel 1938–1939.* Berlin, 1949.
Newman, E. W. Polson, *Italy's Conquest of Abyssinia.* London, 1937.
Nicolson, Nigel (Hrsg.). *Harold Nicolson: Diaries and Letters,* Bd. 2, 1939 bis 1945. London, 1967.

Papen, Franz von. *Der Wahrheit eine Gasse.* München, 1953.
Parker, R. A. C. »The Hoare-Laval Pact«. *English Historical Review,* Bd. 89. London, 1974.
Pechel, Rudolf. *Deutscher Widerstand.* Erlenbach-Zürich, 1947.
Petrie, Sir Charles. *Twenty Years' Armistice – and After.* London, 1940.
Der Prozeß gegen die Hauptkriegsverbrecher vor dem Internationalen Militärgerichtshof. Bd. X. Nürnberg, 1948.

Raczynski, Eduard. *In Allied London.* 1962.
Ritter, G. *Carl Goerdeler und die deutsche Widerstandsbewegung.* Stuttgart, 1954.
Roatta, Mario. *Otto milioni di baionette: L'esercito italiano in guerra dal 1940 al 1944.* Mailand, 1946.
Robbins, Keith. *München 1938.* Ursprünge und Verhängnis. Gütersloh, 1969.
Roskill, Stephen. *Hankey, Man of Secrets,* Bd. 3, 1931–1963. London, 1974.
Rothfels, Hans. *Deutsche Opposition gegen Hitler.* Eine Würdigung. Frankfurt/M., 1986.

Santoni, Alberto, in *Storia Illustrata.* Mailand, 1981.
Santoni, Alberto. *Il vero traditore.* Mailand, 1981.
Schlabrendorff, Fabian von. *Offiziere gegen Hitler.* Frankfurt/M., Hamburg, 1959.
Schlabrendorff, Fabian von. *The Secret War against Hitler.* New York, 1965.
Schmidt, Paul. *Statist auf diplomatischer Bühne, 1923–45.* Bonn, 1949.
Schramm, W. von. *Aufstand der Generale.* Der 20. Juli in Paris. München, 1966.
Seton-Watson, Christopher. »The Anglo-Italian Gentleman's Agreement of January 1937 and its Aftermath«. *Fascist Challenge and Policy of Appeasement,* hg. von Momson und Kettenacker. London, 1983.
Shirer, William L. *Aufstieg und Fall des Dritten Reiches.* München/Zürich, 1963.
Speidel, Hans. *Invasion 1944.* Berlin, 1949.
Strong, Kenneth. *Intelligence at the Top: The Recollections of an Intelligence Officer.* London, 1968.
Studi Piacentini, Nr. 2/1987. Istituto Storico della Rivistenza Piacenza.
Sykes, Christopher. *Adam von Trott.* Eine deutsche Tragödie. Düsseldorf, 1969.

Taylor, A. J. P. *Die Ursprünge des Zweiten Weltkriegs.* München, 1980.
Taylor, Telford. *Munich: The Price of Peace.* London, 1979.
Templewood, Lord. *Nine Troubled Years.* London, 1954.
Thaulero, Giustino Filippone. *Gran Bretagne e l'Italia 1943–45.* Rom, 1979.
Thompson, Geoffrey H. *Front-Line Diplomat.* London, 1959.
Toscano, Mario. *Dal 25 luglio all' 8 settembre.* Florenz, 1962.
Toscano, Mario. *Origini diplomatiche del Patto D'Acciao.* Florenz, 1964.
Trionfera, Renzo. *Valzer di marescialli: 8 settembre '43.* Mailand, 1979.

Varsori, Antonio. »Italy, Britain and a Separate Peace 1940–1943«. *Journal of Italian History.* Bd. 1, Nr. 3. Florenz, 1981.
Varsori, Antonio. »Aspetti della politica Inglese«. *Nuova Antologia.* Florenz, 1983.

Waley, Daniel. *British Public Opinion and the Abyssinian War, 1935–6.* London, 1975.
Weizsäcker, Ernst von. *Erinnerungen.* München/Leipzig/Freiburg, 1950.
Wheeler-Bennett, J. W. *Die Nemesis der Macht.* Düsseldorf, 1954.
Woodward, E. I. *British Foreign Policy in the Second World War.* London, 1970–76.

Zangrandi, Ruggero. *1943: 25 luglio–8 settembre.* Mailand, 1965.
Zanussi, General Giacomo. *Guerra e catastrofe.* Mailand, 1964.

Unveröffentlichte Arbeiten

Adam, Wilhelm. *Kriegserinnerungen.* Institut für Zeitgeschichte, München.
Inskip, Sir Thomas. *Diaries* (hinterlegt im Churchill College, Cambridge).
McCaffery, John. »No Pipes or Drums«. McCaffery Family Papers.
Meehan, Patricia. »The Foreign Office and the Opposition: An Investigation of Attitudes in the Aftermath of War«. *Anglo-German Historical Conference.* Leeds, Mai 1986.

PERSONENREGISTER

BITTE BEACHTEN SIE
AUCH DIE FOLGENDEN SEITEN

HENRIC L. WUERMELING

August '39

11 Tage zwischen Frieden und Krieg

200 Seiten, 62 Abbildungen und Faksimiles, Broschur

Was geschah in den letzten Tagen vor Beginn des Zweiten Weltkriegs? Der Fernsehredakteur Henric L. Wuermeling rekonstruiert und dokumentiert in einem spannenden Report die Zeit zwischen Frieden und Krieg vom 21. August bis zum 1. September - mit ihrer trügerischen Ruhe, ihren folgenschweren Entscheidungen und ihrer sich hinter den Kulissen zuspitzenden Dramatik.

Ullstein

BITTE BEACHTEN SIE
AUCH DIE FOLGENDEN SEITEN